Polina Scherebzowa

Polinas Tagebuch

Aus dem Russischen und mit einem
Nachwort von Olaf Kühl

Rowohlt · Berlin

1. Auflage März 2015
Copyright © 2015 by
Rowohlt · Berlin Verlag GmbH, Berlin
Alle Rechte vorbehalten
Copyright des Originaltextes © by Polina Scherebzowa
Redaktion Jörg Magenau, Berlin
Satz aus der Janson PostScript
Gesamtherstellung CPI books GmbH, Leck, Germany
ISBN 978 3 87134 799 3

Polinas Tagebuch

1994

25. März
Sei gegrüßt, Tagebuch!
Ich lebe in der Stadt Grosny, in der Zawjety-Iljitscha-Straße. Ich heiße Polina Scherebzowa. Ich bin neun Jahre alt.

26. März
Zum Geburtstag, am 20. März, hat Mama Nusstorte gekauft. Wir waren im Zentrum, auf dem Platz viele Leute. Die Menschen schrien. Da waren Großväter mit Bärten. Sie liefen im Kreis. Lenin stand vorher in Gummistiefeln da. Das Denkmal. Dann haben sie ihn runtergeworfen, aber die Gummistiefel sind geblieben. Warum schreien die Menschen? Worum bitten sie? Mama hat gesagt: «Das ist eine Demonstration!»

27. März
Ich habe ein Gedicht geschrieben.

Ich will, wie alle Kinder,
eine Segelfahrt erleben
und von tiefstem Meeresgrund
die Zaubermuschel heben.

28. März
Ich bin aufgewacht. Habe das Geschirr abgewaschen. Den Aufgang vom dritten Stock bis zum Erdgeschoss aufgewischt. Mit Wäschewaschen angefangen. Habe in der Schüssel Sachen gewaschen und lese ein Buch.

29. März
Warum sind alle Schneeflocken, nur ich nicht? Ich wurde zum Fest als Rotkäppchen verkleidet. Mama hat aus ihrem Rock ein Kostüm genäht. Ich will eine Schneeflocke sein! Alle Mädchen in der Klasse sind Schneeflocken.

1. April
Kater Mischka sitzt neben mir auf dem Kissen. Ich lese die «Drei Musketiere». Da gibt es eine Königin, Milady und D'Artagnan. Mir gefällt die Welt, in der die Königinnen schöne Kleider tragen. Dort gibt es Musketiere und Gardisten! Zu Hause ist mir langweilig.

2. April
Wir haben Verstecken gespielt. Ich habe mich mit Hawa und Aljonka hinter den Bäumen und in den Gärten versteckt. Das sind meine Freundinnen. Dann sind wir Fahrrad gefahren. Aber es ist kaputtgegangen. Bis bald!

18. April
Ich habe die Maus verloren. Mama hatte sie mir für gutes Betragen gekauft. Die Maus saß in meiner Tasche. Bestimmt ist sie ins Gras gefallen. Ich habe mit Aljonka und Saschka nach ihr gesucht. Wir haben sie nicht gefunden. Mama sagt, sie kauft mir keine Maus mehr. Sie sagt, ich bin ein Tollpatsch.

Polja

22. April

Tante Katja und ihre Tochter Wera haben mich eingeladen. Das sind unsere Nachbarn aus dem dritten Stock. Sie sagten, ich soll am Morgen kommen. Ich stand auf und ging um sechs Uhr zu ihnen. Mama schlief noch. Danach schimpften mich alle aus, weil ich so früh gekommen bin. Aber sie haben mich doch selbst eingeladen! Tante Katja ließ mich herein. Sie machte Pfannkuchen. Dann wurde Wera wach, und wir spielten. Wera hat einen Puppenjungen. Ich habe ein Mädchen. Wir wollen sie verheiraten.

1. Mai

Heute ist christliches Ostern.

Wir gingen durch die Stadt. Es regnete. Wir kamen an die Kirche. Alle Nachbarn grüßten sich. Sie boten einander Pasteten an. Die Kinder aßen gefärbte Eier. Oma Zina gab sie allen. Am meisten haben Islam aus der Gasse und Magomed gegessen. Wasja und Aljonka haben nichts abbekommen. Ihnen gab Oma Zina kleine Pasteten.

Es regnete den ganzen Tag. Mama und Tante Asja sagten: Das ist schlecht. Wenn es regnet, weint Gott, weil so viele Sünder auf der Erde sind.

5. Mai

Ein Hurrikan. Bäume sind umgefallen. Alle waren erschrocken. Danach gingen wir in die Gärten, Aprikosen pflücken. Aber sie sind noch grün.

Ich hatte einen schrecklichen Traum: Ein Ungeheuer wollte durchs Fenster. Es hatte Scheren und brach das Fenstergitter auf.

15. Mai

Wir haben gespielt: Patoschka, Wera, Asja, Hawa, Aljonka, Rusik, Arbi, Umar, Dimka, Islam, Saschka, Wasja, Ilja, Igor, Serjoscha, Denis und ich. Erst Fangen, dann Fußball. Mama gab uns Yupi-Saft aus der Tüte. Wir lösten ihn in einem Wassereimer auf und tranken. Mein Lieblingssaft ist der orangene, Aljonkas der rote. Erdbeere. Dann gab Mama jedem von uns ein Turba-Kaugummi. Da gibt es ein kleines Auto, ein Bild. Alle freuten sich sehr.

Kater Mischka ist krank.

21. Mai

Ich habe Mama beim Verkauf von Gebäck auf dem Berjoska-Basar geholfen. In der Arbeit kriegt Mama keinen Lohn mehr. Ums Essen steht es schlecht. Tante Katja sagt: «So sind die Zeiten. Schwer.»

Wir haben eine Suppe aus Hühnerbeinen gekocht und gegessen. Früher haben wir sie aus Hühnern gekocht, jetzt aus Beinen. Die Hühnerbeine werden nach Kilogramm verkauft. Das Huhn war leckerer. Viel leckerer. Mama will mich in einer anderen Schule anmelden.

Ältere Schüler haben einem Mädchen den Stuhl auf den Kopf geschlagen, sie ist im Krankenhaus. Ich habe mich mit Nadja aus der ersten Klasse angefreundet. Habe ihr Geheimnisse erzählt. Ich sammle Aufkleber, und mir fehlt nur noch einer. Damit ich eine Cindy-Puppe gewinne! Nadja wollte ein Buch haben, und ich hab es ihr gegeben. Und vergessen, dass das Album mit den Aufklebern darin war! Nadja gab das Buch zurück, und das Album ist weg. Mama und ich gingen zu ihnen nach Hause. Sie wohnen im privaten Sektor, wo die Einfamilienhäuser stehen. Mama bat ihren Großvater, es zurückzugeben. Sie haben es nicht zurückgegeben. Ich habe geweint. Ich habe jetzt kein Album und keine Freundin mehr. Bei ihnen zu Hause habe ich ein kleines Ferkel gesehen. Es lief wie ein Hund.

Polja

24. Mai

Nadja schweigt. Sie gibt das Album nicht zurück. Und Hawa sagte: «Gib du ihr auch etwas nicht zurück!»

Ich wusste, dass ich Nadjas Wörterbuch habe. Und wollte es nicht zurückgeben, aber dann habe ich es doch getan. Wenn sie so ist, bin ich noch lange nicht so.

Mir gefällt Elena Aleksandrowna – sie spielt mit uns. Das ist unsere Lehrerin. Dann gefällt mir noch Aleksej, der in seiner Bank mit Julka sitzt. Ich glaube, ich liebe ihn. Er hat mir ein Brötchen am Buffet gekauft. Und er hat keine Angst vor Impfungen. Ich und andere Mädchen haben uns in der Toilette versteckt, aber sie haben uns trotzdem gefunden und uns eine Spritze in den Rücken gegeben. Wir haben geweint.

Polja

2. Juni

… auf dem Tisch standen zwei Gläser. Eins mit Fischfutter, das andere mit Mäusegift. Ich wusste, in welchem das Gift war. Aber ich wollte sehen, was passiert, wenn ich die Fische damit füttere. Ich gab ihnen ein bisschen. Sie sind im Aquarium verendet. Ich hatte Angst hinzusehen. Sie wurden tot, dabei waren sie lebendig gewesen.

Mama hat mich gehauen.

«Mörderin!» Sie schlug mit dem Handtuch auf mich ein. «Du Mörderin!»

Tante Marjams Sohn Akbar ist böse. Das waren seine Fische. Tante Marjam hat nicht geschimpft. Sie hat mir einen Teigkringel gegeben und gesagt, sie schüttet die Fische ins

Klo. Ich hab mich nicht geschämt. Ich hatte Angst. Der Mörder hat Angst.

Polja

23. Juni

Eine Schlange um Brot. Im Geschäft prügeln sie sich.

Ich habe eine Ameise mitgebracht. Sie lebt in einem Weckglas: Darin ist Erde. Ich habe in einem Buch gelesen, dass Ameisen prachtvolle Städte bauen, und wollte sehen, wie. Sie soll in dem Glas eine bauen!

28. Juni

Hochzeit auf dem Hof! Alle bekamen Bonbons. Sie tanzten Lesginka und schossen mit einer Pistole.

Tante Marjam sagte: «Sie schießen, um die bösen Geister zu vertreiben!»

Aljonka und ich haben über Gespenster gesprochen. Und Islam hat gesagt, er habe Angst, in den Garten zu gehen, weil dort Geister über dem Knoblauch und den Zwiebeln fliegen.

29. Juni

Am liebsten auf der Welt laufe ich hinter das Haus. Mama haut mich und erlaubt es nicht. Aber ich gehe trotzdem.

Ich stehe da und schaue auf die Berge. Sie sind dunkelblau. Ich liebe die Berge. Mehr als den Himmel und die Sonne. Sie umgeben meine Stadt. Ich schaue sie an und denke mir, wenn ich groß bin, werde ich zu ihnen gehen. Unbedingt!

3. Juli

Alle haben Angst vor einem Erdbeben. Die Nachbarn übernachteten auf der Straße. Aber wir wohnen im Erdgeschoss. Wir haben zu Hause übernachtet.

6. Juli

Großvater Anatolij war hier. Ich fragte ihn, wie das bei einem Erdbeben ist. Er nahm eine Schachtel Streichhölzer. Legte sie auf seine Hand und wackelte. Die Streichhölzer fielen herunter.

«So fällt ein Haus zusammen», sagte Großvater. «Die Erde bewegt sich.»

Dann öffnete er die Schachtel, und keine Streichhölzer waren darin. Sondern ein Käfer!!! Ein großer Käfer mit grünen Flügeln. Der Großvater zeigte mir den Käfer, dann ließ er ihn frei. Der Käfer flog weg und verschwand in den Blättern des Ahornbaums.

Wir waren spazieren und haben eine Bombe hinter den Bahngleisen gesehen. Eine Bombe aus dem fernen Krieg mit den Faschisten. Neulich ist sie aus der Erde herausgekommen.

Böse Nachbarn aus dem zweiten Stock haben Tschapa vergiftet. Sie hassen Hunde. Tschapa war ein guter Hund.

Auf den Bahngleisen fahren manchmal Züge. Wohin fahren sie?

11. August

Großvater ist krank. Er lag im Bett. Mama kaufte Medikamente. In seiner Wohnung sind viele Bücher – die kann man niemals alle durchlesen! Bücher auf allen Regalen, und die Regale reichen vom Boden bis zur Decke. Großvater kauft sie und hebt sie auf.

Ich habe Cervantes' «Don Quijote» gelesen, zwei Bände. Alte Bücher. Die Bilder darin sind mit dünnem Papier bedeckt. Ich habe sie mir angesehen und gedacht, dass ich auch dorthin reisen werde.

Polja

20. August

Ich bin aufgewacht und habe an Großvater gedacht. Vorgestern gingen wir nebeneinanderher, und Großvater sagte: «Siehst du den Baum? Das ist ein Kind. Später wird der Baum erwachsen, und dann wird er alt. Irgendwann verschwindet er. Man macht einen Tisch aus ihm oder heizt damit den Ofen. So ist es immer.»

Das war eine Birke. Dann hat er noch gesagt: «Reiß keine Blätter ab. Das tut ihnen weh.»

Ich sagte: «Nein, tut es nicht.»

Und Großvater sagte, die Blätter sind die Finger. Und ich verstand, dass es ihnen weh tut, wenn ich sie abreiße. Ich werde es nicht mehr tun.

Polja

25. August

Wir spazierten über den Hof und sangen Lieder. Ich, Aljonka und Hawa.

In unseren Hafen kamen Schiffe
Große Schiffe vom fernen Ozean.

Es war meine Idee, das Lied zu singen. Wir gingen um das Haus herum und brüllten. Die Nachbarn knallten ihre Fenster zu.

Dann kam der Mond. Und wir staunten. Der Mond war rot. Wir hatten nie zuvor einen roten Mond gesehen! Er war groß und ringsherum rotes Licht. Ich sagte: «Kommt, wir laufen weg. Wir fliehen in die blauen Berge!»

Hawa wollte nicht. Aljonka bekam Angst. Mit Aljonka bin ich schon einmal weggelaufen. Nicht weit. Nur zwei Haltestellen.

Polja

26. August
Ich habe die Ameise frei gelassen. Sie hat sowieso keinen Palast in dem Weckglas gebaut. Sie wollte einfach nicht. Nicht für mich. Oder sie konnte nicht allein.

Polja

27. August
Mama bekommt kein Geld auf der Arbeit. Wir handeln mit Zeitungen. Wir gehen und verkaufen sie an den Straßen, von früh bis spät. Wir rufen «Zeitungen! Zeitungen!» Meine Beine tun weh. Wir müssen Medikamente kaufen. Großvater ist im Krankenhaus.

8. September
Ich habe mit Waska gespielt. Das ist der Sohn von Tante Dusja. Aljonka habe ich ein Pferdchen geschenkt. Sie schenkte es Waska weiter. Ich krallte mich in die Beine des Pferdchens. Ich wollte nicht, dass Waska es wegnimmt. Alle haben geheult.

Dann habe ich Wadiks Großmutter gesehen. Sie heißt Aksinja. Mit Wadik war ich befreundet. Ich habe ihn auf dem Schlitten gezogen, als Winter war. Er ist ja noch klein! Dann ging ich irgendwann raus, und die Jungs kamen mir entgegengerannt: Witja und der Sohn von Onkel Umar. Sie riefen: «Wadik brennt! Wadik brennt!»

Ich dachte, dass der Garten bei Wadik brennt. Die Gärten hinter dem Haus haben schon gebrannt. Es ist trocken, kein Regen. Ich ging zu Wadiks Oma. Ich sagte: «Euer Garten brennt.»

Sie antwortete: «Soll er brennen!»

Weil ein Feuer war, und Aljonkas Papa ist dort verbrannt: Er wollte den Brand im Garten für die Nachbarn löschen.

So.

Dann gingen wir spazieren: Ich, Mama und Aljonka. Wir waren im Park und haben Eis gegessen. Wir kamen nach Hause, da kam Saschka aus dem ersten Stock auf dem Rad angefahren. Er rief: «Sie haben Wadik gefunden!»

Mama verstand nicht und ich auch nicht, und Saschka sagte: «Witja und Waska haben ihn im Garten in der Scheune eingesperrt und angezündet. Er ist verbrannt! Lebendig.»

Ich sagte, das ist nicht wahr. Ich habe Waska gesehen. Er hat bei Aljonka ferngesehen. Waska hat niemanden verbrannt. Er hat Trickfilme geguckt! Wadiks Familie hat die Eltern von Waska bei der Polizei angezeigt.

Wadik wurde in einem Sarg mit geschlossenem Deckel begraben. Nur ein Foto war da.

11. September

Auf dem Markt waren Leute mit Waffen. Sie haben etwas gesucht. Alle waren erschrocken.

14. September

Ich bin in einer neuen Schule. In meiner Klasse sind viele Kinder. Da ist das Mädchen Diana. Ihre Mama ist Lehrerin. Diana haut alle und nimmt ihnen das Frühstück weg. Sie zerreißt die Hefte. Mir hat sie auch das Heft zerrissen.

Ich war so aufgeregt beim Diktat, dass ich die Wörter verwechselt habe. Ich habe große Angst vor einer Drei. Nachher schlägt Mama mich. Dafür hat mein Aufsatz allen gefallen. Sogar die älteren Schüler in den anderen Klassen haben ihn gelesen. Einfach ausgezeichnet, haben sie gesagt. Ich habe geschrieben, dass der Herbst gekommen ist. Jedes Blatt ist lebendig. Es bewahrt die Geschichte seines Lebens in sich auf.

Polja

16. September
Unsere Lehrerin Ljudmila Nikolajewna spielt mit uns in den Pausen. Sie hat graue Haare. Wir mögen sie sehr und streiten uns nicht, wenn sie da ist. Sie bat uns, slawische mythische Wesen in unser Heft zu zeichnen: den Hausgeist, den Waldgeist und den Wasserelf. Dann lernen wir in der Schule noch Kochen. Das ist auch ein Fach. Wir machen Salate.

18. September
Mama holt mich nach dem Handeln auf dem Markt von der Schule ab. Wir gehen nach Hause. Und heute ist Sonntag. Ich ging, um ihr beim Zeitungsverkaufen zu helfen. Aber es gab keinen Handel. Mama hat geweint. Der Großvater braucht Medikamente. Im Krankenhaus gibt es keine. Man muss sie kaufen.

24. September
Alle haben meinen Vortrag über die Planeten gelobt. Ich schrieb über den Jupiter und den Mars. Mama half, die Bilder einzukleben.

5. Oktober
Es wurde geschossen. Das war sooo schrecklich. Ich habe geweint. Und Großvater Idris, unser Nachbar, hat gesagt, wir sollten keine Angst haben, es gibt keinen Krieg. Ich hatte solches Herzklopfen. Es gab Explosionen. Ich habe Angst, zur Schule zu gehen.

9. Oktober
Hubschrauber und Flugzeuge kreisten. Ganz tief. Mein Herz klopft. Werden sie uns töten?

Mama sagt: «Nein. Es wird keinen Krieg geben. Nein!»

11. Oktober

Viele alte Männer mit Bart. Alle reden etwas. Sie laufen im Kreis und sprechen Gebete. Mir kommt das sehr seltsam vor.

Opa Idris hat gesagt, alles wird gut, und hat mir Bonbons gegeben. Und Tante Walja hat das gesagt. Und Großmutter Zina. Und Tante Marjam. Es wird keinen Krieg gehen. Da fliegen nur solche Flugzeuge. Und gucken uns zu.

15. Oktober

Die Flugzeuge schießen. Ich gehe nicht zur Schule. Niemand geht. Ich und Mama haben den Großvater im Krankenhaus besucht. Und ich habe meine Großmutter Elisabeth gesehen. Das ist die Mama meines Papas. Sie ist alt. Sie hat mich gefragt: «Wirst du mich pflegen? Mir helfen?»

Und dann hat sie gesagt: «Den Großvater pflegst du gut!»

Ich habe sie nur zweimal gesehen. Sie verträgt sich nicht mit Mama.

Großvater Anatolij ist im Krankenhaus Geld und Essen gestohlen worden. Sie haben ihm eine Spritze gegeben, er ist eingeschlafen, und sie haben alles gestohlen. Essen gibt es nicht im Krankenhaus. Wir müssen ihm Essen bringen.

18. Oktober

Wir waren auf dem Markt. Ein Flugzeug ist niedrig geflogen. Alle hatten Angst. Früher habe ich in den Himmel geguckt und hatte keine Angst, aber jetzt habe ich große. Und gucke auf den Boden.

Maschinenpistolen schießen auf den Straßen.

19. Oktober

Die Erwachsenen sagen, dass Panzer auf die Stadt zukommen. Russische. Jelzin hat uns den Krieg erklärt, man sollte ihn!

Ich habe Angst, wenn gebombt wird. Ich und Mama verkaufen Zeitungen. Sie verkaufen sich schlecht. Einmal habe ich sogar gebettelt mit Mama und einmal allein. Die Hand auszustrecken ist nicht peinlich, peinlich ist es, den Menschen in die Augen zu schauen. Wir haben für das Geld Medikamente gekauft.

26. Oktober

Wir müssen Großvater aus dem Krankenhaus holen. Es geht ihm besser. Wir können nicht raus – es wird geschossen. Nachbarn sind zu uns gekommen. Sie haben Angst.

27. Oktober

Mama hat von ihrer Mama geträumt. Von Großmutter Galja. Sie ist vor kurzem gestorben. Sie sagte: «Geh. Dein Vater wartet, dass man ihn bestattet.»

Mama sagte zu ihr: «Nein, er lebt, er ist im Krankenhaus.»

Und wachte auf. Sie erzählte mir ihren Traum. Wir können nicht zum Krankenhaus. Sie schießen.

29. Oktober

Großvater ist tot. Sie haben dort geschossen, wo das Krankenhaus in der Perwomajskaja-Straße ist. Die Ärzte sind weggelaufen. Sie haben sich versteckt, und die Kranken sind zurückgeblieben. Was tun? Großvater Anatolij liegt schon eine Woche tot dort. Mama weint.

Polja

14. November

Großvater wurde begraben. Mich haben sie nicht mitgenommen. Überall wird geschossen. Ich hörte, wie Mama zu Tante Walja sagte: «Wir konnten ihn nicht in den Sarg legen, weil die Zeit schon vorbei war.»

Mama gab allen eingelegte Tomaten und Brot – zum Gedenken. Die Nachbarn sind aus der Stadt aufs Land gefahren. Aber viele sind geblieben.

21. November
Mama und ich gehen handeln. Sonst haben wir nichts zu essen. Gestern flog ein Flugzeug tief über den Markt, und alle duckten sich. Es hat unheimlich geheult.

Wir haben mit Großvaters Angeln und Blinkern gehandelt. Davon hat er viele. Niemand glaubt, dass die Russen bombardieren werden. Das sind doch Menschen.

25. November
Mama und ich wollten die Sachen aus Großvaters Wohnung holen. Und wir sagten den Nachbarn, sie sollen sich nehmen, was sie wollen. Zur Erinnerung. Und alle haben etwas genommen. Tante Walja, Tante Dusja, und Onkel Adam aus dem ersten Stock: Er hat die Wohnung von Opa Stepa und Oma Ljuba gekauft.

Dann kam Opa Schamil. Er wollte Großvaters Wohnung kaufen. Aber man sagte uns, dass Großvaters Wohnung einem Tschetschenen gehört. Wir haben das nicht geglaubt. Großvater hat sie nicht verkauft. Aber das haben die Milizionäre gesagt. Und sie sagten, Mama darf sich nur die Sachen nehmen.

Polja

30. November
Häuser im Zentrum brennen. Mama hat einen Sack Mehl gekauft. Wir backen Fladen über dem Feuer. Ich und Oma Nina schleppen Brennholz.

1. Dezember

Wir gingen zum Markt. Da fingen sie an zu schießen. Und alle sind weggelaufen. Alle sind in die Pfützen gefallen. Ich auch. Irgendjemand hatte jemand angegriffen. Und sie schossen. Dann wurde das Kind von einer Frau getötet, und die hat geschrien. Sie hat sehr geschrien. Das war eine Kugel. Die Kugeln waren überall, und alle liefen und liefen. Auch wir liefen. Wir stiegen in einen Bus. Er fuhr los, und dann haben Hubschrauber auf den Bus geschossen. Sie schossen auf unseren Bus! Alle schrien und versteckten sich hintereinander. Die Hubschrauber flogen und schossen. Und die Flugzeuge flogen und summten.

An der Haltestelle Neftjanka stiegen wir aus und liefen über das Feld und den Bahndamm. Dort waren ein Opa und eine Tante mit Kindern. Ich und Mama. Alle liefen. Und der Hubschrauber flog und schoss mit Kugeln auf uns. Ich warf die Tasche weg und lief als Erste nach Hause. Und Mama ist nicht da. Ich wusste nicht, was tun. Ich nahm eine alte Ikone aus dem Bücherregal. Darauf ist Christus gemalt. Ich fiel auf die Knie und fing an zu weinen: «Herr, bitte, mach, dass niemand getötet wird! Bitte! Rette Mama und die Kinder und den Großvater und die Tante!»

Malika vom ersten Stock kam angerannt: «Sie bringen uns um! Sie bringen uns um!»

Das ist Nuras Tochter. In dem Augenblick kam Mama. «Tollpatsch, warum hast du die Tasche liegen lassen?», sagte sie.

Malika fragte Mama: «Dort wurde geschossen. Ist jemand getötet worden?»

«Nein. Alle konnten weglaufen», antwortete Mama.

Malika sagte, dass ihre Familie aus der Stadt aufs Land zieht.

8. Dezember

Warum können Jelzin und Dudajew sich nicht einig werden? Jelzin ist so ein Onkel und Dudajew ist unser Präsident. Jelzin lebt in Moskau und will hier Krieg machen. Dudajew lebt hier. Dudajew ist schön!

Polja

11. Dezember

Wir waren bei der Brotfabrik. Da wurde viel geschossen, und Flugzeuge warfen Bomben ab. Es rumste. Wir haben Brot mitgebracht und haben Tante Walja, Oma Nina und Jurij Michajlowitsch, dem Großvater aus dem ersten Stock, etwas gegeben.

Im Zentrum ist ein Haus von einer Bombe getroffen worden und eingestürzt. Da liegen alte Leute drunter, Russen. Sie haben gegen die Faschisten gekämpft. Niemand kann sie da rausholen. Es gibt keinen Kran.

Mama zog mich mit, aber ich wollte nicht. Ich hatte Angst, ich würde ihre Schreie hören und nie mehr schlafen können. Dort brannten Kerzen an dem Haus, und Essen stand da in Schälchen. Drei Tage lang hörten die Menschen die Schreie, und sie konnten niemanden retten. Sie beteten nur. Alle weinten. Es war schrecklich.

Polja

26. Dezember

Mama war auf dem Berjoska-Basar. Dort sagten sie, die Bewohner hätten russische Soldaten irgendwo nicht hereingelassen und sie hätten jemanden getötet. Einer Tante haben sie etwas Böses getan. Und jetzt haben alle Angst. Flugzeuge werfen Bomben auf uns!

30. Dezember

Unsere Nachbarn oben im Haus haben Angst. Da sind sie zu uns gekommen. Oma Olja, Oma Zina, Aljonka und ihre Mama kommen und gehen (sie haben die alte Oma Rimma zu Hause). Aus dem Haus gegenüber kamen Oma Nina und ihre Tochter, Tante Warja mit den hellen Haaren, zu uns. Und die Kinder von Tante Warja: Mansur, Jurotschka und Baschir. Baschir ist ein Jahr älter als ich. Ich war mit ihm auf der Schule Nr. 55. Und Mansur ist fünf Jahre älter als ich. Bei ihm zu Hause schlugen Granaten ein. Die Wand fiel um. Jetzt wohnen sie bei uns. Wir haben eine Einzimmer-Wohnung. Wir schlafen abwechselnd auf einem Sofa. Panzer fahren auf der Straße und schießen. Mama hat einen Weihnachtsbaum geholt. Neujahr!

1995

1. Januar
Das Jahr des Schweins! Ein Sternbild.

Die ganze Nacht haben sie auf das Haus geschossen. Wir lagen in der Nische im Flur. Dort gibt es keine Fenster. Vorher hatten wir auf einem Schlitten gesessen, halb im Badezimmer. Das Haus zitterte. Es brannte. Panzer fuhren auf der Straße vorbei und schossen. Ein furchtbares Knirschen. Mansur lief mit den Jungs hin, die Panzer angucken. Flugzeuge warfen Bomben ab. Und dann explodierte so eine Granate, dass in der Küche das Gitter aus dem Fenster fiel. Und es fiel auf Mama, Oma Nina und Tante Warja. Sie waren gerade dabei, auf dem Fußboden Neujahr zu feiern. Jetzt haben sie Beulen am Kopf. Ich zeichne ein Porträt von Mansur.

Polja

2. Januar
Es wird geschossen, aber ich habe mich daran gewöhnt. Ich habe keine Angst. Wenn es in der Nähe rumst, singt Oma Nina Lieder oder sagt Scherzlieder auf mit unanständigen Wörtern. Alle lachen, und die Angst vergeht. Oma Nina ist ein toller Kerl!

Wir kochen im Aufgang auf einem Ofen aus Ziegelsteinen. Ich gucke ins Feuer und denke: Dort leben Salamander. Wir sind schmierig, verdreckt. Alle Sachen sind verrußt.

Wasser holen wir von hinter den Häusern, von den Rohren. Manchmal legen wir uns auf die Erde, damit man uns nicht tötet. Das muss so sein.

Oma Rimma ist krank. Das ist Aljonkas Großmutter. Ich laufe zu ihnen in den ersten Stock. Sie haben einen Bollerofen! Bei uns ist es sehr kalt. Wir schlafen in Stiefeln und im Mantel. Wir basteln eine Öllampe aus einer Blechdose: mit Docht und Kerosin. So ist es nicht dunkel in der Nacht, und man kann flüstern, solange die Flugzeuge Bomben werfen.

9. Januar

Alles brennt. Bomben vom Himmel.

Eine Frau in der Gasse ist getötet worden, aus dem anderen Haus eine Familie. Die Menschen sterben beim Wasserholen, auf der Suche nach Brot. Zu uns kam ein Kerl und bat um Kerosin. Mama gab ihm keins.

Wir sind viele. Zu essen gibt es nichts. Mama und andere Leute sind zur Basis gegangen. Die Basis, das ist ein Ort, dort gibt es Speiseeis in Kartons. Alle plündern dort. Auch Mama und Tante Walja haben welches gebracht. Wir haben es aufgewärmt und zu den Fladen getrunken. Ganz lecker.

Wir schmelzen Schnee. Es gibt nur wenig davon. Und er schmeckt nicht. Früher waren die Eiszapfen lecker! Aber der Schnee jetzt ist irgendwie angebrannt, grau. Mama sagt, das kommt von den Bränden.

10. Januar

An der Haltestelle «Neftjanka» haben wir ein tschetschenisches Mädchen mit einem roten Zopf gesehen. Sie trug ein grünes Band um den Kopf. Und in den Händen hielt sie eine kleine Maschinenpistole. Sie war ungefähr sechzehn. Sie kämpft für Grosny. Bei ihr war ein kleiner Junge, jünger als sie. Bestimmt ihr Bruder. Ein Opa an der Haltestelle sagte: «Sie verteidigt die Heimat. Wenn du groß bist, wirst du das auch tun!», und zeigte mit dem Finger auf mich.

Und Mama sagte: «Ein schönes Mädchen. Gott schenke ihr Erfolg!»

Die Rothaarige wurde rot und ging weg. Dann hab ich erfahren, dass die kleine Maschinenpistole «Tulpe» heißt – genau wie die Blume! Zu essen gibt es nirgendwo etwas. Kein Brot. Oma Nina hat Kohl aufgetrieben. Wir essen Kohl. Ich werde bald zehn.

Polja

12. Januar
Mansur hat eine Signalpistole gezeigt. Ein einfaches Rohr. Man verschießt damit Leuchtpatronen. Er hat es auf der Straße gefunden.

Onkel Sultan, Hawas Papa aus dem ersten Aufgang, hat ein Huhn gefangen, es in einem großen Eimer gekocht und allen Bouillon zu trinken gegeben. Auch uns. Wir haben uns sofort darauf gestürzt und alles ausgetrunken. Das war toll! Onkel Sultan hat noch zwei Kartoffeln dazugegeben!!!

Hawa ist nicht zu Hause. Sie ist mit ihrer Mutter in Inguschetien.

Polja

14. Januar
Über die blauen Berge ist Oma Oljas Sohn gekommen. Sie ist alt. Sie hat bei uns gelebt. Die Soldaten wollten ihn erschießen und die Aufständischen auch. Er hat allen gesagt: «Ich gehe zu meiner Mutter!»

Und man hat ihn nicht getötet. Er ist tapfer.

Wir waren so hungrig. Und er ist zur Basis gegangen und hat uns eine halbe Kiste Fisch mitgebracht, Strömling. So

lecker! Oma Olja hat er mitgenommen. Sie werden die Stadt
zu Fuß verlassen.

18. Januar

Nichts zu essen. Kein Wasser. Es ist kalt. Ich sitze oft im
Badezimmer. Die Fenster haben keine Scheiben, kein Gitter.
Auf dem Boden liegt Schnee.

Mit Oma Nina zanke ich mich. Sie will Bücher statt
Brennholz verheizen! Mit Baschir zanke ich mich. Er zieht
mich an den Haaren. Widerlicher Sitzenbleiber! Jurotschka
albert herum. Und ich liebe Mansur. Aber das ist schrecklich geheim! Und damit es niemand weiß, verstecke ich dich,
Tagebuch, hinter dem Schrank. Wenn Baschir dich findet,
droht mir lebenslange Schande. Er wird es allen weiterer-
zählen. Mansur ist tapfer. Er versucht, Essen zu finden, und
hat keine Angst vor Beschuss.

Die Volkswehr hat an der Haltestelle eine Falle aufgebaut.
Sie haben Bäume angesägt und Schützenpanzerwagen und
Panzer gefangen. Sie haben «Brandcocktails» darauf geworfen. Dann haben sie die Soldaten abgeschossen und sind
weggegangen. Die Jungs aus unserem Hof sind hingelaufen.
Ein Soldat hat noch gelebt. Er bat darum, dass man ihn er-
schießt. Er selbst wollte es so. Er hatte keine Beine. Sie waren verbrannt. Das hat Ali gesagt, der eine Seitenstraße von
uns wohnt. Ali ist dreizehn. Er hat ihn getötet. Danach hat
er geweint. Denn es ist schrecklich zu töten. Er hat ihn mit
einer Pistole getötet. Oma Nina bekreuzigte sich, und alle
haben geweint. Ali gab den Tanten einen Brief. Bei dem Soldaten stand geschrieben: «Pass gut auf die Töchter auf. Wir
gehen nach Grosny rein. Wir haben keine Wahl. Umkehren
können wir nicht, unsere Panzer zielen mit ihren Kanonen
auf uns. Wenn wir umkehren, ist das Verrat. Wir werden
erschossen. Wir gehen in den sicheren Tod. Verzeih.» Die

Tanten wollten den Brief wegwerfen, aber Mama legte ihn dorthin, wo die Bücher sind. Sie versprach, ihn an die Adresse zu schicken. Die Straße und die Hausnummer fehlen. Sie sind verbrannt. Mir tut der Soldat leid. Ich gehe nicht zur Haltestelle, durch die Gärten. Dort liegt seine Leiche – und andere Tote.

Polja

20. Januar

Die Militärs schießen auf Hunde. Die Hunde fressen Verstorbene. Auf den Straßen liegen tote Menschen und tote Hunde. Ich versuche, nicht hinzugucken, wenn ich vorbeigehe. Ich mache die Augen zu. Denn wenn ich sie sehe, schreie ich und kann nicht aufhören. Und Mama schimpft. Sie sagt, ich bin feige.

Die Volkswehr kämpft gegen russische Militärs. Die Volkswehr, das sind Leute, die ihre Heimat verteidigen. Das hat Oma Zoja gesagt. Die Kämpfe wollen nicht aufhören. Man sagt, in den Dörfern sind viele Menschen getötet worden.

P.

21. Januar

Ich sitze in der Flurnische auf einer Matratze. Um mich herum wird geschossen. Sie zielen genau auf unser Haus. Gestern habe ich bei Tante Walja, Aljonkas Mama, geschlafen. Bei uns gibt es keinen Platz zum Schlafen. Alle schlafen auf dem Fußboden und auf dem Sofa. Nirgends kann man seine Beine hinlegen. Warum hat der Krieg angefangen? Mama und ich sind im Herbst zum Friedensmarsch gegangen.

26. Januar

Die Nachbarin aus unserem Haus ist an den Beinen verletzt. Sie sind geschwollen. Einem Mann im Haus nebenan wurden die Hände abgerissen. Und als wir uns beim Beschuss in der Nische versteckten, wurde draußen ein Auto von einer Granate getroffen. Ein Mann, eine Frau und Kinder. Die Frau wurde schwer verletzt, die anderen waren sofort tot. Die Frau schrie und schrie, dann ist sie auch gestorben. Ich hielt mir die Ohren zu und lag auf dem Boden. Ich konnte nicht mit anhören, wie schrecklich sie schrie. Später hieß es, sie sei schwanger gewesen. Ihre Körper wurden weggebracht. Von dem Auto ist fast nichts übrig geblieben.

30. Januar

Im Sommer haben Aljonka und ich Käfer und Würmer beerdigt. Jedem haben wir ein Grab gemacht und ein Steinchen als Grabstein gesetzt. Dann konnten wir die Toten nicht mehr finden. Da habe ich ein paar neue Käfer getötet und sie auch mit Erde zugeschüttet. Ich wollte, dass der Friedhof noch schöner wird. Wie blöd von mir! Aber das ist noch nicht alles. Als ich Großvater im Krankenhaus besuchte, habe ich etwas ganz Schlechtes getan. Ich habe ihn betrogen. Und Gott hat mich bestraft! Zu uns ist der Krieg gekommen.

3. Februar

Russische Soldaten kamen auf den Hof. Sie haben alle rausgeführt. Die jungen Männer wurden nackt ausgezogen und angeguckt. Mir war das sehr peinlich. Warum haben sie ihnen die Kleider ausgezogen? Tanten und Omas schimpften. Die Soldaten sagten, sie suchen eine Spur. Eine Spur von einem Riemen oder so. Von der Maschinenpistole. Einen Jungen haben sie abgeführt, obwohl bei ihm überhaupt keine Spur zu sehen war. Dieser Junge ging einfach an uns vorbei. Bei uns haben sie die Papiere kontrolliert.

7. Februar

Wir haben Großvaters Wohnung besucht. Dort waren russische Soldaten und haben den Parkettboden rausgerissen und ein Lagerfeuer gemacht, um sich Mittagessen zu kochen. Sie haben Puschkin verbrannt!!! Grauenhaft! Schrecklich! Mama hat sie ausgeschimpft. Sie haben nur den Kopf geschüttelt. Mama sagte: «Sie sind achtzehn! Sie verstehen nicht, was sie tun!»

Einer hatte einen Schnurrbart. Sie leben dort und schießen auf den Fernseher. Warum?

15. Februar

Wir waren auf dem Berjoska-Basar. Dort haben wir Fladen, Zigaretten und Salzgurken verkauft. Bei einer Schießerei sind alle weggelaufen und haben sich versteckt. Auf dem Rückweg sahen wir ein altes Weiblein. Sie zog irgendetwas auf einem Schlitten. Mit einer Decke zugedeckt. Ein Sarg, dachte Mama. Das Weiblein konnte kaum gehen. Sie war vielleicht achtzig. Graue Haare unter dem Kopftuch. Ringsumher wurde geschossen. Aber sie war taub. Sie hörte es nicht einmal. Mama wollte ihr helfen und zog den Schlitten über die Fahrbahn. Dann wehte ein Wind die Decke herunter. Wir sahen, das ist überhaupt kein Sarg, sondern ein neuer Kühlschrank, noch in der Verpackung. Die Alte hatte ihn irgendwo gestohlen.

23. Februar

Stehlen tun alle. Tante G und Tante A und Tante Z und Onkel K und Ch und M! Alle nehmen sich morgens Schubkarren und ziehen los. Dann kommen sie zurück und bringen Teppiche. Geschirr. Möbel. Nur zwei, drei Menschen stehlen nicht. Jurij Michajlowitsch stiehlt nicht und einige wenige Nachbarn. Die anderen Nachbarn sagen: «Die russischen Soldaten stehlen!»

Und das stimmt.

«Da werden wir auch stehlen! Es kommt ja sowieso weg.»

Und das tun sie.

Aus dem Haus gegenüber der Unermüdlichste ist Opilein Polonij. Er hat früher als Aufseher im Gefängnis gearbeitet. Jetzt zieht er bis zu fünfmal am Tag mit seiner Schubkarre los – und mit ihm ungefähr zehn Freunde. Manchmal zanken sie sich, wer was bekommt. Sie brüllen hier auf dem Hof herum.

Wir waren im Zentrum: ich, Mama, Tante Walja und Aljonka. Wir gingen auch in ein Privathaus. Dort gab es Tee. Wir haben jeder eine Schachtel genommen. Dann habe ich eine Puppe gesehen. Eine Babypuppe. Und ich habe sie mitgenommen. Aljonka hat einen Bleistift gefunden. Nur Mama hat nichts genommen. Sie hat gesagt, ein Scharfschütze hätte sie fast getötet. Es ist peinlich, in einem fremden Haus getötet zu werden, und dann wird man als Dieb gefunden.

«Wir haben einen Haufen eigene Sachen zu Hause. Wir wissen nicht, wohin damit!», sagte Mama. «Gehen wir nach Hause!»

Und das taten wir.

25. Februar

Wir gingen zur Kirche. Sie liegt hinter der Brücke, wo der Fluss Sunzha ist. Die Sunzha ist dreckig und trüb. Die Kirche steht ganz schief von Treffern. Überall Häuser wie nach einem furchtbaren Erdbeben: Häuser eigentlich, aber doch nur noch ein Teil von den Mauern. In der Kirche wurden Tomaten und Makkaroni in Gläsern verteilt. Dort waren rus-

sische Großmütter und auch tschetschenische Tanten. Viele
Kinder. Die Alten haben sie angeschnauzt. Dann habe ich
dort noch Ljusja gesehen. Sie lebt in zerstörten Treppenhäusern. Ihr Papa, ihre Mama und ihre Großmutter sind getötet worden. Ljusja schminkt sich die Lippen. Sie hat roten
Lippenstift in einem zerstörten Haus gefunden. Ljusja ist
vierzehn. Mama sagte, eine Bombe hat den Zoo getroffen,
und die Tiere sind tot. Und ich habe einen Hund gesehen.
Splitter hatten ihm die Nase abgerissen. Er hat jetzt keine
Nase mehr. Dann sagten sie noch: Auf ein Altersheim ist eine
Bombe gefallen, und viele sind umgekommen. Eine Nonne
führte mich ins Innere, nach unten. Dort im Keller ist es dunkel, nur dünne Kerzen brennen an den Ikonen. Alle beteten,
dass der Krieg schneller weggeht. Die Nonne gab mir Fisch
und Kartoffeln. Mama hat den Hof in der Kirche gefegt. Auf
dem Rückweg wurden wir beschossen und lagen auf der Erde.

Wir haben einen toten russischen Soldaten gesehen. Er
lag da und neben ihm seine Waffe. Er trug eine dunkelblaue
Uniform. Mama ging auf den Hof. Dort stand ein Schützenpanzerwagen. Und sie sagte: «Geht hin, da liegt einer von
euren Jungs!»

Die Soldaten aßen etwas und tranken aus einer Flasche.
Sie gingen nicht hin. Zu Hause haben wir Großvater Jurij
Michajlowitsch ein bisschen Tomaten und Makkaroni gege-
ben. Er hat sich vielleicht gefreut!

Polja

27. Februar

Panzer fahren und darauf Teppiche. Man sagt, sie bringen
sie in die kleine Stadt Mosdok und verkaufen sie. Und nach
Inguschetien auf den Markt. Die Nachbarn plündern, und
die Militärs plündern. Die Türen stehen offen wegen der
Granaten und der Bomben. Wenn sie die Sachen in den

Häusern nicht mitnehmen, dann schießen sie darauf: auf Fernseher, auf Waschmaschinen. Wir suchen überall nach Brot. Es gibt keins. Der Sack mit Mehl geht zur Neige. Ich bin die ganze Zeit hungrig und Mama ebenso. Unsere Flüchtlinge reparieren die Wand in ihrer Wohnung im zweiten Stock, solange nicht geschossen wird.

Ein Panzer richtete seinen Lauf in den Hausaufgang. Und im Aufgang waren Kinder, Großmütter und Tanten. Wir trommelten gegen die Wohnungstür, aber sie ging nicht auf. Ich machte die Augen zu, erwartete den Schuss und war sicher, dass wir jetzt sterben würden. Dann schoss der Panzer, aber daneben. Er traf nicht den Aufgang, sondern darüber. Aus den Gärten schoss die Volkswehr auf die Panzer und rief: «Wanja, ergib dich!» Der Panzer setzte zurück. Mama zitterten die Hände, die Tür wollte nicht aufgehen. Und alle riefen: «Lena, schneller! Lena, mach die Tür auf!» Die Tür war von den Detonationen verklemmt. Dann ging sie doch auf, und alle stürzten in unseren Flur. Und dort lagen sie dann. Auf dem Hof schossen die Panzer.

3. März

Mama geht zur Basis, die in der Nähe ist. Sie sucht Brennholz. Es gibt keins, aber wir brauchen Feuer für den Teekessel. Auf der Basis wird gekämpft, russische Soldaten und Volkswehr. Mansur wollte Brennholz holen, und sie haben auf ihn geschossen. Er ist knapp davongekommen, ist aus dem ersten Stock gesprungen. Mansur trägt einen Hut. Er ist ein Pirat! Ein richtiger Pirat!!! Ich kann kein Wort zu ihm sagen. Auch wenn ich es so sehr möchte. Aber ich kann nicht. Ich bin zu schüchtern. Er hat irgendwo Wimperntusche gefunden und mir gebracht. So eine kleine, in der Dose. Veilchenblau. Ein Geschenk! Für mich!

Polja

4. März

Das Uraza-Bayram-Fest war! Oma Zina brachte eingelegte Tomaten und Reis. Und Opa Achmed brachte Bratkartoffeln. Eine ganze Pfanne voll! Er hat sie auf dem Feuer gebraten. Oh, was für ein Glück wir haben! Wir teilten die Geschenke mit Tante Walja und Aljonka.

5. März

Mama und Onkel Sultan sind zur Basis gegangen, Brennholz holen. Ich habe Angst allein. Ich lief durch die Gärten zur Basis. Ich lief allein. Ein Scharfschütze schoss auf die Bahngleise. Die Kugeln schlugen ringsum ein. Ich wollte Mama finden. Ich lief und rief sie. Ich sah getötete Menschen, doch das war nicht Mama, und ich ging nicht näher heran. Irgendwelche Frauen und Kinder lagen im Schnee. Und eine Alte mit grauem Kopftuch.

Dann fand ich Mama. Sie suchte noch immer nach Brennholz. Wir gingen in ein Häuschen der Basis, dort waren alte Stühle. Da fingen sie an, aus Panzern zu schießen. Und bubuffff! Eine Granate explodierte. Wir fielen hin. Eine Luftwelle! Wir wurden von Mauerputz und Steinen überschüttet. Aber nicht stark. Wir kamen heraus und krochen davon. Mama erklärte, man habe ihr gesagt, es gibt solche «Wärmeminen». Sie gehen dem Menschen hinterher und zerreißen ihn in Stücke. Ich kroch über den Schnee und dachte, dass bestimmt so eine Mine mir nachschleichen und mich in Stücke reißen wird. Wir lagen lange an der Straße. Granaten flogen, rote und orangene. Dann gelang es uns, zu den Häusern zu laufen. Wir haben Brennholz gebracht!

Polja

7. März

Wir gingen auf die Suche nach Nahrung. Während wir im Stadtzentrum unterwegs waren, hielten wir die Ohren offen: Wenn eine Mine oder eine Granate anflog, legten wir uns auf die Erde.

Wir trafen eine russische Großmutter. Lehrerin! Sie ging in zerstörte Häuser und sammelte Bücher. Keine Sachen, kein Geschirr. Bücher! Sie legte sie auf einen Handkarren. Sie weinte: «Man muss die Geschichte retten!»

Es ist nicht klar, aus welcher Richtung geschossen wird. Essen fanden wir nicht, aber Mama erzählte mir in der Zeit von der Familie von Nikolai II. Mir ist besonders in Erinnerung geblieben, wie die Zarenfamilie zur Erschießung geführt wurde und sie die Kellertreppen hinabsteigen mussten. Ich dachte, dass Kinder in Kellern umgebracht werden, ist bestimmt eine Art Tradition. Wir sind nur ein einziges Mal im Keller gewesen, blieben lieber in der Wohnung, bei allen Beschüssen. Wenn sie uns töten, dann wenigstens zu Hause. Ich hasse Keller!

11. März

Meine Stiefel sind kaputt. Die Füße werden nass. Ich habe keine Schuhe. Da bin ich in ein fremdes Haus gegangen, obwohl ich Mama versprochen habe, das nicht zu tun. Aber ich wollte nach Stiefeln suchen. Ich merkte nicht, dass die Kellerdecke offen war. Ich ging rein und sah die Stiefel. Sie lagen auf einem Sofa. Ich hatte nur sie im Auge und … fiel, in den Keller, aber nicht ganz bis nach unten. Sonst wäre ich tot gewesen. Drei Meter Tiefe und unten Beton. Ich klammerte mich mit den Händen an den Rand. Rausklettern konnte ich nicht. Ich hatte keine Kraft. Niemand kam mir zu Hilfe. Niemand wusste, dass ich Stiefel suchen gegangen war. Meine Finger wurden ganz weiß. Da kam ein alter Tschetschene. Er wird mich hinabstoßen, dachte ich, und ich sterbe dort unten. Aber er packte meine Hand, und ich kletterte raus.

«Was suchst du hier?», fragte er.

«Ich wollte die Stiefel nehmen», sagte ich.

«Schämst du dich nicht», fragte der Alte, «zu stehlen?» Ich wurde rot wie eine Tomate.

«Deine Beine haben hier nichts verloren! Sie sind den falschen Weg gegangen!», sagte der Alte laut. «Sünde! Sünde!»

«Ich habe nie Sachen gesucht. Ein einziges Mal …»

«Einmal zu viel», unterbrach mich der Alte. «Schande!»

Dann sah er, dass ich in löchrigen Stiefeln dastand. Er ging hin und nahm die Stiefel. Warf sie durchs ganze Zimmer.

«Na!», sagte er. «Nimm. Die Meinen sind von einer Bombe getötet worden. Meine Tochter, meine Enkel, tot. In dieses Haus kommt niemand mehr, um hier zu leben. Alle sind dort!»

Er zeigte mit der Hand nach oben.

Ich sagte: «Entschuldigen Sie», und ging in meinen zerrissenen Stiefeln raus. Und dann lief ich los.

Ich stieß auf eine Leiche. Vor einer halben Stunde war sie noch nicht da gewesen. Und jetzt lag sie da. Ein Mann, vielleicht vierzig Jahre alt, ein Russe, einer von hier. Er lag da und sah mich mit blauen Augen an. Daneben ein Eimer. Er hatte Wasser holen wollen. Bestimmt hat ihn ein Scharfschütze getötet.

Mama hat Konfitüre gefunden und trug sie im Beutel. «Wo zum Teufel warst du?», fragte sie.

Ich sagte es. Mama schlug mir flach auf den Hinterkopf. Direkt neben dem Toten.

«Außer Essen darf man nichts nehmen!», sagte sie streng.

Mama fand eine Decke, die auf der Straße herumlag. Damit deckte sie den Toten zu, und wir gingen nach Hause.

Polja

12. März

Mensch, was passiert ist! Wir gingen über die Brücke zur Kirche. Die eine Hälfte der Brücke ist in den Fluss gestürzt, weil eine Bombe sie getroffen hat. Aber auf der anderen Hälfte kann man noch gehen, um zur anderen Flussseite zu kommen. Da ist auch der kaputte Präsidentenpalast und das zertrümmerte Hotel «Kaukas». Auf der Brücke haben russische Soldaten eine Kanone aufgebaut. Sie sitzen dort auf Stühlen. Das ist jetzt ihre Brücke.

Also: Mama und ich wollten zur Kirche und waren schon auf der Mitte der Brücke. Und ich sehe: Auf der anderen Brücke, den Fluss hinab, läuft Volkswehr. Ich erkannte sie sofort – sie haben grüne Bänder um den Kopf. Sie begannen zu schießen, aus so einem langen grünen Rohr, das sie auf dem Rücken tragen. Genau auf uns! Von der anderen Brücke auf unsere Brücke! Wie das gerumst hat! Feuer! Alle getroffen. Neben uns ging eine Frau mit einem kleinen Jungen, Tschetschenen. Und zwei alte Russen. Alle wollten in die Kirche, weil sie dort manchmal Lebensmittel verteilen. Die bringen die Kosaken.

Wie sie anfingen zu schießen! Ein Kampf! Die russischen Soldaten schossen aus der Kanone auf die Volkswehr auf der anderen Brücke. Eine große Kanone auf Rädern! Sie schießt, und die Erde zittert wie bei einem Erdbeben. Ich lag auf dem Boden und schrie vor Angst. Mama schleppte mich am Kragen in das zerstörte Hotel «Kaukas». Auch die Leute von der Brücke rannten in die Ruinen des Hotels. Dort lagen wir auf dem Boden. Die Schießerei wurde immer heftiger. Ich hatte solche Angst! Ich dachte, jetzt ist der Tod gekommen. Es braucht gar keine «Wärmemine». Man wird so umgebracht. Das Hotel war zerschossen, tausende Male von Granaten getroffen, die Wände wie Spitzengewebe und unter den Füßen ein Haufen Steinsplitter. Wir lagen zwei

38

Stunden dort. Wir haben uns kennengelernt. Der kleine Junge weinte. Er kroch zu Tante Asja auf den Arm. Sie lag auf dem Boden und nahm ihn in die Arme. Und Großvater Boris tröstete uns. Er sagte, die Kugeln würden uns nicht erreichen. So etwas gibt es gar nicht, dass alle auf einmal getötet werden. Jeder hat sein eigenes Schicksal.

Auf einmal bewegte sich ein Haufen Säcke in der Ecke. Dort war Müll, Tüten. Vier Soldaten kamen da rausgekrochen. Sie hatten die ganze Zeit dort gelegen!

Mama sagte zu ihnen: «Was macht ihr da?!»

Und sie: «Wir verstecken uns. Wir wollen nicht kämpfen!»

Da hat Opa Boris sie angeschnauzt: «Was macht ihr hier? Es ist Krieg! Und ihr sitzt hinter den Säcken!»

Das waren so mickrige Soldaten. Sie sagten: «Wir wollen nicht kämpfen! Wir wollen nach Hause! Nach Hause!»

Als es ruhiger wurde, begleiteten die Soldaten uns in ein anderes Gebäude. Mama bat sie um eine kugelsichere Weste.

«Gebt mir eine Weste», sagte Mama. «Für das Kind!»

Aber die Soldaten gaben keine. Sie hatten selbst zu wenig, sagten sie. Dabei hatte jeder von ihnen drei davon an. Sie waren sehr ängstlich.

Wir liefen über die Straße und kletterten durch ein Fenster in ein anderes Haus. Aber dort war der Ausgang verschüttet. Man musste aus dem zweiten Stock springen. Zurück ging nicht – sie schossen wieder. Ich fiel auf einen großen Haufen kaputter Ziegelsteine, schlug mir die Beine auf und zerkratzte mir die Hände. Nach mir sprangen alle: Tante Asja mit einem Ächzen, Mama fluchend, der Großvater und die Großmutter bekreuzigten sich. Großvater Boris hat Tante Asjas Sohn in der Luft aufgefangen.

39

15. März

Mansur war hier. Er brachte Mehl für Fladen. Seine Familie ist bei uns ausgezogen. Es wird noch geschossen, aber nicht mehr so stark. Mansur hat einen Freund aus dem Nachbarhaus. Sie gehen immer zusammen und haben eine kleine Freundin mit einem langen, hellen Pferdeschwänzchen. Sie ist vielleicht sechzehn. Ich kann sie nicht ausstehen! Einige Nachbarn sind zurück. Ramzes aus dem ersten Stock hat seine ganze Wohnung mit Teppichen vollgestellt, man kommt nicht durch. Und Tante Warja, Mansurs Mama, sagte, alles sei ganz schlecht. Ihr Mann ist schon lange weg, er hat sie mit den Kindern alleingelassen. Er kam von einer Dienstreise nicht mehr zurück. Er hat eine andere Frau gefunden. Mama hat die Karten gelesen und ihr gesagt, dass er doch wieder zurückkommt. Man muss warten! Ich habe ein Gedicht geschrieben:

Das ganze Leben träume ich,
wie im Märchen
auf uferlosem Ozean zu schwimmen.
Die Weite zu gewinnen
und frei zu sein.

Fern eine geheimnisvolle Insel,
smaragdgrün das Laub, wie vom Pinsel,
wo die Wellen ans Ufer plätschern.
Wo alle Freunde sind
und Frieden herrscht für alle Zeit!

18. März

Mama ist übergeschnappt. Nachts wurde stark geschossen. Ich trug die Öllampe und ließ sie fallen. Ein Knall!!! Die Dose rutschte mir aus der Hand und kullerte weg. Der

Fußboden fing an zu brennen, das Sofa auch, und kein Wasser in der Nähe. Wir holen das Wasser immer vom Brunnen, weit entfernt. Dort zielt ein Scharfschütze oft auf die Beine. Zu Hause war nur ein Eimer voll. Mama goss das Wasser auf den Fußboden. Es qualmte, aber der Boden stank und brannte weiter. Wir holten einen Eimer von Tante Marjam und gossen noch einmal. Fast wäre die Wohnung abgebrannt. Ich habe so einen Schreck bekommen. Mama hat mich geschlagen. Und heute Morgen hat sie mich vor den Spiegel gezogen und mir die Haare abgeschnitten. Meine Haare reichten bis über die Schultern. Kastanienbraun. Sie hat mich kahl geschoren. Sie sagte: «Das ist die Strafe! Pass besser auf! Du hast mein Parkett zugrunde gerichtet!»

Vom Parkett ist nur ein einziges Brettchen verbrannt. Aber Mama verzeiht mir nicht. Ich saß vor dem Spiegel und weinte. Mein Kinn zitterte. Mein eigener Anblick stieß mich ab. Dann kam Tante Walja und stöhnte: «Lena, bist du verrückt geworden?!»

Und zu mir sagte sie: «Warum bist du nicht zu uns gerannt? Wir hätten dich versteckt!»

Jetzt habe ich ein großes Tuch umgelegt. Sonst werden mich alle Kinder auslachen und beschimpfen.

19. März

Wir gingen Wasser holen. Das Rohr liegt weit hinter den Gärten, dort wo das Flüsschen Neftjanka ist. Kinder und Frauen, alle mit Eimern und Kannen. Manchmal wird dort heftig aus Maschinenpistolen geschossen, dann werfen wir uns hin und bleiben liegen.

Mama hat mir wegen der Öllampe nicht verziehen. Als viele Kinder da waren, kam sie und zog mir das Kopftuch herunter. Sie sagte: «Das ist meine Strafe für sie! Jetzt ist sie glatzköpfig und schrecklich, weil sie nicht aufgepasst hat und das Feuer auf den Fußboden gefallen ist!»

Alle Kinder lachten. Sie sagten: «Komm, mach hinne, kahle Birne!», und gackerten. Und ich stand da und weinte. Ich glaube, es ist besser für mich zu sterben, als zu leben. Wozu lebe ich?

Polja

20. März

Heute habe ich Geburtstag. Ich bin zehn Jahre alt. Ich trage ein großes Kopftuch, man sieht nur mein Gesicht, wie bei einer Matrjoschka. Mama kam, umarmte mich und sagte: «Ich war wohl etwas zu hitzig. Hier, nimm!»

Sie steckte mir ein bisschen Geld zu. «Für Eis!», sagte sie. Und ging etwas erledigen.

Und ich sitze hier und denke, dass ich dieses Geld nicht brauche. Ich brauche überhaupt nichts. Sie liebt mich nicht. Niemand liebt mich. Tante Walja und Aljonka sind gekommen. Sie haben alte Aprikosen-Konfitüre gebracht. Als Geschenk.

2. April

Wir waren in der Konservenfabrik, ich, Mama, Aljonka und Tante Walja. Das ist weit, vier Stunden zu Fuß. Dort kann man Zucchini-Püree bekommen. Die Haltbarkeit ist abgelaufen, aber man kann es noch essen, wenn man es aufkocht. Alle holen das und essen es. Tausende Dosen sind dort! Wir gingen durch die Häuser und Gärten hin. Dort waren Hunderte von Menschen. Ausländer. Korrespondenten. Sie sprachen eine unverständliche Sprache. Mama sagt, sie sind aus England und Frankreich. Mir und Aljonka gaben sie Bonbons!!! Richtige! Schokoladenbonbons! Sie haben irgendetwas fotografiert, und wir haben alle Bonbons auf einmal in den Mund gesteckt. Ach, wie lecker! Mama und Tante Walja haben viele Dosen Püree genommen. Wir werden es in der Pfanne schmoren! Aber wir hatten auch Angst. Auf einer Straße nicht weit von der Konservenfabrik lag ein Mensch. Kein Mensch, sondern ein schwarzes Skelett. Ein bisschen Kleidung. Das Gesicht und die Hände hatten die Hunde gefressen. Auch die Mitte hatten sie gefressen, aber nicht ganz. Daneben stand ein ausgebrannter Panzer. Mama und Tante Walja drehten sich weg und gingen vorbei. Ich und Aljonka blieben stehen. Wir guckten. Ich sah seine Rippen. Sie waren so seltsam, und Fetzen von der Kleidung klebten irgendwie daran. Mama und Tante Walja haben uns etwas zugebrüllt. Danach sagte ich zu Aljonka: «Und wenn er sich jetzt bewegt?»

Aljonka kreischte.

Auf dem Rückweg wollten wir nicht dieselbe Straße gehen, aber wir taten es doch. Wieder hatte ich keine Angst. Ich guckte. Er lag da. Alle gehen vorbei, und er liegt da. Ein Hund kam und schnupperte. Wir verjagten ihn mit einem Stock. Ich beschloss, ihn den «Panzerfahrer» zu nennen. Er ist umgekommen, im Panzer verbrannt. Er ist Russe. Wo sind seine Freunde? Warum liegt er auf der Straße?

6. April

Ich habe von dem Panzerfahrer geträumt. Er sollte tot sein – ganz schwarz, verkohlt – und war lebendig! Und er rührte sich. Kroch irgendwohin. Ich schrie. Weckte Mama auf. Mama gab mir wieder Nackenschläge.

9. April

Wir waren auf dem Berjoska. Dort war eine Schlange. Man bekam einen Korb vom Roten Kreuz, humanitäre Hilfe. Ich trug ihn nach Hause. Ich sah – Käse! Ich hatte solchen Appetit auf Käse!!! Ich schnitt ein Stück ab. Und kaute darauf. Pfui … Es war Seife. Mama machte eine Konserve auf. Das war Büchsenfleisch. Wir aßen es mit dem Löffel aus der Dose.

11. April

Staub. Es stinkt. Sie schießen. Immer noch Krieg. Wir waren wieder in der Konservenfabrik und essen Püree. Es ist ekelhaft, faulig, aber Tante Walja brät es mit Butter in der Pfanne, dann geht es. Ich wartete, dass wir an dem Panzerfahrer vorbeikommen würden. Ich hatte einen Pappkarton mitgenommen, um ihn zuzudecken. Aber er war nirgends. Dann sah ich ihn im Graben! Jemand hat ihn von der Straße in den Graben gewälzt. Autos fahren vorbei, Leuten ziehen mit Schubkarren vorbei, um Zucchini-Püree zu holen, und er liegt im Graben. Der Arme! Die Hunde hatten die Beine ganz aufgefressen. Lecker, vermutlich. Nur die Rippen und die Knochen waren geblieben. Ein schrecklicher Anblick. Aber ich wollte ihn mit dem Karton zudecken. Als Mama das sah, schrie sie: «Dumme Gans, komm da weg!»

Ich wusste nicht, was tun, aber ich warf den Karton runter. Hab nicht ganz getroffen. Mama kam angelaufen, packte mich am Arm. Sie schrie: «Meinst du, der Hund kann den Karton nicht wegschieben?! Rühr das nicht an und guck nicht hin!»

Zurück haben wir einen anderen Weg genommen.

Verzeih, Panzerfahrer.

Polja

15. April

Mama und ich gehen auf den Berjoska-Basar. Wir verkaufen Großvaters Angeln. Großvater hatte viele Angeln. Er war ein Fischer. Er hat auf der Wolga gefischt. Wir kaufen Reis, Makkaroni. Manchmal wird geschossen. Neulich war

so eine Explosion!!! Da haben sie Soldaten in einem Auto
an der Haltestelle in die Luft gesprengt. Andere Soldaten
fingen an zu schießen, und alle sind weggelaufen, hingefallen, haben die Waren fallen lassen. Ich und Mama lagen im
Gras, und ich habe die ganze Zeit gedacht, ob jetzt die Mine
angeflogen kommt oder nicht. Aber sie kam nicht. Zu Hause
waren Aljonka, Waska, Tante Walja und Tante Dusja. Sie saßen im Flur und hörten die Explosionen. Sie haben für uns
gebetet, damit wir nicht getötet werden. Danke!

23. April
Ostern! Ich bin krank. Tante Walja hat mir Koteletts zu essen gegeben, jetzt tut mir der Bauch weh. Tante Dusja und
Tante Walja haben gebacken. Der Nachbar, Onkel Walera,
kam mit einem Apfel, und Waska hat Pralinen als Geschenk
gebracht!

26. April
Endlich mal richtig gegessen. Mama war im Stadtzentrum
gewesen. Dort verteilten sie aus Autos kostenlos Brot. Irgendwelche guten Menschen, keine Militärs. Alle stellten
sich zwei-, dreimal an und nahmen drei, vier Brotlaibe.
Mama hat auch für die alten Leute aus unserem Aufgang
welche mitgenommen. Sie können nicht gehen. Ihnen tun
die Beine weh. Aljonka und ich haben mit Puppen gespielt.
Wir haben beschlossen, dass wir Schwestern sind und uns
niemals trennen werden.

15. Juni
Ich gehe zur Schule. Früher war das ein Kindergarten, jetzt
ist es eine Schule. Sie ist aus roten Ziegeln. Meine Schule
Nr. 55 wurde zerstört, nur ein schwarzes Gerippe steht noch.
Eine Bombe ist darauf gefallen. Viele Menschen sind im Kel-

ler umgekommen. Auch meine andere Schule, die Nr. 32, haben sie zerbombt. Dort sind die Dokumente verbrannt. Aber meine Papiere wurden gefunden. Die Lehrerin hatte sie zu Hause versteckt. Die Kinder in der Schule beleidigen mich. Sie hänseln mich. Ein kleiner Junge fragte: «Bist du Russin?»

Ich sagte: «Ja.»

Er gab mir eine Ohrfeige. Ich kenne diesen Jungen nicht. Er ist nicht aus meiner Klasse. Die Kinder hänseln mich und andere Nicht-Tschetschenen: «Du verreckter Jelzin», «Unschuldsjesus», «Ghaski Chak» (russisches Schwein). Was haben wir Böses getan? Diese Kinder sind aus Russland gekommen – sie haben den Krieg hier nicht erlebt, so wie wir. Jetzt sagen sie: «Das alles hier gehört uns. Unser Land. Alle Russen gehören getötet!»

Allein gehe ich nicht in die Klasse. Sie schlagen mich. Zerreißen meine Kleidung, ziehen mich an den Haaren. Ich warte auf den Lehrer. Nur mit ihm gehe ich in die Klasse. Bis dahin verstecke ich mich oder schließe mich auf der Toilette ein. Meine Hefte haben sie zerrissen. Angie hat das getan. Sie hat sie einfach zerrissen. Aslan und Milana hielten mich fest, und Rasul hat mich in den Bauch getreten. Ich bin die Einzige in der Klasse, die sie für eine Russin halten.

17. Juni

Ich habe vergessen aufzuschreiben: Im Winter ist Aljonkas Großmutter gestorben. Großmutter Rimma war streng. Sie hat Aljonka geliebt. Sie wurde auf einer Wiese am Haus begraben. Großmutter Rimma hat im Winter gefroren und gehungert. Sie war gelähmt. Bei Aljonka ist auch noch der Papa gestorben. Vorher. Er hat Leuten geholfen, einen Brand zu löschen, und ist erstickt. Er war tapfer. Jetzt sind sie zu zweit geblieben, Aljonka und ihre Mama, Tante Walja. Das sind unsere Freunde!

18. Juni

Ich habe mir Folgendes ausgedacht: Wasser in einen Eimer gießen, eine Tüte Yupi-Pulver darin auflösen. Dann wird es in Gläser gegossen, Eis reingelegt und verkauft. Ich verkaufe auf dem Zentralmarkt. Ich trage ein weißes Kopftuch, eine weiße Schürze und ein grünes, langes Kleid. Mama hilft im Café, sie verkauft Gebäck. Dafür bekommt sie Gebäck für zu Hause und ein bisschen Geld. Die Cafébetreiber sind Tschetschenen, die «Edik» und «Arlet» genannt werden. In Wirklichkeit heißen der Mann und die Frau anders. Sie haben ein russisches Mädchen aus einer Trinkerfamilie aufgenommen.

Den Saft verkaufe ich allein. Das Geld gebe ich Mama. Meistens ist es wenig. Man kann nur Brot kaufen und ein bisschen Kartoffeln, aber ich bemühe mich.

Heute ging ich zu den Ständen, wo sie Batterien, Uhren, Kassetten und Schokolade verkaufen, und begegnete einer unbekannten Frau. Sie kaufte ein Glas Saft bei mir und fing an zu weinen. Dann fragte sie: «Wie heißt du?»

«Polja.»

«Meine Tochter hieß Fatima.»

Und sie weint. «Wie alt bist du?», sagt sie.

«Zehn», sage ich.

«Sie war auch zehn», sagte die Frau. «Sie ähnelt dir wie ein Wassertropfen dem anderen. Sie ist im Winter auf dem Dorf getötet worden. Von einer Granate. Sie war meine einzige Tochter!»

Dann lief die Frau zu einem Tisch und kaufte eine große Schachtel Schokolade. Die gab sie mir und ging weg.

21. Juni

Ich mag die Geographie-Lehrerin. Sie wohnt an der Haltestelle Berjoska, am Basar. Eine magere Tschetschenin.

Manchmal gehen wir zusammen nach Hause. Mathematik mag ich nicht. Ich mag Literatur. Ein Lehrer sagt in der Schule immerzu: «Die Russen werden wir töten! Alle Russen sind Schweine!»

Nach seiner Stunde schlagen mich die Kinder. Niemand ist mit mir befreundet. Sie schreien und hänseln mich. Einen kleinen Jungen aus der ersten Klasse haben sie mit Steinen beworfen. Ein russischer Junge. Russische Kinder gibt es nicht viele. Dann haben sie in unserem Stadtteil eine Großmutter umgebracht und eine Familie abgestochen. Andere haben sie verprügelt. Oi, was für Sachen! Gott schütze uns!

Polja

1. Juli

Mama hat gesagt, dass wir nicht aus Grosny wegziehen.

«Wer wegfahren will, soll fahren! Wir fahren nicht. Hier ist unser Zuhause», sagt sie.

11. Juli

Ich bin in der fünften Klasse. Englisch gibt es jetzt nicht, das ist schlecht. Geschossen wird wenig. Ist der Krieg zu Ende? Wird jetzt Frieden sein, und werden wir leben? In der Klasse raufen sie. Ich kann nicht raufen und will es nicht können. Es kränkt mich sehr, wenn ich dafür geschlagen werde, dass ich einen russischen Namen habe. Ich lese gern Bücher. Andere tun das nicht. Und ich habe angefangen, Geschichten zu erzählen. Sie hören zu, dann raufen sie nicht.

Zur Nacht spreche ich ein Gebet an die Heilige Jungfrau Maria, dass sie mich beschützen soll. Und an den Schutzengel.

15. Juli
Im Erdgeschoss gibt es nur zwei Wohnungen: Unsere und die von Tante Marjam. Daneben ist ein Gemüseladen, da verkauft Tante Amina Zucker. Tante Marjam mag mich. Sie ist Inguschin und hat viele Brüder und Schwestern. Als Inguschetien angegriffen wurde, konnten sie sich gerade so retten. Ihre alte Mutter ging mit anderen Leuten über einen Pfad an einem Abgrund. Und oben flog ein Hubschrauber und warf Bomben. Viele Menschen wurden getötet, Kinder. Tante Marjam hat zwei Söhne: Jusuf und Akbar. Sie sind älter als ich.

Tante Marjam erzählt oft Legenden. Einmal soll Folgendes passiert sein. Ein Mann ging nachts durch den Wald. Er sah ein Lagerfeuer, jubelnde Menschen, eine Feier. Ein fürstliches Festmahl! Er tanzte um das Feuer, und weil er eine Pistole hatte, schoss er damit, wie es Sitte war, in die Luft. Und es war stockfinster. Er schaute sich um, niemand war da! Die Waldgeister hatten ihn verhöhnt. Dschinn. Böse Geister haben Angst vor Schüssen. Deshalb schießt im Kaukasus, wenn ein kleines Kind geboren wird, der Vater immer mit dem Gewehr in die Luft. Damit die bösen Geister verschwinden.

23. Juli
Tante Marjam hat gesagt, sie habe Kobolde gesehen. Da machen sich die bösen Geister lustig. Die Dschinn. Man muss ein Gebet lesen. Tante Marjam liest muslimische Gedichte: «Bismi Llahi». Patoschka, ein Mädchen aus dem zweiten Stock, hat gesagt, man soll den Koran lesen.

5. August
Viele Nachbarn ziehen weg. Die Wohnungen sind billig zu haben. Mama sagt, unsere wird niemand kaufen. Großmut-

ter Katja und Wera ziehen weg. Und die Nachbarin Anja.
Und Tante Natascha. Ich habe keine Zeit. Ich bin von früh
bis spät auf dem Markt. Ich verkaufe.

Polja

8. August
Tante Walja wird überfallen. Man will ihr die Wohnung
wegnehmen. Bedroht hat sie Onkel Adam aus unserem Aufgang. Adam und Ajschat sind vor kurzem hergezogen. Sie
haben hier vorher nicht gewohnt. Sie haben drei Kinder.
Adam sagt über Walja, dass sie Russin ist. Wir waren zu Besuch bei Tante Walja, und er trat mit den Füßen gegen die
Tür. Aljonka bekam Angst und kroch unter den Stuhl. Ich
sprang auf den Balkon. Tante Walja wohnt im ersten Stock.
Es ist Sommer, alle Balkone stehen offen, aber niemand kam
zu Hilfe. Und Onkel Adam trat mit den Füßen gegen die
Tür, aber sie war stabil, sie zerbrach nicht. Ich rief: «Zu Hilfe! Hilfe! Man will uns umbringen!»

Ich brüllte fünf Minuten lang. Niemand kam raus. Aljonka schrie. Dann kam Tante Amina, die sechs Kinder hat und
neulich in die Wohnung über Tante Walja gezogen ist, ins
Treppenhaus. Sie brachte Adam dazu wegzugehen. Sie sagte,
ihre Kinder mögen es nicht, wenn wir brüllen.

13. August
Die Lehrerin Elena Alexandrowna hat gesagt, sie wird aus
Grosny wegziehen. Sie hat einen russischen Soldaten lieb
gewonnen. Er ist zum Kämpfen hergekommen. Sie hat uns
mit ihm bekannt gemacht. Er hat mir Schokolade gekauft.
Wir haben sie auf dem Berjoska-Basar gesehen.

15. August
Wir übernachten bei Walja. Wir halten Wache, damit sie nicht getötet wird. Fatima hilft uns heimlich, damit es niemand weiß. Sonst trifft es sie! Sie schließt abends die Haustür zu. Sie wohnt im selben Aufgang. Walja wird von einem Hausgeist geplagt. Er würgt sie im Schlaf. Und am Tag treibt er Schabernack. Sie ist mit der Hand an sich heruntergefahren, als sie keine Luft mehr bekam, und hat etwas Haariges gespürt. Sie begann zu beten – da ging es weg. Wir haben dem Hausgeist ein Schälchen mit Brot und Wasser hingestellt.

19. August
Adam wollte Mama und Walja abstechen. Sie gingen zum Berjoska-Basar, und ich und Aljonka standen auf dem Balkon und haben alles gesehen. Adam nahm ein Messer und lief über unseren Hof. Er schrie: «Ich stech das russische Biest ab! Wie einen Hammel stech ich es ab!»

Es war sonnig. Viele Menschen, Nachbarn, Arbeiter, die Fenster einsetzten, waren da. Aber niemand schritt ein. Bei Aljonka im Wohnzimmer ist eine Ikone: die Jungfrau Maria und der kleine Jesus Christus. Aljonka weinte: «Was sollen wir tun?»

«Beten!», sagte ich.

Wir fielen auf die Knie und beteten: «Bitte, Jungfrau Maria, mach, dass Onkel Adam unsere Mütter nicht tötet. Bitte!»

Dann hörten wir ihn kommen. Adam polterte ins Treppenhaus und trat mit den Füßen gegen die Tür. Er schrie, dass er uns umbringen wird, weil wir Russen sind, und alle Russen muss man abstechen und ihre Wohnungen für sich nehmen. Wir versteckten uns im Schrank und blieben dort sitzen, bis Mama und Tante Walja zurückkamen. Sie fanden uns im Schrank. Ein Regal war auf uns gefallen, aber wir waren nicht rausgekommen – aus Angst. Nachher liegen unsere Mütter tot im Hof? Wie sollen wir das mit ansehen? Aber wie sich herausstellte, war meine Mama nicht weggelaufen, als Onkel Adam hinter ihnen her war. Sie sagte laut zu ihm: «Du Feigling! Du bist kein Tschetschene! Ein Tschetschene rennt nicht Frauen hinterher, um ihnen das Messer in den Rücken zu stechen. Du bist kein Mann. Ich ziehe meinen Rock aus und ziehe ihn dir an!!!»

Alle im Hof fingen an zu lachen. Das ist eine Schande für einen Mann, von hinten anzugreifen! Eine Schande, einen Rock anzuziehen! Irgendwelche Leute verjagten Adam, mit dem Messer in der Hand.

Polja

29. August

Adam hat die Alkis und Diebe aufgehetzt. Sie drohen Walja. Walera, wir und Fatima verteidigen sie. Gestern Abend konnte Adam doch noch das Schloss zu Waljas Wohnung aufbrechen und ist dort eingedrungen. Betrunken. Mit einer Pistole. Wir guckten gerade eine Serie im Fernsehen: ich, Mama, Aljonka und Walja. Mama griff sich ein Beil, nahm Onkel Adam unter den Arm und führte ihn aus der Wohnung. Sie sagte: «Wenn du noch einmal hier auftauchst, mache ich dich zu Kleinholz! Da hilft dir auch deine Pistole nicht!»

Adam lief torkelnd davon.

10. September

Ich bin in die sechste Klasse gekommen.

Mama möchte die Wohnung für fünftausend Rubel verkaufen. Aber niemand will sie haben. Sie bieten ein- oder zweitausend. Dafür kann man nicht umziehen. Es ist sonnig.

Ich mache Hausaufgaben. In der Schule alles Mögliche. Früher hatte ich Freunde, jetzt sind alle Feinde.

10. November
Ich hatte keine Zeit zu schreiben. Wir waren auf Reisen: ich, Mama, Aljonka und Tante Walja. Wir sind mit dem Bus gefahren und haben die Berge gesehen! Und Esel! Wir waren in der Stadt Mosdok. Wir haben in zwei Dörfern des Bezirks Stawropol gewohnt. Dort leben gute russische Menschen. Mama und Walja wollten ein kleines Häuschen kaufen, damit wir zusammenleben können. Mama würde ihre Wohnung verkaufen und Tante Walja ihre. Und Aljonka und ich werden für immer wie Schwestern sein. Die Menschen in den russischen Dörfern, kaum hatten sie erfahren, dass wir aus Grosny sind, haben uns gleich eingeladen, Essen und Tee gegeben. Tante Lisaweta hat uns Spielzeug geschenkt und Großmutter Olga auch. Sie haben uns umarmt und gesagt, dass wir eine Zeitlang bei ihnen leben können. Die Menschen dort helfen den Flüchtlingen. Sie bringen Essen aus den Gärten. Sammeln Sachen. Säcke voll haben sie uns geschenkt! Wir konnten nicht einmal alles mitnehmen.

Wir haben ein Haus am Fluss gefunden, für siebentausend. Fisch im Fluss und Pilze im Wald. Zur Schule können wir dort auch gehen. Die Direktorin ist gut. Mir hat alles sehr gefallen!

Dann fuhren wir zurück, wollten die Wohnungen verkaufen. Aber niemand wollte sie kaufen. Tante Walja überlegte und sagte sich, dass hier ihr Mann begraben ist, ihre Verwandten. Dass man vielleicht nicht wegziehen muss. Vielleicht wird es Frieden geben. Mama mag Grosny. Und wir sind geblieben.

4. Dezember

Gestern hatte Aljonka Geburtstag. Jetzt ist sie zehn. Aber ich werde bald elf. Ich bin wichtiger! Wieder ist der Strom ausgefallen. Wir sitzen im Dunkeln. Ich schreibe bei Kerzenlicht.

Tante Waljas Nachbarn haben was abgekriegt. Sie wollten über den Balkon rein, um sie zu töten. Aber Mama hatte Nägel innen in den Balkon gesteckt. Nachbar Jim aus dem Haus gegenüber und Nachbar Baud lehnten eine Leiter an den Balkon und kletterten rauf. Wie sie dann gebrüllt haben! Ihre Hände waren an den Nägeln aufgerissen. Von dem Geschrei ist Mama wach geworden. Sie ging auf den Balkon und hat sie geschubst. Sie flogen von der Leiter nach unten und schrien über den ganzen Hof: «Russisches Pack! Kreaturen! Wir stechen euch ab!»

Und Mama sagte: «Einen Dreck bekommt ihr, keine russische Wohnung! Ihr gemeinen Lumpen, rührt Walja nicht an!»

Die anderen Nachbarn sagten Mama, sie soll Walja nicht in Schutz nehmen. Mama mögen alle. Sie wird «Lejla» genannt. Aber Mama hat gesagt, sie gibt nicht nach.

Auch mein Stiefvater Ruslan nennt Mama Lejla. Er ist Tschetschene, Mamas Herzensfreund. Mama hat ihn gerettet, auf dem Markt: Schützenpanzerwagen kamen und wollten Männer einfangen. Sie werden an einen Ort gebracht, der «Filtrationslager» genannt wird, dort werden sie gefoltert und umgebracht. Ruslan hat Ersatzteile für Autos verkauft. Alle an seinem Marktstand wurden gepackt: junge und alte Männer. Mama gab Ruslan eine leere Wasserflasche und fing an zu schreien: «Mein Herz tut weh, Wasser! Wasser!»

Den Soldaten sagte sie, Ruslan sei ihr Nachbar und er bringe ihr Wasser und Medikamente. Und sie ließen ihn laufen.

Alle, die mitgenommen wurden, hat man nie wieder gesehen.

10. Dezember

Wir renovieren. Wir haben die Decken geweißt. Ich gehe nicht zur Schule. Mama hat gesagt, ich kann ein Jahr auslassen, weil aus der Schule Kinder verschwunden sind. Und dann waren da noch Spielzeug-Minen. Wir haben sie nicht angerührt, aber einem kleinen Jungen wurde die Hand abgerissen. Er wollte sehen, was das für eine Schachtel ist.

Aljonka und ich sind von einem Irren angefallen worden. Ein nackter Mann aus dem Gebüsch. Aljonka fing an zu schreien, ich habe einen Stein nach ihm geworfen. Er hat uns über die Straße verfolgt, dann ist er weggelaufen. Vermutlich zurück in die Büsche.

Zu Hause lese ich Schulbücher und zeichne ein Märchen: Die Wassernixe ist zu einem Menschen geworden und in unsere Welt gekommen. Abenteuer im Krieg erwarten sie. Ein kleiner Drache wird ihr helfen.

16. Dezember

Wir übernachten manchmal zu Hause, manchmal bei Tante Walja.

Mama hat sich so etwas ausgedacht: Wir haben ein altes Radio genommen und die Kabel abgeschnitten. Die Enden haben wir mit einem Messer freigekratzt. Ich und Aljonka haben geholfen. Draußen hat es geregnet. Wir kochten Makkaroni. Aber nachts, wenn Mama und ich nach Hause gehen, legt Tante Walja die Drähte aufs Fensterbrett. «Erdung» nennt man das. Der Stecker kommt in die Steckdose. Wenn jemand durchs Fenster will, um Walja zu töten, bekommt er einen Stromschlag. Tagsüber nehmen wir die Drähte weg. So leben wir.

Böse Menschen aus den Bergen sind gekommen. Sie wollen alles für sich haben. Viele Nachbarn sind weggezogen: Die einen wurden geschlagen, die anderen vertrieben. Wir sind geblieben. Mama hat Ruslan. Er könnte in Russland schwer leben – dort mag man die Tschetschenen nicht. Walja ist mit Aljonka geblieben, der Nachbar Onkel Walera und die alten Leute sind geblieben. Sie wissen nicht, wohin. Sie haben nirgendwo Verwandte.

23. Dezember

Bald ist Neujahr. Aljonka und ich wollen eine Beschwörung machen, dass nie wieder Krieg kommt. Dafür muss man es auf ein Stück Papier schreiben, es anzünden und in den Sekt werfen. Sekt gibt uns niemand, deshalb haben wir es in den Tee geworfen.

Die Nachbarn, die in die umliegenden Häuser gezogen sind, werfen den Müll aus dem Fenster. Essensreste, Kartoffelschalen. Sie schreien und zanken. Neulich gab es eine Schlägerei auf dem Hof. Die alten Nachbarn rauften mit den neuen. Die einen wie die anderen sind Tschetschenen. Aljonka und ich haben vom Balkon aus zugesehen.

Aljonka hat ein eigenes Zimmer, dazu das Wohnzimmer und das Zimmer von Tante Walja. Sie haben viele Möbel, so wie wir, verschiedene Vasen, Geschirr. Ich mag den riesigen Stuhl im Wohnzimmer. Wir sitzen immer zu zweit darauf, ich und Aljonka.

Und dann hat meine Mama eine Gabe. Das ist, wenn jemand etwas weiß, was niemand weiß. Gestern kam sie zu Walja und sagte: «Bei dir ist der Tod im Haus!»

Wir waren sehr erschrocken. Walja sagte, das stimmt nicht. So etwas Dummes! Aber dann ist sie unters Bett gekrochen, und da war eine tote Maus.

1996

12. Januar

Es ist kalt. Geschenke gab es keine. Es gibt kein Licht und kein Wasser.

Hawa kam, meine Freundin. Hawa hat ihrem älteren Bruder Karten stibitzt. Ich habe ihr gesagt, ihr Bruder wird sie bei den Eltern verpetzen, aber Hawa sagt: «Wird er nicht!»

Ich staunte. Warum nicht?

«Weil das solche Karten sind!», sagte Hawa und zeigte sie mir. Da waren nackte Frauen drauf, ohne Anziehsachen.

«Ich hab sie geklaut. Jetzt sind es meine!» Hawa wollte mir eine schenken, wo eine Frau ohne Unterhose drauf war. Aber Mama würde mich prügeln. Ich hab sie nicht genommen.

20. Januar

Mama handelt mit Gebäck auf dem Zentralmarkt. Ich handle mit Kämmen, Nadeln, Scheren. Die Ware bekommen wir von Aserbaidschanern aus Baku in Kommission. Es ist kalt. Aber ich stehe den ganzen Tag im Frost. Man muss arbeiten. Das Märchen habe ich nicht zu Ende gezeichnet. Es rumst. Irgendwo ist wieder eine Schießerei.

1. Februar

In der Stadt wurde geschossen. Ich war auf dem Markt. Beim Denkmal ist ein Auto in die Luft geflogen. Ich saß unter dem Tisch, während sie schossen. Alle waren erschrocken. Ich habe nach Yoga geatmet. Das war gut, danach wurde es still, und ich habe weiter verkauft.

Zu Hause habe ich Angst, allein zu sein. Die Kinder der neuen Nachbarn schlagen mit Knüppeln gegen die Fenster und klopfen an die Tür. Sie rufen Beleidigungen. An die Tür haben sie «russische Hündin» geschrieben. Mama hat die Tür abgewaschen, Ruslan hat geflucht. Tante Marjam hat gesagt, sie weiß nicht, welches Kind das geschrieben hat. Die Kinder sind neu. Sie sprechen kein Russisch. Auf die Hunde wird geschossen. Die Hunde im Hof sind umgebracht worden.

Polja

9. Februar

Ich war auf dem Markt. Aus der Richtung, wo der Präsidentenpalast ist, wurde geschossen. Alle sind weggelaufen.

Mama suchte nach Großmutter Elisabeth im Rayon Minutki. Aber das mehrstöckige Haus, in dem meine Großmutter väterlicherseits wohnte, wurde zerbombt. Man sagte, alle sind getötet worden. Niemand hat überlebt.

Polja

7. März

Es wird gekämpft. Maschinengewehre, Maschinenpistolen, Flugzeuge. Wir sind von unserer Haltestelle Neftjanka zur Haltestelle Berjoska gelaufen. Dort wohnt Mamas Freundin Ilja. Sie haben zusammmen irgendwo gearbeitet. Der Krieg ist wieder aufgewacht. Ilja hat im Radio gehört, dass der Kommandeur Gelajew und seine Leute nach Grosny gekommen

58

sind und die russischen Soldaten sie nicht reingelassen haben.

13. März
Ein Kind wurde getötet. Und seine Mama wurde nicht getötet. Das Geschoss ist im Hof explodiert. Wir versuchen, nicht auf die Straße zu gehen. Viele Tote.

7. April
Tante Amina hat gesagt, in dem Dorf Samaschki haben die Militärs viele Bewohner getötet. Ihr Bruder und seine ganze Familie sind dort umgebracht worden.

Mama sitzt und raucht Zigaretten. Wie ich die Zigaretten hasse! Wenn ich sie zerbreche, schlägt sie mich mit dem Handtuch. Auch Amina sitzt und raucht. Und beide weinen. Und Edik, der armenische Onkel, ist verschwunden. Wie vom Erdboden. In sein Haus sind irgendwelche Leute eingezogen. Keine Russen.

24. April
Wieder auf dem Markt. Was soll man tun? Man muss weiterleben! Seit dem Morgen habe ich ein bisschen verdient. Habe eine Pastete mit Kartoffeln gekauft. Ich lerne Tschetschenisch. Kaum jemand spricht noch Russisch. Das Buch hat mir Tante Marjam gegeben. Dort steht: «Cha ze chu ju?» Wie heißt du? «Cho chu desch ju?» Was machst du? Und anderes.

16. Mai
Mamas Geburtstag! Ich habe ihr eine Halskette gekauft. Sie hat sich gefreut. Hawa kam zu Besuch. Aljonka war hier. Ich habe ihnen einen Traum erzählt. Ich hatte geträumt, ich laufe über den Berjoska-Basar. Es ist Winter. Schnee. Und

Präsident Dudajew kommt mir entgegen. Er trägt einen roten langen Mantel und eine Soldatenuniform. Dudajew sieht mich und lacht. Er sagt: «Wir werden noch kämpfen!»

23. Mai

Hinter dem Haus in den Gärten passiert Seltsames. Abends geht niemand dorthin. Nicht wegen der Schießerei. Islam und Umars Sohn haben dort Gespenster gesehen. Ich weiß nicht, ob sie lügen oder nicht. In den Gärten sind Aljonkas Vater und der kleine Wadik verbrannt. Und kurz vorher ist Aljonkas Kater gestorben. So ein schwarzer. Er wurde Murik gerufen. Er hat sich lange gequält. Tante Walja hat ihn unter dem Kirschbaum begraben. Das war's.

Etwas später haben wir bei Tante Walja ferngesehen. Ich, Mama, Tante Walja, Aljonka, Onkel Walera, Oma Nadja und Tante Fatima. Und noch Tante Amina. Auf einmal fiel der Strom aus, ein Gewitter. Und da hat der Kater miaut! So schrecklich, dass einem der Schweiß ausbrach. Das war SEINE Stimme! Tante Walja hatte keine anderen Katzen. Er lief unsichtbar durch die Wohnung und brüllte. Alle erstarrten vor Angst. Niemand wusste, was tun. Ich weinte und hielt mir die Ohren zu. Der Gespenster-Kater lief durch die Zimmer und schrie. Oma Nadja fing an, das Vaterunser zu lesen. Aber er ging nicht weg. Da sagte meine Mama: «Murik! Wir haben dich lieb. Aber du bist gestorben. Wir haben dich unter dem Kirschbaum begraben. Geh weg. Geh! Du schreist, und die Kinder haben Angst, sie weinen. Geh, mein Lieber. Wir sehen dich nicht.»

Und langsam wurde das Miauen leiser. Dann war es weg. Wir saßen noch eine halbe Stunde, ohne uns zu rühren.

14. Juni

Wasser gibt es nur hinter den Gärten. Dort, bei den Brunnen, habe ich den Wohnungsschlüssel verloren. Das gibt Faustschläge von Mama! Aber Hawa und Aljonka haben den Schlüssel mit einem Draht rausgeholt. Sie hatten den halben Tag damit zu tun. Aber sie haben ihn gekriegt. Ich trage bis heute ein Kopftuch. Die Haare sind noch nicht nachgewachsen.

19. Juni

Wie die Kühe und Ziegen mir auf die Nerven gehen! Im Hof sind Ziegen- und Kuhherden aufgetaucht. Morgens lassen die Leute aus dem Privatsektor sie auf die Straße. Sie laufen überall herum und scheißen. Die Ziegen haben alle Büsche gefressen, kleine Bäumchen. Die Kühe zertrampeln alles. Es sind Hunderte! Mama hat eine Frau ausgeschimpft, dass ihre Ziegen alles auffressen. Und diese Tante hat gedroht, hat geschrien, dass man alle Russen umbringen soll. So eine Blöde! Niemanden soll man umbringen!!!

23. Juni

Wir verkaufen Sonnenblumenkerne. Waska kam vorbei. Seine Mama Dusja und sein Papa Petja wohnen im zweiten Stock, zweiter Aufgang. Sie wollen nicht aus Grosny wegziehen. Waska hat Gebäck gebracht. Wir haben einen alten Plattenspieler von Opa Anatolij.

Mansur ist weg. Angeblich sitzt er im Gefängnis. Sie haben ihn zur Untersuchung geholt. Der Nachbar Onkel Isa hat gesagt, dass die russischen Soldaten manchmal aufeinander schießen. Sie hassen sich selbst.

Polja

27. Juni

Schießerei! Sie lagen im Gras. Direkt an der Haltestelle Berjoska sind eine Frau und ein Mädchen getötet worden. Sie trugen Wasser in Eimern, als eine Granate explodierte.

1. August

Freie Tage habe ich nicht. Ich wache um sechs Uhr auf, esse und gehe auf den Markt. Dort bin ich bis achtzehn Uhr. Ich esse eine Pastete, wenn ich etwas verdiene, sonst esse ich nichts. Dann gehe ich nach Hause und räume auf, wasche, hole Wasser aus den Gärten. Mama brüllt rum und schimpft. Tante Marjam nimmt mich in Schutz.

Polja

6. August

Ungefähr um vier Uhr fingen sie in unserem Rayon Staropromyslowskij zu schießen an. An der Haltestelle Neftjanka. Erst weit entfernt, dann nah. Es waren Maschinenpistolen. Ich legte mir ein Kissen auf den Kopf und lag da. Dann klopften die Nachbarn bei uns und bei Tante Marjam. Mama stellte Schemel auf. Alle Kinder setzten sich. Patoschka kam, ihre Schwester Asja und ihre Großmutter Zina. Das sind Awaren. Sie wohnen im zweiten Stock, in unserem Aufgang. Nach ihnen kamen die Nachbarn aus dem ersten Stock zu uns, und zu Tante Marjam kam aus dem dritten Stock Tante Tamara, ihre Kinder und Neffen. So sitzen wir da. Es ist wieder Krieg, sagen sie. Draußen donnert es aus einer Kanone!

7. August

Rumisa kam angelaufen, eine Tschetschenin, die im Haus nebenan wohnt. Sie hat Angst, ihre Nachbarn könnten den Aufständischen etwas sagen – ihr Bruder hat einen russischen Soldaten gerettet, einen Flieger. Sie hatten zusammen in der Armee gedient. Jetzt verstecken sie ihn zu Hause. Er ist schwer verwundet. Er heißt Iwan. Sie nennen ihn Ramzan – und lügen, er sei der stumme Bruder ihres Mannes. Er kann ja keinen Piep Tschetschenisch! Mama gab Rumisa Baldrian.

8. August
Der Krieg ist gekommen. Überall Aufständische. Sie vertreiben die russischen Soldaten aus Tschetschenien. In unserem Bezirk gibt es ungefähr hundert Aufständische. Sie haben einen Kommandeur. So ein Kleiner, Flinker. Sie nennen ihn «Batja». Ein Aufständischer, etwa zwanzig Jahre alt, ist sehr frech. Er hat einfach irgendwo Seife gestohlen, und die Leute haben sich bei Batja beschwert. Da hat der Naseweis aber was abbekommen!

Batja ließ ihn vor allen auf dem Hof strammstehen und brüllte: «Wir kämpfen gegen die russischen Eroberer!» Danach etwas auf Tschetschenisch und dann: «Allah, wie ich mich für dich schäme! Charam! Du bist kein Aufständischer, du bist ein Dieb!»

(Tschetschenisch «Charam» bedeutet Schande.)

Der junge Aufständische stemmte die Arme in die Seite und antwortete: «Ich bin ein Neffe von Dudajew. Wage es nicht, mich anzubrüllen. Hau ab!»

Da ist Batja wütend geworden und hat ihn abwechselnd auf Russisch und auf Tschetschenisch angebrüllt. Die Bedeutung war ungefähr: Sollte er noch einmal etwas stehlen, dann ist es Batja ganz egal, wessen Neffe er ist, dann wird er ihn unehrenhaft aus der Einheit jagen! Alle Nachbarn waren froh. Sie bedankten sich bei Batja. Die übrigen Aufständischen sitzen mucksmäuschenstill. Die meisten von ihnen sind in Wohnungen gezogen. Die Leute nehmen sie bei sich auf und verpflegen sie. Im ersten Aufgang leben sie im Erdgeschoss. Hawa kam an und freute sich. Sie fährt mit ihrer Mutter nach Inguschetien – dort ist Frieden, und Papa Sultan bleibt hier, um auf die Sachen aufzupassen. Ihr Papa gefällt mir. Er schimpft Hawa nie aus, er verzeiht ihr alles. Er liebt sie sehr!

Bei Marjam schläft ein Mädchen in der Wohnung. Sie heißt Lajla. Sie hat einen langen Zopf und ist selbst ganz ganz dünn. Ohne Kopftuch. Mama und Marjam haben ihr zu essen gegeben, aber sie nahm es nicht an. Nur eine Tasse Kaffee hat sie getrunken. Lajla ist Aufständische. Sie ist neunzehn Jahre alt. Russische Soldaten haben ihren Mann gefoltert und getötet. Sie haben ihn und andere Menschen im Werk in Kalk geworfen. Ein Albtraum, sagt Mama. Sie sind bei lebendigem Leib verbrannt. Lajla hat ihr zwei Jahre altes Kind bei Großmutter und Großvater gelassen und eine Maschinenpistole genommen. Nie zuvor hat sie eine Waffe in der Hand gehabt, aber als man ihren Mann ohne Grund umgebracht hat, hat sie eine genommen. Und jetzt kämpft sie.

Dann sind noch zwei sechzehnjährige Aufständische in der Abteilung. Sie haben Hüte aufgesetzt, wie Piraten. Die fünfzehnjährigen Mädchen vom Hof laufen ihnen nach. Eine von ihnen ist Tamara, aus unserem Aufgang. Ihr Spitzname ist Puschinka. Sie geht leicht, wie tänzelnd. Das andere Mädchen ist aus dem Haus gegenüber. Sie heißt Rita. Sie hat Locken. Sie kommen zu diesen Aufständischen gelaufen, scherzen mit ihnen. Gackern. Bieten ihnen Marmelade an. Schmieren Marmelade aufs Brot und reichen ihnen Butterbrot. Und Mama hat zu den Aufständischen mit den Hüten gesagt: «Ihr seid Kinder! Was setzt ihr euch Hüte auf und steckt euch Federn hinein? Geht nach Hause!»

Und die Aufständischen piepsten zur Antwort: «Tante, wir werden sowieso getötet. Wir haben uns absichtlich schön angezogen. Wir wollen, dass wir schön in Erinnerung bleiben!»

Mama schüttelte den Kopf und ging weg, und ich sitze hier und schreibe es auf. Die Sonne scheint! Schießereien überall, die Kugeln fliegen, und die Mädchen gackern mit den Aufständischen mit Hut. Sie essen Marmelade. Puschinka gefällt der mit den blauen Augen sehr. Er heißt Ratmir.

P.

9. August

In der Nacht gingen die Erwachsenen Wasser holen. Mich nahmen sie nicht mit. Ich hatte große Angst. In der Wohnung saß Marjam mit Lajla. Alle Aufständischen waren weggegangen, nur Lajla war aus irgendeinem Grund geblieben. Auf dem Hof viele Bewohner. Kinder! Und sie schossen mit Granaten direkt in den Hof. Kleine Kinder verstehen nicht, dass sie nicht raus dürfen.

Ich war tagsüber draußen und habe Waska gesehen. Er ist ein Jahr jünger als ich. Er spielte auf der Straße. Da fingen sie an zu schießen, und wir saßen in ihrem Aufgang. Opa Idris sagte, der Krieg wird bald zu Ende sein, und gab uns einen Lebkuchen. Wir haben den Lebkuchen geteilt.

Ich habe Mamas Parfüm genommen und mich damit eingesprüht. Mama hat es gerochen und mich so was von verprügelt! Mit den Händen und dem Handtuch. Es tat weh. Sie sagte, ich soll nichts von ihr nehmen. Waskas Papa hat mich in Schutz genommen. Aber sie hat auch ihn angeschrien. Mama schreit und zankt. Warum?

Polja

10. August

Detonationen im Hof. Ich sitze in der Küche. Unser Haus brennt. Die oberen Etagen. Rauch. Aber ich gehe nicht weg. Ich zucke zusammen, wenn eine Granate einschlägt, aber ich bleibe sitzen. Ich bewege mich nicht. Ich gehe nicht in den Flur oder auf die Straße.

Mama ist weg. Sie ist mit Leuten zur Fischbasis gegangen. Dort gibt es Fisch in Kisten. Mama hat versprochen, den alten Leuten aus dem ersten Stock und vom Haus gegenüber Fisch mitzubringen. Sie haben nichts zu essen. Mama ist mit anderen Frauen gegangen.

Ich sitze in der Küche. Ich weiß nicht, wann der Tod kommt, und nur wenn ich schreibe, habe ich keine Angst. Ich glaube, ich tue etwas Wichtiges. Ich werde schreiben.

Neulich kam Adam zu uns. Er hat sich entschuldigt, hat gesagt, dass es ihm peinlich ist. Er dachte, er könnte Walja erschrecken, und sie würde weglaufen, und er würde die Wohnung bekommen und die Sachen!

«Ich wollte nicht töten», sagte Onkel Adam. «Nur erschrecken.»

Der Brand in unserem Treppenaufgang wurde gelöscht, das Haus Nr. 88 brennt. Und wie es brennt! Schwarzer Rauch steigt auf. Überall Schießerei. Lajla ist verschwunden. Die Aufständischen haben sich verzogen. Rücken die russischen Soldaten an? Ein Junge im mittleren Aufgang ist verwundet. Er ist sieben Jahre alt. Die Beine voller Splitter. Sie sind geschwollen. Mama kam. Sie verteilte Fisch. Kostenlos. Für uns hat sie zwei Fische behalten. Mama und die Nachbarn sind unter Beschuss geraten.

21. August

Ich werde alles der Reihe nach schreiben. In den letzten Wochen sind die Flugzeuge im Kreis geflogen. Sie haben

Bomben geworfen. Die Hubschrauber auch. Ich habe in den Himmel geguckt und daran gedacht, dass sie uns achtundvierzig Stunden gegeben haben. Das haben sie im Radio gesagt – danach werden alle getötet.

Vor den «Tiefenbomben» kann man sich nicht verstecken – das sind Bomben, die Häuser und Menschen zu Staub zermahlen. Irgendein Dreckskerl hat sich ausgedacht, uns damit umzubringen. Wir saßen in dem dunklen, stickigen Keller: Ich, Mama, Opa Jurij Michajlowitsch und seine Frau, Oma Natascha, und warteten auf den Tod. Wir aßen Borschtsch aus Kohl und buken Fladen auf dem Feuer, als weniger geschossen wurde.

Und was noch passiert ist! Abends gingen Mama und ich in die Wohnung – den Blumen Wasser geben. Viele Nachbarn standen am Hauseingang. Stille. Tante Tamara, ihre Kinder und Onkel Adam und viele andere. Sie sangen Lieder und kauten Sonnenblumenkerne. Wir sagten «Guten Tag!» und gingen zu uns. Kaum hatten wir die Tür zugemacht – so eine Explosion! Ich wurde in die Küche geschleudert, durch den ganzen Flur. Ich flog auf den Boden, Mama fiel hin. Im Hauseingang war ein Geschoss eingeschlagen. Aufständische kamen angelaufen und zogen die Verwundeten hinaus. Brandgeruch, Rauch, schreckliches Geschrei! Sie kamen zu uns gerannt und riefen: «Gebt Binden! Ein Haufen Leute ist verwundet, eure Nachbarn!»

Mama griff sich ein Bettlaken und zerriss es. Dann sah sie ein Messer am Gürtel des Kämpfers. Sie rief: «Mit dem Messer geht es schneller!»

Sie zerschnitten das Bettlaken und verbanden die Verwundeten damit. Ich lag auf dem Boden. Mir dröhnte es in den Ohren.

Mama sagte: «Ich hole noch Laken! Und Abschnürbinde. Es blutet stark!», und ging zurück in die Wohnung.

Dann eine zweite starke Explosion. Noch ein Geschoss war in den Eingang geflogen. Alle, die Hilfe leisteten, wurden verwundet oder getötet. Und Mama war durch ein Wunder davongekommen.

Sie schrien fürchterlich. Unsere Wohnungstür war von der Detonation verbogen. Wir konnten sie nicht mehr abschließen. Deshalb war sie nicht ganz rausgeflogen. Ich kroch in den Aufgang, und dort … DORT waren Körperteile von Menschen – Stücke von ihnen und viel Blut. Und dickes Blut, ganz ganz dunkel. Onkel Adam schrie. Er schlug vor unserer Tür mit dem Kopf auf den Boden. Es hatte ihm einen Fuß abgerissen. Er hatte doch unten für die Nachbarn auf der Harmonika gespielt, war angetrunken. Die junge Puschinka hielt sich den Bauch und schrie: «Ratmir!»

Tante Zhanna, die Nachbarin, wurde in Stücke gerissen. Tante Tamara schrie, sie ist verwundet, und ihr Sohn ist getötet worden. Ihr Sohn saß am Eingang. Wie sich herausstellte, wurde Ratmir mit dem Hut getötet, der, der Puschinka so gefallen hat. Er war den Menschen zu Hilfe geeilt. Mama legte Adam eine Binde am Bein an. Er schrie: «Lena, töte mich! Töte mich! Es tut weh!»

Und Mama: «Du kriegst bald dein viertes Kind! Du musst leben. Adam, halt aus!»

Danach luden irgendwelche Freiwilligen und Aufständischen unsere verwundeten Nachbarn in Autos und fuhren sie in die Krankenhäuser. Natürlich hätten sie das nicht zu tun brauchen. Die Nachbarn waren normale Leute. Aber sie ließen sie nicht im Stich. Danach ging ich die Treppe hinab, und meine Beine waren bis zum Knöchel voll Blut. Ich war ganz voll Blut! Ganz!

Auf dem Hof bildeten Aufständische einen lebenden Schild und führten alle Frauen und Kinder (mich und

Mama auch) vom Hof. Aus der Beschusszone. Sie schützten uns mit ihrem Leib! Dabei hatten wir sie nie zuvor gesehen!

Der Nachbar Opa Jurij Michajlowitsch erschrak, als er mich sah – er dachte, ich sei schwer verwundet. Aber alle meine Sachen waren voll von fremdem Blut.

Ich konnte nicht gleich schreiben. Ich lag einfach da und guckte an die Decke. Und da hat die russische Regierung uns achtundvierzig Stunden gegeben. Vorbei. Aus und vorbei. Es ist aus mit uns.

Am nächsten Tag klopften die Aufständischen an der Tür. Sie kamen nicht herein. Sie sagten einfach: «Wir wissen, dass ihr ein Kind (das Kind bin ich!) und alte Leute bei euch habt. Wir haben Milch gebracht.»

Sie stellten zwei Plastikflaschen mit Milch auf die Erde und gingen. Sie hatten noch eine Kiste Milch – überall, wo Kinder und Alte waren, trugen sie Milch aus.

Wir schafften es zu Aljonka und Walja. Sie sind bei Opa Pascha und Onkel Sascha. Onkel Sascha führt Tagebuch, so wie ich. Er schrieb in schmutziger Sprache über die Militärs. Die Aufständischen fanden das Tagebuch, lasen es durch und wollten ihn erschießen. Da sagte er ihnen: «Lest mal das über die russischen Militärs!»

Sie lasen das und grölten los – da standen solche Flüche drin. Sie ließen Onkel Sascha laufen. Aber das Tagebuch gaben sie ihm nicht zurück. Das behielten sie. Zur Erinnerung!

Tante Walja gab uns Maultaschen aus Kartoffeln.

Polja

23. August

Man erzählt, dass einige russische Soldaten zu den Aufständischen übergelaufen sind. Und für Tschetschenien kämp-

fen. Wann hören die Flugzeuge auf, uns zu bombardieren?
Wann?! Wann hören sie auf, uns achtundvierzig Stunden zu
geben, bevor sie uns töten?

Ich dachte nach und schrieb ein Gedicht für Russland:

Wär ich von größerem Wuchs, ein Held,
würde ich fester nach vorne stürmen.
Wir sind uns nicht feind.
Du Feld, du russisches Feld!
Von deinen Glockentürmen,
strömt eine so reine Seligkeit.
Einer ist satt und zufrieden.
Der andere dem Tode geweiht.
Doch hier sind die Blumen nicht schlechter!
Sogar blauer – der Himmel!
Warum können wir nicht Freunde sein?
Für alle Menschen ist die Erde da!
Wächter bin ich dieses Schmerzes und dieser Lust,
lass nie zertrampeln die Erinnerung!
Hätte ich nur breitere Schultern
und stärkere Arme, ich würde nicht weinen.
Ich suche dem Freund ein Grab zwischen Steinen
Und fliehe mit seinem Gewehr
in den Wald.
Partisanin will ich werden
Und dich vergessen schon bald!

28. August

Bei uns wohnt das Mädchen Kristina. Sie ist schwer verwundet. Wir kennen Kristinas Mutter, Tante Oksana. Sie verkauft auf dem Basar Kartoffeln. Kristina ist sieben Jahre alt.
Ihre Wohnung hat einen Volltreffer abbekommen.

Wir haben unsere Tür repariert. Adam ist im Krankenhaus. Puschinka hat Splitter im Bauch, Tamara im Knie. Geschossen wurde aus der russischen Einheit, sagt man. Die Übrigen sind begraben, die nicht überlebt haben.

Polja

2. September

Ich will lernen. Werden wir eine Schule haben?

Mama hat erfahren, dass ihr Bekannter im August getötet worden ist. Er war auf seinem Hof. Er hieß Alaudi. Hat auf mich aufgepasst, als ich ganz klein war. Mama ist in schlechter Stimmung.

Jemand hat die Katzenjungen umgebracht, die unter der Treppe lebten. Hat sie einzeln vor den Augen der Katze erschossen. Ich habe ihre kleinen Leichen gesehen. Fatima und Mama haben die Kätzchen beerdigt.

11. September

Der Papa meiner Freunde Saschka und Erik ist getötet worden. Ihr Papa war Aserbaidschaner, die Mutter ist Russin. Er ist zu Hause getötet worden, als sowohl die Russen wie auch die Aufständischen geschossen haben. Erik ist vierzehn, Saschka zehn Jahre alt. Erik ist ins Krankenhaus gelaufen und wurde von einem Scharfschützen beschossen. Er hat es bis dorthin geschafft. Aber sein Papa ist trotzdem gestorben. Jetzt haben sie nur noch die Mama und eine Großmutter. Saschka hat Angst vor Schießereien. Wenn geschossen wird, liegt er im Flur und hält sich den Kopf mit den Händen.

Polja

1. Oktober

Die Kinder hassen mich in der Schule. Steine haben sie auf mich und Aljonka geworfen, als wir nach Hause gingen. Ich kenne sie nicht einmal. Sie haben einfach nur erfahren, dass wir russische Familiennamen haben, und rufen: «Russische Schweine.»

Das ist die neue Schule – meine sechste Klasse.

Ein Junge aus der zehnten Klasse kam und hat mich vor allen anderen geschlagen. Wir standen im Klassenzimmer – meine Klasse und die Lehrer. Ich fiel von dem Schlag hin. Meine weiße Bluse war ganz verdreckt. Er sagte: «Du russische Hündin!», und ging weg.

Und alle haben sich weggedreht. Niemand ist mir zu Hilfe gekommen. Sogar die Lehrerin hat nichts zu ihm gesagt.

9. Oktober

Ich bin für meine Arbeit gelobt worden. Sie wurde vor der Klasse verlesen. Ich habe über ein Segelschiff geschrieben. Das Segelschiff fährt auf dem Ozean. An Land ist Krieg, auf dem Schiff ist Frieden. Darauf sind alle, die keinen Krieg führen wollen. Ich habe eine Eins plus für das Thema und Vier minus für Rechtschreibung bekommen. Beim Schreiben mache ich einen Haufen Fehler.

Ein anderer Lehrer kam dazu. Sie fragten alle Kinder: Wer in ihrer Familie ist Aufständischer? Sie versprachen eine Belohnung und eine Kur. Die Kinder redeten, und das alles wurde auf einem Blatt aufgeschrieben. Dann verteilten sie Geschenke. Mir gaben sie nichts.

In Sport ging ich auf die Straße, und die Kinder aus unserer Klasse fassten sich an den Händen und brüllten los: «Mit dir werden wir nicht spielen! Du hast einen russischen Vornamen! Hau ab! Verschwinde! Du Russin!»

Der Lehrer sagte nichts. Mir wurde ganz leer innen. Warum sind sie so? Und ich ging weg. Ich saß allein auf einer Bank zwischen den Bäumen. Vor kurzem ist dort die Leiche eines Mannes in Jacke entdeckt worden. Ein Hund hatte ihn angefressen. Er lag dort mehrere Tage.

Polja

14. Oktober

Heute habe ich meine erste Liebeserklärung bekommen. Ich las Blok, meinen geliebten «Dämonen»:

Geh mir, geh mir nach als meine
Sklavin, treu und ergeben.
Viele Gipfel, glitzernde und reine,
will ich voll Zuversicht mit dir erleben.

Da klopfte Saschka und sagte: «Ich liebe dich, Polja!»

Er ist ein Jahr jünger als ich.

16. Oktober

Natürlich habe ich es nicht gesagt. Aber besser gefällt mir sein großer Bruder Erik. Er ist sehr tapfer. Er ist gerannt, um seinen Vater zu retten. Und Saschka ist klein. Wenn Mama mich anbrüllt und schimpft, klopft Saschka bei mir, so als wollte er mich rufen, den Müll wegzubringen. Wir haben eine riesige Müllkippe hinter den Häusern, so ähnlich wie ein Mount Everest im Rattenmaßstab. Seit Jahren fährt niemand den Müll mit Wagen weg. Wir nehmen Eimer und bringen ihn dorthin. So rettet er mich vor Mamas Fausthieben.

28. Oktober

Ich kam von der Schule nach Hause. Die Tür war auf, die Schlüssel steckten, und Mama war nicht da. Nirgends. Ich holte Tante Walja. Sie sagte: «Deine Mutter ist umgebracht worden! Alle Russen werden niedergemetzelt, umgebracht.

Los, gehen wir ihre Leiche suchen. Die russischen Militärs haben Grosny aufgegeben – jetzt werden sie uns alle umbringen. Alle.»

Ich hörte ihr zu, und mir zitterten die Hände. Warum haben sie Mama getötet? Was hat meine Mama damit zu tun? Wie ich diesen verfluchten Krieg satthabe! Wir öffneten alle Schränke und suchten, weil Walja sagte, sie haben Mama zerstückelt und im Schrank versteckt. Dann nahm Walja mich zu sich nach Hause. Ins Kinderheim wird sie mich nicht geben, sagte sie, ich und Aljonka werden wie Schwestern leben. Wir ziehen nach Russland!

Mama kam. Sie war auf dem Basar gewesen. Die Schlüssel hatte sie einfach in der Tür vergessen. Ich weinte. Etwas in meiner Kehle war gefühllos, und ich bekam keine Luft mehr. Mama sagte, sie läuft mit Kopftuch herum und hat eine lange kaukasische Nase – niemand wird sie umbringen. Aber Marjam sagte, sie soll doch vorsichtiger sein.

Polja

16. November

Die alten Armenier sind umgebracht worden. Aufgehängt. Jemand hat das wegen der Wohnung getan. In der Nähe der Haltestelle Avtotrest haben sie eine russische Familie umgebracht: Papa, Mama und drei Kinder. Sogar das Kleine im Bettchen haben sie erstochen. Wie kann man so etwas tun?

Warum können wir nicht wegziehen? Mama sagt: Wohin denn? Nahe Verwandte haben wir nicht, keine andere Behausung, unsere Wohnung kauft niemand, wir können nirgendwohin. Was tun? In der Schule hänseln und beschimpfen sie mich jeden Tag. Mama handelt auf dem Markt, um Essen zu kaufen. Sie ist so nervös geworden.

Polja

26. Dezember

Eriks und Saschkas Familie ist aus Tschetschenien weggezogen. Ganz plötzlich. Sie sind zu ihren Verwandten nach Russland gefahren. Vielleicht nehmen die sie auf? Und jagen sie nicht weg? Wie konnten sie mich verlassen? Mich hier alleinlassen? Mein Gott, mir wird schon langweilig. Meine geliebten Nachbarn. Mit euch habe ich ohne Strom, ohne Wasser in dem kalten Haus gesessen. So viel Freude habt ihr mir gebracht. So viel Wärme! Kommt zurück nach Grosny!

31. Dezember

Mein Stiefvater Ruslan ist aufs Land gefahren. Mama und ich fahren zu Tante Leila. Sie lebt in einem Wohnheim. Sie hat uns eingeladen, Neujahr zu feiern. Wir sind befreundet. Leila ist Inguschin. Sie und Mama haben zusammen gearbeitet.

Überall schießen sie mit Gewehren und werfen Knallbonbons. Mein Gott, wie ich diese Explosionen hasse! Diese Knallbonbons! Das ist widerlich. Das ist – böse!!!

Ich will mehr Bücher über Yoga und Buddhismus lesen.

P.

1997

8. Januar

Ich verkaufe Gebäck und Tee auf dem Markt. Allein. Mama ist krank. Sie liegt da und steht nicht auf. Im Haus ist es kalt. Keine Heizung. Mama hat Rheumatismus. Ich versuche etwas zu verdienen, ihr Essen zu bringen.

14. Februar

Stiefvater Ruslan ist gekommen. Er hat sich mit Mama gestritten. Sein Freund Scherwani, der Mullah, hat vermittelt. Keine Freunde sind da. Ich bin allein. Mir ist langweilig. Habe das Märchen über die Nixe zu Ende gezeichnet.

19. Februar

Unser Biologie-Lehrer heißt Chodscha Nazirowitsch oder einfach Nasreddin. Nasreddin kann russische Menschen nicht ausstehen. In der Stunde «Kultur Tschetscheniens», die er auch gibt, erzählt er immer: «Kinder! Vermeidet den Umgang mit Russen! Sie essen Schwein – das ist unreines Fleisch. Die Russen mögen Hunde, und das sind schlechte Wesen. Die Russen haben die Tschetschenen nie in Ruhe gelassen. Die Russen sind Kreaturen und werden es bleiben!»

Ich könnte diese Stunde einfach auslassen. Ich sitze schweigend da und denke: Hab ich vielleicht eine Maschinenpistole genommen und Tschetschenen umgebracht? Ich habe doch immer allen Menschen geholfen. Wir sind alle zusammen bombardiert worden!

Und heute hat er mich überraschend aus der Stunde gejagt. Ohne Grund. Nur weil ich Russin bin.

Ich habe allerdings die Zeit nicht vertan: Bin auf dem Hügel neben der Schule gerodelt. Hunde zu mögen und Russe zu sein ist immer noch besser, als so zu sein wie unser Lehrer. Stimmt's?

Polina

26. Februar

Ich war in der Schule. Wir wurden an andere Bänke gesetzt. Ich bekam die zweite vom Lehrer. Der Junge, der seit langem das Gespräch mit mir sucht, tat das auch heute. Er heißt Maga. Er ist ein Jahr älter als ich, zwölf.

«Polina, an wen glaubst du?», fragte Maga nicht ohne Bosheit. «Sag es uns!»

«An gute Menschen», erwiderte ich. «Nicht solche wie dich. Und?»

«Antworte doch: an Allah, zum Beispiel, oder an Jesus Christus?», fuhr er fort und lümmelte sich auf meiner Schulbank.

«Macht dir das solche Sorgen?», sagte ich und ahnte die nächste Falle. «Aber ich kann's dir sagen: Ich glaube an Gott, und wie er heißt, ist mir persönlich egal.»

«Liest du die Bibel oder den Koran?», fragte Maga schon gnädiger.

«Sowohl als auch.»

«Na, toll! Du kommst ins Paradies!», lachte er. Und fügte dann hinzu: «Und wenn, nimmst du mich dann mit?»

«Mal sehen», lachte ich zurück. «Aber ich fürchte, dir wird dort langweilig.»

Da sagte er unerwartet: «Soll ich dich vielleicht nach Hause begleiten?»

«Mach dir keine Mühe.» Das war alles, was mir einfiel.

«Na gut. Wie du willst.»

Als Maga endlich gegangen war, kamen die Mädchen angelaufen. Eine von ihnen aus der Bande in unserer Klasse. Sie heißt Linda. Wir haben eine Bande von reichen Tschetscheninnen in der Klasse – die Elite. Die Anführerin ist Löwin Lurjé. Linda ist eine ihrer Dienerinnen.

«Polina, entweder unterwirfst du dich uns, oder wir werden dich töten», sagte sie, über mich gebeugt. Neben ihr standen noch fünf Dienerinnen von Löwin Lurjé.

«Aber ich werde nicht sterben», erklärte ich fröhlich, immer noch heiter nach dem Gespräch mit Maga.

«Geh zum Teufel!», schrien die Mädchen.

«Wie jetzt?», sagte ich und fügte hinzu: «Ohne euch auf keinen Fall. Euren Bekannten ohne euch besuchen?»

Sie überlegten lange, was sie antworten sollten. Ihnen fiel nichts ein. Wütend gingen sie weg. Ich saß da und lachte laut, bis die Biologie-Stunde anfing.

27. Februar

Heute Morgen kam ich in die Klasse. Linda verjagte mich von meinem Platz und befahl allen, die nicht zur Bande gehören, sich dort hinzusetzen, wo es ihnen passte. Auf mich war sie noch wegen gestern böse. Mit Linda lässt sich niemand ein. Sie ist eine unheimlich freche Nervensäge und eine der treuesten Mitstreiterinnen von Löwin Lurjé. Die Übrigen in der Klasse, die nicht zu dieser Mädchenbande gehören, sind «bekloppt», d. h. sie fügen sich ihren Befehlen. Die Jungs gehören eigentlich nicht dazu, aber sie gehorchen Löwin Lurjé auch und haben Angst vor ihr. Linda gab den Befehl, und alle setzten sich um. Ich sagte, ich würde mich trotzdem in die zweite Bank setzen, wenn auch nicht am Fenster, dann wenigstens an der Tür, und setzte mich dorthin. Sie stürzte sich auf mich und schimpfte schreiend. Der Streithahn Hassik pflichtete ihr bei: «Du russische Missgeburt, du setzt dich dahin, wo wir Tschetschenen es dir sagen!», und holte nach mir aus.

Ich schickte sie zum Teufel. Damit endete das morgendliche Gespräch, und der Unterricht begann.

Die Lehrer mischen sich nie in die Auseinandersetzungen ein und tun überhaupt so, als würde sie das nichts angehen. Es gibt nur einen Lehrer, Sultan Magomedowitsch, der, wenn ich auf der Straße mit Steinen beworfen werde, den Kindern nichts sagt, sondern einfach an meiner Seite geht und mich abschirmt.

4. März

In der Schule wurde ich wieder umgesetzt. Diesmal in eine Bank mit Maga. Er ärgert einen gerne. Wenn überhaupt, knall ich ihm eins mit dem Heft; er ist auch nicht gerade zimperlich. Zurück nach Hause ging ich mit Zaira. Dieses Mädchen ist mit allen Wassern gewaschen. Sie erzählt vom XXX, na, du verstehst schon, hoffe ich. Ich schreibe das nicht, sonst findet dich nachher Mama und liest es.

Poldi

8. März

Tante Marjam kam uns besuchen. Wir tranken Tee und aßen Torte. Ich beklagte mich, dass Mama mich beleidigt, und Tante Marjam sagte, eine Verwandte von ihr hätte zwei Mütter gehabt.

Ich fragte: «Wieso?»

«Einfach so», antwortete Tante Marjam. «Ein Muslim hatte zwei Ehefrauen und viele Kinder. Und damit die Kinder nicht über die Stränge schlugen, sagte man ihnen, dass sie einen Papa und zwei Mamas haben. Keine der Frauen sagte je, welches ihr Kind war und welches nicht. Die Frauen spielten zusammen, badeten und fütterten die Kinder. Und eine Tochter dachte die ganze Zeit, dass ihre Mutter gütiger sei, die andere dagegen ‹nicht die echte›, weil die eine Mitleid hatte, die andere aber die ganze Zeit Klapse gab. Aber die Eltern verrieten das Geheimnis nicht. Am Tag ihrer Hochzeit ging das Mädchen zum Vater und sagte, ihr Herz habe ihr immer gesagt, dass ihre Mutter die ist, die ständig bei ihr war, mit ihr mitfühlte und sie in Schutz nahm, und nicht die, die schimpfte und belehrte. Und sie fragte: Wer ist denn in Wirklichkeit meine Mutter? Der Vater antwortete: ‹Die, die die ganze Zeit auf dich geschimpft hat – sie wollte, dass du besser wirst.›»

Mit Mama gibt es ständig Konflikte, und alle ganz dumm. Zum Beispiel Folgendes: Es ist dunkel. Kein Strom. Wir sitzen in der Küche. Und unser Kater Mischka miaut vor dem Fenster. Er spaziert durch das Klappfenster nach draußen und kommt zurück. Mama sagt: «Geh ins Zimmer und ruf den Kater ins Haus!»

«Dort ist es dunkel», antworte ich und nehme eine Kerze. «Er ist ja noch nicht aufs Fenster gesprungen. Man muss warten.»

«Geh schon! Geh! Sonst setzt es was!», brüllt Mama drohend.

Überall nur Ärger: die ganze Physiognomie verpickelt – peinlich, in den Spiegel zu schauen.

Ich habe die Bücher über Jugendliche wiedergelesen. Habe den Band «Angélique» angefangen. Eine große Frau! Wie gern wäre ich Korsar oder würde Joffrey de Peyrac treffen oder Geliebte des Königs werden. Na, bis später! Angenehme Träume! Gott schütze uns!

Polja
Poldi
Paulina

Paulina ist mein Hausname. Ruslan, Mamas Mann, sagt, im Arabischen bedeutet das «Pfau».

10. März

Ich habe den Koran gelesen. Welch eine wunderschöne Sure über die Lügner!

Der Verleumder
Im Namen Allahs, des Allerbarmers, des Barmherzigen!
Wehe jedem Stichler, Verleumder,
der ein Vermögen zusammenträgt und es zurücklegt!
Er meint, dass sein Vermögen ihn unsterblich mache.
Nein! Fürwahr, er wird in die vernichtende Strafe geschleudert
*   werden.*
Und was lässt die vernichtende Strafe dich wissen?
Das angezündete Feuer Allahs,
das bis über den Herzen zusammenschlägt
in langgestreckten Säulen.

11. März

Wenn Aljonka und ich von der Schule nach Hause gehen, flimmert vor uns ein wüster Weg, die Basis mit dem Betonzaun und verwahrloste Grundstücke. Ab und zu stellen uns dort kleine Jungs nach, doch die schicken wir zum Teufel. So gingen wir auch heute über ein leeres Grundstück.

Vor kurzem hatte Aljonkas Mutter ein Gespräch mit uns geführt. Sie sagte, dass Mädchen geraubt und in öffentliche Häuser im Ausland verkauft werden. Ich und auch Aljonka würden zwar sehr gern einmal ins Ausland verreisen, aber bitte nicht in so ein «Haus».

Wir hatten schon die Fahrbahn erreicht, als plötzlich ein blaues Auto mit ungeheurer Geschwindigkeit auf uns zuraste und genau neben uns anhielt! Die Tür ging auf, ringsum war kein einziger Mensch zu sehen. Felder, brachliegende Grundstücke, der Betonzaun ...

Aljonka rutschte gleich das Herz in die Hose, ich kam gar nicht dazu zu erschrecken, denn aus dem Auto stieg ein kräftiger Mann. Aljonka (das hat ihre Mama sie gelehrt) lief weg und schrie: «Zu Hilfe! Schnell! Rettet uns!»

Ich blieb im Abstand von zehn Metern wie angewurzelt stehen. Der Mann sah der weglaufenden Aljonka nach, sein verwundertes Gesicht glich einer Gurke.

«Mädchen», sagte er, «weißt du vielleicht, wo die Polonskaja-Straße ist?»

«Nein!», antwortete ich und rannte Aljonka hinterher.

Wir hatten schon fast die Grenze des unbebauten Grundstücks erreicht, da sahen wir, dass das Auto uns nachfährt.

«Au, Polinchen, wir sitzen in der Patsche!», sagte Aljonka. «Adieu, Mamalein!»

«Gib mir die Hand!», sagte ich, und wir rannten, so schnell wir konnten. Aljonka war überzeugt, dass das ein ausgewachsener Bandit war.

«Niemals werde ich mehr über ein unbebautes Grundstück gehen», sagte sie. «Wenn so was noch mal passiert, überlebe ich das nicht!»

Kaum hatten wir das ausgebrannte vierstöckige Haus erreicht, das mit unseren vier Blöcken die Spitze des Buchstabens «П» bildet, hielt wieder ein Auto an. Da sprang ein Mann heraus und fragte: «Kinder, wo wohnt hier Tante Zara?»

«Weiß ich nicht», antwortete ich.

Aljonka zitterte vor Angst und lief, ohne zu antworten, zu ihrer Mama.

«Was wirst du tun, wenn ich in ein Auto gezogen werde?», wollte ich später von ihr wissen.

«Weglaufen natürlich, so weit wie möglich», antwortete Aljonka ehrlich.

Ich wäre fast in Ohnmacht gefallen.

«Und du?», fragte sie für alle Fälle.

«Ich zertrümmere die Autofenster und benachrichtige die Militärposten. Sie werden euch finden!», erwiderte ich.

«Posten gibt es in der ganzen Stadt. Man kommt nicht unbemerkt durch.»

«Zwecklos. Besser abhauen!»

Ich wollte mich nicht streiten: Wer nicht kämpfen will, bei dem sind Hopfen und Malz verloren.

Polja

12. März

Mit Aljonka gestritten. Wir kamen aus der Schule: ich, Aljonka und Zulja. Zulja ist Tschetschenin, aber die anderen befreunden sich nicht mit ihr, beschimpfen sie. Sie ist aus einer armen Familie und ziemlich dick. Plötzlich sagt Zulja: «Aljonka, hast du einen Bruder?»

«Ich habe in meiner Sippe keine Brüder», antwortet Aljonka.

«Und Luka?!», frage ich, weil mir einfiel, dass sie einen Neffen hat, in den sie heimlich verliebt ist.

Aljonka rannte eilig voraus und rief von dort: «Was gehen dich meine Verwandten an, du freches Biest?!»

Ich war platt.

Zulja ging mit Aljonka in eine Klasse, auf einer anderen Schule. Da wusste sie sowieso alles von Aljonka. Als sie Aljonka fluchen hörte, ging Zulja einen anderen Weg weiter. Und ich rannte Aljonka hinterher. Ich verstand überhaupt nicht, womit ich sie beleidigt hatte.

«Was war los?», fragte ich.

«Du hast ihr alles erzählt!!!», heulte Aljonka und stampfte wütend mit den Füßen auf. «Wie ich ihn liebe, hast du erzählt; dass er mein Mann wird, wenn er groß ist, hast du erzählt!»

«Nichts dergleichen habe ich gesagt ...»

«Ach, du lügst! Blöde Kuh! Miststück!»

Und ging einfach weiter. Ich rief ihr etwas hinterher, zeigte ihr den Mittelfinger, eine Geste, die ich in harten amerikanischen Filmen gesehen habe, und nahm die andere Richtung. Diese Aljonka ist vielleicht blöd. Oder ich?

Paulina

15. März

Ich habe mich mit Aljonka wieder vertragen. Sie kam aus dem Haus und sagte: «Polja, um Gottes willen, verzeih mir!», und zog so ein Gesicht, dass ich lachen musste und ihr verzieh.

Aber wie sich herausstellte, hatte sie um Verzeihung gebeten, weil ihr Tante Walja das befohlen hat. Na, egal. Hauptsache – Frieden!

Und gestern ist Folgendes passiert. Geradezu phantastisch! Zuerst ging ich mit Mama auf den Markt, Sachen verkaufen. Ich kam nach Hause und hatte Halsschmerzen. Ich beschloss auszuruhen. Ich frottierte mich, nahm Tabletten. Und meine liebe Mama ging zur Nachbarin, Tante Marjam. Ich verschloss die Tür hinter ihr, nahm das Buch «Ryzhik», über einen kleinen Jungen, zur Hand, ließ das Licht brennen (um nicht einzuschlafen), legte mich hin und ... schlief ein.

Ich muss lange geschlafen haben, und daraus ergab sich Folgendes: Mama saß bei Tante Marjam. Dorthin kam auch mein Stiefvater Ruslan. Mama und Ruslan wollten nach

Hause, aber Pustekuchen! Ich wäre auch von einem Kanonenschuss nicht wach geworden. Sie trommelten eine halbe Stunde gegen die Tür, aber ich habe sie nicht gehört! Dann bekamen sie Angst, mir könnte etwas passiert sein, und Tante Marjam, Mama und Ruslan dachten sich folgende Geschichte aus: «Das arme Mädchen hat die Tür offen gelassen, und Mörder sind zu ihr gekommen.» Stellt euch nur vor: «Das arme Mädchen» – das bin ich! Tante Marjam klopfte in ihrer Verzweiflung gegen unsere Wand (sie hatte Angst, sie könnte sie einschlagen), Mama hämmerte mit den Fäusten gegen die Tür, und Ruslan beschloss, durchs Fenster einzusteigen. Aber er passte nicht durch. Er steckte seine Visage in die offene Lüftungsklappe für Kater Mischka und brüllte: «Polja, Polja, mach die Tür auf! Polja, bitte, mach auf. Ich bin's, Ruslan!»

Natürlich konnte ich dabei nicht mehr schlafen, öffnete die Augen, sah ihn an und dachte: «Was ist das für ein schrecklicher Traum? Der Teufel klettert durchs Fenster! Pfui, das Böse!» Ich drehte mich auf die andere Seite und schnarchte weiter. Als sie wussten, dass ich am Leben war, klopften sie mit neuen Kräften wieder von allen Seiten. Sogar Großmutter Malika, die im ersten Stock wohnt, schlug mit dem Hammer gegen den Balkon – sie weckte mich endgültig! Ich ging zur Tür und öffnete. Mama, der Stiefvater und die Nachbarn drängten herein.

«Polja, hast du nichts gehört?», fragten sie.

«Nein!», antwortete ich ehrlich.

19. März
Heute viel Ärger, großen und kleinen. Und heute ist ausgerechnet auch noch Ruslans Geburtstag.

Unsere Katze Ksjuscha hat gegen Morgen Kätzchen geboren, und Kater Markus hat eines gepackt und zerbissen.

Ich hab dem Kater eins übergezogen. Aber das Kätzchen quält sich und liegt im Sterben.

Außerdem habe ich erfahren, dass Aljonka und Tante Walja aus Tschetschenien wegziehen wollen: Es ist kein Leben hier, die russischen Menschen werden umgebracht, ihre Wohnungen nehmen Leute aus den Bergen in Beschlag. Wenn Aljonka wegfährt, habe ich keine Freunde mehr. Dimka, Serjoscha und andere sind längst mit ihren Eltern weggezogen und haben ihre Häuser hier aufgegeben. Aber meine Mutter sagt, sie liebt Tschetschenien und hofft auf den Frieden.

So wird es sein: Ich gehe zur Schule. Es ist regnerisch. Herbst. Ringsum Spott und Hohn, Beleidigungen.

«Russische Kreatur!»

«Wir bringen dich um!»

«Russische Hündin, wie heißt du?»

«Hau ab in dein Drecksrussland!»

(Das würde ich nur zu gern tun. Aber wir haben keine Verwandten in anderen Regionen, keine Wohnung. Wir können nirgends hin.) Da gehe ich also durch den Schlamm, durch Spott und Hohn, und meine Freundin, meine Adoptivschwester, sie ist WEG! «Weg» ist ein ganz schlimmes Wort. Noch schlimmer ist: «Adieu für immer!» Regen, Wind und Schnee wird es geben; Beleidigungen und Hohn und ich allein, ohne Aljonka. Zum Herbst, zum neuen Schuljahr. Und morgen habe ich Geburtstag.

Polja

26. März

Mein Geburtstag war letzten Donnerstag. Ich bin zwölf geworden.

Es gibt nichts Gutes. Ein Unglück nach dem anderen: Tante Walja ist verleumdet worden. Adam hat eine Beschwerde geschrieben, dass Walja ihn an die russischen Militärs «verraten» hätte und die ihn «gefoltert hätten», wobei er «ein Bein verloren» hätte. Und der Kommandeur der Aufständischen, Bassajew, hat ein Dokument unterschrieben – Verräter müssen getötet werden, sogar ohne Verhandlung. Dabei sind sie überhaupt keine Verräter! Sie kamen am Abend, um sie zu töten. Aufständische. Vier. Tschetschenen mit Maschinenpistolen. Sie hatten einen Befehl, Stempel mit dem Wolf und Bassajews Unterschrift. Niemand schritt ein. Alle hatten Angst und liefen weg. Nur Großvater Idris, ein Ingusche, der auch im ersten Stock wohnt mit seiner Oma, kam raus. Er wurde mit Kolben geschlagen.

Aljonka und Tante Walja konnten über den Balkon fliehen, an einem Laken. Die Aufständischen haben ihre Wohnung in Besitz genommen. Tante Walja kriegt ihre Wohnung nicht zurück. Sie hat Angst. Sie versteckt sich bei Leuten.

Fatima hat uns alles erzählt. Wir wohnen ja in einem anderen Aufgang – und wussten nicht, dass sie kommen, um sie zu töten. Aljonka und Walja werden aus Tschetschenien ausreisen, wenn sie nur mit dem Leben davonkommen. Einzig und allein Tschetschenen haben ihnen geholfen, sie wegzubringen. Mama verbietet mir, zu Aljonka zu gehen (sie werden jetzt in privaten Häusern bei Leuten versteckt).

Kater Markus hat noch ein Kätzchen totgebissen. Mama und ich haben ihn weggetragen. Wir haben ihn auf dem Markt gelassen – soll er allein leben, der Mörder-Kater.

Tante Ajschat, Adams Frau, verflucht meine Mutter. Sie sagt: «Du, Lena, hast ihn gerettet, und ich muss jetzt mit einem Krüppel leben.»

Mama ist selbst nicht froh, dass sie ihn gerettet hat.

Polja

2. April

Ich hab es zu Aljonka geschafft. Man hilft ihnen bei der Ausreise. Auch Onkel Sascha will mit ihnen aus Tschetschenien fliehen.

Aljonka und ich saßen auf dem Fußboden – damit uns niemand durchs Fenster sah. Wir guckten einen alten Film, nach Dumas' Roman «Drei Musketiere». Dort gibt es ein Lied:

Wieder knarrt der durchgewetzte Sattel.
Alte Wunde kühlt der Wind.
Gebt Kunde, Herr, was sucht Ihr hier so dringlich,
Ist euch der Frieden nicht erschwinglich?

Wir können ihn uns wirklich nicht leisten, den Frieden. Mama und ich bleiben hier. Ruslan kann nicht in Russland leben. Dort werden die Tschetschenen gehasst. Sie werden auch belästigt, beschimpft. So wie hier die Russen. Und alles wegen des Krieges. Als es keinen Krieg gab – war Frieden.

Polja

26. April

Gestern sind Freunde gekommen: der kleine Saschka, sein älterer Bruder Erik und Tante Alja. Ich hatte lange auf sie gewartet. Hab schon nicht mehr geglaubt, dass sie zurückkommen. Als sie im Dezember ins Gebiet Krasnodarsk gezogen waren, zu ihren Verwandten, betete ich in Gedanken jeden Tag: «Liebe, geliebte Nachbarn, kommt zurück! Lasst mich nicht allein! Ich liebe euch alle sehr (besonders Erik und Saschka). Warum bleibt ihr so lange weg? Kommt her, ich habe solche Sehnsucht!»

Sogar ein Gedicht entstand wie von selbst, sobald ich an Erik dachte:

Draußen der kalte Wind,
spricht von der Begegnung mit dir.
Dass ich Dich wiedersehen werde,
sagt er mir, an einem wunderbaren Sommerabend,
Dass du zurückkehrst, höre ich ihn sagen,
doch als ein anderer, nicht mehr als Kind
und er, derselbe Wind,
wird meine Hoffnung in die Weite tragen.

Und gestern sind sie gekommen. Erik und Saschka liefen sofort zu uns herüber. Es gab keinen Strom. Wir saßen bei Kerzenlicht und spielten Karten. Dann luden sie mich nach Hause ein, ich ging nicht. Aber heute habe ich meinen allerschönsten Mantel angezogen und mich gekämmt. Mama hat es bemerkt und sagte: «Polja, jetzt wo die Jungs gekommen sind, achtest du plötzlich auf dich!»

«Nein, ich gehe sie nicht einmal besuchen», behauptete ich (auch wenn es nicht stimmte).

«Sie laden dich ja auch nicht ein!», antwortete Mama scharf.

Ich weiß nicht warum, aber ich wurde knallrot. Wahrscheinlich werde ich wirklich nicht zu ihnen gehen. Saschka hat verraten, dass sie nicht lange bleiben – in zwei Wochen werden sie Tschetschenien verlassen. Sie holen ihre Großmutter ab. Sie ist in ihrem Haus überfallen und bestohlen worden. Man hat sie eingeschüchtert. Sie ist ganz alt, wohnt weit entfernt von uns im Mikrorayon.

«Das Leben ist schwer.» Das stimmt.

28. April
Bin nicht zur Schule gegangen. Angina.

Gestern habe ich mich wieder zu Aljonka geschlichen, in den privaten Sektor. Sie sind immer noch nicht gefahren.

Die Aufständischen haben sie gesucht – haben mit der Erschießung von Opa Pascha gedroht, der Aljonka und Tante Walja bei sich versteckt hat. Er bekam Herzprobleme und liegt jetzt im Sterben. Die Aufständischen haben die Wohnung fest in Besitz. Man kriegt sie nicht raus. Die Wahrheit über Adam wollen sie nicht wissen.

Aljonka und Tante Walja schaffen es nicht, aus Tschetschenien rauszukommen. Was tun? Wird man sie töten?!

P.

3. Mai
Ich habe ein Kleid gekauft bekommen! Bin gleich los, Saschka besuchen.

10. Mai
Auf dem Markt handle ich mit Saft. Verdiene Geld fürs Essen.

Ich bin zu den Nachbarn gegangen, zu Saschka, Erik und Tante Alja. Aber Saschka hat es ohne jeden Grund abgelehnt, zu reden, und ist zu Baschir gelaufen, Fußball spielen. Erik hat Mansur besucht. Ich musste mit der Gesellschaft von Eierkuchen mit Sahne, Tante Alja und dem Fernseher vorliebnehmen. Ich werde da nie mehr hingehen! Dieser Baschir soll mir mal unter die Finger kommen!

Polja

18. Mai
Tagebuch, ich ging mit Erik und Saschka Trinkwasser in den Gärten holen. In unseren Häusern gibt es kein Wasser. Wir schleppen es in Eimern an. Die kleinen Jungs machten sich während des ganzen Wegs über mich lustig, aber nicht böse, sondern eher scherzhaft. Wegen des Yupi-Saftes. Sie sagten, ich würde ihn nicht mit dem Löffel in der Karaffe mischen,

sondern mit den Händen verdünnen. Ja nun, meine Hand ist ein bisschen verfärbt. Dann machten sie sich über meine Strumpfhosen lustig. Sie nannten mich «Peppy». Und die Strumpfhosen waren zu meinem Schrecken, als wir durch den Dreck zwischen den Gärten gingen, auch noch vollgespritzt, und sie lachten darüber. Wobei Erik witzelt und Saschka ihm immer nur beipflichtet, der Bösewicht.

«Als wir im Dezember aus Tschetschenien nach Russland gezogen sind, wussten wir das nicht!», sagte Erik. «Aber jetzt sind wir zurück und sehen: Du bist eine dumme kleine Schlampe mit Kopftuch. Bei uns dort, auf dem russischen Dorf, gibt es echte Mädchen mit Minirock! Sie tanzen auf dem Tisch und können trinken! Und küssen. Du bist ein dummes Kind.» Ich war sehr beleidigt. Wollte heulen, tat es aber nicht. Erik sah das und gab mir eine Kopfnuss. Und ich zog ihn an den Haaren. Dann sagte er, dass Jungs und Mädchen sich nicht zanken, sondern sich mit etwas anderem beschäftigen sollten, aber das würde ich erst in vielleicht zwei Jahren verstehen. Er phantasierte noch eine Menge anderes Zeug zusammen.

Warum will er mich belehren? Ich bin zwölf Jahre alt!

Saschka ist elf und Erik ist vor kurzem fünfzehn geworden! Und Saschka, der mir seine Liebe schwor und mit mir gemeinsam für den Frieden in unserer Stadt betete, pflichtet jetzt seinem großen Bruder bei.

Wir standen lange in der Schlange zum Wasser. Als ein Mädchen von vielleicht vierzehn Jahren dorthin kam, lächelten meine Freunde ihr zu. Sie fingen an, ihr Komplimente zu machen, zu kokettieren und mit ihr anzubändeln. Ich nahm Wasser auf, ging nach Hause und war furchtbar beleidigt.

Polja

20. Mai

Mir gefällt Imran. Er geht in meine Klasse. Er hat grüne Augen. Obwohl Erik und Saschka mir auch gefallen. Ich weiß nicht, Tagebuch, ob du mich verstehen kannst: Ich selbst verstehe mich nicht.

25. Mai

In der Schule war Appell. Alle wurden nach Klassen aufgestellt, weil die elfte Klasse Prüfungen hatte. Man sagt, jetzt wird im Zeugnis der Stempel mit dem Wolf stehen. So einen Stempel gibt es nur in Tschetschenien. Anderswo akzeptiert ihn niemand. Wir wurden mit Kameras gefilmt, bestimmt werden wir im Fernsehen gezeigt. Und ich hielt mir die Ohren zu und nicht nur ich, sondern alle Mädchen. Die Jungs in der Schlange warfen Böller und Knallbonbons direkt vor unsere Füße, und niemand wies sie zurecht. Saschka ist nicht mein Freund. Gestern, als Mama und ich zu Tante Alja zu Besuch kamen, sagte er erst: «Spielst du mit mir Blindekuh?»

Ich antwortete: «Gut.»

Aber da kam Baschir und wollte, dass Erik und Saschka auf dem Hof mit ihm Ball spielen, «Hündchen».

Saschka freute sich irrsinnig und jaulte: «Hurra! Hurra! Ich bin das Hündchen, abgemacht, im Spiel bin ich das Hündchen!»

Weil der, der das Hündchen ist, den anderen den Ball abjagt.

Da erschien mein Stiefvater, und Mama ging nach Hause, in unser Erdgeschoss. Und ich blieb da.

Ich sagte zu Saschka: «Kann ich auch Hündchen mit euch spielen?»

Saschka erwiderte: «Warum nicht, aber es wird dich langweilen», und sitzt in der Hocke und zieht sich die Turnschuhe an.

93

Und Erik sagt: «Polja, du bist doch zu Saschka zu Besuch gekommen? Wo ist er denn?» (Diese Frage fürchtete ich mehr als alle anderen.)

«Ich …», wollte ich antworten, aber Tanta Alja unterbrach mich: «Polja ist zu uns zu Besuch gekommen!»

Aber Erik ließ sich nicht abhalten: «Polja ist zu meinem kleinen Bruder Saschka gekommen! Und der geht weg! Warum?»

«Na, soll er doch», antwortete ich.

(Und Saschka zog sich dabei an, wie selbstverständlich.)

«Das gehört sich nicht, du bist zu ihm gekommen, und er geht weg!» Erik hat offenbar beschlossen, mich fertigzumachen.

«Na und? Was macht das?», antwortete ich (etwas anderes fiel mir nicht ein).

Und Saschka sagte noch laut zu seiner Mama, ich hätte gebeten, mit ihnen Hündchen spielen zu dürfen!

Aber ich würde mich dabei «langweilen». Ich bin vor Scham fast gestorben.

Erik und Saschka gingen in aller Ruhe auf den Hof.

Polja

2. Juni

Regen. Er weint draußen, so wie ich.

Heute ziehen, wenn alles gutgeht, Aljonka und Tante Walja für immer aus Tschetschenien weg. Sie haben versprochen, einen Brief zu schreiben. Tante Walja und Aljonka werden den Brief anderen Leuten übergeben und die wieder uns, damit man sie nicht findet und umbringt. Ihre Sachen haben sie ihnen sowieso nicht rausgegeben, nur ihre Papiere durften sie mitnehmen. Die ganze Wohnung, alle Sachen gehören jetzt irgendeiner tschetschenischen Familie, die ihnen bei der Ausreise geholfen hat.

Meine letzten Worte waren: «Wir werden noch am 1. September gemeinsam zur Schule gehen, Aljonka! Auf Wiedersehen!» Aljonka schenkte ich zum Abschied meine Halskette. Das ist die einzige wertvolle Sache, die ich besaß. Und dann vereinbarten wir noch, uns die Haare erst wieder zu schneiden, wenn wir uns wiedersehen. Ich hoffe, meine Freundin bald zu umarmen. Hilf mir, Gott!

Polja

3. Juni

Saschka redet nicht mit mir, Aljonka ist weggefahren, niemand schreibt. Gestern habe ich mit Tante Alja eine Komödie gesehen. Für kurze Zeit gab es Strom. Normalerweise haben wir seit dem Krieg weder Strom noch Wasser noch Gas.

Seit fast einem Jahr übe ich Yoga. Zwei Stunden am Tag. Ich mache die Übungen nach Hatha und meditiere in der Lotos-Position. Habe gelernt, die Augen zu schließen und das Licht zu sehen. An nichts zu denken. Das hilft besonders nach Streitigkeiten und Beleidigungen. Es rettet. Ich lese viel über Buddha.

Polja

6. Juni

Den ganzen Tag verkaufe ich Saft auf dem Zentralmarkt. Die Männer kleben an mir. Völlig frech geworden, die Scheusale! Die einzige Freude: Ich habe Erik auf dem Markt gesehen. Er fragte, wie es mir geht. Auch er verkauft Waren, hilft seiner Mutter, damit sie Lebensmittel für zu Hause kaufen kann. Seinen Lohn bekommt niemand ausgezahlt. Mein Stiefvater handelt mit alten Ersatzteilen von kaputten Fernsehgeräten. Er repariert Fernseher. Mama verkauft Gebäck. Aber Essen gibt es trotzdem zu wenig. Ich habe heute neunzehntausend verdient. Das reicht nur, um Brot, Butter und eine Dose Makrelenhecht zu kaufen. Und Mama zwei-unddreißigtausend.

Jetzt las ich ein Buch, und Mama sagte aus heiterem Himmel, dass ich früh Kinder haben werde. Wie kommt sie darauf? Das muss ich klären.

Polja

11. Juni

Ich bin ein hoffnungsloser Fall! Niemand will mit mir befreundet sein, niemand mag mich. Es geht mir sehr, sehr schlecht. Ich weiß nicht, ob Aljonka lebt. Wohin haben sie sie gebracht? Kein Brief. Ich handle von früh bis spätnachts mit Saft und Kaugummi auf dem Markt. Saschka redet nicht mit mir, läuft weg. Er tut sich mit Mansur und Baschir zusammen.

Polja

19. Juni

Zu Hause. Kein Markt. Regen.

Ich will dir alles erzählen, Tagebuch, aber mir fehlt die Zeit. Ich habe zu tun: aufräumen, dann lange meditieren. Ich überlege, ob ich Buddhistin werden soll. Gautama war ein großer Philosoph. Er sagte, dass die Erleuchtung jedermann zugänglich ist. Mir dagegen scheint, die Finsternis um mich herum kann mich verschlingen. Ich will Erleuchtung. Ich will raus aus der Tretmühle und frei sein. Gestern kamen Dschambulat und Adar, die Kinder von Opa Schamil. Sie sind zwanzig bis fünfundzwanzig Jahre alt. Mein Stiefvater war nicht da. Sie saßen und schwatzten mit Mama. Ihre Gespräche gefielen mir nicht. Ich finde, sie haben sich verändert, sie haben angefangen, Drogen zu nehmen. Mama hat sie hereingelassen, weil sie die Söhne von Opa Schamil sind. Sonst hätte sie das nicht getan. Aber ohne ihren Vater benahmen sie sich anders. Dreist.

Dschambulat hatte eine Maschinenpistole. Er wollte mir zeigen, wie man damit schießt. Aber als ich die Pistole in die Hand nahm, begriff ich, dass ich Waffen hasse. Ich hasse Waffen, weil sie Menschen und Tiere töten. Weil die Kugeln die Bäume verletzen.

Dschambulat ist noch frech geworden und wollte mich umarmen, während er mir zeigte, wie man den Abzug drückt. Ich stieß ihn weg und sagte, ich würde alles Opa Schamil erzählen. Dschambulat war sehr erschrocken. Er ging mit seinem Bruder schnell weg.

P.

21. Juli

Sei gegrüßt. Ich habe lange nichts geschrieben, Tagebuch. Erst einmal ein Plan:

1. Streit mit Saschka.
2. Islam.
3. Reise.
4. Das Tonband.
5. Patoschka.
6. Arbeit/Markt.
7. Erik.

Ich hatte Saschka acht Tage nicht gesehen, da tauchte er mit seiner Mama, Tante Alja und seinem Bruder Erik auf. Ihnen war am Abend langweilig, und so kamen sie bei uns zum Tee vorbei. Er besaß die Frechheit, mir zu sagen, dass er sich mit Patoschka, dem awarischen Mädchen aus dem zweiten Stock, treffen wird. Sie ist ein Jahr jünger als ich. Jetzt wird mir einiges klar. Zu ihr läuft er die ganze Zeit! Lädt sie zum Tennis und zum Hündchenspiel ein. Und mich hat er kein einziges Mal eingeladen.

Aber er irrt sich sehr, wenn er glaubt, er könnte mich damit treffen. Ich sagte ihm, dass ich mit Patoschka befreundet bin und sogar meine Mama mich jetzt Patoschka nennt, so wie sie. Und er kann sich rumtreiben, wo er will, und braucht sich nicht zu rechtfertigen. Saschka riss die Augen auf und hätte sich fast in die Hose gemacht. Dann stand er auf und sagte: «Adieu für alle Ewigkeit!»

Und ging weg. Das war's.

Tante Walja behauptet so wie meine Mama, dass Frieden sein wird. Man muss bedenken, dass der Krieg vorbei ist. Jetzt wird alles wie früher sein. Sie beschloss, mich für eine Woche in den Kurort Naltschik zu schicken, wenn es klappt. Ich kann mich nicht erinnern, wann ich das letzte Mal in den Ferien war. Ich handle die ganze Zeit auf dem Markt.

Ich habe ein Tonbandgerät gekauft. Allein! Der Fernseher ist längst durchgebrannt und kaputt. Erik hat mir geholfen, das Tonband auszusuchen, und der Sohn von Tante Marjam, Akbar.

Patoschka tratscht gern und ist habgierig. Wir sind befreundet, aber nicht sehr. Ich weiß nicht, was Saschka an ihr findet. Aber sie nehmen sich beide nichts. Und wie sehr es mich auch verletzt, ich zeige es nicht. Hauptsache, den Stolz bewahren.

Auf dem Markt hab ich es dazu gebracht, mit Saft aus dem Apparat zu handeln. Früher bin ich da rumgelaufen und habe mit allem Möglichen gehandelt. Bin durch alle Stände gewandert. Hab mir die Füße wundgelaufen. Jetzt sitze ich auf einem Stuhl und verkaufe von morgens bis abends Saft aus dem Apparat.

Was soll ich über Erik sagen? Es ist sowieso alles klar. Ich liebe ihn.

P.

29. Juli

Erik, Saschka und Tante Alja waren bei uns. Tante Alja, Mama und Saschka gingen in die Küche, und ich saß mit Erik auf dem Sofa. Kein Strom. Kerzen. Halbdunkel. Erik wollte mich küssen. Es war schon fast so weit! Da kommen Mama und Tante Alja rein und grölen: «Der Borschtsch ist fertig! In die Küche, Kinder!»

Schädlinge!

2. September

Sei gegrüßt, Tagebuch! Ich bin gerade aus dem Krankenhaus zurück. Ich hatte eine Blinddarmoperation. Alles kam vor zwölf Tagen. Mir wurde schlecht, ich quälte mich. Mama fuhr mich ins Krankenhaus, aber die Ärzte haben mich nicht untersucht. Sie sagten, mir tut einfach nur der Bauch weh. Ich konnte nur noch gekrümmt gehen.

Ein Mann mit sechs Kindern, ein Tschetschene aus dem mittleren Aufgang, sah das. Er setzte mich und Mama in seinen Wolga und fuhr uns ins Krankenhaus Nr. 9. Als er mich als seine Tochter dorthin brachte, hat man mich untersucht. Der Doktor sagte: «Sofort in den Operationssaal!»

Ich wollte nicht. Ich dachte, es würde besser werden. Man gab mir ein Bettlaken, in das ich mich wickeln sollte. Dann legten sie mich auf den Tisch und schlossen mich an den Tropf an. Ich wurde schläfrig. Aber ich sah noch, dass die Ärzte mir mein Kleid, das Bettlaken, wegziehen wollten. Ich rief: «Nein. Das ist mir peinlich! Lasst!»

Ich hörte noch, wie alle im Operationssaal lachten, dann schlief ich ein. Es war eine eitrige Appendizitis. Ich kam erst einen Tag später wieder zu mir. Die Zimmerdecke drehte sich. Aus dem Bauch ragten Schläuche. Der Eiter floss in ein Glas. So ging das fünf Tage. Mama sagte, ich wäre bei der Operation fast gestorben. Die Nähte sind gerade erst gezogen. Gott sei Dank habe ich alles hinter mir. Im Krankenhaus habe ich ein Mädchen kennengelernt. Es ist siebzehn Jahre alt. Ihr Nachname ist Lobasanowa. Wir haben viel gescherzt, über alles Mögliche geredet. Wir haben zusammen Spritzen gekriegt.

P. S.: Wie als Belohnung für das alles kam ein Brief. Tante Walja und Aljonka leben! Sie sind mit Onkel Sascha auf irgendein russisches Gehöft gezogen. Es gibt ein Flüsschen und ein kleines Haus! Wie ich mich für sie freue! Gott sei Dank! Tschetschenen haben ihnen geholfen. Dafür hat Tante Walja ihnen ihre Dreizimmer-Wohnung abgegeben, und sie haben die Banditen verjagt. Diese Tschetschenen, die Maschinenpistolen hatten. Die anderen, die guten Tschetschenen hatten Maschinengewehre.

Polja

7. September

Als ich im Krankenhaus war, ist viel passiert. Man brachte ein kleines Mädchen, und es ist gestorben. Ihr Vater und seine Freunde schossen im Operationssaal mit Maschinenpistolen auf die Ärzte. Jemand sprang im dritten Stock aus dem Fenster. Ein anderer lief weg. Furchtbar. Gut, dass Mama bei mir war, als sie geschossen haben. Ich lag mit Schläuchen im Bauch im Krankenzimmer. Es gibt jetzt keine Miliz. Alle haben Waffen, und jeder ist auf sich allein gestellt.

8. September

In der Nacht, als ich aus der Narkose aufwachte, erinnerte ich mich sofort, dass ich auf einem Festmahl des Olymp im Kosmos gewesen war. Dort waren alle altgriechischen Götter: Athene, Zeus, Poseidon, Amor. Apollon widmete mir ein Lied, das ich vorher nie gehört hatte.

Du gehst dorthin
wo ein hoher Berg ist.
Wo die Augen strahlen
und die Seele so rein wie Luft ist!
Und das Lächeln reiner als Silber.

Was bedeutet das – ein «Lächeln reiner als Silber»?

9. September
oder der 10. September (ich weiß nicht genau).

Zur Schule gehe ich nicht – bin krank nach der Operation. Alja, Saschka und Erik sind verschwunden. Ihre Großmutter auch. Walja und Aljonka haben es schwer. Sie haben ihr Leben gerettet, aber wie sollen sie leben? Wenig Gutes.

Aljonka ist froh, dass es das Flüsschen gibt. Sie badet dort. Tante Walja ist verzweifelt – sie können sich nicht anmelden, und Aljonka darf nicht zur Schule gehen. Aber Onkel Sascha hilft ihr. Sie haben kein Geld, und das ist leider das Wichtigste. Trotzdem freue ich mich für sie.

Wir hier haben kein Leben! Als der Krieg kam, fingen alle an, sich gegenseitig umzubringen. Niemand ist mehr mit irgendwem befreundet.

Ich hatte Albträume. Mein Bauch tut weh, aus dem die Schläuche gezogen worden sind. Viel Eiter ist geflossen. Und die Narkose haben sie vermasselt. Fast hätte mein Herz ausgesetzt.

Ich gehe nicht aus dem Haus. Schmerzen. Ich liege. Mama handelt tagsüber auf dem Markt, um Kartoffeln und Brot zu kaufen. Sie hat keine Zeit, mich mitzunehmen. Und mir ist langweilig.

In Grosny haben sie sich jetzt auch noch so was ausgedacht – das Scharia-Gericht. Menschen werden nun mitten auf der Straße erschossen. Vor kurzem haben sie eine Frau und einen sechzehnjährigen Jungen erschossen. Danach würden sie noch andere erschießen, hieß es. Weil sie angeblich (die Frau, ihre Schwester und der Junge) irgendeinen Mann umgebracht hätten. Die Schwester der Frau ist schwanger. Man hat sie erst mal leben lassen. Nach der Geburt wird man auch sie töten. Mit einem Wort, ein dunkler Wald. Du stehst ratlos davor und verstehst nichts.

Polja

11. September

Zur Schule gehe ich nicht. Ich habe das Büchlein «Alice im Wunderland» gelesen. Dann kamen Hejda und Hawa. Ich bin mit ihnen befreundet. Hawa ist eine Inguschin, sie ist dreizehn, und Hejda ist Tschetschenin, elf Jahre alt. Hejda ist mit ihrer Mama und ihrem kleinen Bruder vor kurzem nach Grosny gekommen – vorher hatten sie in einem russischen Dorf gelebt. Hejda sagt, dort trinken die Lehrer Wodka. Scheußliche Sachen passieren. Kein Anstand. Bei uns hier herrscht Anstand! Da sind sie also hierhergezogen. Hejda sagte, in Russland hassen jetzt viele die Tschetschenen und erniedrigen sie. Russische Kinder in der Schule schlagen die Tschetschenen-Kinder. Weil Krieg ist.

Hawa und Hejda haben berichtet, dass fast alle von der Schule gegangen sind, sich die Hinrichtung anzusehen. Mütter gingen mit ihren Kindern hin. Sie setzten ihre Kleinen auf die Schultern, damit die etwas sehen konnten. Ich bin nicht hingegangen. Hejda sagte, es war interessant.

Polja

18. September

Sei gegrüßt, Klasse 7a. Schon drei Tage in der Schule. Kein Unterricht.

Die Lehrer sind total frech geworden. Sie machen keinen

Unterricht. Sie schwänzen! Wir haben viele neue Jungs. Ich weiß noch nicht, in welcher Bank ich sitze … Wieder Auseinandersetzungen. Nichts läuft.

Polja

22. September

In letzter Zeit ist alles sehr seltsam. Ich war zu Besuch bei Tschetschenen: das Mädchen Lunet, das im Haus gegenüber wohnt. Ihre große Schwester Rita war zu Hause. Sie hatten mich eingeladen. Und dann sagte Lunet: «Polina, mach die Zimmertür zu.»

Ich ging und machte sie zu. Dahinter war aber noch eine Tür. Und die ist auf mich heruntergefallen. Alle haben gelacht. Das sollte wohl ein Witz sein. Ich konnte nur mit Mühe aufstehen. Lunet ist elf und ihre Schwester Rita ist sechzehn. Ich drehte mich um und ging. Was ist das für eine Freundschaft? Einfach nur gemein. Und Hejda gibt ihr Buch nicht zurück.

In der Klasse ist ein neues rothaariges Mädchen – Kassi. Sie wird bald zwölf. Ihre Mama ist Russin, der Papa Ingusche. Sie wird auch wegen ihrer russischen Mama gehänselt. Ich habe beschlossen, mich mit ihr anzufreunden. Morgen werde ich ihr eine Kassette mit Liedern von Alla Pugatschowa bringen.

Mama und ich haben uns angeschnauzt. Und zwar richtig. Mama hat mich doll gehauen. Ich habe geblutet. Das verzeihe ich ihr nicht! Obwohl, mal sehen. Mit ihren Schlägen und ihrem Gemecker hat sie mich so wütend gemacht, dass ich ihr auch böse geantwortet habe. Obwohl ich es nicht wollte, Gott verzeih mir und ihr auch. Sie ist nervös, bestimmt, weil sie alt ist. Ich weiß, dass ich, wenn sie mich schlägt, nur so lange gekränkt bin, wie es weh tut. Geht der Schmerz weg, ist auch die Kränkung vorbei. Mama gehen die Nerven durch. Sie schreit die ganze Zeit herum, sie zankt. Kassi ist auch sauer auf ihre Mama. Alle Mamas schlagen ihre Kinder. Kassi wird an den Haaren gezogen. Aber ich bin nicht leicht gekränkt. Mir sieht man es an.

Poldi

23. September

Die Nachbarmädchen haben mich wieder nicht zur Schule abgeholt. Ich bin mit Asja gegangen. Sie ist in der zehnten Klasse. Zur Schule gehen wir den Weg zwischen den Autos. Einen Fußgängerweg gibt es nicht. Es ist eine halbe Stunde. Der Schuldirektor sah uns aus seinem Auto und nahm uns mit. Danke.

In der Klasse saßen ich und Kassi in der vorletzten Bank. Alle guten Bänke hatte Löwin Lurjés Bande besetzt. Löwin Lurjé ist riesig und sieht aus wie ein Nachttisch. Ihre Dienerinnen sind mager, schön, aber böse, verschlagen. Alle nennen sie so – «ihre Sechserbande». Linda – schwarzes Haar und schwarze Augen. Sie trägt Sachen aus Leder. Malka – rötliches Haar, Zopf, blauäugig. Tara – eine füllige Sitzenbleiberin. Sie kaut ständig Kaugummi. Sie will bald heiraten! Jacha – eine lockige Braunhaarige, grüne Augen. Sie schminkt sich Augen und Lippen mit Tusche und Lippenstift, die sie ihrer Mutter stibitzt. Nima – mit kurzen Haaren, Blondine. Kann ordentlich zuhauen, graublaue Augen. Mila – Haare mehr als schulterlang, hell. Blaue Augen. Sie alle kommen aus reichen tschetschenischen Familien, und die Reichste von ihnen ist Löwin Lurjé.

Ich habe alle Hausaufgaben für morgen gemacht. Seit der zweiten Klasse guckt Mama nicht einmal mehr nach. Ich mache alles allein.

P.

25. September

Mein Stiefvater Ruslan ist auf dem Land. Die Glühlampen für Fernsehapparate verkaufen sich nicht. Deshalb hat er beschlossen, alte Säbel aufzukaufen, sie zu reinigen und zu verkaufen. Aber er hat nur zwei gekauft. Mit einem habe ich im Wohnzimmer herumgefuchtelt. Seitdem hat der Kronleuchter viel weniger Klunker als vorher.

Mama hat das bemerkt und mir eins in den Nacken gegeben. Aber danach hat sie mir verziehen und mir die erste Armbanduhr in meinem Leben gekauft. So eine kleine, mit Herzchen. Asja, Patoschkas Schwester, wollte sie anprobieren, und dann hat sie gesagt, sie hat sie verloren. Ich habe so geweint! Wie kann man etwas nehmen und zehn Minuten später sagen, man hätte es verloren?

Dann habe ich noch mit Maga gezankt. Das war so: Die Löwin-Lurjé-Bande brachte ein Tonband mit Batterien in die Klasse. Sie schalteten es ein und fingen vor den Jungs zu tanzen an. Kassi und ich saßen in der letzten Bank und dachten: Hoffentlich kommen sie nicht zu uns. Maga saß in der letzten Bank. Der Neue – ein schöner, er ähnelt Imran (Imran ist auf eine andere Schule gewechselt), lag in der Nähe auf den Stühlen. Und Maga sagte, mit dem Kopf auf den Neuen zeigend: «Mädels, gefällt er euch? Würdet ihr mit ihm schlafen?»

Die ganze Löwin-Lurjé-Bande gackerte begeistert, aber Löwin Lurjé selbst, im kurzen Rock, prustete nur verächtlich. Ich wurde furchtbar wütend und sagte: «Maga, du Idiot, etwas Dümmeres konntest du dir nicht ausdenken?»

Und er legte die Schuhe auf meine Stuhllehne und sagte: «Was blabberst du da, du russisches Schwein?!»

Ich stand auf und gab ihm zweimal eins in die Schnauze. Er blieb mir nichts schuldig, riss mir das Kopftuch herunter, warf es auf die Erde und trampelte mit den Füßen darauf herum. Der Neue (ich glaube, er heißt Achmed) lag da und grinste. Trotzdem gefällt mir die Schule jetzt. Ich weiß nicht, warum. Es ist nicht langweilig dort.

Polja

28. September

Ich habe vom Weltall geträumt. Ich sah riesige Eisberge, hundertmal größer als die Erde.

9. Oktober

Sei gegrüßt!

Heute habe ich mich zum ersten Mal geschlagen. Die Fausthiebe, die ich und Maga gelegentlich austauschen, zählen nicht. Ich spreche von einer richtigen Schlägerei. Sie haben mich immer geschlagen. Sie fielen zu mehreren über mich her. Und ich konnte mich nicht schlagen und wollte es nicht. Und sie waren es gewohnt, mich als «russisches Biest» zu beleidigen, weil ich eine russische Mama habe. Wir haben abwechselnd Dienst in der Klasse: Boden aufwischen, fegen. Heute sollten Linda, Nima und Malka Dienst haben. Kassi und ich waren schon dabei zu gehen. Da kam Linda. Sie schlug mich ins Gesicht und sagte: «Du machst für mich sauber, russisches Biest!»

Kassi erschrak und sprang zur Seite. Linda ging ruhig zu ihren Leuten, zu Löwin Lurjé und den Mädchen. Die Jungs quatschten mit ihr in der Ecke. Sie kam gar nicht darauf, dass ich reagieren könnte. Es schüttelte mich. Aber ich wusste nicht, wie ich die Rauferei anfangen sollte. Ich wollte nicht von hinten schlagen, so wie Gemeine und Feiglinge das tun. Ich ging hin und drehte sie an der Schulter um. Linda war so verwundert, dass sie gar nichts tat. Ich schaute ihr in die Augen, und dann knallte ich ihr eine. Sie jaulte auf und fing an zu kratzen. Ich packte sie an den Haaren und schlug sie mit dem Kopf auf die Schulbank. Die Bank zerbrach, und Linda fiel hin. Niemand stürzte sich auf mich. Alle standen da und guckten.

Ich sagte: «Räum deinen Dreck selber auf. Klar?»

«Ich werde mich beim Direktor beschweren, dass du mich geschlagen hast», sagte Linda irgendwie nicht sonderlich selbstsicher.

«Geh und beschwer dich», sagte ich.

Sie ging zum Direktor, doch der wollte sie gar nicht erst anhören. Wenn ich verprügelt wurde, habe ich mich bei niemandem beschwert, nicht einmal, als sie mir einen Knallkörper in die Stiefel schoben und meine Schultasche aus dem zweiten Stock warfen. Alle guckten mich begeistert an. Löwin Lurjé kam auf mich zu und sagte: «Du bist klasse!»

Polja

18. Oktober

Manchmal kommt es mir so vor, als wäre das alles ein Traum. Ein Traum, der irgendwann zu Ende geht. Was habe ich gesehen? Krieg. Arbeit. Den Markt. Dann noch die Schule, meine schreckliche Klasse. Sagen wir, wir haben einen Aufsatz: Ich will etwas Gutes, Schönes schreiben, doch es gelingt mir nicht. Aber auch die längsten Albträume hören irgendwann auf. Und ich denke: Was werde ich zu sehen bekommen, wenn ich aufwache? Blumen, Gras, Sonne! Was ist das? Ich liege im Sand, und neben mir plätschert das Meer! Ein Segelschiff mit türkisblauen Segeln schwankt auf den Wellen. Sonnenuntergang. Die Sonne geht in orangeroten Strahlen unter. Die Möwen schreien. Wo bin ich? Ich muss doch einen Vater haben? Und mir fällt ein, dass er auf einen Abendspaziergang gegangen ist. Er ist auf dem Segelschiff, weit weit weg. Und meine Mutter? Mama kocht Marmelade mit der Tante und hat mir, scheint es, etwas aufgetragen.

Plötzlich kommt zwischen den Bäumen ein Mädchen herausgelaufen. Braunäugig, mir ähnlich.

«Polja! Ich hab's gefunden! Gefunden!»

«Was hast du gefunden?», frage ich und wundere mich immer mehr.

«Wie jetzt? Die Erdbeeren!», erwidert sie.

Jetzt fällt es mir ein: Das ist meine Schwester.

«Komm!», ruft sie.

Unterwegs erzähle ich ihr meinen Traum: Davon, wie ich in einer seltsamen Stadt lebte, die Grosny hieß, wie ich zur Schule ging und wie Krieg war.

Meine Schwester lachte. «Na, du hast Einfälle!»

Wir laufen weiter. Es gibt so viele Erdbeeren! Man muss sie so schnell wie möglich pflücken! Doch da ertönt ein Laut. Er verwandelt sich in ein Dröhnen. Und schon ist es eine richtige Sirene.

Und die Stimme unserer Lehrerin, donnergleich: «Aufsätze abgeben! Die Stunde ist zu Ende!»

Ach, das war ein Traum!

P.

19. Oktober

Sei gegrüßt!

Du kannst dir nicht vorstellen, Tagebuch, was hier los ist! Tante Alja, Erik und Saschka haben sich gemeldet. Die Banditen haben ihr Haus weggenommen! Das Haus im privaten Sektor, wo ihre Großmutter gewohnt hat! Ich habe sie gesehen – ich dachte, ich sehe Gespenster, so blass waren sie. Was nun werden soll, weiß man nicht.

Mama hat vorgeschlagen, zu dem Haus zu fahren und mit den Banditen zu reden. Aber sie haben Maschinenpistolen. Heute haben alle Banditen Maschinenpistolen. Eine Miliz gibt es nicht. Deshalb werden Großmutter Tosja, Saschka und Tante Alja wahrscheinlich in unserem Aufgang wohnen. Sie haben hier eine Einzimmerwohnung. Die ist bis jetzt nicht von den Banditen beschlagnahmt.

21. Oktober

Mama hat Ärger auf der Arbeit. Sie wird bedrängt. Früher, vor dem Krieg, kann ich mich an so was nicht erinnern.

In der Schule morgens war alles ganz gut, aber dann kam Kassi angelaufen und erzählte, wie die Jungs aus der zehnten Klasse sie auf den Dachboden geschleppt haben und sie zwangen zu rauchen. Und sie zu küssen. So was! Und vor einigen Tagen, als ich aus der Schule kam, hörte ich, wie die Zehntklässler mit den Fingern auf mich zeigten und sagten: «Ist sie Ghaski?» (Ghaski – ist eine verächtliche Bezeichnung für die Russen.)

«Ja, sie ist Ghaski!»

«Ganz sicher? Sie sieht aus wie eine Tschetschenin! Hübsch!»

«Ghaski, Ghaski!»

«Wenn das so ist, darf man alles mit ihr.»

Kassi haben sie gestern geschnappt und in ihr Lager geschleppt. Ihre Mama und ihr Papa verkaufen Maschinenteile auf dem Markt. Sie leben ärmlich. Sie hat sich nicht mal getraut, zu Hause etwas zu erzählen. Und heute saß ich in der Pause und redete mit der mageren Tina. Plötzlich kommt eine «Tante», siebzehn Jahre, aus der zehnten Klasse! Und sagt: «Polina, los, mitkommen!»

Wieso das jetzt, frage ich? Ich sehe sie zum ersten Mal. Kenne sie nur vom Vorbeigehen, mit den Zehntklässlern. Sie packte mich an der Hand und schleifte mich über den Flur. Und ich war so perplex, dass ich mich ein paar Schritte lang schleifen ließ. Dann blieb ich stehen und sagte: «Keinen Schritt weiter. Wohin ziehst du mich?»

109

In der Zeit waren ein paar Jungs aus der Zehnten ins Lehrerzimmer gegangen (und dort war niemand außer ihnen) und hatten meiner «Zerbera» zugezwinkert, die mich mit aller Kraft weiter über den Schulflur ziehen wollte. Mir war sofort klar, dass sie irgendwelche Sauereien planten!

Sie sagt zu mir: «Los, keine Zicken! Du wirst jetzt gleich mit jemandem bekannt gemacht ... Und überhaupt, du bist ‹Russin›! Spiel dich nicht auf!»

Ich riss mich los, drehte mich um und lief weg. Die mir nach. Gut, dass die Stunde angefangen hatte. Ich konnte noch in die Klasse huschen.

Ich bin alarmiert. Habe mit Kassi gesprochen, was tun. Aber sie ist der Typ Aljonka: «Wenn sie dich schnappen, laufe ich weg.»

Tina ist eine hagere Tschetschenin, hat genug Angst ausgestanden. Jetzt fürchtet sie sich sogar, mit mir zu sprechen, um nicht in die Auseinandersetzung hineingezogen zu werden. Tina und ich sind manchmal zusammen nach Hause gegangen. Aber von dem ausgebrannten vierstöckigen Haus geht sie in eine andere Richtung, und ich habe noch zwei Seitenstraßen allein zu gehen.

Heute kam ich ganz unruhig von der Schule und sehe: Da steht der neue Nachbar aus unserem Haus (der schon mehrmals geäußert hat, man müsste Mama und mich umbringen). Dieser kräftige Bursche brüllt mich auf Tschetschenisch an. Ich gehe weiter und tue so, als meinte er nicht mich. Ich kenne ihn ja nicht einmal, was kann er mir sagen wollen? Da schreit er auf Russisch: «Russische Hündin, ich stech dich ab!», und noch etwas, schrie und schrie. Jetzt bin ich schon zu Hause. Aber Angst habe ich immer noch.

Tante Alja hat gestern bei uns übernachtet. Und Erik bei Mansur. Sie haben Angst, in ihrer Wohnung zu übernachten. Heute wird mein Stiefvater Ruslan hingehen und die ungeladenen Gäste aus dem Haus von Großmutter Tosja schmeißen. Ruslan versucht, den anderen Tschetschenen auf Tschetschenisch zu erklären, dass es nicht gut ist, russische alte Leute auf die Straße zu werfen und ihren Besitz an sich zu reißen. Erik und Tante Alja werden in einen anderen Bezirk ziehen. Für immer. Was bleibt ihnen übrig? Die Besetzer wollen ihr Haus nicht räumen. Sie haben gedroht. Ruslan konnte nichts erreichen.

Polja

22. Oktober

War in der Schule. Fast kein Unterricht. Ich habe dem Lehrer Sultan Magomedowitsch erzählt, wie die Zehntklässler mich in das leere Lehrerzimmer ziehen wollten. Er hat mit ihnen geredet. Bestimmt hat er ihnen gesagt, dass ich Tschetschenen in der Familie habe, dass sie mich in Ruhe lassen sollen.

Kassi kennt meine Adresse. Das ist schlecht! Sie kann mich «verraten», wenn die älteren Schüler ihr Angst einjagen. Kassis Eltern trinken. Sie hat es schwer. Sie führt auch Tagebuch. Sie hat es mir zu lesen gegeben. Ich schreibe eine Seite daraus ab: «Sie (wer?) kam mit einer Flasche Wodka in aufgewühlter Stimmung. Hat mit Mama getrunken. Dann kam Papa. Auch betrunken. Mir war das zu viel, ich saß unter dem Bett. Die Gläser klirrten.»

Ihr Tagebuch ist noch härter als meins! Jetzt ist die Zeit des Abschieds gekommen. Ich habe zwei große Hefte Tagebuch geschrieben und beginne das dritte. Schade ein bisschen, dass ich mich von den ersten zwei trenne. Aber vor mir liegen neue Aussichten, ein neues Morgenrot.

In Liebe,

Polja

24. Oktober

Ich habe eine Erzählung geschrieben. Darüber, wie Banditen kommen, um die Bewohner des Hauses zu töten. Dann habe ich sie durchgelesen und verbrannt.

26. Oktober

Ich bin von der Schule zurück. Auf dem Weg habe ich mir Widerliches von meiner Freundin Hawa, der Nachbarin Malida und ihrem Klassenkameraden anhören müssen. Sie gehen alle in die achte Klasse. Den ganzen Weg haben sie sich lustig gemacht. Haben mich als «Russin» beschimpft. Das ist die größte Schande! Die Russen haben Tschetschenien bombardiert und jetzt werden alle, die «russisch» sind, umgebracht. Besonders der mir unbekannte Junge spielte sich vor Malida und Hawa auf – er sagte widerliches Zeug. Sobald meine Mama dabei ist, sind Hawa und Malida die Liebenswürdigkeit selbst. Helfen die Tasche tragen. Richtige «Freunde». So gut können sie sich verstellen!

27. Oktober

Wir müssen Prüfbescheinigungen vorlegen. Eine neue Schulregel. Tante Alja lässt wissen, dass sie versucht, mit den Kindern nach Grosny, in ihre Wohnung, zurückzukommen. Sie kommen sonst nirgends unter, nur auf der Straße. Vielleicht wird Saschka zu uns ziehen.

Gestern haben Mama und ich Onkel Tagir einen Brief in den privaten Sektor gebracht. Der Nachbar, Tatare, wird diesen Brief an Aljonka und Tante Walja in das Gebiet Stawropol weiterleiten! Da wird sich Aljonka freuen!

Heute ist mit Kassi in der Schule Folgendes passiert: Sie hat sich mit Tara gekloppt. Dafür haben Linda und Jacha sie an den Haaren gezogen und sie geboxt. «Du dumme Russenkuh!!!», haben sie zu ihr gerufen.

Ich fand sie verheult auf der Toilette und sagte: «Das soll dir eine Lehre sein. Schleim dich nur weiter bei denen ein.»

Sie fragte: «Was soll ich denn tun? Wie soll ich überleben?»

«Man muss sich zusammentun! Schwache gibt es mehr, als man denkt. Sie können stark sein!»

Ich sagte ihr, dass ich die Chefin sein werde und alles entscheide. Aber sie müssen mich unterstützen: sie, Tina, Zulja, Seta und Zaira.

Die Jungs bleiben unter sich oder dienen sich manchmal bei Löwin Lurjé an. Auf die kann man sich nicht verlassen.

P.

28. Oktober

Gestern hatte ich einen wunderbaren Abend! Erik war gekommen. Und er war zärtlich und aufmerksam. Er machte mir den Hof! Reichte mir Tee! Wir spielten Karten bei Kerzenlicht, denn der Strom war ausgefallen. Den gibt es in Grosny sehr selten. Wir aßen Konfekt. Ich lachte und scherzte und konnte nicht aufhören. Ich fühlte mich so dumm und so glücklich!

Erik schob mir einen Test aus der Zeitung zu: «Sind Sie eine gute Hausfrau?» Danach konnten wir mit Lachen und Scherzen gar nicht mehr aufhören.

Polja

29. Oktober

Habe mit den Mädchen gesprochen. Kassi und Tina haben Angst, gegen die Regeln der Sechserbande zu verstoßen. Außerdem verlangen die Lehrer plötzlich Geld für ihren Unterricht! Woher nehmen?!

Hitzkopf Hassik verblüffte mich. Er kam heute und sagte zu mir: «Du hast Sehnsucht nach Maga? Du liebst ihn doch! Er hat es mir selbst gesagt.»

Ich wäre fast vom Stuhl gefallen und hasste Hitzkopf Hassik sofort noch mehr als vorher. Und Kassi und Zaira verzehren sich nach ihm – sie nennen ihn in ihren Fragebögen immer nur den «geliebten Hassik».

Mama habe ich von dem neuen, blauäugigen Achmed erzählt. Und Mama fiel mir ins Wort: «Du wirst dich nicht mit ihm treffen!»

Jetzt werde ich ihn erst recht im Auge behalten.

P.

30. Oktober

Nach Mathe eine Kontrollarbeit!

In der Schule wieder Auseinandersetzungen und Prügeleien wegen meiner Nationalität. Ich habe gelernt, mich mit einem Eisenschemel und dem Schrubber zu wehren. Der Schrubber hilft übrigens sehr, wenn die Gegner zu mehreren sind. Man muss ihn über dem Kopf kreisen lassen. Dann haben sie weniger Chancen, mich zu Boden zu werfen und mit den Füßen zu treten.

Ich habe ein Buch über das Kloster Shaolin gelesen. Da würde ich gern hin!

Tante Marjam ist gekommen. Wir trinken Tee. Sie sagt, die Kinder verstehen nicht, was sie tun, wenn sie mich beleidigen. Früher haben alle Völker in Frieden gelebt, und jetzt ist ihnen der Krieg aufs Hirn geschlagen.

Ich habe davon erzählt, wie nebenan, an der Haltestelle Taschkala, ein Vater seine sechzehnjährige Tochter umgebracht hat. Er hat sie mit dem Kopftuch erdrosselt und vergraben. Alle Nachbarn wissen davon. Dieses Mädchen war vom Fahrer eines Minibusses vergewaltigt worden, und um die Familienehre zu retten, haben die Verwandten sie getötet. Das ist ganz furchtbar!

P.

2. November

Für das Vierteljahr habe ich eine Drei in Mathematik bekommen. Was für eine Schande!!! Eine Drei! Ich habe sonst nur Einsen! Ich habe zuerst sogar die Fassung verloren. Das muss korrigiert werden!

Von heute an sind Ferien.

Stiefvater Ruslan hat mir Hefte und Federhalter für den Unterricht gebracht und ist sofort wieder weggefahren.

5. November

Ich habe von einem Schiffbruch geträumt. Ich war ertrunken und ins Jenseits zu den Gespenstern gekommen, in die Welt eines riesigen Mondes. Aus irgendeinem Grund bat ich um das Telefon, um Akbar, Tante Marjams Sohn, anzurufen und ihm alles zu erzählen.

P.

6. November

Es gibt keinen Strom. Kein Wasser. Das Gas am Herd funktioniert gerade mal so. Stiefvater Ruslan hat Scherwani, seinen tschetschenischen Freund, zu uns ins Haus gebracht. Der Freund glaubt an Dschinn und solche Geister. Er sagt, die Geister verfolgen die Menschen und versuchen, sie vom Weg abzubringen. Er hat ja recht, und er tut uns leid.

7. November

Ich habe in der ganzen Wohnung aufgeräumt. Habe in den Büchern von L. Tolstoi gelesen. Wir haben die zwölfbändige Ausgabe. Ich habe Hejda und Hawa gesehen. Hejda hat von den Jungs erzählt, und Hawa hat meine Musikkassette gelöscht und lügt, sie hätte sie nicht angerührt.

Mama kam vom Markt. Arme und Beine tun ihr weh. Sie schläft.

9. November

Man stört mich beim Lernen. Ich habe nur Geschichte und Physik durchgearbeitet. Am 11. November fängt die Schule an. Ich habe Angst, allein zu Haus zu bleiben. Seltsame Dinge passieren. Die Schranktüren klappern, das Geschirr fällt von alleine um! Die Nachbarn sagen, früher war dort, wo das Haus und die Gärten sind, ein alter Friedhof.

Polja

11. November

Ich habe mich bei Mama über den Stiefvater beschwert. Aber Mama sagte, sie liebt ihn. Sie hat ihn in Schutz genommen und mir befohlen, den Mund zu halten. Ich bin allein. Niemand verteidigt mich. Meine schöpferische Arbeit ist auch nicht nach ihrem Geschmack. Sie hat einen Ausschnitt aus meinem Roman über die Inseln gelesen, da brüllte sie schon: «Du schreibst dieses Gekritzel, dabei muss die Wohnung aufgeräumt, auf dem Markt verkauft, Essen für die Familie gekocht werden! Niemand braucht dein Geschreibsel! Tss, die große Schriftstellerin!»

Danach tat es ihr irgendwie leid, und sie wollte ihre Worte mildern. Aber da ist nichts zu mildern. Ich habe keine Freunde. Was tun? Hilf mir, Gott!

P.S.: Jetzt hab ich meinen Roman zerrissen. In kleine Schnipsel. Alle drei Hefte.

P.

12. November

Die Mädchen vom Hof, Asja, Hawa und Malida, haben ehrlich gesagt, dass es ihnen peinlich ist, mit mir zur Schule zu gehen. Ich habe eine russische Mama – da werden sie beschimpft. Mit wem soll ich gehen? Mit wem zurückkommen?

Ich hab mich mit Kassi gezankt. Sie hat erklärt, sie geht zu einem Treffen mit Achmed und wird ihn DORT anfassen. Ich habe gesagt, sie führt sich auf wie eine Prostituierte, und ich will nicht mehr ihre Freundin sein. Seta und Zaira haben mich unterstützt.

17. November

Ich schreibe im Dunkeln. Die Kerzen sind alle.

Bei uns waren Tante Alja und Tante Marjam zu Besuch. Sie saßen und tranken Tee mit Mama und dem Stiefvater.

Dann erhob sich Tante Alja und sagte: «Ich gehe mit Erik Karten spielen!»

Ich sah sie an: Ich konnte mich schlecht selbst einladen, aber ich wäre gern mitgegangen.

Ich flüsterte Mama zu: «Ma, sag, dass ich sie besuchen gehen soll.»

Aber Mama schwieg. Tante Alja wusste doch, dass ich Erik sehen wollte. Ich dachte, sie wäre mein Freund. Die Erwachsenen sind so fröhlich zusammen! Sie trinken Tee, erzählen sich Geschichten. Und ich bin mit ihnen, aber allein, allein für mich. Patoschka ist ins Krankenhaus gebracht worden. Schütze uns Gott!

P.

18. November

Neuigkeiten aus meiner liebsten Klasse. Die rothaarige Kassi versucht, sich wieder anzufreunden. Sie fängt Gespräche an.

Seta, Zaira, Tina, Zulja und ich haben beschlossen, uns nichts mehr gefallen zu lassen. Wenn sie jetzt eine von uns beleidigen, müssen die anderen für sie eintreten. Anders schaffen wir es nicht.

Seta lebt in einem Privathaus mit ihrer Großmutter. Sie ist Waise. Geht immer mit einem großen Kopftuch, weshalb die anderen sie als «Wahhabistin» hänseln. Zairas Papa und Mama sind ziemlich alt. Sie sind arm. Zu essen haben sie nichts zu Hause, aber sie träumt davon, eine berühmte Sängerin zu werden! Die magere Tina ist die siebte Tochter in der Familie. Ihr Papa ist gestorben, und die Mama ist ständig auf dem Markt. Sie handelt mit Socken. Zulja ist ein bisschen dick, geistig wie ein Kind, aber gut. Das sind meine Mitstreiterinnen.

Auf dem Weg von der Schule nach Hause habe ich die Nachbarmädchen Hawa und Malida getroffen. Sie sind ein Jahr älter als ich, dreizehn. Achte Klasse. Ihre Klassenkameradin Ajzara war noch dabei. Sie wollten nicht, dass ich mit ihnen ging, aber ich hab darauf gespuckt. Ich wollte nicht allein gehen – zu gefährlich. An der Kreuzung entspann sich folgendes Gespräch: «Wisst ihr, dass …», fing Ajzara geheimnisvoll an.

«Ja, du wieder über den Sex!», sagte Hawa.

«Was gibt's Neues?», belebte sich Malida.

Ich schwieg, und sie fingen an, von Russland zu erzählen.

«Dort in Russland passieren vielleicht Dinge! Au weia! Nicht so wie hier in Tschetschenien. In Tschetschenien herrsch Ordnung!», sagte Ajzara. «In Russland schlafen die Väter mit ihren Töchtern, die Brüder vergewaltigen ihre Schwestern. Die Großväter f*cken die Enkel!»

«Wir Tschetschenen heiraten und machen es erst danach!», betonte Malida. «Und die Russen sind Schweine!»

«Ein Vater tat es mit seiner Tochter jeden Tag wie mit seiner Frau, und damit sie sich nicht aufregte, sagte er: ‹Keine Angst, das Häutchen wird heil sein›», sagte Ajzara, drehte sich dann zu mir und sagte: «Du weißt, was das Häutchen ist?!»

Ich ließ im Geiste die Werke Tolstois und Shakespeares an mir vorüberschweben, die ich kürzlich gelesen hatte. Da stand das Wort nicht drin! O Schreck! Und ich antwortete: «Nein.»

Auf meine Antwort bekamen Malida, Hawa und Ajzara einen hysterischen Lachanfall. Sie gackerten und quietschten bis zu den Tränen. Und dann erzählten sie alle möglichen ekligen Sachen durcheinander: «In Russland haben sie ein Mädchen in der Schule vergewaltigt! Au au! Russische Schweine! Zwei Jungs haben sie festgehalten und einer …»

Dann wurde es ganz unanständig, das werde ich nicht wiedergeben, sonst wirst du noch rot, Tagebuch. Ich hörte zu und machte große Augen. Ajzara bemerkte das und zeigte mit dem Finger auf mich: «In ihrer Gegenwart ist es peinlich, so was zu erzählen!»

«Polja, halt dir die Ohren zu!», lachte Malida. «Jetzt unterhalten sich Erwachsene!»

Als wäre sie viel älter als ich, dabei ist es nur ein Jahr; sie ist gerade dreizehn geworden.

«Arme Polja, sie sollte mit den Kleinen laufen, nicht mit uns», stimmte auch Hawa ein und rief den nächsten Lachanfall hervor.

Aber kaum war Ajzara hinter der Kurve verschwunden, und wir mussten noch einen Häuserblock bis zu unserem Hof gehen, wurde Hawa ängstlich. «Glaub nicht, dass ich auf ihrer Seite bin. Ich bin nicht so eine. Sag Papa Sultan nichts davon.»

Ich nickte nur. Klar, ich werde gerade auf die Idee kom

men und Onkel Sultan so was erzählen! Ich würde sterben vor Scham.

Malida ließ nicht locker. «Hast du schon Menstruation, Polja?»

«Nein!», sagte ich heftig.

«Ach, du lügst!»

«Stimmt», sagte ich. «Ich habe genug von solchen Gesprächen!»

«Malida! Du benimmst dich unanständig!», sagte Hawa.

«Ich schrei über den ganzen Hof, wenn du willst: ‹Menstruation! Menstruation!› Mir ist das nicht peinlich!», jaulte Malida und stampfte mit den Füßen auf.

«Halt die Klappe und spiel dich nicht auf», zischte Hawa.

«MENSTRUATION!!!!», brüllte Malida über unseren Hof.

Im Eingang standen Jungs, über den Hof liefen Nachbarn mit Eimern, sie trugen Wasser aus den Gärten. Schande. Ich gehe nie mehr mit ihnen von der Schule zurück! Pfui!

Ich komme nach Hause und sehe: eine riesige Ratte ohne Kopf. Direkt an der Tür. Ich muss sie wegmachen.

Polja

19. November

In der Schule ist alles schlecht. Die neue Lehrerin spricht kein Russisch. Als sie meinen Namen sah, hat sie mich sofort gehasst. Sie sagte: «Die Russen sind Bestien! Die Russen töten Tschetschenen!» Aber ich habe niemanden getötet. Mein Großvater ist unter dem Beschuss im Krankenhaus getötet worden!

Mit Kassi habe ich mich nicht vertragen, obwohl sie sich sehr bemüht hat.

Hawa und Malida haben beschlossen, mit mir zusammen zur Schule zu gehen! Sie schämen sich keine Spur!

Hejda kam zu Besuch. Sie brachte ihr Notizbuch mit –
sie schreibt Gedichte. Hejda ist in Saschka verliebt! Sie liest
Bücher und zeichnet gern. Sie hat erzählt, dass sie früher in
Russland gelebt hat, auf einem Dorf. Ihr Onkel hatte eine
Schafsherde. Hejda spielte mit einem Lämmchen. Sie ge-
wann es lieb. Band ihm ein Schleifchen um. Dann stach der
Onkel es ab. Hejda hat sehr geweint.

Unerwartet hat mir heute ein Junge aus unserer Klasse,
Alichan, eine Liebeserklärung gemacht. Und mir irgend-
ein Unkraut in einem kleinen Topf geschenkt. Eine Art
Kaktus.

Er ist mir noch nie aufgefallen. Ein ganz Schweigsamer.

Polja

22. November

Ich bin von Tante Alja zurück. Sie hilft mir bei Mathematik.
Erik hat nicht mehr als ein paar Worte gesagt.

Ich bin allein. Der Stiefvater ist weggefahren, Mama ist
auf dem Markt.

Ich hab mich damit beschäftigt, in meiner Seele zu graben. Ich verstehe mich nicht. Was soll das? Ich bin böse auf
Erik, weil ich nicht das Mädchen seiner Träume bin. Weil er
mich nicht liebt. Aber warum muss er mich lieben?! Trotzdem bin ich böse. Der Ärger lässt mich nicht los. Ich habe
mir ein Ideal gezimmert, das nicht zur Realität passt. Mama
sagt, man muss den Menschen so nehmen, wie er ist.

Ich bin zu dem Schluss gekommen, dass ich kein Recht
habe und mich schlecht benehme (das hat Mama neulich
angedeutet) und, wie ich es auch drehe, das widerwärtigste
Mädchen der Welt bin. Ich muss willensstark sein. Ener-
gisch. Ich finde mich überhaupt nicht auf dieser Welt zurecht. Doch ich gelobe Besserung!

Polja

23. November

Habe die ganze Zeit an Erik gedacht. Wie widerlich!

Gestern habe ich im Zorn gesagt, Erik und Tante Alja seien nicht gut, Großmutter Tosja dagegen – wohl. Aber Mama hat erwidert, alle seien gut.

«Es liegt an dir, wenn du kein interessantes Gesprächsthema findest», sagte Mama. «Du bist langweilig!»

Wie soll ich ein Gesprächsthema finden? Über kluge Bücher und griechische Götter redet Erik nicht. Besser schweigen. Das Herz kann man mit Liebe oder mit Wut anfüllen. Ich habe etwas Wichtiges verstanden: Man darf Niemanden als sein Eigentum betrachten, und jeder hat das Recht zu sein.

Polja

26. November

Ich war bei Hejda zu Hause. So eine Armut. Nirgends kann man sich hinsetzen, nicht einmal Stühle gibt es. Sie sitzen auf dem Fußboden! Ein einziges Bett und ein Haufen Leute in der Wohnung (Onkel, Neffen, noch jemand). Hejda ist zu faul zum Aufräumen, und ihre Tante beklagte sich bei mir, sie sei «wie eine Küchenschabe».

Ich habe Mansur im Vorbeigehen gesehen. Er ging zu Erik. Sie sind Freunde. Mansur hat auch eine russische Mama, so wie Erik, so wie ich.

Stiefvater Ruslan hat heute an mir herumgenörgelt, und wir haben uns beschimpft. Mama hat ihn in Schutz genommen. Sie schreit mich an. Das ist ungerecht!

Ich habe Gedichte geschrieben. Mama sagt: «Schmeiß das auf den Müll! Kein Fünkchen Talent!»

27. November

7 Uhr. Gestern haben wir uns fürchterlich gestritten. Tante Alja kam vorbei und hat mich eingeladen. Mama hat sie

angeschrien, ich habe Mama angeschrien, und Stiefvater Ruslan hat alle angeschrien. Am Ende hat Ruslan die Tür zugeknallt und ist gegangen.

Tante Alja ging in ihre Wohnung, und Mama hat mich die halbe Nacht weiter angebrüllt.

Jetzt hat Mama mich um sieben Uhr wach gemacht und vor die Tür gejagt.

«Geh, auf den Markt, verkaufen! Los! Los!»

Sie selbst wird liegen bleiben. Und warten, dass ich Geld anbringe.

13 Uhr. Ich bin ganz durchgefroren. Es ist kalt. Schnee. Habe wenig verdient. Kaufe einen Happen zu essen. Vielleicht stimmt sie das gütig?

17 Uhr. Die Rechnung ist aufgegangen. Mama hat das von mir gemachte Abendessen gegessen und mir erlaubt, zu Tante Alja zu gehen. Mein Stiefvater Ruslan ist zu Hause. Er sitzt an der Nähmaschine.

Polja, die eine Mandarine kaut.

30. November

Ich war in der Schule. Es gab keinen Verweis dafür, dass wir uns vorm Aufräumen gedrückt haben. Hejda und ich haben Wasser von den Brunnen geholt, drei Stunden haben wir Eimer geschleppt. Es war schwer.

Und die verfluchte Nachbarin Ajschat, der meine Mama ihren Adam gerettet hat, sprüht Gift. Sie schimpft und wünscht uns den Tod. Wenn sie uns auf der Straße sieht, schreit sie: «Wozu habt ihr Adam gerettet?! Ich will nicht mit einem Krüppel leben! Er hat jetzt keinen Fuß mehr!!! Wäre er doch gestorben!»

Sie hat vier Kinder.

Polja

1. Dezember

Erik und Tante Alja sind heute weggefahren. Oma Tosja ist
geblieben. Sie wollen Oma Tosjas Rente abholen. Die Rente
wird nur in Russland ausgezahlt.

2. Dezember

In unserer Klasse haben wir, mitten im Schuljahr, ein neues Mädchen bekommen. Löwin Lurjé hat sie nicht in ihre
«elitäre Bande» aufgenommen. Wir wollten uns mit ihr
anfreunden, doch sie bleibt für sich. Sie kommt aus einem
Bergdorf, eine Tschetschenin, aber sie hat einen russischen
Vornamen – Arina. Das Mädchen geht nach der Schule
auf den Markt im Stadtzentrum und handelt – genau wie
ich. Sie verkauft Herrenhemden und Damenunterhemden.
Kauft Essen ein, kocht. Ihre Hausaufgaben macht sie nachts.
Arina hat viele Schwestern und Brüder, sie ist die Älteste in
ihrer Familie. Sie ist zwölf. Kassi hat beschlossen, ihre Nähe
zu suchen. Sie zeichnete eine Rose, eine sehr schöne und
schenkte sie mir: «Verzeih, Polina! Ich setze mich zu ihr in
die Bank! Ich möchte mit ihr reden.»

Was soll's, ich nehme ihr das nicht übel.

Polja

4. Dezember

Schrecklich, was passiert! Mama ist ausgerastet. Sie schlägt
mich ohne Grund! Mit Händen und Füßen. Sie schmeißt
mit Sachen nach mir! Und alles wegen Hejda. Sie … Ich
kann nicht weiterschreiben, Mama brüllt und schmeißt.
Entschuldigung.

19 Uhr. Mama flucht und zankt weiter. Sie sagt: «Du verfluchtes Biest! Du Vieh! Ich werde es dir zeigen! Ich verhei-
rate dich mit einem bösartigen Onkel, sobald du die neunte
Klasse fertig hast!»

Mama hatte mir noch einen Satz Unterwäsche zur Aussteuer gekauft, jetzt hat sie alles zu sich in ihren Schrank genommen.

20 Uhr. Und jetzt gibt's was! Mama droht, winselt und schmeißt mit allem nach mir, was ihr zwischen die Finger kommt. Jetzt hat sie sich gerade beruhigt (toi, toi, toi). Und alles deshalb, weil wir in der Wohnung eine Erdung hatten. Da laufen Kabel von den Nachbarn, damit wir wenigstens manchmal Strom bekommen. Und die Erdung ist notwendig – das Kabel wird freigekratzt, ein Ende an eine eiserne Bad-Armatur gebunden, das andere Ende in die Steckdose gesteckt. Und dieses Ende muss genau in die richtige Öffnung der Steckdose gesteckt werden.

Und Hejda kam zu uns und zog, kaum hatte ich mich umgedreht, das Kabel heraus und steckte es in die falsche Öffnung. Es gab einen fürchterlichen Kurzschluss! Die Kabel brannten. Ich wollte den Draht mit den Händen packen, aber mir fiel ein, dass der Strom einen töten kann. Mit einem Holzstock konnte ich die brennenden Drähte dann aus dem Steckkontakt ziehen. Mama prügelte mich dafür. Und sie brüllt herum. Natürlich muss ich morgen auf den Markt («ohne Widerrede») und kriege überhaupt eine Menge Strafen.

Oma Tosja kam zu Besuch. Ich klagte ihr mein Leid. Und Hejdas Onkel hat die Drähte repariert. Wie sich herausstellt, war alles nicht so schlimm. Jetzt höre ich Mama aus der Küche: «Polja, kommst du Tee trinken?»

«Nein», antworte ich. Wofür habe ich denn Prügel gekriegt?

«Kommst du?!», brüllt Mama.

«Nein!», brülle ich.

«Polja, komm schon, Liebe», bittet Oma Tosja.

Ich gehe in die Küche, und kaum hat Mama mich gesehen,

jault sie schlimmer auf als vorher: «Verschwinde, du ekliges Biest! Hau ab!!!»

Oma Tosja setzte sich schüchtern für mich ein: «Warum denn jetzt so?»

«Sie soll für ihre Worte einstehen», schreit Mama. «Sie hat nein gesagt, also nein! Sie wird ohne Tee auskommen! Eselsbrut!»

«Na gut!», sage ich und gehe.

Aber Mama brüllt und brüllt weiter.

Ich sitze jetzt und schreibe ein Gedicht über Schiffe auf dem Ozean.

5. Dezember

Jetzt ist ungefähr vier Uhr nachts (oder morgens?)!!! Mama hat mich um zwei Uhr aus dem Bett geholt und gesagt: «Ich bin schlecht gelaunt. Hab Halsschmerzen. Ich will nicht schlafen. Und dich Miststück werde ich auch nicht schlafen lassen!»

Sie jagte mich mit Fausthieben aus dem Bett. Ließ mich die ganze Wohnung noch mal aufräumen. Jetzt ist es etwa vier Uhr, und sie hat mir erlaubt, bis fünf zu schlafen, danach – auf den Markt, verkaufen. Aber ich will nicht mehr schlafen.

16.30 Uhr. Hab gehandelt. Habe Essen für zu Hause gekauft. Habe auf dem Markt Veronika gesehen, ein russisches Mädchen. Sie kommt aus einer benachteiligten Familie. Übernachtet, wie es gerade kommt. Sie hat Geschwüre an den Händen. Sie läuft an den Marktständen entlang und bettelt um Essen. Manchmal bekommt sie eine kleine Pirogge oder ein Stück Brot.

Dann habe ich noch ein tschetschenisches Mädchen kennengelernt. Sie ist zwölf. Sie heißt Zarema. Sie klettert mit ihrer Mama auf dem Müllhaufen herum, sammelt Sachen vom Müll, putzt sie an einem Bohrloch mit eiskaltem Wasser spiegelblank, wäscht sie und verkauft sie auf dem Markt, an den Trödelständen. Sie essen nicht oft. Sie kommen ein, zwei Tage ohne Essen aus. Brot können sie sich nicht leisten. Es sind gute Menschen, ehrlich und bescheiden.

Polja

6. Dezember

9.15 Uhr. Ich habe eine Ansichtskarte – Großvater Anatolij hat sie mir geschenkt. Darauf sind Berge und Täler. Freie Pferde springen herum. Mustangs. Sie leben nicht in Gefangenschaft. Ich denke, wenn Großvater nicht bei dem Beschuss umgekommen wäre, wäre alles anders. Ich könnte von Mama weggehen und bei ihm leben, in seiner Wohnung. Großmutter Elisabeth ist von einer Bombe getötet worden. Und die andere Großmutter Galja und Urgroßmutter Julia-Malika sind gestorben. Papa ist schon lange gestorben, als ich noch klein war. Sagt Mama. Niemand ist geblieben.

22 Uhr. Morgen werde ich nicht zur Schule gehen. Es gab Wasser im Haus. Und sofort sind die Abflussrohre geplatzt! Es läuft direkt auf den Fußboden! Bei uns und bei Tante Marjam. Alle fangen es mit Eimern auf. Ich, Tante Marjam, ihre Kinder Akbar und Jusuf. Wir sind ja im Erdgeschoss, und alle Nachbarn über uns «bemühen» sich, uns Arbeit zu machen. Niemand hört darauf, dass man die Toiletten nicht mehr benutzen darf!

P.

7. Dezember

7 Uhr. Ich schleppe das Abwasser raus. Jusuf ist ein Faulpelz, er räumt nicht mal das Wasser bei sich weg. Niemand geht auf die Suche nach einem Klempner. Und wenn Jusuf

einen Klempner holen geht, dann soll ein Elefant in Afrika verrecken! Ich habe die ganze Nacht gearbeitet, Eimer rausgetragen.

Mama und Großmutter Tosja sind auf den Markt gegangen, was erledigen. Sie haben gesagt, ich soll allein mit den Problemen fertig werden. Wie sich herausstellt, ist an der Verstopfung Tante Roza schuld, eine Nachbarin. Sie ist vor kurzem aus einem Bergdorf hergezogen und wusste nicht, dass man keinen Abfall in die Toilette werfen darf! In der Schule war ich nicht. Zum Teufel mit der! Das geplatzte Rohr habe ich mit Plastiktüten und Lappen umwickelt. Das Wasser strömt nicht mehr so heftig in die Wohnung.

17.30 Uhr. Und in Afrika ist doch ein Elefant verreckt, es gab sogar ein Erdbeben – Jusuf hat einen Klempner geholt!!! Aber die Reparatur hat viel Geld gekostet. Jetzt wird in allen Aufgängen dafür gesammelt.

P.

8. Dezember

Großmutter hat von ihrer Kindheit erzählt. Vom Krieg mit den Faschisten, vom Kinderheim.

«Ich war fünfzehn. Sie brachten ein Radio. Musik! Und wir gingen tanzen. Es hieß, der Krieg mit den Deutschen sei zu Ende! Da war ein Junge, der mir gefiel. Und ich tanzte, ich wirbelte … Walzer! Dann kam ich zu mir, keine Musik! Stille, und alle guckten uns zu. Wir beide auf einem riesigen leeren Kreis. Alle waren auseinandergetreten. Wir hatten bestimmt zehn Minuten so getanzt! Ohne Musik!!!» Oma Tosja freute sich und lachte.

Hejda kam. Ich munterte sie auf, so gut es ging. Hejda war bedrückt. Ihr großer Bruder hatte ihr verboten, zu uns zu gehen, und sie wegen der Freundschaft mit Russen zusam-

mengestaucht. Aber Hejda sagte, wir werden immer wahre
Freunde bleiben und nie auseinandergehen! Gott schütze
uns!

Polja

10. Dezember

Heute hat es geschneit! Ganz viel! Ich ging mit Tina, Zaira,
Zulja und Seta nach Hause. Zaira sang. Wir bewarfen uns
mit Schneebällen! Das war toll!!! Wir sind alle Freunde!

Alichan, der mir den Kaktus geschenkt hat, wollte mich
nach Hause begleiten. Aber ich lachte und ging mit den
Mädchen weg. Wie sich herausstellt, ist er in mich verliebt!
Ha, ha! Das ist ja was! Wie sich herausstellt, kann man sich
in mich verlieben. Alichan ist ein kleiner, magerer Tschetschene. Sehr mundfaul. Er zeichnet Bilder in sein Heft und
schläft mitten im Unterricht ein.

Polja

11. Dezember

17 Uhr. Zur Schule bin ich nicht gegangen. Habe heute
neue Ware gekauft: Scheren, Stecknadeln, Garn. Bin allein
auf den Markt gefahren. Es gibt kein Essen zu Hause.

Dann gab es noch ein Abenteuer: Ich wollte mit einem
Mädchen vom Hof Müll wegbringen. Der Müllberg ist riesengroß! Er reicht höher als bis zum zweiten Stock und ist
so weit wie ein großes Feld. Den Berg räumt seit langem
niemand weg. Im Sommer stinkt es grauenhaft. Im Winter geht es einigermaßen. Er ist zugeschneit. Der Müllberg
liegt versteckt hinter einem ausgebrannten vierstöckigen
Haus. Hejda glaubt, dass böse Geister auf ihm leben. Am
Abend trägt niemand den Müll weg. Die Leute haben Angst.
Angeblich hat man dort einmal die Leiche eines neugeborenen Kindes gefunden. Grauenhaft!

Und ich bin heute dorthin gegangen, mit mir noch ein Mädchen und ihr kleiner Bruder. Sie schleppte auch einen Eimer. Wir haben es zum Müllberg zwei Seitenstraßen weit. Den Müll hatten wir schon weggekippt, ich brauche immer, um die Kartoffelschalen ganz rauszuschütteln. Und zurück. Da kam ein Auto. Im Auto irgendwelche Männer. Das Auto hielt an. Sie wollten mich packen. Da hab ich dem einen, der mich fassen wollte, eins mit dem Mülleimer auf die Birne gehauen! Seine Nase blutete. Und wir sind weggelaufen.

13. Dezember

Auf der Straße begegneten mir Mansur und Akbar. Ich grüßte sie, aber sie schwiegen zur Antwort. Mama sagt, sie grüßen ein Mädchen nicht, wenn sie zu mehreren sind. Mansur hat ganz vergessen, wie er im Krieg bei uns mit Mama, Großmutter und Brüdern gelebt hat. Sein Bruder Baschir bewarf mich und Hejda mit Schneebällen und beschimpfte uns unflätig. Hat auch ein schlechtes Gedächtnis. Hejda konnte mir, als niemand hinsah, einen Liebesroman aus der Serie «Erotika» zustecken. Sie hat ihn ihrer Mama stibitzt. Ich habe so etwas noch nicht gelesen. Bin neugierig. Bei uns zu Hause haben wir solche Literatur nicht.

P.

14. Dezember

Lunet schaute vorbei. Wie sich herausstellte, war dieses Buch «über die Liebe» von ihr! Wer hätte das gedacht! Hejdas Mama hat entdeckt, dass das Buch verschwunden ist, und schon hatte ich Besuch. Lunet ist ein Miststück. Letztes Jahr hat sie Aljonka ein Buch über Katzen gestohlen. Eine Diebin! Sie will heiraten. Hat allen ringsum erzählt, dass sie verheiratet wird, sobald sie dreizehn ist! Da kann sie lange warten. Das Buch habe ich ihr zurückgegeben. Da stehen solche ekligen Sachen drin, dass ich beschlossen habe, überhaupt nie zu heiraten. So was Abscheuliches habe ich noch nie gelesen.

Ich sitze und höre tschetschenische Musik. Was für eine schöne Musik! Da wird einem froh ums Herz.

Polja

15. Dezember

Hejda ist wieder gekommen. Sie sagt, ohne mich kann sie keinen guten Roman schreiben. Ich räume auf und diktiere ihr, was sie schreiben soll. Ich hab ja jetzt nichts mehr zu schreiben. Meinen eigenen Roman habe ich zerrissen und verbrannt. Für ein Kapitel ihres Romans habe ich mir so etwas ausgedacht: Ein Mörder kommt zu einem anständigen Mann. Der Mann ist nicht zu Hause, nur seine Tochter ist da. Der Mörder richtet die Pistole auf sie und will schon abdrücken. Und es wäre so gekommen, wenn in diesem Augenblick nicht eine Maus aufgetaucht wäre. Eine ganz gewöhnliche graue Maus. Das Mädchen hatte solche Angst vor Mäusen, dass es vergaß, dass ein Mörder vor ihr steht. Sie schrie: «Eine Maus! Eine Maus! Hilfe!», und warf sich in seine Arme. Der Mörder musste so lachen, dass er sie nicht töten konnte und wegging.

Ich habe mir heute auf dem Markt eine Puppe gekauft, sie heißt Ksjuscha. Ich spiele noch immer gern mit Puppen, als wären das meine Töchter. Hejda spielt auch gern mit Puppen, sie kämmt ihnen die Haare und näht Kleider für sie.

Polja

18. Dezember

Mit Mama nichts als Ärger. Sie hat mich mehrmals geschlagen. Alles deshalb, weil ich auf ihre Ansage: «Polja darf keine eingelegten Gurken essen!» zu Oma Tosja sagte: «Das denkt sie sich aus. Ich darf sie wohl essen!»

Seltsam: Wenn Mama nicht sieht, dass ich sie esse, wird mir danach nie schlecht. Nie! Aber wenn sie sieht, dass ich auch nur ein klitzekleines Stück esse, dann hält sie mir stundenlang Vorträge: «Gleich wird dir schlecht werden! Du kriegst Bauchschmerzen!»

Und klar kriege ich Bauchschmerzen, und was für welche!

Mama könnte mir sagen, ich soll sie nicht unterbrechen. Aber warum schlagen? Warum hänseln? Sie hat mir natürlich auch wieder gesagt, dass ich ein «Miststück» bin, eine «Drecksau», alles ihr verdanke und «ich hab dich in die Welt gesetzt, ich bring dich auch um!».

Ich habe Fieber. Bestimmt bin ich krank. Angina. Ich habe große Angst davor krank zu sein. Mama schimpft dann nur, dass ich nichts verkaufe, nicht aufräume, wenn ich krank bin.

19. Dezember

Ich hatte mich hingesetzt, um ein Buch zu lesen, plötzlich puck-puck-puck! Das ist so eine Abmachung mit Tante Alja. An den Heizkörper klopfen. So als Signal, falls sie überfallen werden oder wir. Ich antwortete: Puck-puck-puck! Und sie: Puck-puck. Das heißt, sie sind angekommen!!! Hurra!

20. Dezember

Unser Kater Mischka ist verschwunden. Wir hatten ihn so gern! Ich ging überall herum, rief ihn, suchte. Er ist verschwunden.

Asja und Patoschka wollen nichts mehr mit mir zu tun haben. Sie haben auf dem Hof ein neues Mädchen aus einem Bergdorf kennengelernt. Es hat gesagt: «Entweder seid ihr mit mir befreundet oder mit Polina.» Sie hasst alle, die einen russischen Namen haben. Ihre ganze Familie ist umgekommen, als die russischen Militärs geschossen haben. Patoschka und Asja haben sich für sie entscheiden, nicht für mich.

Dafür hat sich Lunet unerwartet mit mir befreundet. Ich, Lunet und Hejda haben stundenlang Trinkwasser aus den Gärten geschleppt. Der Wasser war für ein paar Tage eingeschaltet worden. Es hieß, es würde danach nichts mehr geben. Wasser in Blecheimern zu tragen ist schwer, dabei kann man hinfallen. Es ist spiegelglatt. Eine Frau ist hingefallen und hat sich das Bein gebrochen. Ein offener Bruch!

Ich bin krank, habe mich in einen Schal gewickelt. Kann kaum gehen. Zu Oma Tosja ist Tante Alja gekommen. Sie hat die Rente mitgebracht. Saschka und Erik sind in Russland geblieben. Tante Alja sagte, Saschka werde nie mehr nach Tschetschenien kommen, Erik vielleicht, irgendwann später. Mir wurde klar, wie sehr ich sie alle mag. Nichts ist einem teurer als Freunde, wenn sie weit weg sind, scheint mir. Erik liebt mich nicht. Na wenn schon! Er hat recht. Ich gestehe meine Niederlage. Und liebe ihn doch.

P.

21. Dezember
Ich bin heute nicht zur Schule gegangen. Auch kein einziges anderes Mädchen. Obwohl Unterricht ist. Ich werde aufräumen, dann Wasser aus den Gärten holen. Man sagt, es wird wieder Krieg geben. Schon der dritte! Gott verhüte den Krieg! Mich hassen sowieso viele aufrichtig, weil sie mich für eine Russin halten. Weil russische Soldaten ihre Verwandten getötet haben!

15.20 Uhr. Hejda und ich gingen zum Wasserholen in die Gärten, und die Jungs sammelten Eis und bewarfen uns damit. Ein Eisbrocken traf mich am Kopf, sie sollen verflucht sein! Das tut so weh! Hejda hat ein kleines Stück am Rücken abbekommen. Lunet sagte zu Hejda, das sei dafür, dass sie als stolze Tschetschenin sich den Russen andient. Gemeint war, dass Hejda mir gestern geholfen hat, den Wassereimer zu tragen. Sie wollen Hejda und mich auseinanderbringen, aber das gelingt ihnen nicht.

22. Dezember

Es gibt keinen Strom, kein Wasser. Aus dem Heizkörper läuft irgendeine Brühe auf den Boden. Nichts als Pech in dieser Wohnung und in dieser Stadt.

Gestern ist Lunets Schwester, die sechzehnjährige Rita, als Braut geraubt worden. Jetzt sind alle Nachbarn miteinander verzankt. Also, Puschinka sollte verheiratet werden. Puschinka gefiel ihr Bräutigam. Sie durften sich sogar vor der Hochzeit kennenlernen, was nicht oft vorkommt. Manchmal werden sich nur die Eltern einig, und das reicht. Und die Kinder müssen sich schweigend fügen und heiraten.

Sie nahmen einen «Kalym», also Geld für die Braut. Und nach der Sitte sollte Puschinka an die Hausecke gehen, und von dort würden Freunde des Bräutigams sie «entführen», sie in ein Auto zerren. Der Bräutigam würde gar nicht da sein. Nach der Sitte taucht er manchmal erst drei Tage nach der Hochzeit auf. Puschinka machte sich also auf den Weg an die Ecke. Aber ihre Freundin hatte erfahren, wo man da stehen musste. Sie wollte unbedingt heiraten. Sie lief früher dorthin und sagte, sie wäre Puschinka, und man entführte sie. Oj, was das gab! Puschinka weinte! Ihr erster Bräutigam war im August 1996 getötet worden, und jetzt das! Ihre Mama Tamara und die Mama von Rita und Lunet fuhren zur Familie des «Bräutigams». Aber man kann nichts mehr ändern: Rita nach Hause schicken, wäre eine Schande, das geht nicht, schließlich ist sie schon geraubt worden. Und was soll mit dem Kalym passieren? Wem steht er jetzt zu? Früher waren Tante Tamara und Ritas Mama befreundet, jetzt sind sie heillos zerstritten.

Hejda hat schon wieder ein Buch über die Liebe angeschleppt, aus der Serie «Frauenromane». «Erotik!», flüstert sie und zwinkert verschlagen. Die Freundschaft mit Lunet ist ihr aufs Hirn geschlagen.

23. Dezember

In der Schule gab es zwei Stunden. Ich, Zaira, Seta, Tina und Zulja spielten Jagen und Blindekuh. Es war lustig!!! Wir haben so gelacht. Als uns draußen kalt wurde, sind wir in die Klasse gegangen. Heizung gibt es nicht, aber drinnen ist es nicht so kalt. Wir spielten Schiffeversenken an der Klassentafel. Beim Reingehen hatten wir vergessen, die Tür mit einem Schrubber zu blockieren. Das tun wir normalerweise immer, denn sonst könnte jemand eindringen und schießen. Und jetzt stürzten die Jungs aus der elften und zehnten Klasse rein. Brüllten auf Tschetschenisch, andere aus ihrer Klasse hätten gesagt, dass ich Kassi heiße und man mit mir «alles darf», weil ich «Russin» bin. Sie versuchten allen Ernstes, mich auf den Dachboden zu zerren, und kein Lehrer war in der Nähe. Und was hätten die auch getan? Aber meine Mädchen haben mich gerettet! Zaira, Tina und Zulja standen wie eine Wand und sagten über mich: «Ihr irrt euch! Sie ist keine Russin. Sie heißt Fatima. Ihr Vater ist Tschetschene! Sie ist eine Tschetschenin! Kassi ist ein anderes Mädchen. Sie hat auch eine russische Mama, und ihr Vater ist Ingusche. Rührt sie nicht an!»

Die Jungs stritten auf Tschetschenisch, aber die Behauptung, dass mein Vater Tschetschene sei, hatte sie erschrocken. Die Mädchen waren bereit, mich bis zum Äußersten zu verteidigen. Tina griff sich eine Eisenschippe, Zulja einen Holzstuhl und Seta mit großem Kopftuch – den Schrubber!

Da kapierten die Jungs, dass sie es nicht schaffen würden, und zogen sich zurück. Wir verbarrikadierten rasch die Klasse. Die Hände zitterten vor Angst, und nicht nur mir.

«Wie kommt das?», fragte die magere Tina.

«Sie glauben, dass Polina Russin ist! Die Russen sind keine Menschen! Sklaven! Biester! Sie bombardieren uns», sagte die dicke Zulja laut. «Polina muss allen sagen, dass ihr Vater Tschetschene ist, sonst wird man sie umbringen! Wir können nicht immer in der Nähe sein!»

«Und warum hast du gesagt, ich heiße Fatima?», fragte ich Zaira.

«Ich weiß nicht», antwortete sie. «Das kam mir einfach als Erstes in den Sinn. So hieß die Tochter des Propheten Mohammed.»

24. Dezember

Gestern Abend kam Tante Alja zu uns und trank Tee mit Mama. Ich habe ihnen erzählt, wie die Jungs aus den höheren Klassen Kassi auf den Dachboden schleppten und sie zwangen, sich mit ihnen zu küssen und Zigaretten zu rauchen!

Meine Mama sagte: «Das haben sie bei ihr gelernt.»

Und Tante Alja: «Nicht ein bisschen spät? Eher haben sie ihr das beigebracht!»

Ich dachte, sie würden das verurteilen, würden sich empören, aber Tante Alja sagte nur: «Wir sind in ein russisches Dorf gezogen, da werden die Mädchen in der zehnten Klasse schon schwanger! Laufen mit sooolchen Bäuchen herum.»

Da wundert es mich nicht, was Saschka mir letztes Jahr erzählte – wie er mit seiner Mutter auf einem russischen Dorf zu Verwandten nach Hause kam und Erik sich dort mit einem vierzehnjährigen Mädchen nackt im Bett «befreundet» hat! Das alles empört mich und stößt mich ab. Pfui!

21 Uhr. Alle sagen, es wird kein Neujahr als Feiertag mehr geben! Nie mehr! Weil wir jetzt eine muslimische Republik sind! Da gibt's das nicht. Bei wem ein Tannenbaum und Spielzeug gefunden wird, der kann erschossen werden. Sie sagen: «Den Weihnachtsbaum schmücken ist eine heidnische Sitte!» Wirklich absurd.

25. Dezember
Wir haben Ferien bis zum 11. Januar bekommen! Löwin Lurjé hat in Gesprächen ein Wort auf «K» benutzt und unanständige Zeitschriften mit nackten Menschen angeguckt. Ich fragte Tina, was das für ein Wort ist. Sie sagte, ein sehr unanständiges, und es sei ihr peinlich, die Bedeutung zu erklären. Bin neugierig, was das sein kann.

13. 20 Uhr. Hejda ließ mich heute dreimal spüren, dass unsere Beziehung sich verschlechtert. Das erste Mal: Sie hat blöde gekichert und wollte mir das Wort auf «K» nicht erklären, nämlich «Kondom». Das zweite: Sie hat das Buch über Platon und Aristoteles aus der Bibliothek meines Großvaters nicht zurückgegeben. Das dritte: Sie ist nicht mit mir Müll wegtragen gegangen – und das nach dem Überfall auf mich! Mein Stiefvater Ruslan hat herausbekommen: Die tschetschenischen Leute dachten, ich wäre schon vierzehn und wollten mich als Braut rauben. Wie sich herausstellt, hatten sie ehrliche Absichten! Jetzt sind sie sauer wegen der blutigen Nase, die ich ihnen mit dem Mülleimer gehauen habe!

Polja

27. Dezember
Tante Alja hat Angst, sie könnten umgebracht werden. Schließlich sind sie Russen. Sie kommt heimlich nach Grosny und fährt heimlich wieder weg. Hat nirgendwo einen Platz. Hejda kam. Sie hat die Halskette zerrissen. Was ist

das für ein Mensch! Akbar, Tante Marjams Sohn, versuchte, von irgendwoher Strom abzuzapfen. Aber es gelang ihm nicht. Ich denke an Erik. Bestimmt vergnügt er sich mit Freunden, feiert mit den Mädchen. Ich habe neulich die drei Bände Erzählungen von A. Tschechow gelesen. Meine Lieblingserzählung ist «In der Schlucht», über eine Frau namens Lipa. Sie tut mir sehr leid. Ich weine immer so, als wäre mein eigenes Kind gestorben.

28. Dezember

Die Jungs vom Hof, Islam und Kazbek, geben keine Ruhe. Das war so: Hejda und Lunet gingen zu Akbar. Er war zu Hause. Sie füllten bei ihm Wasser ab. Aus irgendeinem Grund läuft in Tante Marjams Wohnung, im Erdgeschoss, das Wasser, und bei uns nicht. Und in den oberen Etagen gibt es kein Wasser. Alle gehen zu ihnen, Wasser holen. Die Schlange mit Eimern reicht bis in den Aufgang. Islam und Kazbek gingen den Mädchen nach und machten sie an. Lunet freute sich, aber Hejda floh vor Schreck zu mir und versteckte sich. Kazbek und Islam hämmerten an unsere Tür. Einmal baten sie um Wasser, dann wollten sie einen Weihnachtsbaum gesehen haben. Sie sagten: «Warum steht bei euch ein geschmückter Baum?! Das gehört sich nicht!»

«Bei uns steht zu Neujahr immer ein Tannenbaum und wird auch weiter stehen!» Ich schubste sie raus.

«Ich gehe nicht!», sagte Islam.

«Geh weg!», rief ich. «Hau ab!»

Mir tat schon der Arm davon weh, sie aus unserer Wohnung zu stoßen.

Und er: «Ich will euch besuchen!»

«Hau ab, sonst kommen meine Mama und ich euch mal besuchen!»

«Da kriegst du eine Nuss!»

Und ich: «Du kriegst eine Nuss!», und gab ihm eins mitten in die Fresse.

Und er jaulte auf: «Bei euch in der Wohnung riecht es nach Zigarettenrauch!»

«Natürlich», sagte ich. «Weil du gekommen bist!», und gab ihm noch einen Fausthieb.

Islam und Kazbek flogen Hals über Kopf vor die Tür. Hejda kam mit ihren Eimern trotzdem nicht mehr raus. Sie sitzt bei mir. Die Jungs lauern ihr an meiner Tür auf. Packen sie an den Beinen.

16.30 Uhr. Mama und ich sind zur Tante dieser Jungs gegangen. Hejda hatte Angst sich zu beschweren. Sie wollte «die Gute» bleiben.

Dann hat neulich noch ein Kerl an unserer Tür geklopft. Ein ganz verdächtiger.

29. Dezember

Die Geschichte mit Islam geht weiter.

Eben ging Mama auf den Markt – ins Café, zur Arbeit. Sie backen dort Kekse und verkaufen sie. Wir machen die Wohnungstür auf, und die ist völlig verdreckt. Man sieht sofort: Jemand hat seine Turnschuhe daran abgestreift! Als Kazbek und Islam unsere Tür gestern bespuckt und vollgerotzt haben, habe ich das sofort sauber gemacht und abgewaschen. Das ist jetzt also ein «neuer Gruß» von den Nachbarn. Weil die Erwachsenen sie zu Hause gescholten hatten, beschlossen sie, sich zu rächen. Sie waren wütend, haben auf unsere Tür eingeschlagen, nachdem sie sich vergewissert hatten, dass niemand zu Hause war (wir waren bei Tante Alja im ersten Stock und haben die Schläge gehört). Und nachts haben sie sie noch mit Dreck vollgeschmiert!

Polja

30. Dezember

So viel Arbeit habe ich heute! Schrecklich! Und gestern gab es wie immer keinen Strom. Wir saßen im Dunkeln und schwatzten, ich habe Mama von der Schule und meinen Verliebtheiten erzählt. Von den Freunden in der Klasse und von der Löwin-Lurjé-Bande. Ich habe erzählt, dass ich Sehnsucht nach Imran habe, den seine Eltern auf ein Internat geschickt haben.

Mama ist vom Markt zurück. Morgen wird sie nicht hingehen, weil sie Gebäck im Café verkauft. Sie hat mir einen Schokoladenzwerg gekauft. Als Geschenk zu Neujahr.

Polja

31. Dezember

Ich räume mit Mama auf. Wenigstens selbst sauber werden. Bin dreckig wie ein Spatz! Na gut! Ich wasche erst das Geschirr ab und bereite alles zu, dann wasche ich mich selber über der Schüssel. Wasser muss ich aus den Gärten holen.

1998

1. Januar

Wir haben bei Oma Tosja übernachtet, um ihr den Abend zu
verschönern. Wir haben ihr Fleischsalat und eine Torte gebracht, und sie hat Tefteli gekocht. Für zehn Minuten gab es
Strom. Ganz unerwartet! Oma Tosja stürzte zum Fernseher,
und dort lief der Film «Iwan Wassiljewitsch wechselt den
Beruf» nach dem Stück von M. Bulgakow. So eine lustige
Komödie! Das Lied ging so:

Plötzlich quietschte wie im Märchen die Tür,
Jetzt wurde mir alles auf einen Schlag klar.
So viele Jahre habe ich mit dem Schicksal gehadert
Um dieser einen Begegnung mit dir ...

An dieser Stelle fiel der Strom wieder aus, und wir saßen
erneut im Dunkeln. Oma Tosja zog den Wecker auf, damit
wir Mitternacht nicht verpassten. Um zwölf Uhr schrieb
ich einen Wunsch auf, verbrannte das Papier, warf es in den
Tee und trank ihn aus. Das muss man eine Minute, bevor
die Uhr Bom-bom-bom schlägt, schaffen! Ich verließ mich
auf den alten Wecker von Oma Tosja. Ich hoffe, er hat die
richtige Zeit angezeigt. Mein Wunsch: «Leben. Froh sein.
Nicht hier umkommen.» Ich trank den Tee bis auf den letzten Tropfen aus und zerkaute das Papier.

P. S.: Es hat geschneit!
Polja

2. Januar

Mama verkauft kein Gebäck auf dem Markt. Schließlich ist jetzt Ramadan – ein besonderer Monat, in dem alle Muslime tagsüber nichts essen dürfen.

Mama hat Hejda ein Geschenk gemacht. Sie hat ihr ein Täfelchen Schokolade gekauft und ihr ein bisschen Geld gegeben. Mir hat Hejda kein Geschenk gebracht.

3. Januar

Leila ist zu Besuch, die Nachbarin von gegenüber. «Schöne Leila» nennen wir sie. Das Gespräch kam auf das Christentum und den Islam. Mama sagte, alle können in Frieden miteinander leben. Und Ruslan bestätigte: «Ich, obwohl ich Tschetschene bin, habe die Bibel gelesen. Und ich lese den Koran! Alle Menschen sollten Gott in Ehren halten und mit dem Krieg aufhören!»

Und die schöne Leila erzählte die Geschichte von einer Frau, die sie persönlich gekannt hat. Diese Frau war eine gläubige Christin. Dann wurde sie als Braut geraubt. Sie wollte nicht verheiratet werden, aber sie konnte nichts dagegen tun. Ihr Mann war Muslim und befahl ihr, den Islam anzunehmen. Sie weinte – sie hatte große Angst vor ihrem Mann. Sie gebar ihm zehn Söhne und vier Töchter.

«Und es ging das Gerücht, dass es keine bessere Ehefrau im Dorf gebe. Ihr Haus lebte im Überfluss. Sie kochte besser als jeder Koch. Sie war eine hervorragende Mutter. Ihre Kinder wuchsen zu ehrlichen und anständigen Menschen heran», erzählte die schöne Leila. «Den jungen Mädchen sagten die Ältesten, sie sollten sich ein Beispiel an ihr nehmen: Immer verhüllte sie den Kopf mit einem großen Schal und vergaß kein einziges Gebet. Keinen Namaz. Im Monat Ramadan fastete sie dreißig Tage lang. Sie aß nur nachts, tagsüber fastete sie. Dann starb sie. Sie war alt geworden. Sie schlief ein und starb. ‹Gott hat ein Wunder getan!›, sagte man. Sie starb ohne Qualen. Das ganze Dorf beerdigte sie, als eine würdige Frau. Dann, drei Jahre später, wurde ihr Haus renoviert. Das war ein großes Einfamilienhaus. Sie erneuerten den Fußboden, wechselten die Bohlen aus, und an der Stelle, wo sie jeden Tag auf die Knie gefallen war und gebetet hatte, unter den Bodenbrettern, fanden sie eine Ikone. Darauf war die Jungfrau Maria mit ihrem Kind Jesus!»

«Wie das?», fragte ich.

«Sie war ihr ganzes Leben lang eine heimliche Christin gewesen, obwohl man sie zum Islam gezwungen hatte!», sagte die schöne Leila. «Und wir als Kinder hatten uns sie noch zum Vorbild genommen!»

4. Januar

Vorm Haus beschimpften mich die kleinen Jungs, als ich mit schweren Taschen vom Markt kam. Ich schickte sie zum Teufel. Mama hat es gehört. Wie sie mir eine geknallt hat! Sie schrie: «Dummes Ding! Idiotin! Wage es nicht, so mit den Leuten zu reden!»

Dann hatte ich noch etwas gegen das Kopftuch. Ich will es nicht tragen! Meine Haare sind nachgewachsen, kastanienbraun. Es lässt sich schon frisieren. Und Mama: «Sofort ziehst du ein großes Kopftuch an. Das Kopftuch bewahrt dich vor Angriffen! Du sollst so rumlaufen wie die bescheidensten tschetschenischen Mädchen!»

7. Januar

Heute ist das christliche Weihnachtsfest.

Mama haut mich von morgens an. Aber diesmal wenigstens nicht ohne Grund – ich habe das Regal im Schrank nicht aufgeräumt.

12. Januar
Die Freizeit, und davon habe ich nicht viel, verbringe ich mit Oma Tosja. Tante Alja und Erik sind nicht gekommen. Sie sind in Russland bei entfernten Verwandten. Von früh bis spät handle ich auf dem Zentralmarkt. Das ist so ein riesiger Markt! Dort gibt es Hunderte von Ständen. An einem Tag kann man sie kaum alle ablaufen. Dort werden Sachen verkauft, Gold, Milchprodukte, Grünzeug, Zigaretten, technische Geräte. Es gibt auch einen «Flohmarkt» – da verkaufen alte Leute und Kinder gebrauchte Bücher und das, was sie in den Ruinen oder auf dem Müll finden. Viele kenne ich vom Sehen. Wir grüßen uns.

13. Januar
Mama ist krank. Ich werde sie zum Arzt bringen. Ihr muss ein Zahn gezogen werden. Dann hat sie sich wegen der ständigen Kälte in der Wohnung noch einen Nerv in der Hand erkältet. Sie weint vor Schmerz. Sie kann die Hand überhaupt nicht bewegen. Na, wenigstens kann sie mir die nächste Zeit keine knallen. Ich versuche überall das Positive zu sehen.
   Polja

14. Januar
Ich habe von Erik geträumt. Nach alter Sitte weissagte ich die Zukunft: Ich kämmte mein Haar, sprach mit niemandem, legte den Kamm unter das Kissen und schlief ein. Dann träumt man von seinem Bräutigam. Der Bräutigam muss kommen und einem die Haare kämmen. Und ich träumte von Erik. Er sagte, er wolle mit mir über den Fluss gehen. Doch die Brücke war kaputt.

15. Januar

Später Abend.

Mama geht es schlecht. Sie kann nicht laufen und die Hände nicht bewegen. Dazu ein Rheuma-Anfall. Mama hat sich gebückt und ist hingefallen. Ich weiß nicht, was ich tun soll. Als ich von der Schule kam, wusste ich noch nichts davon. Mama liegt auf dem Bett. Ich werde mich um sie kümmern. Jetzt, wo sie krank ist, begreife ich, wie sehr ich sie liebe. Ich werde sie nicht verärgern, werde ihr gehorchen. Mir ist zum Weinen. Wo sind alle meine Freunde? Aljonka, Tante Alja, Saschka, Waska? Ich kann kaum glauben, dass jetzt irgendwo fröhlich gefeiert wird. Mama ist krank.

Polja

16. Januar

An den gewissen Tagen des Monats habe ich jetzt, seitdem ich mir die Beine verkühlt habe, starke Schmerzen. Bei anderen Mädchen, die nicht im Krieg frieren mussten, tut alles nicht so weh. Mama geht es besser. Das sieht man daran, dass sie rumschimpft und aus dem Bett Befehle erteilt.

17. Januar

Wieder habe ich mir meine Hochzeit geweissagt, habe von einem unbekannten Mann mit hellem Haar und blauen Augen geträumt. Viel Meer und Sonne. Irgendwoher erinnerte ich mich auch, wie die Kinder im Sommer auf unserem Hof Badminton spielten. Mansur spielte mit Kazbek. Ich stand im Treppenhaus, damit mich niemand sah, und freute mich an Mansurs Anblick. Und er wusste nichts davon. Woher auch! Und dann schlug sein Mitspieler den Federball hoch, ganz hoch, und der Federball fiel in der Nähe des Treppenhauses herunter. Ich lief hinaus, hob den Ball auf und reichte ihn Mansur. Ich schaute ihm in die Augen und erstarb. Dann lief ich nach Hause. Ich saß da und hörte mein Herz schlagen. Ganze zwei Stunden. Und er weiß nichts davon. Er wird es nie erfahren. Warum bin ich so dumm? Ich habe überhaupt kein Glück in der Liebe! Aber dafür, wie Hejda sagt, beim Spiel.

18. Januar

In der Schule Beschimpfungen. «Russisches Schwein!» «Russisches Vieh!» – «Dein Nachname ist eine Schande!» – «Tötet die Russen!» Was habe ich ihnen getan? Sie kennen mich doch überhaupt nicht! Warum glauben sie, ich sei eine Russin? Mama sagt, unter unseren Vorfahren sind alle möglichen Menschen: sowohl Russen als auch Kaukasier; und unsere Ahnen hatten verschiedene Religionen. Und die, die mich beschimpfen, sind einfach Dummköpfe.

«Du bist in Grosny geboren. Das ist deine Heimat. Hier ist dein Zuhause», sagt Mama. Sie ist krank, kann nicht aufstehen. Verwandte haben wir nicht. In Stawropol gab es eine entfernte Cousine, aber ihre Adresse ist längst verlorengegangen, und Mama stand nie in engerer Beziehung zu ihr. Wir haben nichts, wo wir hinfahren können. Hier werden wir leben.

Gebe Gott, dass Frieden kommt!
P.

19. Januar

Mama hat erklärt, nachdem mich neulich die Zehntklässler geschlagen und mir den Arm umgedreht haben, dass ich selbst schuld bin – ich könne mich nicht gut schlagen. Ich solle mich nicht länger bei ihr beklagen und meine Probleme alleine lösen. Kassi und Tina haben mir bei der letzten Prügelei geholfen, mich zu wehren, danke! Ich weiß nicht, wie das sonst ausgegangen wäre. Ich habe die Jungs vom Hof gesehen: Islam und Kazbek. Sie brummelten böse und gingen vorbei. Jetzt werde ich zu Hejda gehen.

22. Januar
Mama sagt, solche Mädchen wie mich gibt es wie Sand am Meer. Mir würde niemand hinterhergucken, geschweige denn, dass ich jemandem gefallen könnte. Wie kann man damit leben? Ich gehe in die Schule. Und weiß nicht, ob ich zurückkomme.

23. Januar
Ich lese Nekrassows «Wer kann in Russland glücklich sein?» noch einmal. Meine Antwort lautet: Niemand! Manchmal stelle ich mir vor, ich wäre der Hund Scharik, den Professor Preobraschenskij gefunden hat (Bulgakows «Hundeherz»). Scharik hat wenigstens ein warmes Zuhause gefunden, mit Heizung und Strom. Mir ist der Weg dahin versperrt. Solche wie mich gibt es «wie Sand am Meer»!

Heute habe ich die Gläser gesäubert, die ich verdreckt in der Müllgrube gefunden habe, sie ausgewaschen und auf dem Markt verkauft. Die Tanten nehmen sie zum Einkochen. Für das Geld habe ich alles für eine Suppe gekauft: Zwiebeln, Mohrrüben, Kartoffeln.

Ich werde eine Suppe aus Reis kochen.

Früher habe ich dich der Mama zu lesen gegeben, liebes Tagebuch. Das werde ich nicht mehr tun. Versprochen.

P.

24. Januar
Ich muss Schularbeiten machen. Viel ist es nicht, zwei, drei Aufgaben. Wir schreiben in Handschuhen. In der Klasse kommt Dampf aus unseren Mündern. Die Jungs kauen auf Bleistiften und tun so, als hätten sie Zigaretten.

Ich habe mit Kassi gewettet, den Uraza einzuhalten. Das ist Fasten. Tagsüber darf man nichts essen und nichts trinken! Der Monat Ramadan. Nur nachts darf man essen. Man hält es drei Tage oder sechs oder neun oder die ganzen dreißig Tage durch.

Mit Hejda will man mich künstlich zerstreiten. Eine Tschetschenin darf nicht mit einer Russin befreundet sein, unmöglich! Ich komme zu ihr und klopfe an die Tür. Und ihre Verwandten sagen: «Hejda ist nicht da!»

Die ganze Zeit diese Antwort. Dabei ist sie zu Hause. Ich habe sie durchs Fenster gesehen. Alles aus! Die Freundschaft vorbei! Man kommt auf dumme Gedanken. Da habe ich beschlossen, einige Regeln für mich aufzuschreiben. Sie sind sehr schwierig, und ich glaube, es wird nicht sofort klappen.

1. Niemals feige sein.
2. Sich gut prügeln.
3. In jeder Situation einfallsreich sein.

27. Januar

Ich habe die Wette mit Kassi gewonnen. Auch ich kann Fasten halten und tagsüber nichts essen.

Heute habe ich unsere alten Kochtöpfe und den Teekessel auf den Markt getragen, zum Flohmarkt. Es gibt keine Ware. Zuvor habe ich mit leeren Einweckgläsern gehandelt. Jetzt will ich Sachen aus dem Haus verkaufen. Wir haben nichts zu essen. Und Mama möchte etwas zu essen!

Schneesturm. Ich bin ganz vereist. Irgendwo in der Ferne wurde aus Maschinenpistolen geschossen. Niemand hat etwas gekauft. Ich fing an zu beten, dass Gott auf mich aufmerksam werde. Ich weiß, dass alle essen wollen. Aber ich kann nicht ohne Brot nach Hause kommen. Ich brauche es unbedingt! Wenigstens einen kleinen Laib! Es wurde schon dunkel. Alle brachen nach Hause auf. Da sah ich direkt vor meinen Füßen Geld im Schnee liegen. Viel Geld! Hundertfünftausend Rubel, zusammengerollte Scheine. Ich steckte sie sofort in die Tasche. Dann war es mir peinlich, das war doch fremdes Geld, und ich fragte die Nachbarn an den Flohmarktständen – einen russischen, lahmenden Opa und eine alte Tschetschenin, ob sie das Geld verloren hätten.

«Wir haben kein Geld!», sagten sie. «Wir gehen zu Fuß sechs Haltestellen nach Hause. Nicht einmal für den Bus haben wir Geld!»

Ich wollte ihnen fünftausend Rubel geben, aber sie lehnten das kategorisch ab.

«Nein! Ich nehme das nicht! Kauf dir eine Pastete!»

Polja

28. Januar

Ferien zum muslimischen Feiertag Uraza-Bayram! Ich räume in unserer Wohnung auf.

Ich wollte die Wahrheit, doch es gibt sie nicht. Ich wollte, dass alles gut, fröhlich, glücklich wird. Aber heraus kommen nur Unglück, Verletzungen und Zorn. Warum? Warum ist das so?

Mama brüllt mich an, beschimpft mich. Sie verlangt, dass ich ihr alles Geld bis auf die letzte Kopeke abgebe. Dabei habe ich dafür Essen für zu Hause gekauft und wollte mir für den Rest eine kleine, nicht teure Armbanduhr kaufen, nicht ohne sie darum um Erlaubnis zu bitten.

«Du dummes Vieh! Du Miststück! Gib mir alles!», brüllt sie wie wahnsinnig. «Du bist eine Null! Du musst mir alles abgeben! Was willst du mit einer Armbanduhr? Gib mir alles Geld!»

Ich weine. Womit habe ich das verdient? Ich wollte doch nur das Beste! Ich mache alles im Haus, lerne und arbeite.

Warum behandelt Mama mich so? Mama schreit und schreit und hört nicht auf. Ich hörte mir das einige Stunden mit an.

Jetzt bin ich weggegangen und habe gesagt: «Nimm! Nimm! Aber lass mich in Ruhe! Sei nur endlich still, bitte. Beleidige mich nicht länger, quäle meine Seele nicht. Nimm dir alles, ich will nichts mehr von diesem Geld hören.»

Darauf sagte Mama, wenn ich sechzehn werde, wird sie mich einfach aus dem Haus jagen, ich soll verschwinden oder verrecken. Dann nahm sie das restliche Geld und versteckte es unter dem Kissen. Ich bin ein guter Mensch, und das kommt dabei heraus. Gut sein ist schlimmer als stehlen, sagt ein Sprichwort.

Oma Tosja ist gekommen. Sie hat uns ein Brot als Geschenk gebracht. Sie sagt: «Alja und Erik sind da!»

Aber mir geht es schlecht, ich fühle mich so ungerecht behandelt, dass ich mich nicht einmal freuen kann, obwohl ich so auf sie gewartet habe! Aber ich weiß: Gott war es, der mir die Begegnung mit ihnen geschenkt hat.

30. Januar

Die Begegnung mit Erik hat mich verärgert. Er ist schön und groß geworden. Er lebt in einer anderen Welt, weit weg von meiner. Erik trainiert Karate. Über Saschka erzählte Tante Alja, dass er in der neuen Schule in Russland der Klassenliebling geworden ist. Die Mädchen nennen ihn nur noch Saschenka. Alle wollen mit ihm befreundet sein. In Russland sagte der Sportlehrer (Sport gibt es bei uns schon lange nicht mehr, übrigens auch die anderen Fächer nicht) zu Saschka: «Alle machen Gymnastik! Leg du dich auch auf den Boden und mach!»

Und Saschka war ganz erstaunt: «Wie denn? Ich habe doch saubere Sachen an!»

Alle lachten – Saschka wusste nach Grosny nicht einmal mehr, was man im Sportunterricht macht.

P.

31. Januar
Gestern war der höchste muslimische Feiertag, Uraza-Bayram! Von der Bedeutung her kann man ihn mit dem christlichen Osterfeiertag vergleichen. Wir waren bei Tante Alja, tranken Tee und versuchten, Fernsehen zu gucken. Aber der Strom «flackerte», und daraus wurde nichts. Erik war nicht da. Er war zu Freunden gegangen. Erik hat viele Inguschen und Tschetschenen als Freunde, obwohl er eine russische Mama – Tante Alja – hat. Ich dachte sogar, er wäre ein glücklicher Mensch und hätte keine Feinde. Heute erfuhr ich, dass er welche hat. Und zwar gefährliche. Sie sollen ihn überfallen und beinahe umgebracht haben. Es ging um Ware, die er auf dem Markt verkaufen wollte. Sie erfuhren, dass er kein Tschetschene ist, und wollten ihn umbringen.

Polja

2. Februar
Ich dachte, Mama überdenkt vielleicht ihren Entschluss und kauft mir doch eine billige Uhr? Aber nein. Mama fühlt sich besser, sie kann gehen. Das Frottieren hat geholfen.

Erik hat versprochen, als Geschenk für mich eine Musikkassette aufzunehmen. Er handelt mit Kassetten. Er nimmt sie zu Hause auf dem Tonband auf und verkauft sie, die Umschläge macht er selbst. Alle Jungs kommen zu ihm und kaufen. Das ist so eine Art Business. Zu mir hat er gestern gesagt, dass ich einen Haufen Komplexe habe, und in Russland hätten die Mädchen keine Komplexe. Was muss man tun, um sie loszuwerden?

Ich fragte Mama. Die belehrte mich sofort: «Vergiss es!

Der Kleine redet eine Menge Stuss! Du wirst nie einen Minirock anziehen können! Man muss immer bescheiden sein. Mit einem riesigen Kopftuch!»

Das ist wahrscheinlich wegen der Anormalen, die aus den Bergen hierherströmen.

«Sie können dich töten!», sagte Mama. «Du bist die Tochter eines Tschetschenen und musst die Sitten beachten!»

Und ich habe solche Lust, einfach normal zu leben. Wie Saschka.

4. Februar

Schande! In der Schule sagen sie, dass Maga in mich verliebt sei. Er selbst verbreitet das in den Klassen. Dabei bin ich doch «Russin». Und «Russin» heißt «Schlampe» und «Kreatur», die keine Liebe verdient hat. Also schlimmer als alle anderen Nationalitäten! Maga lebt in einem großen, schönen Haus. Er ist der einzige Sohn seiner Eltern. Die übrigen Kinder (es sind ungefähr neun) sind alles Mädchen! Magas Vater hat Autos. Sie sind sehr reich. Viele aus meiner Klasse wollen Maga heiraten. Obwohl er Ingusche ist und kein Tschetschene. Er ist jetzt dreizehn und wird bald vierzehn! Meine Freundinnen Zulja, Kassi und Zaira reden nicht mehr mit mir, seit Maga seine «Neuigkeiten» verbreitet hat. Und Jacha, Linda, Tara, Malka, Mila und Nima haben mich nach der Schule festgehalten, Jacha hat mich angespuckt und gesagt: «Du russische Kreatur, dir geben wir Maga nicht!»

Früher hatte ich große Angst und habe mich geschämt, wenn ich als «russische Kreatur» beschimpft wurde, jetzt ist mir das egal. Das sind Idioten. Und das habe ich ihnen auch gesagt. Danach kullerte ich mit Malka über den Asphalt. Jacha und Linda halfen ihr dabei, mich zu verhauen – die Übrigen mischten sich nicht ein. Die Verluste waren gleichmäßig verteilt: Ich habe Haare verloren und habe Linda ein riesiges Büschel ausgerissen. Ich hasse sie sehr! Die anderen interessierten mich im Kampf gar nicht besonders. Obwohl auch Jacha ordentlich Dresche von mir bekommen hat.

Nach Hause ging ich mit Tina und Seta. Die beiden sind alles, was von meinem großen «Bündnis» geblieben ist. Sie interessieren sich überhaupt nicht für Jungs. Seta ist dünn und klein, so wie Tina. Tina hat acht Schwesterchen – alle jünger als sie. Und Seta liest den Koran und hilft ihrer Großmutter im Garten.

«Wie schade, dass wir nicht in der Nähe waren, als sie dich überfielen!», sagte Seta. «Wir hätten bis zum Letzten für dich gekämpft!»

Plötzlich hielt neben uns ein Auto an. Aufständische saßen darin. Sie fragten mich auf Tschetschenisch: «Du Schöne, wie heißt du?»

Au Schreck!

«Fatima», sagte ich. «Wir sind auf dem Heimweg von der Schule!»

«Gut, Schwesterchen», antworteten die Männer mit den Maschinenpistolen, gaben Gas und fuhren weg.

Polja

6. Februar

Mama ist auf den Markt gegangen. Handeln. Gott sei Dank haben wir zu essen. Der Stiefvater ist vom Land gekommen. Er verdient auch etwas dazu. Erik hat das Tonbandgerät repariert. Mir scheint, er gefällt mir, aber nicht so wie früher. Ich hasse sein Leben «ohne Komplexe», aber ich liebe ihn dafür, dass er gut ist und sich um seine Mama und seine Großmutter kümmert. Er ist der Erwerber in der Familie, obwohl er erst fünfzehn ist. Er versucht so sehr zu überleben und seine Familie zu ernähren, seit sein Vater im Krieg im August 1996 getötet worden ist. Erik verweigert niemandem seine Hilfe.

Jetzt lebe wohl, liebes Tagebuch, ich habe kein Heft mehr. Und dies hier ist voll. Ich weiß nicht, wann ich unser Gespräch werde fortsetzen können. Aber du sollst wissen, dass ich in Wahrheit alle liebe, auch die, mit denen ich streite. Denn in jedem Menschen steckt etwas Gutes.

Polja

7. Februar

Habe mich mit Mama gezankt. Seit der Krieg angefangen hat, ist sie völlig verändert. Früher, als Frieden war, gingen wir in den Park. Wir haben geschaukelt, haben Eis gegessen. Jetzt schimpft sie nur noch, prügelt mich. Auch heute hat sie mich geschlagen, und zwar so, dass meine Hand geblutet hat. Sie hat mit dem Lineal darauf gehauen. Alles wegen einer Schachtel mit Schulheften. Ich habe sie umgekippt – auf der Suche nach einem leeren Heft – und nicht ordentlich zurückgelegt.

«Du denkst nur an dein verfluchtes Tagebuch!», schrie Mama. «Das fehlt noch, dass du jetzt auch Schulhefte dafür benutzt. Du denkst nur an Jungs und an dein Tagebuch. Du bist nicht schön, niemand wird dich lieb haben!»

Jetzt ist sie zu Tante Alja gegangen, sich ausheulen. Und ich sitze im Dunkeln, ohne Kerzen, ohne Petroleumlampe. Verzeih, dass ich so kritzle.

Polja

9. Februar

In der Schule haben es die Zehntklässler auf mich abgesehen. Sie reden dummes Zeug und alle möglichen ekligen Dinge. Ich hab es dem Lehrer gesagt. Aber der stellte sich taub und hat sie in Ruhe gelassen. Maga, seit er verstanden hat, dass ich kein Rendezvous mit ihm will, hat mich

als «Ghaski Chak» (russisches Schwein) beschimpft und war
weg. Er hielt es nicht einmal im Unterricht aus.

Hawa und ich sind nicht mehr solche Freunde wie früher.
Gestern ging ich zu ihr nach Hause. Aber sie ließ mich nicht
rein. Nur Lunet und Malida hat sie reingelassen.

«Das ist, weil du russisch bist!», flüsterte mir Lunet aus
Hawas Fenster zu. «Wir lassen keine Russen rein!»

Hawa wohnt auch im Erdgeschoss, aber sie hat einen anderen Treppenaufgang. Mich retten nur die Meditation, das
Yoga und Bücher über Buddha.

Hejda und ich sind zu ihrer Schule Nr. 61 gegangen. Das
ist sehr weit. Es war schrecklich glatt. Ich bin zweimal hingefallen, bin ausgerutscht und hätte mir fast den Kopf aufgeschlagen. Der Weg dorthin dauerte zwei Stunden. Ich habe
mich mit ihr über Agni-Yoga unterhalten, und Hejda fing
von der Liebe an. Sie sagte, sie glaubt an die Liebe.

«Die Liebe ist ein wunderschöner Traum!», brummelte
Hejda und presste ihre Hände in Fäustlingen an die Brust.
«Wenn ein junger Bursche und ein Mädchen heiraten und
die erste Nacht miteinander verbringen, dann jubelt Gott
selbst! Es gibt dann mehr Liebe auf der Welt und mehr
Menschen. Und die Menschen verneigen sich vor Gott und
tun gute Dinge!»

«Es gibt keine Liebe!», sagte ich. «Liebe existiert nicht!
Dummenmärchen! Es gibt entweder Freundschaft für lange
Jahre oder Zeitvertreib, das ist alles.»

«Ach, Polina, das ist nicht wahr! Mein Herz sagt mir, dass
es Liebe gibt!», stritt Hejda mit mir. «Das ist so wunderbar,
wenn ein Junge und ein Mädchen sich lieben! Und wenn
sie ein Kind bekommen, dann erscheinen alle Engel, um es
anzusehen!»

«Was für ein Kind?! Wer braucht das?! Die Mutter schlägt
es mit dem Lineal, wenn es die Schachtel mit den Schulhef-

ten nicht einräumt, und in der Schule wird es ‹Ghaski Chak›
genannt!»

Hejda lachte. «Du machst Witze!»

Aber das war kein Witz. Es gibt keine Liebe! Nein! Hejda
ist eine naive Elfjährige. Wenn ich doch auch so wäre wie sie.
Doch o weh! Warum hat Shakespeare uns von Julia erzählt?

12. Februar

Gestern haben sie mir in der Klasse den Stuhl weggenommen. Malka und Linda. Hitzkopf Hassik hat ihnen geholfen. Ich hab mit ihnen gekämpft und gewonnen. Doch dabei
ist der alte Holzstuhl zerbrochen. Es gibt zu wenig Stühle,
fast keine mehr aus Metall, und die hölzernen sind markiert.
Die Kinder ritzen mit Messern ihren Namen ein. Wenn der
Stuhl verschwindet, kann man ihn leicht wiederfinden. Repariert wird seit Jahren nichts. Ich hab jetzt keinen Stuhl
mehr. Ich sitze auf der Fensterbank, mit dem Blick entweder
auf den Lehrer oder nach draußen. So vergehen die Stunden.

15. Februar

Gestern hatten wir Strom. Ich habe den Film «Dracula» gesehen. Konnte die ganze Nacht nicht schlafen. Hatte Angst,
die Augen zuzumachen. In der Schule kam meine frühere
Mitstreiterin Zaira angewanzt. Seit die Neuigkeit über Magas Liebe sich in der Schule verbreitet hat, hat sie nicht
mehr mit mir gesprochen.

«Lass uns klären, wer mit ihm gehen wird!», sagte sie.

«Was?», fragte ich. «Bist du verrückt oder was?!»

«Wir kämpfen! Du und ich! Der Sieger bekommt Maga!»

«Ich bin überhaupt nicht mit ihm zusammen. Ich bin für
mich allein.»

«Lass uns kämpfen!»

«Trainier erst mal», sagte ich. «Wie soll ich denn mit dir

kämpfen? Ich mache jeden Tag Yoga und Gymnastik. Und du?»

Zaira zögerte. Dann war sie beleidigt: «Du verdienst nichts als Mitleid!» Und rannte weg.

Die Banditinnen aus der «Sechser» hatten die Beine auf die Schulbänke gelegt, saßen da und erzählten unanständige Witze. Sie brachten Löwin Lurjé zum Lachen. Die trug wie immer ein Kostüm mit kurzem Rock. Lange Haare, niemals blinzelnde Augen. Man würde sie auf gut fünfzehn Jahre schätzen. Was macht sie hier in unserer siebten Klasse?! Angeblich ein Juristenkind. Mehr weiß man nicht über sie. Sie guckte ihre Mädels an, kniff die Augen zusammen und nickte nur, ohne zu lächeln.

16. Februar

Ich und Hejda gingen in die Gärten, Wasser holen. Sonst gibt es nichts zu trinken. Auch für die Suppe muss man Wasser holen und zum Waschen. Deshalb sind wir nicht zur Schule gegangen. Es war kalt. Lange Schlangen. Dort in den Gärten läuft ein bisschen Wasser aus den Rohren.

Polja

17. Februar

Ich habe Pfannkuchen gemacht, stand drei Stunden am Herd. Es gab Gas! Tante Alja, Erik und Oma Tosja brachte ich welche, und sie haben nicht mal probiert. Sie sagten: «Deine Pfannkuchen sind mit Wasser gemacht und ohne Zucker. Wir machen sie mit Milch und Zucker und Butter darauf!»

Ich habe mich so bemüht, habe das genommen, was es gab. Das verletzt.

Alle haben Angst vor einem Erdbeben. Ich will leben.

Polja

20. Februar

Gestern gab es den ganzen Abend Strom! Wir guckten bei Oma Tosja in ihrem alten Fernseher «Titanic». Das ist jetzt mein Lieblingsfilm. Ich weinte, als der Junge umkam und das Mädchen gerettet wurde! Hejda hat heute rote Augen und sieht schlecht. Sie heult an einem Stück. Lunet hat sich in ihrer Hysterie die Hände zerkratzt, Hawa hält sich. Sie weint nur ganz verstohlen ins Taschentuch. Patoschka versuchte zu beweisen, dass im Kino «alles nicht wahr» sei, aber Hejda sagte: «So ein Schiff hat es wirklich gegeben!»

Patoschka bekam danach schwer Luft und bat um Wasser.

Polja

23. Februar

Heute ist der Tag der Umsiedlung der Tschetschenen und Inguschen aus ihren angestammten Gebieten im Jahr 1944. Ein Tag der Trauer! In Russland ein Feiertag. Strom gibt es nicht. Mama ist auf den Markt gegangen. Akbar und Jusuf, die Kinder von Tante Marjam, grübelten wieder darüber nach, was man tun könnte, damit der Strom nicht ausgeht ... Träumer! Ich fürchte, sie werden aus unterschiedlichen Waffen schießen, wie das an diesen Tagen so ist.

25. Februar

Tante Alja und Erik fahren wieder nach Russland. Sie reisen immer heimlich aus. Nicht mal sprechen oder schreiben darf man darüber. Sie haben Angst. Weil Tante Alja russisch ist und slawisch aussieht. Man könnte sie umbringen. Mansur hat Erik zum bevorstehenden Geburtstag ein militärisches Hemd geschenkt. Erik trägt es. Erik hat Anfang März Geburtstag. Großmutter Tosja bleibt zu Hause. Sie hütet die Wohnung.

27. Februar

Ich bin von Erik zurück. Er hatte mich eingeladen. Dort waren Oma Tosja, Tante Alja, meine Mama und er. Erik reist am Sonntag ab. Jedes Mal ist unklar, für wie lange – vielleicht für immer.

Erik wird seinen Geburtstag ausgelassen feiern. Er sagte, er wird mit Freunden in die Diskothek gehen. Dort werden Mädchen sein, die auf dem Tisch tanzen können. Ich bin nicht eifersüchtig. Aber vielleicht lüge ich mich auch an, um es leichter zu haben.

Polja

2. März

Hejda und ich füttern einen obdachlosen Welpen. Wir verstecken ihn, damit die Nachbarn ihn nicht töten. Hunde sind hier unbeliebt, sie werden umgebracht. Und in der Schule hat jemand in großen Buchstaben auf meine Bank geschrieben: «POLINA IST EINE RUSSISCHE KREATUR UND SCHLAMPE.» Ich habe es ausgewischt, so gut ich konnte, und mit Paste überstrichen. Das Mädchen Arina hat mir Halwa angeboten, als sie sah, wie ich bebte. Und sie sagte: «Bei uns Tschetschenen gibt es viele Idioten. Aber es gibt auch gute Menschen. Ich schäme mich sehr für die, die das geschrieben haben.»

Polja

3. März

Wieder haben mich Jungs aus der zehnten und elften Klasse belästigt. Sie sagten: «Alle wissen, wer du bist! Red dich nicht raus!»

«Und wer bin ich?», fragte ich.

«Eine Russin!»

«Wer hat das gesagt?»

«Es wissen alle. Einen Vater hast du nicht, und deine Mutter ist Russin!»

«Na und?»

«Das heißt, du bist unsere Sklavin! Wir werden mit dir tun, was uns beliebt!»

«Augenblick mal ...» Ich zeigte ihnen für alle Fälle das Messer, das ich im Stiefel trage. Zu Hause haben wir Brot damit geschnitten. Es ist ein altes Messer. Aber die Jungs wichen zurück.

«Rührt mich nicht an!», sagte ich. «Sonst zeig ich's euch!»

Sie brüllten noch alle möglichen Schweinereien, blieben mir aber vom Leib. Nach Hause fuhr ich mit Tina. Ihr Opa holte sie mit dem Auto ab.

Polina

4. März

Kassi hat Angst – sie geht nicht zur Schule. Tina allein mischt sich nicht ein. Bei Seta ist die Großmutter erkrankt. Sie lernt nicht. Auf die anderen kann man sich nicht verlassen. Sie sind feige. Ich habe nur mein altes Brotmesser. Ich habe dafür einen Schoner aus einem Stück Leder genäht. Ich trage es im Stiefel. Wenn sie mich schnappen, werfen sie mich zu Boden. Das Einzige, was ich dann tun kann, ist wenigstens einen zu treffen. Und das werde ich tun. Die ganze Zeit überlege ich: Soll ich morgen zur Schule gehen oder nicht?

P.

5. März

Erik ist fern, in Russland. Dort schießt niemand auf Häuser und Menschen, wie bei uns. Der Weg zur Schule ist gefährlich. Sie lassen mich nicht in Ruhe. Heute belästigten sie mich wieder. Sie wollten mich in ein Auto ziehen. Ich konnte mich gerade noch losreißen.

Mama hat etwas von dem Geschenk zum 8. März mitbekommen. Und ich mache so gern Überraschungen.

Polja

7. März

Unerklärlicher Ausschlag. Viele haben ihn bekommen. Der ganze Körper ist voller Flecken. Die Erwachsenen sagen, das sei eine Waffe, die an uns ausprobiert wird. So eine Art «Experiment». Die Flecken tauchen auf, dann verschwinden sie von selbst wieder. Cremes helfen nicht. So geht das seit 1995.

Mama hat sich mit Oma Tosja gezankt. Weil die nicht rechtzeitig zurück war und ich auf ihre Wohnung aufpassen musste. Oma Tosja hat Angst, die Wohnung allein zu lassen. Sonst kommt jemand und besetzt sie! Wenn es an der Tür klopft (und es klopfte, nicht nur einmal), frage ich auf Tschetschenisch: «Ch-o mil vu?» (Wer da?)

Die Banditen ziehen wieder ab. Sie denken, die Wohnung ist schon besetzt.

Ich habe Albträume. Die ganze Nacht. Ich träume, ich bin eine Kriegsgefangene, und mir wird der Kopf abgeschnitten. Träume sind Schäume! Eine Redensart – damit es nicht wahr wird.

Man schlägt mit Fäusten gegen unsere Tür und klingelt. Ich frage: Wer dort? Irgendwelche jungen Männer antworten: «Macht auf! Schnell!»

Sie kennen meinen Namen. Wer hat ihnen den gesagt? Ich hab natürlich nicht aufgemacht und bin nicht mal an die Tür gegangen: Es gab Fälle, wo sie durch die Tür geschossen haben. Sie haben gegen unsere Tür getreten und sind weggegangen. Was sind das für Streiche?! Ich werde bald verrückt in dieser Hölle!

Polja

8. März

Gestern habe ich Mama Schokolade und Kekse geschenkt. Und eine sehr schlechte Nachricht. Jusuf hat unseren Kater Mischka im Keller des Hauses gefunden. Jemand hat ihm die Kehle durchgeschnitten und ihn dann ins Kellerloch geworfen. Man sagt, das letzte Mal sei der Kater im Treppenhaus gesehen worden, als dort die Jungs der tschetschenischen Familie aus dem ersten Stock waren.

Polja

9. März

Lunet kommt eben und sagt: «Da ruft dich ein Junge. Geh raus zu ihm!»

Ich war sehr erstaunt und hab ihr natürlich nicht geglaubt. Ich fragte: «Was denn für ein Junge?»

Lunet antwortete: «Ich kenne ihn nicht.»

Ich hab meine Tür zugemacht. Bestimmt sind das wieder die Jungs, die schon mal mit Gewalt hier rein wollten. Sie haben Lunet zu mir geschickt, die dumme Schwätzerin. Das heißt, sie wollen mich rauslocken. Ich drückte mich an die Tür und belauschte ihr Gespräch. Sie fragten nach meiner Mama: Wann kommt sie vom Markt zurück? Hält sich mein tschetschenischer Stiefvater manchmal zu Hause auf? Als einer unserer Nachbarn die Treppe herunterkam und mit den Eimern schepperte, verdufteten die Kerle augenblicklich, nach kurzem Abschied von Lunet. Den Stimmen nach zu urteilen waren es vier oder fünf. Es sind Erwachsene. Es gab schon einen Fall im Haus gegenüber, da wurde ein Nachbar zu den anderen Nachbarn (Russen) geschickt. Der klopfte an die Tür. Die russischen Nachbarn machten auf. Der tschetschenische Nachbar ging zurück in seine Wohnung, und Bewaffnete stürmten herein – in der Absicht, alle zu töten.

Später werde ich ausführlich schreiben.

Polja

10. März

11.45 Uhr. Es klopft an der Tür! Sie wollen mit Gewalt rein. Irgendwelche jungen Männer. Ich bin allein zu Haus. Weder Mama noch der Stiefvater sind hier. Diese Leute schreien: «Mach auf! Du hast mich doch immer reingelassen! Du russische Hündin!»

Was soll ich tun? Ich weiß keinen Ausweg. Sie treten mit Füßen gegen die Tür. Niemand von den Nachbarn kommt heraus, obwohl es im ganzen Treppenhaus zu hören ist. Sie könnten Waffen haben. Ich habe solche Angst.

Ich bin ins Badezimmer gegangen. Als die russischen Militärs mit Kanonen auf die Häuser schossen, saßen Mama und ich auf einem alten Schlitten im Bad, wie auf einem Hocker. Ich hab mich jetzt hier hingesetzt und das Messer neben mich gelegt. Aber die Tür knirscht. Was, wenn sie sie aufbrechen und reinkommen? Gott, was soll ich tun? Es sind viele.

12.50 Uhr. Sie sind weg. Ich habe die Nachbarinnen, Tante Marjam, die eine Wand weiter wohnt, und Tante Tamara aus dem dritten Stock gebeten, rauszukommen, wenn jemand versucht, unsere Tür einzutreten. Wenigstens etwas zu sagen. Aber Tante Marjam ist auf den Berjoska-Basar gegangen.

«Wenn ich etwas sehe, werde ich euch unbedingt helfen!», hat sie versprochen. Und Tante Tamara, die früher mit uns befreundet war, redet kaum noch mit uns, seit ihr Sohn im August 1996 getötet und ihre Tochter von der Granate eines russischen Postens verletzt worden ist. Wir sind Russen, das heißt, wir sind schuldig. Tamara wird nicht einschreiten, selbst wenn sie uns umbringen. Ich habe gehört, dass diese

Jungs von irgendeiner Frau auf dem Hof erfahren haben, dass sei eine «russische Wohnung». Und jetzt wollen sie uns vernichten, um sich die Wohnung zu nehmen. Was sind das nur für Menschen?!

Polja

11. März

10.20 Uhr. Mama und ich sind zu Hause. In der Nacht hat es geklopft, jemand hat gegen unsere Tür getreten. Wir haben nicht aufgemacht. Jetzt ist es still.

Onkel Jazid kam vorbei, der junge Verwandte des Nachbarn Sultan. Jazid ist kürzlich sechsundzwanzig Jahre geworden. Er ist verheiratet und hat zwei Kinder. Er besucht ab und zu Onkel Sultan und seine Tochter Hawa. Im Krieg hat er allen geholfen – hat sein Essen mit alten Leuten und Kindern geteilt. Damals lebte er in Grosny. Tante Walja und Aljonka waren mit ihm befreundet und die Alten aus dem Haus gegenüber.

Mama hat Jazid gesagt, dass Stiefvater Ruslan weg ist. Ruslan ist auf dem Land, er besucht seine alte Mutter. Jazid hat versprochen, mit dem Gesindel aufzuräumen. Mama hat ihm erlaubt, in unserer Wohnung zu sitzen und Wache zu halten.

Großmutter Patoschka sagte heute, diese Jungs seien ganz böse und erzählten über mich, Mama und den Stiefvater die schlimmsten Dinge im Hof. Aber niemand weiß, wer sie sind und woher sie kommen.

3 Uhr. Jazid saß bei uns. Er ist sportlich, anständig, auf der Seite des Guten und Muslim. Mama war auf den Markt gegangen. Ich saß auf dem Sofa und spielte mit ihm Schach, damit dem Gast nicht langweilig wurde. Danach spielten wir Karten. Und plötzlich kam er und wollte mich küssen und umarmen. Zu mir! Ach du Schreck! So was hatte ich

nur in Büchern gelesen, in den schmutzigen Büchern, die
Lunet Hejda unterjubeln will. Ich wollte ihn wegstoßen
und schrie, aber es half nichts. Jazid riss meinen Kittel auf,
ich konnte ihn nicht aufhalten. Seine Hände ... Ach, wie
furchtbar!

Er fasste mich an, er küsste mich gegen meinen Willen,
und ich konnte nichts tun. Er war stärker als ich! Ich schrie:
«Mama!», so laut, dass ich taub wurde und meine eigene
Stimme nicht mehr hörte. Doch er hörte nicht auf. Er konnte mit mir tun, was er wollte. Ich habe noch nie solche Angst
gehabt.

Dann war es, als würde ich unter Wasser getaucht, und
ich nahm alles ganz anders wahr. Die Zeit verging langsam und schnell zugleich. Ich sah jeden Augenblick, aber
ich hatte einen blitzartigen Einfall. Ich sah den silbernen
Kerzenständer über Jazids Kopf. Diesen Kerzenständer hat
Großvater Anatolij einmal in einem Antiquitätengeschäft
gekauft. Ich langte mit letzter Kraft hinüber, weiß nicht,
wie ich das schaffte, aber damit habe ich Jazid auf den Kopf
gehauen! Jazid brach zusammen, und ich musste mich mit
großer Mühe unter seinem dicken Bauch hervorarbeiten.
Wie eklig das war! Ich sprang auf und rannte zur Tür, dachte überhaupt nicht daran, dass mein Kittel zerrissen war.
Aber die Tür war verriegelt. Mit zitternden Händen schloss
ich auf. Jazid kam zu sich, sprang zu mir und stieß mich zu
Boden, ohne dass ich die Tür geöffnet hätte. Ich sah mein
Messer auf dem Boden neben dem Tischchen liegen und ergriff es.

«Um Allahs willen, geh weg!», sagte ich.

Aber Jazid griff mich nicht an. Er zischelte: «Wer weggeht, kommt auch wieder!»

Er öffnete unsere Tür und sprang auf den Hof. Das Treppenhaus lag im Sonnenlicht.

Ich bekam einen hysterischen Anfall. Ich saß auf dem Fußboden, weinte und schrie. Tante Marjam hörte das und nahm mich zu sich. Sie umarmte mich, brachte mir saubere Sachen, gab mir Tee. Ich erzählte ihr alles. Marjam sagte, das alles ist ein Geheimnis. Niemand darf es erfahren. Nicht einmal Mama. Niemand. Sonst können sie mich töten, so wie das Mädchen an der «Taschkala», das von seinem eigenen Vater umgebracht wurde. Oder ich finde später einfach keinen Bräutigam.

«Und mit deiner Mutter werde ich selber sprechen», sagte Marjam.

Mit mir ist etwas passiert. Ich kann nichts mehr essen. Trinke nur noch Wasser. Ich bekomme die ganze Zeit keine Luft. Ich habe Schüttelfrost, und ich habe große Angst. Ich habe immer geträumt, wenn mich jemand küsst, dann Erik. Und was jetzt? Wie gut, dass ich an den Kerzenständer gekommen bin! Ich dachte, Mama würde es Jazid zeigen, verflucht sei er! Aber sie sitzt nur still da, seit sie gekommen ist.

Polja

12. März

9 Uhr. Ich bin mit Oma Tosja in ihr privates Haus gefahren. Dort wohnten früher andere Menschen – sie hatten das Haus besetzt. Aber dann sind sie ausgezogen, und Oma Tosja konnte wieder in das Haus zurückkehren, in dem sie ihr ganzes Leben mit ihrem Mann verbracht hat. Mama hat Angst um mich. Deshalb hat sie mich möglichst weit weggebracht. Mama ist sehr krank, wir haben kein Geld, keine Verwandten. Für unsere Wohnung würden wir weniger bekommen, als der Lastwagen in das nächste russische Dorf kostet. Und dort sollten wir auf dem freien Feld wohnen? Flüchtlinge bekommen keine Häuser. Nichts. Deshalb können wir nicht wegziehen.

Das hat Mama gesagt. Und ich mache mir Sorgen um Mama. Was ist, wenn Jazid zurückkommt und ihr Angst einjagt?

15.20 Uhr. Ich habe geschlafen. Bin durch den Garten von Oma Tosja spaziert. Habe mit der Katze gespielt. Alles ist gut.

20 Uhr. Mama und Ruslan haben sich wieder vertragen. Er ist zurück. Sie haben die ganze Zeit lebhaft gesprochen. Ruslan ging zu Sultan, um die Sache wegen Jazid zu klären. Aber Sultan wusste gar nichts: Sein Verwandter hat in aller Eile gepackt und ist untergetaucht. War es ihm doch peinlich? Dabei hat Mama Ruslan einfach gesagt, Jazid hätte sich einen schlechten Scherz mit mir erlaubt. Das heißt, sie hat nicht alles gesagt. Und ich überlegte, mir eine Pistole zu kaufen, Jazid zu finden und ihn niederzuschießen, damit er so was mit niemand anderem macht.

Polja

13. März

Mama schimpft wieder wie ein Rohrspatz! Von Morgen an. Sie brüllt wie eine Besessene. Als hätte sie vergessen oder es wäre ihr ganz egal, was mit mir passiert ist. Sie ist nur mit ihren eigenen Sachen beschäftigt. Will nicht einmal mit mir reden. Es geht mir wirklich schlecht. Ich versuche, ein Gespräch anzufangen. Und sie: «Keine Zeit für solchen Blödsinn! Mach deine Arbeit im Haus und schweig endlich!»

19. März

Morgen habe ich Geburtstag. Weder Tante Alja noch Erik sind da. Überhaupt niemand. Mama hat mir Strumpfhosen und ein Fläschchen Parfüm geschenkt.

Polja

20. März

Jetzt bin ich dreizehn geworden! Mein Geburtstag! Mama und Stiefvater haben mir Schokolade geschenkt. Hejda ist nicht da. Sie ist zu ihrem Vater und seiner zweiten Frau gezogen. Heute Abend kommen Großmutter Tosja und Tante Marjam zum Tee mit Kuchen. Wenn es nur Strom geben würde. Sonst sitzen wir im Dunkeln.

Polja

26. März

Mama und ich guckten bei Tante Marjam die Serie «Verhängnisvolles Erbe». Dort kam eine Tschetschenin von etwa fünfundzwanzig Jahren vorbei. Sie rief meine Mutter heraus und bat um eine Prophezeiung. Meine Mutter hat früher wahrgesagt. Jetzt hat Ruslan das verboten, und sie hat damit aufgehört.

Sie lehnt es bei allen ab, auch bei diesem Mädchen. Das fing laut an zu weinen und zu wehklagen. Sie erzählte, dass sie eine Schwester hatte. Die heiratete einen Mann im Nachbardorf und war im sechsten Monat schwanger. Dann kam die Schwester aus dem Dorf in die Stadt und sagte, der Onkel ihres Mannes stelle ihr nach. Sie bat um Schutz. Aber die Eltern unternahmen nichts. Sie glaubten ihr nicht. Nach einiger Zeit erklärte der Onkel des Mannes, sie hätte ihn verführt. Daraufhin steckten die Verwandten des Ehemannes sie in ein Auto und fuhren sie weg, im achten Monat schwanger. Niemand hat sie wieder gesehen.

«Ich bin überzeugt, dass sie sie umgebracht haben», weinte das Mädchen. «Unsere Familie hat sich nicht darum gekümmert. Aber ich will es wissen.»

Mama sagte trotzdem, dass sie nicht mehr aus den Karten liest.

«Dann tun Sie wenigstens irgendetwas», bat das Mädchen.

«Gib ein Foto», sagte Mama. Sie macht das auch nicht mehr. Aber sie kann es. Sie guckt ein Foto an und weiß, ob der Mensch lebendig oder tot ist. Er hat eine Aura oder hat keine. Mama erklärte, sie werde morgen sagen, ob die Schwester lebt oder nicht.

Das Mädchen verabschiedete sich, und Mama und ich gingen zurück zu Tante Marjam. Mama zum Fernseher und ich in die Küche mit dem Foto. Ich wollte sehen, ob der Mensch eine Aura hat. Aber sosehr ich die Augen auch zusammenkniff und das Foto betrachtete, ich konnte nichts erkennen. Das Foto war klein und schwarzweiß. Ein Passfoto. Es zeigte ein Mädchen von vielleicht achtzehn Jahren.

Ich sagte einfach zu ihr, wie zu einem sichtbaren Menschen: «Komm in meinen Traum und sag mir, was mit dir passiert ist! Komm unbedingt in meinen Traum!!!»

«Was plapperst du da?!» Mama war gekommen, nahm mir das Foto weg und steckte es in ihre Tasche.

27. März

Morgens. Ich habe geträumt. Die Unbekannte von dem Foto ist erschienen. Ich bin an der Haltestelle Neftjanka ausgestiegen, Herbst, Schmuddelwetter, und sie kam mir entgegen. Sie hatte langes, langes Haar, war spindeldürr und großäugig. Da sah ich, dass ihre Haare ganz verdreckt sind.

«Was ist mit dir passiert?», fragte ich.

«Ich hatte schönes Haar», sagte sie. «Aber die Menschen haben es besudelt. Mit Dreck verschmiert. Sie haben meinen Zopf in eine Pfütze getaucht. Dann haben sie gesagt, meine Haare sind dreckig, und das ist meine Schuld. Aber es ist nicht meine Schuld. Und sie haben mich und mein Kind getötet. Niemand hat sich für mich eingesetzt. Mein Mann hat mir nicht geglaubt.»

«Bleib stehen!», sagte ich. «Wie kann man dir helfen?»

«Du hast mir geholfen. Du hast mich angehört und mir geglaubt. Danke.»

Und sie ging weiter und schleppte ihren nassen Zopf aus kastanienbraunem Haar über die dreckige Erde.

Abends. Das Mädchen von gestern war wieder hier. Mama reichte ihr hastig das Foto. Sie sagte: «Verzeih. Deine Schwester ist tot.»

Das Mädchen weinte, wollte Geld geben. Mama nahm es nicht an.

«Hatte sie kastanienbraunes Haar?», fragte ich.

Und Mama brüllt los: «Verschwinde! Das ist eine Unterhaltung von Erwachsenen!»

Aber das Mädchen sagte: «Ja, sie hatte einen langen Zopf. Fast bis zur Erde! Wir waren sehr stolz, dass sie solches Haar hatte.»

Mama schob sie zur Tür, und ich wollte noch etwas sagen, tat es aber nicht. Ich weiß genau, die Leute haben ihre Schwester verleumdet.

30. März

Starker Wind. Hurrikan!

Mama ist weggegangen. Ich werde zu Hause aufräumen. Allein ist mir nicht wohl in der Haut. Wieder passiert Unsinn in der Wohnung: Möbel klopfen, Schritte und niemand hier … Tante Marjam hat eine Katze gesehen, die sich dann in Luft auflöste! Alle klagen über irgendein Teufelswerk. Wir beten – es geht vorbei, und dann fängt alles von vorn an. Onkel Chamzat trägt ein «Dzhejna», so ein Gebet, damit die bösen Geister den Menschen keine Streiche spielen. Ich trage auch ein «Dzhejna». Es ist in ein Lederdreieck eingenäht. Mama hat ein Kreuz dazugelegt. Das bekam ich, nachdem ich im Traum vom Tod verfolgt wurde.

Wenn wenigstens niemand gegen unsere Tür hämmern würde! Ich habe Bücher über Sternbilder gelesen.

Polja

2. April

Ich hatte fürchterliche Träume vom Krieg. Ich schrie und wachte auf. Ein Flugzeug warf Bomben ab, und ich lag unter den Ruinen, wie diese russischen Alten im Stadtzentrum. Die Steine drückten auf meine Brust, ich schrie und kam nicht heraus. Ich erstickte ganz langsam. In kaltem Schweiß gebadet wachte ich auf.

Ich war bei Hejda zu Hause. Aber man sagte mir: «Hejda ist nicht da!»

Alle lügen. Ich mache mir schon Sorgen um sie. Ich werde in ihre Schule gehen. Werde alle Klassenkameradinnen ausfragen: Vielleicht erinnern sie sich oder haben etwas gesehen? Wo ist sie?

Mama handelt wieder nicht, sie liegt zu Hause. Mama hat ein krankes Herz.

Polja

3. April

12.30 Uhr. In Hejdas Schule sagte man, sie sei bei ihrem Vater, und gab mir die Adresse. Ich fand sein Haus. Er wohnt in der Borodin-Straße. Die zweite Ehefrau machte auf: «Hejda ist nicht hier! Geh weg.»

Ich ging wieder in das Haus gegenüber, zu der Wohnung, in der Hejda bei dem Onkel mit ihrer Mutter und dem kleinen Bruder gewohnt hatte. Ihr Onkel antwortete mir: «Sie wohnt nicht mehr hier!», und schlug die Tür zu.

Heißt das, dass ich sie nie wiedersehen werde? Was soll ich tun? Hejda, komm zurück. Bitte. Komm zurück in mein Leben!

22 Uhr. Ich bin krank. Patoschka brachte mir Tabletten. Dann wollte sie Verstecken spielen. Ich ging nach draußen. Sonne. Schön! Auf dem Hof spielten sie: Islam, Kazbek, Patoschka, Hawa und der kleine Iljas. Ich spielte eine Weile mit ihnen. Die Bengel sind schon erwachsen und benehmen sich immer noch wie kleine Kinder. Sie laufen und quietschen.

Als ich zum Versteckspielen kam, meckerten die Leute erst über die «russische Pest», aber dann trat Islam überraschend für mich ein. Er führte mich, wenn ich an der Reihe war, nannte mich «Schwester» und wollte es Patoschka unbedingt recht machen. Schließlich hatte sie mich eingeladen!

7. April

Ohrenschmerzen. Eine Infektion. Hohes Fieber. Mama brüllt in einem fort und will mich aus dem Haus jagen. Sie schimpft und tut nichts, um mir zu helfen. Ich bin für sie ein «undankbares Vieh», eine «Seuche». Nur meinetwegen hat sie sich keine neue Jacke gekauft. Sie hat sich verausgabt, um mir die Angina-Medikamente zu kaufen! Und ich gehe mit Patoschka spielen und «werde noch kränker und bin selbst schuld». Dann warf sie mir noch vor, dass ich kein Geld nach Hause bringe. Weil ich krank bin, handele ich nicht auf dem Markt. Dabei sei ich verpflichtet, Essen zu kaufen und das Haus zu unterhalten. «So wie die Kinder zur Zarenzeit.»

Irgendwie bin ich aufgestanden und habe mich die vier Haltestellen zum Krankenhaus Nr. 9 geschleppt. Die Leute haben komisch geguckt, dass da ein Mädchen allein kommt, ohne seine Eltern. Ich klopfte an eine Tür und sagte, ich bräuchte einen Arzt. Man empfing mich. Guckte sich Rachen und Ohren an. Fragte, ob ich Geld für Medikamente hätte. Nein, sagte ich. Ich arbeite doch jetzt nicht, ich verkaufe nichts auf dem Markt, habe keine Kopeke. Sie sagten, ich hätte eine starke Entzündung in Hals und Ohren und müsste im Krankenhaus liegen. Ob ich Verwandte hätte, die das bezahlen. Schweigend schleppte ich mich zum Ausgang. Eine junge Krankenschwester lief mir im Flur nach. Sie sagte: «Versteck das! Sonst kriege ich Ärger mit dem Arzt. Das ist Penizillin. Sag jemandem, er soll dir Spritzen geben!»

Die Krankenschwester ist achtzehn, sie ist Tschetschenin. Ich sagte zu ihr:

«Barkalla.» (Das ist Tschetschenisch für «Danke».)

Für das Penizillin braucht man ein besonderes Wasser, um es aufzulösen. Geld habe ich keins, und Mama gibt mir nichts. Morgen werde ich auf den Markt gehen, meine Bücher verkaufen. Ich werde Wasser kaufen, um das Medikament aufzulösen. Alles tut mir sehr weh.

Abends

Hejda war hier!!! Meine allerbeste Freundin. Sie hat sich getraut herzukommen, als sie erfuhr, dass ich krank bin. Die ganze Zeit war Hejda in einem Bergdorf. Sie lernt Arabisch.

«Ein bisschen Englisch kann ich auch!», gab sie an.

Morgen fährt sie für immer weg. Verwandte haben irgendwo ein Haus für ihre Mutter, sie und den kleinen Bruder gekauft. Weit, weit weg. Hejda kam, um sich zu verabschieden. Aber ich war sehr froh – sogar das Fieber ging runter. Ich glaube, wir werden uns, wenn ich nicht verrecke, auf jeden Fall einmal wiedersehen! Hejda, meine Liebe, immer werde ich daran denken, wie gute Freunde wir waren. Wir haben uns nicht auseinanderbringen lassen. Ich glaube an den Erfolg. Vielleicht werde ich sogar irgendwann an die Liebe glauben. Auf Wiedersehen, Hejda!

P.

12. April

Mama hat sich aufgerafft, mir Spritzen zu geben. Noch drei und «Hurra!». Dann erklärte sie: «Edik und Arlet – die Besitzer des Cafés – haben einen Bräutigam für dich gefunden. Einen reichen Tschetschenen! Er baut ein eigenes Hotel. Er hat ein Auto! Ruslan ist einverstanden. Nach der neunten Klasse wirst du ihn heiraten.»

«Was?!» Ich war sprachlos. «Sind die verrückt geworden?! Den habe ich kein einziges Mal gesehen!»

«Das macht nichts», sagte Mama. «Hauptsache, er hat dich von weitem gesehen und sein Wort gegeben, dass er dich heiraten wird. Nach der Sitte. Ein Mullah wird dazu eingeladen. Er hat übrigens grüne Augen und ist brünett. Mach uns keine Schande – du musst das Haus führen und darfst ihm nichts verweigern.»

«Hör jetzt sofort auf!», brüllte ich. «Ich will nichts hören. Ich werde nicht heiraten!»

Aber Mama wiederholte nur stur, dass sie mich in zwei Jahren nicht mehr in ihrer Wohnung brauche, sie habe hier «ihr eigenes Leben», und ich werde verheiratet, so wie das üblich ist.

«Du wirst dann schon fünfzehn sein! Nach der neunten Klasse heiratest du, so wie alle Mädchen! Ohne Widerrede!»

Ich bin nicht einverstanden. Nein! Ich kenne diesen Menschen nicht einmal. Es ekelt mich, darüber nur zu sprechen. Was denn, ich werde sechzehn sein und schwanger, mit einem Riesenbauch, so wie Sazits Tochter, die unten an der Haltestelle Berjoska wohnt?! Peinlich! Absolut peinlich! Was für ein schrecklich dummes Thema sich Mama da wieder in den Kopf gesetzt hat! Hat Stiefvater ihr das womöglich eingeflüstert? Und ich kann nirgendwohin – habe keine Verwandten. Warum musste Großvater sterben? Wo bist du, Glück?

Polja

13. April

Der Witz mit der Heirat ist, wie sich herausstellt, absolut ernst gemeint. Jedenfalls stammt die Idee vom Stiefvater, und Mama hat sie sich in den Kopf gesetzt. Warum nicht? So kriegt man mich aus der Wohnung. Wunderbar! Und als ich ihnen erklärte, dass ich nicht heiraten und ihnen nicht gehorchen werde, erklärte Mama Folgendes: «Ich setz dich eigenhändig vor die Tür, ich schmeiß dich raus! Du könntest schon längst Kinder kriegen und zickst stattdessen herum!»

Was für ein Blödsinn! Ich will das nicht. Stiefvater lockt mit dem «Hotel» und dem «Auto». Was zum Teufel soll mir der Reichtum, wenn ich diesen Menschen nicht liebe und nicht kenne? Besser, ich ersticke. Schließlich wird dieser unbekannte Mensch, wenn er erst mein Mann ist, mit mir xxxxx. Um keinen Preis! Vielleicht hilft Hejda mir zu fliehen? Doch wohin?

P.

19. April

Heute ist christliches Ostern. Mama hat auf dem Markt gehandelt. Ich habe Hausaufgaben gemacht. Ich habe Tante Alja und Erik gesehen! Wir haben über alles geredet. Ich habe Mut gefasst und Erik mein kaputtes Tonband gebracht, damit er es repariert. Als Alja davon hörte, dass Mama und Stiefvater mich verheiraten wollen, sagte sie, das ist Blödsinn.

Und Erik empörte sich: «Was soll das?! Er wird mit ihr spielen und sie wegschmeißen wie eine junge Katze! Das geht nicht. Sie soll lernen! Am Institut studieren!»

Damit ist Erik in meinen Augen sofort zu einem wahren Helden geworden. Dann habe ich mir noch eine bemerkenswerte Redensart gemerkt: «Denk dich in einen Wunsch hinein: Dann wird er vielleicht wahr.»

21. April

Wir waren bei Tanta Alja. Sie scherzte, meine Mama stritt wie üblich mit allen, Großmutter Tosja lachte. Erik hörte abwechselnd Musik und uns zu. Er hat mein Tonband auseinandergenommen. Er sagt, das geht nicht zu reparieren. Was Quatsch ist. Ich werde es selbst reparieren. Ich hab mir von Akbar einen Lötkolben geholt. Ich werde herausfinden, welche Drähte ich verbinden muss.

24. April

Erik fährt morgen ab. Er war nicht lange in Tschetschenien. Wir haben uns fast nicht gesehen.

Heute ist in der Schule Folgendes passiert: Am Ende des Schuljahres kam ein Mädchen in der Parandscha in unsere 7a. Sie hat mit niemandem ein Wort gewechselt. Sie setzte sich schweigend in die letzte Bank. Die Bande von Löwin Lurjé versuchte, sie anzumachen, und ließ schließlich von ihr ab. Sie hat einen braunen Rucksack mit Schulbüchern und eine schwarze Parandscha. Die Parandscha wird so aufgeknöpft, dass man das Gesicht sieht, und dann wieder zugemacht, und man sieht nur die Augen! Bei uns in der Klasse kleiden sich Kassi, Tina, Seta und ich bescheiden. Kopftücher und lange Röcke. Die Übrigen putzen sich heraus, und manche aus der Löwin-Lurjé-Bande tragen sogar Miniröcke und schminken sich! In einer Parandscha kommt zum ersten Mal jemand.

Polja

27. April

Heute gingen wir nach dem Unterricht spazieren. Ich, Tina und Kassi. Wir gingen und lasen uns Gedichte vor. Wir kamen am Schulzaun vorbei, und ich sah, etwas Schlimmes passiert auf der Wiese. Ältere Schüler und die Bande von

176

Löwin Lurjé hatten die Neue in der Parandscha umzingelt. Es waren fünfzehn – und sie ganz allein. Der Halbkreis zog sich zusammen, gleich würden sie sich prügeln.

Ich begriff, dass ich auf keiner Seite war, sondern nur einfach helfen musste. Ich kann nicht zusehen, wenn jemand geschlagen wird.

«Los», sagte ich. «Wir helfen ihr!»

«Was denn! Was denn!» Kassi und Tina schreckten zurück. «Kämpfen?! Lass uns rasch verschwinden, bevor sie uns bemerken. Sonst kriegen wir noch eins auf die Ohren, au weia!»

Und sie rannten ganz schnell gebückt am Zaun entlang nach Hause. Ich kletterte allein über den Zaun und lief auf die Wiese. Unterwegs hob ich einen großen Zweig von der Erde auf. Die Neue stand da in der Parandscha – man sah nur ihre Augen. Von allen Seiten kamen die Zehntklässler und die Bande auf sie zu.

«Wahhabitin! Wahhabitin!», schrien sie. «Zeig dein Gesicht! Wir reißen dir diesen Lappen runter! Du bist eine Wahhabitin! Wir werden es dir zeigen. In unserer Schule läufst du nicht in der Parandscha herum!»

Die Umstehenden schüttelten die Fäuste, Mila und Linda hatten sogar schon Steine in der Hand. Die Neue zog sich ohne Eile zurück, sagte aber nichts und zeigte ihr Gesicht nicht. Als ich angelaufen kam, geriet alles ins Stocken. Die Leute guckten verblüfft.

«Was hast du hier verloren, Hengst [*In dem Namen Scherebzowa steckt das Wort für «Hengst»*]», trat Löwin Lurjé vor die anderen. – «Das ist unsere Sache! Geh weg!»

«Hau ab! Zieh Leine, du russische Kreatur!», winselten ihre Dienerinnen aus der Bande. Die Älteren schwiegen.

«Ihr seid viele, und sie ist allein. Das ist unehrenhaft», sagte ich und schwenkte meinen Zweig, damit sie mir nicht zu nahe kamen. Die Neue befand sich inzwischen hinter meinem Rücken. Wir zogen uns langsam zum Zaun zurück.

«Sie kann allein antworten! Und dich, du russisches Scheusal, treten wir in den Straßengraben», sagte ein Zehntklässler selbstbewusst und spuckte auf meinen Schuh. Eigentlich hätte ich erschrocken sein sollen, aber irgendetwas war in mich gefahren. So als wäre etwas in meinem Kopf explodiert. Ich blieb stehen und sagte: «Ihr könnt mich töten. Ja. Aber ich werde bis zum letzten Atemzug kämpfen. Ich weiche nicht von diesem Platz und stürze mich auf den Ersten, der einen Schritt macht!» Dabei wedelte ich mit dem Zweig vor ihren Gesichtern. Der Zweig pfiff. Die Leute schwankten und wichen zurück.

«Bringt mich lieber um. Wenn nicht, dann werde ich euch übel zurichten. Ich werde euch die Augen ausstechen und die Gesichter zerkratzen. Ich habe nichts zu verlieren. Ich habe nichts im Leben! Aber verteidigen kann ich es!»

«Du bist ja bescheuert! Eine Verrückte! Du kennst nicht einmal ihren Namen!», sagte Löwin Lurjé, und dann gab sie ihren Leuten den Befehl: «Wir ziehen uns zurück. Der Hengst ist tollwütig geworden!»

Linda warf einen Stein. Sie traf nicht.

«So ein freches russisches Biest! Verrecken sollst du!», grölten Jacha und Tara, folgten aber Löwin Lurjé gehorsam.

Als die älteren Schüler sahen, dass unsere Banditinnen abzogen, zuckten sie mit den Schultern und verzogen sich ebenfalls. Die Neue stand in der Parandscha da und schwieg weiter.

«Wie heißt du?», fragte ich auf Russisch.

Sie antwortete nicht.

«Cha ce chu ju?», fragte ich auf Tschetschenisch.

«Latifa», erwiderte sie.

«Warum bist du nicht weggelaufen? Hattest du keine Angst?»

«Alles ist der Wille Allahs», sagte sie.

Das nennt sich verrückt, dachte ich und erklärte: «Sie hätten dich verprügeln können!»

Sie antwortete: «Alles ist der Wille Allahs.»

Und sie ging zum Schuleingang. Ich blieb wie angewurzelt stehen. Als sie schon am Tor war, drehte das Mädchen sich um und rief: «Barkalla!» (Danke!)

P.

2. Mai

Oma Tosja wird verfolgt, sie wäre beinahe mit einem Messer erstochen worden, ist knapp entkommen. Wegen ihres Hauses, das wieder irgendwelche Tschetschenen besetzt haben. Oma Tosja hat bei guten tschetschenischen Nachbarn übernachtet. Sie haben sie versteckt. Haben nicht zugelassen, dass sie getötet wird. Jetzt wartet sie auf meinen Stiefvater Ruslan. Er will hinfahren und die Sache mit denen klären, die sich ihre Wohnung und ihr Eigentum angeeignet haben. Tante Marjams Kinder und Mansur haben versprochen, Ruslan zu begleiten. Was denkt sich Tante Alja? Ist mit ihren Kindern weggefahren und lässt ihre alte Mama allein zurück. Sie kann doch jederzeit getötet werden! Oma Tosja weint und zittert.

Polja

4. Mai

Oma Tosja und Ruslan fuhren mich zum Doktor ins Krankenhaus Nr. 9. Er sah sich Ohren und Rachen an: Die Entzündung klingt schon ab. Gott sei Dank! Ruslan hat Oma Tosja erlaubt, bei uns zu wohnen. Sie hat große Angst. Er selbst übernachtet bei einem Freund.

5. Mai

Morgens bin ich mit Lunet, Patoschka und Hawa zur Schule gegangen. Natürlich nicht absichtlich. Wir haben einfach denselben Weg. Hawa hat inzwischen allen mitgeteilt, dass der Vater meines Vaters Tschetschene ist und wir deshalb wieder Freundinnen sind. Das ist natürlich Unsinn. Patoschka ist Awarin, Hawa Inguschin, Lunet Tschetschenin. Lunet musste wieder Ärger machen, ein Stinktier eben. Uns kam der Nachbar Onkel Walera entgegen. Ich grüßte ihn, die übrigen Mädchen nicht. Lunet musste raushauen: «Wer ist er für dich? Warum grüßt du Russen?! Du hast einen russischen Freund! Haha!»

Und ich erwiderte: «Das ist unser Nachbar. Nachbarn soll man grüßen, weißt du, nicht flegelhaft behandeln.»

Danach versuchte Patoschka sich zu rechtfertigen, sie hätte Onkel Walera nicht bemerkt, und Hawa spielte falsch – sie nickte schweigend. Lunet wurde wütend.

«Und deine Nachbarn: Tante Marjam und ihre Kinder – sind Wahhabiten.»

«Was ist das für ein Quatsch?!»

«Sie trinken keinen Wodka und klauen nicht! Also sind es Wahhabiten.»

«Nein!»

«Doch!»

«Was ist das, Wahhabiten?»

«Banditen! Hat mir Mama gesagt!», quietschte Lunet. «Man erkennt sie sofort. Wenn du siehst, dass jemand nicht trinkt und nicht stiehlt und die ganze Zeit betet, dann ist das ein Wahhabit!»

«Und was ist daran gefährlich?»

«Sie wollen die Welt verändern! Dass es keinen Weihnachtsbaum geben soll und das Scharia-Gericht, das ist ihre Idee!»

«Und was haben meine Nachbarn damit zu tun?»

«Na … Sie trinken keinen Wodka. Das ist verdächtig. Mein Onkel zum Beispiel trinkt. Wir sind normale Leute!»

So ein Unsinn eben. Ich habe bis jetzt nicht herausbekommen, was das für ein Schimpfwort ist – Wahhabiten – und was das Tückische daran ist. Ich blieb bei meiner Meinung, die anderen bei ihrer. Diese Lunet mit ihrem trinkenden Onkel finde ich nicht vertrauenerweckend.

P.

6. Mai
Gruß!

Ich beginne das neue Heft mit den Worten: *Meine Taten und Dinge.*

14 Uhr. Bin aus der Schule zurück. Oma Tosja wartete schon auf mich. Sie wollte Mittagessen, und ich bekochte sie. Wie sich herausstellt, hat sie ein unglaubliches Ding gedreht. Als die «Hausbesetzer» sie abstechen wollten, ist sie nicht zufällig hierher zurückgekommen. Sie wusste, wo die Urkunden für das Haus versteckt sind! Sie hat sie gefunden, die «Besetzer» nicht. Und jetzt hat sie ihr Haus verkauft! An andere Tschetschenen. Im Austausch für das Geld hat sie als Besitzerin ihnen die Urkunden gegeben.

Jetzt versuchen die einen Tschetschenen, die anderen zu vertreiben, und Oma Tosja versteckt sich weiter in unserer Wohnung. Während wir das alles besprachen, klopfte jemand an der Tür. Ich öffnete – dachte, das sei Mama oder der Stiefvater, doch da stand ein fremder Kerl. Oma Tosja sah ihn und rannte an ihm vorbei in den ersten Stock, in die Wohnung ihrer Tochter Alja. Dort versteckte sie sich.

Und ich blieb. Ich sagte zu dem Mann: «Ich kenne Sie nicht. Gehen Sie weg!», und schlug die Tür zu. Er brüllte durch den ganzen Hausflur:

«Was, du kennst mich nicht? Ich arbeite doch mit deiner Mutter zusammen!»

So ein Lügner! Mit Mama arbeiten nur Frauen zusammen – sie braten Pasteten und verkaufen sie im Café. Was will der Unbekannte? Wahrscheinlich hat Chadidzha aus Mamas Café ihn geschickt. Sie hat kein Haus in Grosny, nur in einem Gebirgsdorf. Deshalb wollen sie und ihre Freundchen irgendeine russische Familie so einschüchtern, dass sie sich deren Wohnung in Grosny nehmen können.

Zwanzig Minuten sind vergangen! Ich schreibe, dich meine ich, Tagebuch, und höre in unserem Treppenflur, wie Tante Marjam mit dem Kerl zankt. Ich gehe hin und mache die Tür auf. Tante Marjam sagt: «Endlich ist er weg!»

Oma Tosja hat sich nicht gerührt, obwohl ich an die Heizung geklopft habe – unser altes Signal bei Gefahr. Sie hat mich mit diesem Unbekannten alleingelassen. Gut, dass Marjam vorbeigekommen ist. Marjam hatte heute ein schönes Kleid an! Und ein neues, durchsichtiges Halstuch, im Ton passend zum Kleid.

Polja

13. Mai

Oma Tosja hatte vor, nach Russland abzuhauen. Wir und Tante Marjam sollten ihr dabei helfen. Doch heute stellte sich heraus, dass sie etwas zu verbergen hat, deshalb fährt sie nicht weg und versteckt sich. Irgendwas ist da im Busch, worüber sie nicht spricht.

15. Mai

Heute Morgen hat Mama mir den Kopf gewaschen. Das geht so: Erst schleppe ich von den Gärten Wasser in Eimern her. Dort, an den alten Brunnen, muss man Schlange stehen! Dann machen wir das Wasser warm. Wir tragen Eimer ins

Badezimmer, mischen heißes Wasser mit kaltem, und Mama übergießt mir den Kopf. Ich wasche ihn mit Seife; Shampoo gibt es schon lange nicht mehr. Genauso lief es auch heute, bis Mama mir gedankenverloren Kochwasser (statt des warmen Wassers) über den Kopf goss und mich verbrühte! Ich heulte natürlich los. Das tat weh! Mama kapierte nicht, warum ich heule, und schlug mir vor Wut mit der Blechkelle auf den Kopf! Jetzt war auch noch ich schuld!

Der Kopf ist an dieser Stelle geschwollen. Eine Riesenbeule unter dem Haar, in der Nähe vom Ohr! Gut, dass sie mir den Schädel nicht gebrochen hat. Was jetzt werden soll, weiß ich nicht – ich habe fürchterliche Kopfschmerzen, die Beule ist riesengroß! Den ganzen Tag lege ich etwas Kaltes darauf, in der Hoffnung, dass die Schwellung abnimmt. Ich räume auf und wasche schweigend die Wäsche, damit ich nicht noch was abkriege.

P. S.: Mit Mama rede ich nicht mehr. Sie schimpft ja doch nur. Sie schreit, dass ich krank geworden bin (Ohren und Hals) und sie Geld für mich ausgeben musste, dabei habe ich die Medikamente im Krankenhaus umsonst bekommen, und vorher hat Mama mir das abgenommen, was ich auf dem Markt gefunden hatte, und mir trotzdem keine Armbanduhr gekauft – nicht einmal die billigste. Das ist herzlos! Au, es tut weh! U u u u u!

Polja

17. Mai

Gestern hatte Mama Geburtstag. Ich habe ihr zum ersten Mal nichts geschenkt. Sonst bereite ich immer ein Geschenk vor, selbstgebastelt. Zum 8. März habe ich in diesem Jahr, außer Süßigkeiten, auch eine Karte selbst gemalt.

In der Schule haben wir Mädchen über die «Titanic» gesprochen. Darüber, dass viele Jahre nach ihrem Untergang ein anderes Schiff Notsignale auffing. Es eilte zum nächsten Kreuzer, doch dort war alles in Ordnung. Da wollten sie herausfinden, woher das Signal kam. Da rief doch jemand um Hilfe? Und sie fanden, dass das Signal von der längst gesunkenen «Titanic» stammte. Es kam aus der Tiefe des Meeres.

Gestern, als wir uns schlafen legten, schlug plötzlich jemand gegen die Tür. Stiefvater war wieder nicht da, nur Mama und ich. Ich ging hin und guckte durch den Spion: unbekannte Männer. Ich klopfte mit der Schöpfkelle an die Wand zu Tante Marjam (Hilfesignal). Ihre Söhne hatten kaum die Tür geöffnet, als die unbekannten Männer schon das Weite suchten. Sie liefen weg! Jetzt sag mir einer, wen wir hier stören?

Polja

20. Mai

Schande und Schrecken! Bei uns in der Schule haben sie sich Folgendes ausgedacht: Alle Kinder, in deren Familie jemand gegen Russland gekämpft hat, kriegen einen Ferienaufenthalt! Sie kommen mit einer Liste, und jedes Kind erzählt von seinem Onkel, Papa oder Bruder, der Aufständischer war. Das wird eingetragen. Aber viele Kinder lügen. Sie wollen einfach nur ans Meer fahren! Ferien in Sotschi! In unserer Klasse haben sich alle eingetragen und grölen nun herum, warum ich das nicht auch gemacht habe. Aber wen sollte ich als Aufständischen eintragen, meine Mama?! Sie hat mir die Schöpfkelle auf den Kopf gehauen. Mama handelt mit Pasteten auf dem Markt. Der Stiefvater? Der kommt nicht mal mit einem Fernseher zurecht – von irgendwelchen Feinden ganz zu schweigen. Uns schützt Tante Marjam vor den Verbrechern, die uns Russen überfallen. Marjam arbeitet im Kesselraum und humpelt stark nach einem Unfall neulich.

Wie sehr die Mädchen in der Klasse mir auch zuredeten, mir fiel niemand ein. Als Einzige aus der ganzen Schule werde ich nicht nach Sotschi fahren. Na ja.

Polja

26. Mai

Alle aus unserer Schule fahren im Sommer nach Sotschi. Das ist so ungerecht. Ich habe die Lehrer gebeten, mich auch mitzunehmen; mein Großvater Anatolij ist unter dem Beschuss im Krankenhaus umgekommen, Mama ist krank, die Nerven nach dem Krieg. Doch die Lehrer sagten: «Das geht nicht! Nur die Kinder von Aufständischen dürfen nach Sotschi!»

Der Zug ist abgefahren.

Ich hab mich mit Lunet geprügelt. Gestern hat sie bei Hawa geprahlt, dass sie mich verdreschen wird, weil ich mit Wahhabiten befreundet bin, mit Latifa und Seta. Aber erstens sind das meine Klassenkameradinnen; zweitens ist mir bis heute nicht bekannt, was das Wort «Wahhabiten» bedeutet, dafür ist mir bekannt, dass Latifa und Seta sich nicht schminken, nicht stehlen und immer ihre Hausaufgaben machen. Und drittens geht es Lunet einen feuchten Kehricht an, mit wem ich in der Pause rede. Sie soll lieber auf ihren Onkel aufpassen, der Wodka trinkt. Lunet vertritt, wie sich herausstellt, die Theorie, dass ich auch so werde wie die Mädchen mit großen Kopftüchern, wenn ich mit ihnen rede. Eben nicht! Ich habe sogar ein Kreuz aus einer orthodoxen Kirche.

«Ich würde ihr an deiner Stelle einfach eine runterhauen!», sagte Hawa zu mir. «Damit sie das ihr Leben lang nicht vergisst.»

Ich versprach, dass sie es nicht vergessen wird.

27. Mai

Ich habe ein Gedicht geschrieben:

Über dem Meer flog eine Möwe.
Und die Tropfen der Wellen glitzerten
auf ihren Flügeln
wie Tau.

1. Juni

Schon vier Tage handele ich auf dem Markt. Es hat nicht viel Sinn. Geld kommt keins rein. Gestern war ein unheimliches Gewitter. Es donnerte schrecklich, ein ganzes Meer ergoss sich vom Himmel, und nach kurzer Zeit stand der Markt knöcheltief unter Wasser. Ich habe Angst vor Blitz und Donner. Das soll eine schlechte Eigenschaft sein. Sündhafte Menschen haben davor Angst. Ich aber habe Angst, weil es mich an die Detonationen erinnert. Ich habe nasse Füße bekommen. Dabei bin ich noch immer nicht ganz gesund. Plage mich weiter mit den Ohren und dem Hals. Habe Kopfschmerzen.

Zu den Diskussionen unter den Mädchen vom Hof: Am Ende haben alle verstanden, dass ich die Wahrheit sage, und haben das verlogene Klatschmaul Lunet verprügelt. Aber nicht richtig, nur so ein paar Püffe zur Entwicklung ihres Bewusstseins.

Polja

3. Juni

Auf dem Markt retten mich die Bücher. Wenn ich nicht mit dem Korb durch die Reihen gehe (manchmal tue ich das und laufe mir die Füße wund), sondern an einem Stand bleibe (wir haben keinen eigenen, und ein fremder ist selten frei), dann lese ich. Ich habe alle Bücher über Physik, Chemie und Astronomie durchgelesen. Jetzt lese ich schöne Literatur. 1001 Nacht. Hawa hat sie mir gebracht.

Polja

7. Juni

Keine Zeit zu schreiben. Eine Hitze! Stehe um fünf Uhr auf – Gymnastik. Um sieben Uhr bin ich schon auf dem Markt. Nach Hause gehe ich um 21.30 Uhr. Mache Abendessen und gehe schlafen.

Ich habe beschlossen, Saft vom Apparat zu verkaufen. Ich hole Wasser und gieße ihn selbst auf. In dem Apparat kühlt der Saft ab, und ich verkaufe ihn in Gläsern. Heimlich spare ich Geld für meinen Plan: neue Sachen für unser Haus kaufen. Mama gebe ich jeden Tag nur einen Teil des Verdienstes ab. Der Rest ist geheim.

Der Besitzer des Apparats ist ein guter Mensch, ein Tschetschene in mittleren Jahren. Es gefällt ihm, dass ich Kopftuch und einen langen Rock trage. Er nennt mich «Patoschka» oder «Fatima». Und ich habe Lust, mir einen Namen aus «1001 Nacht» auszudenken. Ich habe mir das Haar mit Henna gefärbt. Es glänzt. Braunrot. Doch unter dem Kopftuch gucken nur ein paar Strähnen hervor.

Auf dem Markt, nicht weit entfernt von mir, handeln Aserbaidschaner. Sie haben ihre eigenen Stände. Da gibt es einen Jungen, Topik, mit seinem Papa. Topik ist fünfzehn. Er ist lustig. Und Mama hat das Mädchen Luisa kennengelernt, sie verkauft Tomaten und verdient sich im Café etwas dazu. Sie schreibt Erzählungen. Sie will Schriftstellerin werden!

Unsere Kätzchen sind groß geworden. Sie heißen Kuzja, Seda, Lutschik und Chips. Richtig schade, sie wegzugeben.

Chips behalte ich für mich!

Polja

11. Juni

Der zentrale Markt von Grosny ist riesig! Menschen wie Ameisen.

Außer Saft verkaufe ich noch Garn und Haarnadeln. Die Frau, die mir die Waren gibt, die Aserbaidschanerin Anja, hat mir eine Kette geschenkt. Mond und ein Sternchen glänzen auf einem edlen Stein. Ein muslimisches Symbol.

Auf unserem Hof ist Oma Tosja aufgetaucht. Sie sagt, sie hat das Geld nach Russland gebracht und bald würden Tante Alja und Erik kommen. Sie haben ja noch eine Wohnung in unserem Aufgang. Aber auf Erik warte ich schon lange nicht mehr. Er ist mir fremd geworden.

Dafür will Topik sich mit mir treffen! Ach, er hat mich zum Lachen gebracht! Ist kaum größer als ein Zwerg. Gegen Abend falle ich hin. Mir ist übel vor Erschöpfung. Der Verdienst des Tages reicht nur fürs Essen. Wo bist du, Freude? Wo bist du, Hejda? Gib ein Zeichen, Glück, verweile ein bisschen bei mir.

Polja

12. Juni

Heute ist frei. Mama sagt, einmal im Monat darf man ausruhen. Gestern auf dem Markt wäre ich beinahe in Ohnmacht gefallen. Es war heiß. Und ich esse nichts. Bin dünn. Aber frei vom Markt bedeutet, dass ich die ganze Wohnung wischen und aufräumen muss, plus Wasser anschleppen. Das ist auch ganz «lustig».

P. S.: Ich habe von Imran geträumt, mit dem ich früher mal in einer Schule war. Wir streiften durch eine altertümliche Stadt und mussten Abenteuer bestehen.

Polja

6. Juli

Wir wollen gleich auf den Markt. Heute werde ich wieder mit meiner Schachtel die Marktstände entlanggehen.

Ich gehe und rufe: «Wer braucht Nadeln und Faden? Kauft!»

Wenn ich abends die Ware abliefere, betrügt man mich, das ist mir jetzt klar. Ich habe eine der Aserbaidschanerinnen ertappt. Ich lief den ganzen Tag herum, handelte, notierte, und dann stellte sie mir zusätzliche Ware in Rechnung, die ich am Morgen von ihr gar nicht bekommen hatte. Streiten ist zwecklos. Nachher gibt sie mir gar keine Ware mehr. Die Aserbaidschanerin Anja ist weg. Das verdiente Geld reicht gerade mal fürs Essen. Ich kann keine Kopeke beiseitelegen.

Wo mein vorheriges Tagebuchheft ist, weiß ich nicht. Ich habe es verloren. Deswegen habe ich so lange nicht geschrieben.

Mama hat keine Arbeit. Das Café ist geschlossen. Sie kann keine Arbeit finden. Manchmal nimmt sie sogar ein Almosen an, wenn jemand sich erbarmt.

Ich dachte, auf dem Markt würden sie irgendwo Pistolen verkaufen. Aber ich habe keine gefunden. Es heißt, man bekommt sie nur im Geschäft «Jäger und Angler», hinter der Börse.

Polja

8. Juli

Unfassbare Gerüchte gehen über unseren Markt. Angeblich steht ein Sturmangriff auf die Republik Dagestan bevor, und es wird wieder Krieg geben.

11. Juli

Heute musste ich an die Familie des kleinen Wadik denken, der in den Gärten verbrannt ist. Sie lebten im Haus gegenüber. Dann sind sie aus Tschetschenien geflohen. Banditen mit Maschinenpistolen kamen zu ihnen, um sie umzubringen, tagsüber, um sechzehn Uhr. Der Nachbar, Ramzes' Bruder, klopfte an ihre Tür, deshalb öffneten sie ihm. Stattdessen drangen Banditen ein. Sie sagten, sie würden alle abschlachten. Aber wenn sie Gold und Geld freiwillig herausrücken, würden sie sie gnädigerweise erschießen.

Zu Hause war Großmutter Aksinja, noch ein Mädchen und Onkel Igor. Igor ist fünfundzwanzig. Er sagte: «Gut, ich hole das Geld», und ging zum Sofa. Die Banditen erlaubten ihm das. Aber er kam mit einer Handgranate zurück. Und erklärte, er werde sie gleich alle in die Luft sprengen. Die Banditen staunten: Sie hatten geglaubt, zu einer russischen Familie zu kommen, die sich einschüchtern lässt und um Gnade fleht.

Aksinja ließ sich auch einschüchtern und sprang vom Balkon im ersten Stock – sie brach sich ein Bein. Igor ging mit den Banditen aus seiner Wohnung, stieg mit ihnen in ein Auto. Die Granate hätte explodieren können, und im Hof waren viele Kinder. Die Banditen fuhren Igor in ihrem Auto zu einem leerstehenden Grundstück, und er konnte seine Hand nicht öffnen. Die Banditen mussten Witze machen! Mussten ihn bei Laune halten! Nach zwei Stunden konnte er die Hand öffnen und die Granate wegwerfen. Danach fuhren die tschetschenischen Banditen ihn wieder nach Hause und sagten, dass sie ihn sehr für seine Tapferkeit achten, seine Familie nicht umbringen, sondern beschützen wollen, wenn jemand anders sie angreift. Anständig von ihnen!

Großmutter Aksinja wurde von Nachbarn ins Krankenhaus gebracht. Sie bekam einen Gips. Tamara aus unserem Aufgang hat geholfen. Nach diesem Vorfall ist die russische Familie bald ausgereist.

Polja

12. Juli

Stiefvater ist auf dem Dorf. Seine alte Mutter wohnt dort. Er hilft ihr in der Wirtschaft. Seine Mama ist mit sechsundzwanzig Witwe geworden. Ihr Mann ist ertrunken. Damit man ihr die Kinder nicht wegnimmt (wie nach tschetschenischem Gesetz üblich), hat sie nie wieder geheiratet und sich auch mit niemandem getroffen. Wäre sie eine neue Beziehung eingegangen, hätten die Leute gesagt, dass sie eine schlechte Frau ist, und die Verwandten ihres Mannes hätten ihr die Kinder für immer weggenommen.

15. Juli

Gestern habe ich Tante Alja besucht. Erik hat die Schule abgeschlossen. Nach Tschetschenien zieht es ihn nicht. Er hat eine feste Freundin, mit der er zusammenlebt. Sie lieben sich. Ich glaube in diesem Leben an nichts mehr. Zu Neujahr habe ich mir doch «Froh sein» prophezeit, habe gedacht, ich würde Grund zur Freude haben, wenn er mich wahrnimmt. Aber jetzt nennt eine andere ihn «Liebster!». Das tut weh. Er hat mich und meine Gefühle nicht wahrgenommen. Dabei gefiel er mir am besten von allen!

Heute gab es Kämpfe in der Stadt Gudermes. Es heißt, die Wahhabiten haben angegriffen. Das sind Aufständische, aber keine gewöhnlichen Tschetschenen. Tschetschenen mit Arabern. Krieg! Ich glaube, auch in Grosny wird es bald losgehen.

Auf dem Markt habe ich eine Frau in der Parandscha gesehen. Tschetscheninnen und Russinnen traten an sie heran – fassten den Stoff an, fragten, warum sie sich so kleide. Die Frau antwortete, sie sei mit einem Araber verheiratet und lebe in großem Wohlstand. Sie kaufte Lebensmittel und verschwand.

25. Juli

In der Nacht wurde geschossen. Ich habe fast gar nicht geschlafen. Nadeln und Garn kauft niemand. Dieser Tage gab es ein Attentat auf den Präsidenten von Tschetschenien, Maschadow.

Sie schießen.

Ich werde Geschirr abwaschen.

Mama habe ich in die Poliklinik begleitet. Ihr wurde ein Zahn gezogen.

3. August

Ich arbeite. Meine Füße haben Schwielen, die Arme sind kraftlos. Ich zanke mich mit Arina.

Saundin, ein sehr guter, anständiger Junge vom Markt, ist für immer weggezogen. Die Aserbaidschaner verdrängen allmählich die lokalen Händler vom Markt. Saundin hat mir eine Armbanduhr geschenkt. Als Erinnerung an ihn. Ich muss fast weinen.

22. August

Gestern habe ich ein Tonbandgerät «Technics» gekauft. Bei der Auswahl half mir Akbar, der Sohn von Tante Marjam. Die Suche war abenteuerlich. Erst verloren wir uns. Dann kauften wir ein Gerät, das nicht funktionierte, und mussten es wieder umtauschen.

Und Oma Tosja und Tante Alja sind aus Tschetschenien abgehauen. Wie sich herausstellt, haben sie zwei tschetschenische Familien übers Ohr gehauen. Jedenfalls erzählen diese Familien das so. Die Russen hätten Geld von ihnen genommen, die Dokumente aber nur zum Teil herausgegeben. Ein paar der Urkunden bekam die eine Familie, ein paar die andere. Allen nehmen die Tschetschenen ihre Wohnungen ab, jetzt wurden sie selbst reingelegt. Zwischen den tschetschenischen Familien tobt nun ein Kampf um dieses Haus.

29. August

Heute hat Mama wieder einen Termin beim Arzt. Wir nennen ihn «Püppchen», nach dem Helden des Buches «Der Scherz des Mäzenaten». Er ist sehr elegant, macht Yoga, fastet. Ein Tschetschene. Mama lässt sich die Zähne von ihm behandeln. Wir tauschen Bücher über Meditation und Buddhismus aus. Seine Adresse haben wir von Hawas Papa Sultan. Er ist mit ihm befreundet.

Die Wirtschaft hat sich verändert. Etwas Unglaubliches passiert mit dem Geld. Der Dollar ist stark gestiegen. Wir haben zwar nie einen einzigen Dollar besessen. Aber die Leute sagen, von nun an wird alles teurer werden. Wie soll man da leben?

Hawa verlässt unsere Schule, und Patoschka und Asja ziehen nach Dagestan. Ich werde ganz allein zur Schule gehen. An meinen Beinen piepst das Kätzchen Chips und schnurrt.

9. September

Ich bin sauer auf Mama. Habe geweint. Sie ist ein sehr grausamer und böser Mensch. Wie konnte ich das so lange übersehen? Solange alles gut läuft und es zu essen gibt, ist sie fröhlich und gutmütig. Aber kaum gibt es Schwierigkeiten, lässt sie ihre ganze Wut an mir aus. Heute hat sie gesagt, ich sei eine Lügnerin. Sie hat in meinen Sachen gewühlt und Kleingeld gefunden. «Das ist Geld! Du versteckst es vor mir!»

Dabei habe ich auf ein Neujahrsgeschenk gespart. Ich hatte schon ein Kopftuch und eine Haarnadel für sie. Dazu wollte ich eine Schachtel Pralinen kaufen. Ich fing an zu weinen, so sehr hat mich das verletzt. Und sie sagte, es sei dumm zu weinen.

In der Schule habe ich mich mit niemandem mehr gekloppt. Arina ist ein Widerling. Sie hat der Bande von Löwin Lurjé erzählt, dass ich mit einer Schachtel auf dem Markt stehe. Sie hat mich sogar nachgemacht, wie ich gehe und rufe: «Kämme! Scheren!» Das Volk wieherte. Aber ich spucke darauf.

P.

10. September

Einige Mädchen aus meiner Klasse sind schon versprochen. Sie fragen mich: «Und du bist noch nicht verheiratet? Oder will dich keiner wegen deiner russischen Mama?»

Fast hätte ich mich deshalb mit Tina und Zulja verzankt. Und Maga, das Miststück, hat sich angeschlichen und mir das Kopftuch runtergerissen. Ich habe es ihm weggenommen und ihm damit direkt eins in die Fresse gegeben. Er wollte zurückhauen, beschimpfte mich als «russisches Schwein», ich stieß ihn weg und schickte ihn zum Teufel. Aber ich habe überhaupt keinen Schutz. Er gehört dazu, ich bin draußen. Er holte alle in der Klasse zusammen und brüllte: «Polina ist eine Russin. Schande! Schande!», und alle waren auf seiner Seite. Alle stimmten zu. Sogar Seta, Latifa und Tina. Kassi hat sich versteckt. Maga beschimpfte mich in einer Tour, und dann legte er seine Füße in dreckigen Schuhen mitten auf meine Bank. Da nahm ich das Literaturbuch und gab ihm ordentlich eins auf den Kopf. Er zog seine Beine herunter und brüllte: «Bist du verheiratet?»

Was für ein Ekel! Ich schickte ihn zum Teufel. Daraufhin drohte er mir und sagte: «Mein Bruder dient bei der Armee, ich werde ihm sagen, dass er dich nehmen soll!» Gebrüll in der ganzen Klasse.

Einzig und allein Zulja war auf meiner Seite, dieses etwas zurückgebliebene und dicke Kind (sie wird gehänselt und ist bei allen verhasst). Sie nahm auch ein Schulbuch und gab ihm damit eins ins Gesicht. Doch Maga konnte sich nicht beruhigen und brüllte weiter Mutterflüche gegen mich.

Die Schöne Leila, die gegenüber wohnt, hat mir eine Kassette mit Liedern gegeben. Ihr Sohn Tamerlan kommt häufig zu uns. Ich erzähle ihm Märchen. Er mag sie. Hört immer aufmerksam zu.

Gut, wenn man jemandem vertrauen kann im Leben, aber die Menschen sind dazu nicht fähig. Man braucht es gar nicht erst zu verlangen.

Ich habe wieder rote Flecken an den Händen bekommen, wie im Jahr 1995. Das war schon lange nicht mehr. Vielleicht verstreuen sie etwas über Tschetschenien? Oder etwas im Wasser?

Polja

16. September

Nach Hause ging ich mit Latifa, Tina, Kassi, Seta, Zulja und Zaira. Latifa hat ihr Gesicht freigemacht und trägt keine Parandscha mehr, nur ein großes Kopftuch. Es ist ein weiter Weg. Wir malten uns aus, was für ein Haus wir haben würden, wenn wir groß sind. Jeder sollte seine Situation in allen Einzelheiten beschreiben.

Latifa, Seta und Tina wollten kleine, bescheidene Häuser. Und neben dem Häuschen einen Garten, um Kohl und Kartoffeln anzubauen und nicht zu hungern. Kassi sagte, sie brauche ein Haus auf Rädern, damit sie jederzeit wegfahren kann. Zulja fiel nichts ein, sosehr sie auch nachdachte. «Hauptsache, gesund!», sagte sie.

Ich und Zaira dagegen, die eine berühmte Sängerin werden will, bliesen uns voreinander auf.

«Ich werde ein großes Haus und ein Auto haben!», sagte Zaira, die mit ihren alten Eltern in einem winzigen Hüttchen wohnt.

«Und ich werde ein zweistöckiges Haus mit Schwimmbad und Marmortreppe haben!», stand ich ihr nicht nach.

«Und einen gut aussehenden Gärtner!», bekräftigte Zaira. «So etwas habe ich im Kino gesehen.»

«Einen Gärtner, na und? Einen Chauffeur! Und einen Koch! Und Masseur!»

Danach aßen wir Nüsse unter einem großen Baum, und Zaira malte sich aus, wie sie mit ihrem künftigen Mann Liebe machen würde. «Ich habe da ein Buch gefunden mit Bildern! Ich werde euch zeigen, wie man richtig küsst!»

Und los ging's. Alle rissen die Augen auf. Und Zaira: «Bei Jungs muss man die Unterlippe nehmen, und er nimmt deine Oberlippe!»

Latifa und Seta schrien «Pfui!! Charam! Du bist vom Satan besessen!», und hielten sich die Ohren zu. Tina folgte ihrem Beispiel. Zulja lachte. Kassi kam näher heran, und ich überlegte, wie ich das alles beschreiben würde, und versuchte, kein Wort zu vergessen.

«Ich möchte Liebe mit Hitzkopf Hassik machen!», platzte Zaira heraus.

«Aber man muss sich schützen. Klar?»

Vielleicht erwartete sie, dass wir etwas antworten, aber wir waren alle sprachlos: So einen Blödsinn zu verzapfen! Zaira phantasierte noch eine halbe Stunde, was sie mit Hassik machen würde, aber dann fiel ich ihr doch ins Wort.

«Natürlich, wir werden dich nicht verpetzen», versprach ich. «Aber wenn erst Hitzkopf Hassik selbst das alles in der Schule rumerzählt, dann wird es peinlich!»

«Da spuck ich drauf!», erwiderte Zaira tapfer. «Ich liebe ihn.»

So habe ich heute, liebes Tagebuch, eine Menge über Sex gelernt. In unserer Familie wird über so etwas nicht geredet.

Polja

17. September

Ich beginne ein neues Heft, Nr. 6. Meine Abenteuer im Nicht-Wunderland. Ich wünsche dir, dass du glücklicher wirst als die vorherigen!

Zaira + Zulja + Seta + Kassi + Arina + Tina + ich = Freunde.

In unserer Klasse bot sich morgens folgender Anblick: Auf dem Tisch stand eine leere Wodkaflasche, daneben lagen der Verschluss, Tomaten, Brotkrümel, eine Zwiebel (angebissen) und Weintrauben. Mit einem Wort, der totale Saustall! Die Schulbänke waren umgekippt, der Müll auf dem Boden, und auf die Schultafel hatte jemand geschrieben: «Löwin Lurjé, Linda, Nima und Tara sind Schlampen und Luder! Ich werde euch noch ficken. Passt nur auf! Die elfte Klasse!» Und noch eine Menge anderes Zeug stand da geschrieben. Plus ganz widerliche Zeichnungen. Alles über unsere harte Mädchenbande, die nach dem Unterricht mit den Jungs aus der elften Klasse geblieben war.

Die Mehrheit in unserer Klasse 8a war aufseiten der Bande und versprach der elften Klasse eine Abrechnung. Kassi und ich beschlossen, die Fakten zu kombinieren und sich das Resultat an zehn Fingern auszurechnen. Das Ergebnis:

Erstens kamen Löwin Lurjé, Tara, Nima und Linda heute Morgen direkt zur ersten Stunde (!) und nicht erst am Mittag. Alle hatten aufgedunsene Gesichter. Sie räumten die Essensreste und die Flasche ganz schnell weg. Und wischten wortlos die Schweinereien von der Tafel.

Zweitens: Welcher Blödmann wird Wodka und Essen mitbringen, das alles selbst in unserer Klasse verzehren, dann die Schalen herumschmeißen und die Namen der Mädchen an die Tafel schreiben?!

Drittens: Manches kann ich persönlich bezeugen. Auch wenn Löwin Lurjé und ihre Gesellschaft hoch und heilig schwören, sie wären mit niemandem nach dem Unterricht geblieben, ich habe sie gestern gesehen! Sie sind mit mir unbekannten Jungs (aus der elften Klasse), nachdem die anderen Schüler nach Hause gegangen waren, noch einmal in die Klasse zurückgegangen. Sie haben gegessen. Getrunken. Und als die Jungs zudringlich wurden, sind die Mädchen verduftet! Die Jungs sind wütend geworden und haben die Schweinereien an die Tafel geschrieben, um sie bloßzustellen. Aber da ich nicht Sherlock Holmes bin, sind das nur Vermutungen.

Polja

18. September

Ich bin auf dem Markt. Der Handel läuft gar nicht. Aber ich habe mir ein Eis gekauft. Und gestern hat Maga an die Schultafel geschrieben: «Maga + Polina = Love». So ein Schuft!

20. September

Mama tut die Appendizitis weh. Ich glaube, man muss sie ins Krankenhaus bringen. Sie hat Angst. Sie meint, wenn sie fastet, geht es vorbei.

Arina war heute nicht in der Schule, und ich saß auf ihrem Platz. Weil mein Stuhl verschwunden ist. Ich habe mich mit einem Jungen aus der Klasse gekloppt. Er heißt Sulim. Er hat mit voller Kraft an meiner Haarnadel gezogen, und Zulja und ich sind ihm nach. Da hat er mir den Arm umgedreht und ist wieder weg. Ich habe ihn eingeholt und ihn ordentlich gehauen. Daraufhin drohte er, mir mit seinem älteren Bruder die Kehle durchzuschneiden. Alichan, Kassi und Zulja warfen sich auf ihn, hielten ihn fest und zwangen ihn, sich zu entschuldigen. Sie sagten, sie würden ihn den Hunden zum Fraß vorwerfen, wenn er mich noch einmal anrührt.

P.

21. September

Ich war nicht in der Schule, bin auf dem Markt mit meiner Schachtel auf und ab gelaufen. Erst ging es gar nicht, dann doch. Ich habe Arina gesehen, sie handelt auch. Morgen werde ich früher aufstehen und zu Zaira gehen. Wir wollen zusammen in die Schule. Nachbar Ramzes hat gestern gesagt, wir sind Schönheiten. Und meine Mama hat gesagt, wir sollen ihm nicht glauben. Dieser Junge ist auf unserem Hof dadurch berühmt geworden, dass er ein Mädchen aus dem dritten Stock, Fedotas Tochter Lika, festgehalten und ihr die Hose runtergezogen hat. Lika ist fünfzehn. Das sind unsere russischen Nachbarn. Lika konnte weglaufen. Sie sind jetzt aus Grosny weggezogen. Haben Angst, hier zu leben. Meiner Meinung nach hätte sie Ramzes eins in die Schnauze geben sollen, statt zu schweigen oder wegzulaufen.

Polja

22. September

Mama und ich haben gehandelt und Essen gekauft. Das Geld reicht immer für ein Mahl – Makkaroni oder Reis. In der Schule habe ich mich gekloppt. Hinter dem Schulgebäude schnitten sie mir den Weg ab. Tina, die magere kleine Tschetschenin, kam mir zu Hilfe, obwohl ich sie nicht gerufen hatte. Wir kämpften zusammen gegen ältere Schüler, die mich für den «dreckigen russischen Namen» verprügeln wollten. Wir zwei haben denen auch ganz schön eins auf die

Nase gegeben. Dass ich Tina die Karatestellungen aus meinem Buch beigebracht habe, war nicht vergeblich.

28. September

Nach dem Unterricht haben wir Mädchen bei Zaira zu Hause getobt. Ich zeigte ihnen Elemente von Yoga und sprach davon, dass alle Menschen in Frieden leben sollten und dass alle Religionen gut sind: das Christentum, der Islam und das Judentum und die Lehre Buddhas! Tina übte Fechten mit einem Stock, Zaira sang uns Lieder vor. Wie sich herausstellt, ist Tinas große Schwester geisteskrank.

3. Oktober

Die Kinder entwickeln sich überhaupt nicht. Jedes ist auf sich allein gestellt. Als ich klein war, gab es Clubs, dort lernten die Kinder zeichnen und tanzen. Jetzt gibt es nichts dergleichen. Mama habe ich für Neujahr billiges Parfüm auf dem Markt gekauft. Eine Überraschung. Oma Tosja ist wieder aufgetaucht. Sie sagt, ihre Familie hat das Geld falsch aufgeteilt und sie davongejagt. Aber ist das unsere Sache? Wir gaben ihr ein Butterbrot und Tee.

P.

4. Oktober

Ich habe von Doktor Faust geträumt. Er kam mit einem Freund. Der stellte sich vor: «Schulz-Weter.»

In einem großen Raum, mit einer Vielzahl von Bücherregalen und Karten, führten sie mir Modelle von Raumstationen und Raumschiffen vor. Schulz-Weter zeigte seine Zeichnungen.

«Die moderne Technik der Menschen ist ganz ungeeignet», sagte er. «Die Menschen sind stark in ihrer Entwicklung zurück.»

Schulz-Weters Zeichnungen zeigten die allerschnellsten Raumschiffe. Eines von ihnen hatte die Form eines Zitterrochens und einen Schwanz!

«Es ‹zerteilt› jeden beliebigen Raum», erläuterte er mir. «Und was du für einen ‹Schwanz› hieltest, das ist eine Multifunktions-Kammer mit spezieller Rotation.»

Ich erwachte und zeichnete aus dem Gedächtnis sofort alles auf, was ich behalten hatte.

Polja

6. Oktober

Überall nehmen bewaffnete Banditen Wohnungen in Beschlag, bringen sich gegenseitig und normale Bürger um. Alle haben große Angst. Niemand mischt sich irgendwo ein, niemand nimmt andere in Schutz. Neulich haben Mama und Tante Marjam erzählt, dass jemand im zweiten Stock in unserem Haus gefoltert wurde. Ein Mann. Er schrie vor Schmerz. Aber niemand kümmerte sich darum. Ich habe das Gott sei Dank nicht gehört, sonst hätte ich mir sämtliche Fingernägel abgebissen. Ich beiße meine Nägel, wenn ich Angst habe. Eine schlechte Angewohnheit. Gestern habe ich gesehen, wie ein Bandit am helllichten Tag über unser Fenstergitter geklettert ist, sich an Tante Aljas Balkon festgeklammert hat, um von dort in den zweiten Stock zu gelangen. Früher wohnten im zweiten Stock Leute, die unseren Hund Tschapa vergiftet haben, jetzt irgendwelche Banditen. Ich war zu Hause. Stell dir vor, was für ein Schreck: Ich sitze da, und der Kerl stellt seine Beine seelenruhig auf unser Fensterbrett. Er hatte eine Maschinenpistole. Ich erschrak und dachte, er würde jetzt jemanden umbringen. Aber es ging glimpflich aus. Ich höre das Lied von Aschenputtel. Ich zeichne Aschenputtel und den Prinzen. Sie sind so schön.

P.

7. Oktober

Was Maga heute wieder für gemeine Sachen gemacht hat! Geschimpft, gespuckt und gedroht, mich mitten in der Klasse umzubringen, weil ich mich ihm nicht unterordne und nicht «seine Sklavin» sein will. Ich habe mit ihm gezankt und mit Zaira und mit Seta.

Ich habe beschlossen, zu dem großen schönen Haus zu gehen, wo Magas Vater wohnt. Wenn der Vater von dem Benehmen seines Sohnes erfährt, kann er ihn zur Vernunft bringen, glaube ich. Aber Zaira und Seta hatten Angst, mit mir zu kommen. Allein habe ich mich nicht getraut, an die fünf Meter hohe Eingangstür zu klopfen. Wer weiß, was für Leute die Eltern von Maga sind?

Polja

10. Oktober

Auf dem Markt hatten Mama und ich Ärger. Wir wurden von einem freien Stand verjagt. Wir haben keinen «eigenen Platz» auf dem Markt. Wir gehen herum und suchen, wo etwas frei ist. Aber dort kann man weggejagt werden.

14. Oktober

Die Lehrerin in der Schule nörgelt und schreit. Sie hasst alle mit russischem Namen. Was tun? Ich habe den Hass so satt.

Maga hat sich im Tschetschenisch-Unterricht einen Streich erlaubt. Er rief: «Polina!»

Ich drehte mich um, und er hat mich fotografiert. Wenn du gesehen hättest, Tagebuch, wie blass alle vor Neid wurden. Sogar Zaira.

20. Oktober

Ich hatte einen seltsamen Traum vom Fliegenden Holländer – einem großen Segelschiff, das die Seelen der Verstorben zum Mond bringt. Ich sah: Unter ihnen waren meine Großmutter und Großvater Anatolij, aus irgendeinem Grunde auch die liebe Tante Marjam, meine lebendige Nachbarin. Das Schiff war riesengroß und aus Holz. Es schwebte über den Häusern! Und dann flog es zum Mond. Mir wurde gesagt, dass die Seelen erst auf der Erde bleiben und nach einer Weile die Reise zum Mond antreten. Wie schön das ist – in so einem Schiff zu fliegen! Ich stand da und winkte ihnen nach.

Polina

22. Oktober

Manche Mädchen kommen nicht zum Unterricht: Vielleicht sind sie verheiratet worden. Tara wurde heute frech, sie wollte mir ein Buch wegnehmen. Diese Bande ist dreist wie eh und je. Ich hab ihr nichts gegeben und gesagt, wir könnten uns hinter der Schule treffen. Ich hätte keine Angst. Da ließ sie bald ab von mir.

Von meinen Leuten ist niemand da – nur Kassi, und die zittert wie Espenlaub. Wir hatten heute Dienst in der Klasse. Wir gingen in den Keller und haben dort gepinkelt – die Schultoiletten sind seit ewigen Zeiten geschlossen und stinken. Auf der Straße haben wir uns nicht getraut.

25. Oktober

Kein Strom. Ich schreibe, solange es hell ist.

Meiner Meinung nach hat Maga überhaupt keine Prinzipien. Er lebt, genauer gesagt, existiert im reißenden Strom der Ereignisse. Mal zieht es ihn dorthin, ein andermal hierhin. Heute muss es ihn sehr gezogen und dazu auf den Kopf geschlagen haben. Morgens benahm er sich normal, dann fing er im Unterricht an zu rauchen. Als ihm das verboten wurde, kaute er auf Streichhölzern herum und spuckte sie auf den Boden, und zu allem Überfluss stand er auf, kam auf mich zu und umarmte mich. Ich ließ mich nicht aus der Fassung bringen und zog ihm eins mit dem Schulheft über das dreiste Maul.

Weder die Ermahnungen des Lehrers noch die Flüche der Umstehenden noch die Schläge mit dem Schulheft konnten ihn zur Ruhe bringen, und er blieb den ganzen Unterricht hinter meinem Stuhl stehen. Periodisch kam er an, mich zu umarmen und heulte auf (was sogar diejenigen zum Lachen brachte, die ihn von mir wegziehen wollten): «Polina, wie ich dich liebe! Was soll ich tun? Mir geht es schlecht!»

Das alles tat er mit einem wahrhaft leidenden Gesichtsausdruck.

Mit Zaira weiß ich gar nicht, wie ich mich verzanken soll. Die ist wie eine Klette. Sie macht einen auf Freundschaft. Tina hat mir als schreckliches Geheimnis erzählt, dass Zaira sie einmal zu sich nach Hause gebracht und sie gezwungen hat, sich mit den Zungen zu küssen. Was zum Teufel soll ich mit so einer «Freundin»?

Ich werde Tschetschenisch lernen – anders überlebt man hier nicht.

Polja

27. Oktober

Wir haben einen neuen tschetschenischen Jungen in der Klasse. Er ist zwei Köpfe größer als wir. Kräftig wie ein Elefant und fett wie ein Schwein. Mit Fischaugen. Ein komisches Stimmchen, wie von einer Maus. Er ist zweimal sitzengeblieben. Alle nennen ihn einhellig «Eber», was ihn nicht im Geringsten verletzt, im Gegenteil, es erheitert ihn. Offenbar ist er auch früher, auf anderen Schulen, so gerufen worden. Heute kam er zu mir und schlug mich. Ohne ein einziges Wort! Ich konnte mich gerade noch auf den Beinen halten – so ein Dickwanst ist das.

«Was soll das?», sagte ich.

Der Eber quietschte etwas mit seinem dünnen Kinderstimmchen und schlug noch einmal zu. Ich haute ihm auch eine runter und sagte: «Das sag ich dem Direktor. Du wirst von der Schule fliegen!»

Da riss er die Augen auf und sagte ganz unerwartet: «Entschuldige.»

Aber zehn Minuten später hatte er seine Entschuldigung schon vergessen und kam wieder an. Ich komme nicht zum Lernen! Ein Albtraum! Die anderen Jungs belästigten mich auch, als sie sahen, was der Eber tat. Der dürre Abdulla spuckte mich an: Er zielte zwar auf Zaira, traf aber meine Schuhe. Ich wollte ihn packen, er verzog sich in eine der nicht funktionierenden Schultoiletten, schaffte es aber nicht, die Tür hinter sich zu schließen. Allein, ohne seine Freunde, Auge in Auge mit mir und der alten, zerbrochenen Kloschlüssel gegenüber, bekam er Gewissensbisse und fing an zu weinen. Er gelobte bei Allah, mir nie wieder etwas Böses zu tun. Ich ließ ihn in Ruhe, hab ihn nicht mal gehauen. Wir verließen gemeinsam die Toilette und sahen, wie Maga und Hitzkopf Hassik ganz ausgelassen lachten und der Eber mit ihnen gackerte. Maga sah mich und grölte: «Ich liebe dich!!!»

Aha. Und ich: «Sehr angenehm.»

Er: «Sag, was ich tun muss?»

Ich: «Beweise, dass du mich liebst!»

Alle brüllen vor Lachen: Sie denken an solche Schweinereien, wie sie es von zu Hause mitbekommen haben. Als ich nach dem Unterricht nach Hause ging, lauerte Maga mir am Eingang auf: «Wenn ich dir Blumen bringe, nimmst du sie ja doch nicht?»

«Was soll ich mit deinen Blumen?», antwortete ich.

«Du hättest für Polina mit dem Eber kämpfen sollen», sagte Zaira, die gerade vorbeikam. Aber Maga tat das nicht. Der Eber ist dreimal so groß wie er. Und zehnmal so massig wie ich. Zaira klebte an mir, rieb sich den ganzen Weg die Hände und flüsterte: «Er liebt dich. Ich weiß es! Ich habe Erwachsenen-Filme gesehen! Ihr müsst in einem Bett schlafen!»

So eine bekloppte Idiotin!

29. Oktober

Natürlich gehen jetzt alle auf mich los – in der Hoffnung, dass Maga mir zu Hilfe eilt und es was zu sehen gibt, aber nein. Dafür triezt er sie dann den ganzen Tag, das hat scheinbar gar nichts mit mir zu tun, aber genau diese Jungs kriegen was ab. Ich hätte nie geglaubt, dass dieser Feind, wie er sich gewaschen hat, zu einer Art Freund werden könnte. Unsere Freundschaft ist zerbrechlich, wie dünnes Eis. Man muss abwarten, dass der Frost stärker wird. Ich möchte, dass er mein Freund wird.

Es gibt keinen Strom, nur eine Kerze erhellt mein Haus.

Polja

1. November

Gestern habe ich ein Spiel Karten gekauft und allen in der Klasse geweissagt. Das Volk winselte vor Begeisterung – es stimmte alles haargenau.

Maga kam nicht zur Schule, man sagt, er hat sich bei einer Prügelei die Hand gebrochen. Und Kassi hat bemerkt, dass in meinem Heft sein Geburtsdatum steht. Sie frohlockte und rief: «Und ich kenne das Geheimnis!»

Ich habe die Prüfung bestanden. Ich denke nur an Maga. Wenn er doch bald zurückkäme und mich nur nicht beschimpfen würde.

2. November

Maga soll einen Unfall gehabt haben: Angeblich hat er sich mit Elftklässlern geprügelt, und die haben ihn die Treppe runtergeschubst. Angeblich ging es um mich. Er war auch heute nicht in der Schule. Hitzkopf Hassik hat alle erschreckt mit der Mitteilung, dass Maga im Krankenhaus sei.

10. November

Wie immer kein Strom. Mama brüllt – Hysteritis. Sie scheint wirklich von einem Dämon besessen. Erneuter Nervenzusammenbruch. Mein Stiefvater ist irgendwo verschwunden. Jetzt will sie mich einmal aus dem Haus jagen, ein andermal droht sie, mich umzubringen, wenn ich einschlafe. Ich antworte Mama gar nicht. Wenn sie ihre Hysterie hat, ist sie nicht aufnahmefähig. In dem Moment ist es sinnlos, etwas zu erklären. Ich versuche nichts zu sagen und brühe mir Tee mit Minze auf. Sie ist so böse in der Hysterie, sie verflucht alle und jeden, wünscht ihnen den Tod! Das ist bei ihr seit dem Krieg so.

Auf dem Markt verkaufe ich jetzt Plastiktüten: Ich selbst habe sie im Großhandel bekommen und verkaufe sie einzeln weiter. Wenn ich etwa zehn Stück absetze, reicht das für Makkaroni und Käse, und Mama beruhigt sich, wenn sie zu essen bekommt.

P.

16. November

Heute kam Maga. Es ist wahr – er hat sich mit Jungs aus der elften Klasse wegen mir geprügelt. Sie drohten damit, alle möglichen Schweinereien mit mir zu machen, und Maga hat das gehört. Er hat sich das Handgelenk gebrochen. Er kam mit seinem Freund Hitzkopf Hassik zur Schule. Alle wollten wissen, was ich empfinde. Schließlich hat sich noch nie jemand für jemanden so geschlagen!

Maga brachte Lebkuchen in einer Tüte mit. Er spricht höflich, ruhig und leise mit mir. Seine grobe Frechheit ist verflogen. Er gab mir Lebkuchen, und ich schleuderte sie zurück. In allen Stunden machte Maga sich zum Affen und amüsierte die Klasse. In der Stunde «Ethik der Wainachen» wurden uns die Verhaltenssignale der Wainachen (Inguschen und Tschetschenen) erklärt. Zum Beispiel, wenn ein Junge dir zuzwinkert, dann liebt er dich und wird nur dir den Hof machen. Kaum hatte Maga die Worte des Lehrers gehört, bog sich die ganze Klasse vor Lachen, weil Maga aufgeheult hatte: «Polina! Polina!»

Und sobald ich mich zu ihm umdrehte, zwinkerte er mir mit beiden Augen zu. Ich habe ihm gesagt, er ist verrückt. Aber es war sehr lustig.

17. November
Heute war kein Unterricht, wir warteten vergeblich bis elf Uhr auf die Lehrer.

Dann habe ich noch gedacht, dass ich Maga liebe. Sehr liebe. Dafür, dass er nicht gekniffen und sich geprügelt hat. Alle Mädchen haben ihn liebgewonnen und gestehen ihm ungeniert ihre Gefühle ein – nur ich schweige, obwohl er mir unheimlich gut gefällt. Aber heute musste ich ihm wieder eine Ohrfeige geben: Er hatte sich angeschlichen, mich umarmt und wollte mich küssen! Ich will einfach mit ihm befreundet sein, aber gerade das versteht er nicht.

Ich werde mir die Haare waschen und Locken wickeln. Morgen soll mir ganz zufällig das Kopftuch herunterfallen. Wenn schon Krieg, dann richtig!

Polina

18. November

Meine Schulen, auf denen ich früher war, sind zerbombt worden. Wir bekommen wenig Stunden. Und ich hätte so gern, dass die Lehrer uns mehr Interessantes erzählen. Aber es gibt kaum welche. Nasreddin unterrichtet nicht mehr. Gehalt wird schon lange nicht mehr gezahlt. Er verkauft jetzt Eis auf dem Markt. Dafür gibt Sultan Magomedowitsch gleich sechs Fächer: Zeichnen und Physik und Geographie ... Er ist fünfundzwanzig. Auch er kriegt kein Geld. Hoffentlich verlässt er die Schule nicht, denn dann wird sie zugemacht. Niemand ist mehr da, der unterrichtet.

    P.

22. November

Zu Hause keine besseren Neuigkeiten. Überraschend kamen die Söhne von Großvater Schamil vorbei. Sie arbeiten jetzt bei der örtlichen Miliz. Wieder trugen sie Maschinenpistolen. Mir gefiel nicht, dass sie sich ziemlich dreist verhielten und erklärten, sie wüssten, wo ich zur Schule gehe, und das sei überflüssig, ich sollte heiraten. Als sie weg waren, sagte Mama, ich müsste die Schule aufgeben. Sie würden mich auf dem Weg als Braut rauben, und sie würde nichts dagegen unternehmen. Aber ich kann nicht mit der Schule aufhören! Ich will lernen! Und außerdem ist Maga dort!

23. November

Heute kam Maga zur Schule. Er sang mir im Unterricht Lieder. Lustige Lieder. Zum Beispiel:

Tag und Nacht schlafe ich schlecht,
denn ich liebe dich,
denn seit langem, langem lieb ich dich ...

Alle wurden böse. Besonders Zaira und Tara.

Der Eber bemerkte giftig, dass ich ein «russisches Luder» sei, wofür er sofort von Maga eins in die Schnauze bekam. Maga hat eine gesunde Hand, und das reicht. Hitzkopf Hassik unterstützte seinen Freund. Der Eber musste schändlich den Rückzug antreten. Zaira ging einsam nach Hause, nachdem sie den Mädchen verkündet hatte, dass Hitzkopf Hassik der «sexyste» von allen ist. So eine blöde Kuh!

P.

28. November
Ich bin zu Hause. Klebe Tapeten. Streiche die Decke.

3. Dezember
Es sieht so aus, als würde alles immer schlimmer. Maga ist traurig und schweigt. Zaira hat sich mit mir verzankt (worüber ich sehr froh bin). Sie versucht, sich um jeden Preis mit den netten Freundinnen von Löwin Lurjé anzufreunden. Gleichzeitig macht sie sich an Maga heran, flirtet mit ihm. Ihr hat er heute geantwortet, mir nicht.

5. Dezember
Am 1. Dezember hat es geschneit. Es ist kalt. Wir haben kein Essen zu Hause. Weder Mama noch Stiefvater können Arbeit finden. Mama geht heute betteln auf den Markt, und ich versuche, Zigaretten und Plastiktüten in Kommission zu bekommen. Vielleicht kann ich Brot kaufen. Ich habe die ganze Nacht mit Lockenwicklern geschlafen. Ich dachte, in der Schule würde man meine Locken sehen, aber jetzt?

10. Dezember
Sei gegrüßt! Ich bin auf dem Markt.

In der Schule wurde beschlossen, unsere Klasse zweizuteilen. Wir passen nicht mehr in eine – vierzig Schüler. Man weiß nicht, wer wohin kommt.

Maga hat sich entschieden, bei Zaira zu bleiben, soweit ich verstanden habe. Löwin Lurjé und ihre Bande setzen mir wieder zu und verhöhnen mich. Kassi ist vor all diesen Ereignissen in die Parallelklasse 8b geflohen. Auch ich bin in die b gegangen, weil ich denke, ich halte die ständigen Kloppereien und Auseinandersetzungen nicht aus. Die ganze Bande von Löwin Lurjé, Maga, Hitzkopf Hassik, Zaira – bleiben in der a. In die b wechseln: Abdulla, Gajrbek, Sulim und Latifa. Aber nach einer Stunde dort beschloss ich, mich nicht geschlagen zu geben. Ich will keine Schwäche zeigen! Ich bin zurück in die Klasse a. Komme, was da wolle!

Polja

15. Dezember
Heute gab es vier Kloppereien. Die erste mit Löwin Lurjé. Sie hatte mich lange nicht angemacht. Aber heute schlug sie mich mit den Worten «Du bist zurück in die a? Hast du überhaupt keine Angst vor uns?» in den Bauch. Ich hab ihr eins zurückgegeben. Wir sind ungefähr gleich groß, aber sie hat breitere Schultern. Keine von uns ist der anderen unterlegen. Ohrfeigen gab es für beide. Sie sprang als Erste zurück. Die Bande mischte sich nicht ein. So haben wir uns fast als Freunde getrennt. Die zweite Prügelei war mit einem Elftklässler. Er beschimpfte mich als «russische Hündin» und schubste mich. Sehr geglückt traf ich ihn mit dem Fuß an einer bestimmten Stelle. Die dritte Prügelei zettelten Linda, Tara und Jacha an. Meine Wange ist zerkratzt, aber das macht nichts: Ich ließ nicht zu, dass sie meine Mappe aus dem Fenster werfen, und ihr Haarschopf hat sich ordentlich gelichtet. Und die vierte kam so: Ich wollte schon gehen, da

hängte Zaira sich an mich: «Maga ist mein! Ich lasse nicht von ihm! Ich liebe ihn!», sagte sie (obwohl sie die ganze Zeit gelogen hat, dass sie Hitzkopf Hassik liebt).

«Na und?!», erwiderte ich. «Er wird dich küssen, aber in seinen Träumen wird er mich sehen!» Daraufhin schlug Zaira mir die Zähne in den Arm. Sie biss durch das Kleid und machte mir einen riesigen blauen Fleck. Ich biss sie ebenfalls in den Arm (so sehr, dass sie durch die ganze Schule brüllte). Das gab einen riesengroßen, schwarzroten Bluterguss!

17. Dezember

Maga habe ich eine Woche lang nicht gesehen. Aber ich weiß jetzt mit Sicherheit, dass ich ihn brauche. Zaira will ihn mir wegnehmen, da hört sich alles auf! Sie zieht schöne Kleider an und schminkt sich die Augen. Sie schmeißt sich an ihn ran!

Zaira hat sich vertragen und gesagt, die blauen Flecken machen uns blutsverwandt. Aber sie schwadronierte auch davon, dass «Maga dich nicht liebt. Er wird dich sowieso betrügen, er flucht, und er raucht. Er ist schlecht. Lass ihn mir! Lass ihn!» Sehnsucht.

Zu Hause renoviere ich die Wohnung und lese heimlich den französischen Schriftsteller Romain Rolland: «Meister Breugnon», ein witziges Büchlein über einen lustigen Alten.

19. Dezember

Heute haben Mama und ich die Dielen in der Küche gestrichen. Mama glaubt, der Frieden ist gekommen, und es wird keinen Krieg mehr geben. Und ich warte nur, dass der Morgen kommt. Denn wenn ich Glück habe, werde ich in die Schule gehen und Maga sehen. Und wenn ich großes Glück habe, werde ich Zaira am Kragen packen und von ihm wegziehen. Ich habe alle Hausaufgaben gemacht und mehrere Kapitel im Lehrbuch im Voraus gelesen. Schon bald kommt das Neue Jahr, 1999!

20. Dezember

Schrecklich! Es ist zum Weinen. Was er mir angetan hat. Wie er mich beleidigt hat. Als er in die Klasse kam, hat der widerliche Maga mich höflich begrüßt. Aber gleich darauf erfuhr ich, dass er Löwin Lurjé, Linda, Tara, Jacha, Nima und Malka große, teure Schachteln Schokolade (!) geschenkt hat! Sie waren glücklich. Na klar! Und ich?! Hat er nicht behauptet, dass er mich liebt? Natürlich, das konnte man nicht ernst nehmen, aber er hat sich geprügelt … Und ich – habe es geglaubt. Die Mädchen futterten Konfekt und legten vor Freude einen Tanz vor ihm hin. Zaira fläzte sich einfach auf die Schulbank! Maga legte sich neben sie und lag da zufrieden wie ein Kater. NULL Aufmerksamkeit für mich. Er lag auf der Bank und umarmte Zaira!

Ich ging auf den Flur. Ich bebte am ganzen Leib. Ich hätte weinen wollen. Ich wusste, dass ich das nicht wagen würde, aber fast hätte ich geweint. Ich stand einfach am Fenster. Dort hat mich Maga dann gefunden. Und er sagte … beziehungsweise, erst habe ich gefragt: «Warum?»

Und er erwiderte: «Hast du verstanden? Jetzt verstanden?! Du schenkst mir keine Beachtung! Jetzt weißt du, wie das ist!»

Ich konnte gerade noch stammeln: «Doch, ich schenke dir Beachtung.»

Maga lächelte: «Nein, das tust du nicht.»

Wir gingen in die Klasse. Es gefällt mir nicht, wie er mit mir spricht – wie mit einem kleinen Mädchen! Er fragte nach meinem Geburtstag. Versprach mir ein Geschenk. Und danach sagte er: «Jetzt, wenn ich dir ein Geschenk bringe,

wirst du es mir nicht ins Gesicht schleudern, so wie die Lebkuchen. So etwas wirst du nicht wieder tun!»

Drehte sich um und ging zu Zaira. Die strahlte vor Glück.
Er erzählte ihr, wie er mit dem Auto seines Vaters spazieren
fährt, und versprach, auch sie zu kutschieren. Er fragte nach
ihrer Adresse. Sie schrieb sie ihm auf! Adieu, meine große
Liebe! Ich bat ihn, mir mein Foto zurückzugeben. Das, das
er damals im Unterricht gemacht hat. Ich sagte, dass ich auf
eine andere Schule gehen würde. Aber Maga ließ sich nicht
hinters Licht führen.

«Macht nichts!», sagte er. «Ich finde dich auch dort.» Die
Liebe ist ein starkes Ding. Was bist du nur so böse und grausam, Maga.

Polina

28. Dezember

Hurra! Maga ist eifersüchtig auf mich! Heute war Subbot-
nik. Alle haben aufgeräumt, den Fußboden in der Schule gewischt – Putzfrauen gibt es seit langem nicht mehr. Ich bin
froh, dass ich in der 8a geblieben bin. Maga tut so, als würde
er mich nicht beachten, aber er wird böse, wenn ich mich
mit anderen Jungs unterhalte. Heute machte er den ganzen
Tag scheinbar Zaira den Hof, die mich von ihrer Bank verjagt hat und mich nicht einmal neben ihr sitzen ließ. Dabei
sitzen wir manchmal zu dritt in einer Bank. Das Mobiliar
in der Schule ist alt und klapprig. Es ist kalt, wir sitzen im
Mantel im Unterricht. Maga hat von zu Hause Werkzeug
mitgebracht und meine Bank repariert. Jetzt kann man daran sitzen!

Ich kokettierte mit Arbi, der mir neulich Handcreme geschenkt und Äpfel mitgebracht hat. Arbi ist vom Land in
unsere Schule gekommen. Er hütet dort Hammel und pflegt
den Garten. In der Stadt wohnt er nur, wenn er zur Schu-

le gehen muss. Arbi hat tiefblaue Augen, kastanienbraunes Haar, und Maga hat schwarze Augen und schwarzes Haar. Maga zog erst ein verächtliches Gesicht, als er sah, dass ich mit Arbi plaudere. Aber als er hörte, dass ich Arbi erlaube, mich nach Hause zu begleiten (der arme Arbi merkte nicht einmal, in was für ein Spiel er geraten war), drehte Maga durch. Er begann zu brüllen und zu toben. Arbi hat ordentlich was abgekriegt. Er tut mir leid.

Maga ist zu verwöhnt, Philosophie und Literatur lassen ihn kalt. Er hat es nur auf Dummheiten abgesehen: umarmen, küssen, wofür er bei mir Fausthiebe, bei den anderen Mädchen Begeisterung erntet. Aber er tauscht ihre Begeisterung aus irgendeinem Grund immer und immer wieder gegen meine Schläge ein! Nach einer weiteren Ohrfeige für den Versuch, mich zu küssen, erklärte Maga:

«Tu nur so, du Luder! Dabei bist du Russin! Ohne mich hätten sie dich schon längst …» (und hier folgten lauter Schweinereien). Dann rieb er sich die Wange, auf die ich ihm eine geknallt hatte, und sagte: «Wie ich dich liebe! Du bist ein Prachtweib!», und ging davon.

Das wird entweder ein grausamer Feind oder aber mein bester Freund. Bis zum 10. Januar sind Ferien. Bis dann!

Polina

1999

3. Januar
Über Neujahr habe ich schlecht geträumt – die Erde bebte und brach in Schichten ein. Jetzt arbeite ich die ganze Zeit auf dem Markt. Ich habe Waren in Kommission vom Sohn der Armenierin Feruza bekommen. Scheren, Wäscheklammern, Teesiebe. Der Handel läuft schlecht, aber vielleicht können wir uns doch etwas kaufen.

Die Währung hat gewechselt: Statt tausend gibt es jetzt einen Rubel.

P.S.: Gestern saß ich mit Mama beim Kerzenlicht, und wir haben uns über die sieben Weltwunder unterhalten. Die Pyramiden, die Artemis-Statue, den Zeus-Tempel, die Gärten der Semiramis, das Mausoleum, den Koloss von Rhodos und den Leuchtturm von Alexandria.

5. Januar
Ruslan hat sich eingefunden. Er brachte Essen mit. Strom gab und gibt es nicht. Jetzt schalten sie ihn einmal im Monat an. Die Schöne Leila hat einen roten Pullover gebracht. Als Geschenk. Mit Maga ist Schluss!

10. Januar
Ich hab mir einen Zahn ziehen lassen. Und die Wette gewonnen! Fünf Rubel von Mama. Ich hab nicht mal gezuckt.

Doktor Püppchen hat keine Kopeke von uns dafür genommen.

P.

17. Januar

Naiv, wie ich bin, habe ich meine Geheimnisse mit Kassi geteilt. Habe ihr alles erzählt. Zaira machte sich an Kassi ran, bewirtete sie, und die legte ihr im so gefassten Vertrauen alle meine Überlegungen dar: Zaira befand, dass ich keineswegs dumm bin! Und ich sehe, wie sie vor den Jungs auf der Schulbank liegt. Ich verstehe, wie blöd ihr Geschwätz ist. Jawohl! Sie wurde furchtbar wütend. Was sie runtergelogen hat, um alle mit mir zu zerstreiten. Treu geblieben sind mir Arina, Tina, Latifa und Seta.

Maga war nicht in der Schule. Sie sagen, er habe sich mit dem Auto seines Vaters überschlagen, aber das kann ich nicht glauben. Selbst wenn er sich überschlägt, er ist zäh wie ein Wolf.

Gebe Gott, dass bei uns alles gut wird. Amen. Ich habe Sehnsucht. Denk an mich.

P.

19. Januar

Heute ist Uraza-Bayram. Ein Feiertag!

Ich habe aus den Heiligen Büchern geweissagt. Habe mir eine Frage ausgedacht und dann, die Bibel zum Beispiel, auf einer beliebigen Seite aufgeschlagen. Ich fragte: Werde ich mit Maga zusammen sein? Und heraus kam: «Weder Höhe noch Tiefe.»

Ich fragte: Was habe ich von Zaira zu erwarten?

«Feindschaft, Streit, Missgunst, Zorn und Zank.»

Dann fragte ich weiter: «Soll ich mich im neuen Jahr um Zairas Freundschaft bemühen?»

Und das Buch antwortete: «Warum singt ihr mit den Sündern?»

Dann soll ich mich vielleicht an ihr rächen?, fragte ich in Gedanken.

Und die Antwortet lautete: «Gott sei mein Zeuge, dass ich euch verschont habe und bisher nicht zu euch gekommen bin.»

Ich legte das Buch an seinen Platz zurück. Mit Büchern muss man respektvoll umgehen.

P.

20. Januar

Der zweite Tag Uraza-Bayram.

Gestern sind wir an der christlichen Kirche vorbeigegangen. Aber mich zieht es gar nicht dorthin – anders als früher.

Wir gingen über die Brücke über dem Fluss Sunzha, und ich schrie auf, als ich auf der Brücke einen toten Hund sah. Tote Hunde liegen oft auf dem Bürgersteig herum.

Mir gefallen die Menschen nicht mehr – besonders die Russen, aus irgendeinem Grund. Sie sehen eingeschüchtert aus, haben Angst vor den anderen, ich aber will stark sein.

Wir waren auf einem festlichen Essen bei der Nachbarin Aza, im Haus gegenüber. Haben uns mit Kohlpasteten satt gegessen. Dann sind wir zur Schönen Leila gegangen. Bei ihr zu Hause waren ihr Sohn Tamerlan und die Kinder von Tante Zolina. Sie guckten den Zeichentrickfilm «König der Löwen». Ich guckte auch mit und musste so sehr weinen, als Papa Löwe starb, dass man mir Wasser brachte. Ich bekam einen richtigen hysterischen Anfall. Gegen Abend brachen Mama und ich zu Tante Marjam auf, und sie bewirtete uns mit Leckereien und brachte mir bei, wie man eine knusprige, süße Halwa zubereitet.

P.

24. Januar

Hitzkopf Hassik hat auf einem Blatt Papier ein Gebet aufgeschrieben und es mir geschenkt, ganz unerwartet.

Im Namen Allahs, des Allergnädigsten und Gnadenvollsten!
Lob sei Allah, dem Herrn der Welten,
dem Allergnädigsten, dem Gnadenvollsten,
dem Herrn am Tage des Gerichts!
Vor dir verneigen wir uns und Dich bitten wir um Hilfe!
Führe uns auf den rechten Weg,
den Weg derjenigen, denen du Wohltaten erweist, nicht derje-
  nigen,
die sich deinen Zorn zuziehen, und den Verirrten.

28. Januar

Auf einer Lesung bei uns zu Hause sprach ich die Verse des
tschetschenischen Dichters Umar Jaritschewitsch. Ein sehr
schönes Gedicht!

Für die Heimat (Dajmochk)
Sogar ein Stein wird zu Staub.
Doch alte Kunde hat uns überliefert,
wie die Mongolen ins Land der Wainachen
kamen, um diese Berge zu unterwerfen.
Sie wussten nicht, dass im Land der Adler
die himmelstrebenden Gipfel
und das lebende Quellwasser
den eisernen Fesseln entfliehen ...
Jahre flogen vorüber, wie schnelle Pferde
an des Schicksals versengte Ufer ...
Ich nehme dieses Land in meine Hand
und hebe es, wie ein Heiligtum, an meine Lippen.

4. Februar
Ich war nicht in der Schule. Heute Morgen ging unsere Tür nicht auf. Sie ist nach dem Erdbeben verbogen. Tante Marjams Bruder, der gute Onkel Hamzat, schlug das Schloss auf und befreite uns aus dem Verlies. Meine Mama versucht mit Kennermiene, ein neues Schloss anzuschrauben. Ich sollte ihr wohl helfen oder Tante Marjams Sohn Akbar zu Hilfe holen, sonst müssen wir für immer mit offener Tür leben.

5. Februar
Heute räume ich die ganze Wohnung auf.

Gestern habe ich eine Sendung über «Sonnenflecken» gesehen: Man richtet sie aus dem Kosmos auf ein Gebiet der Erde, schon wird es dort hell. Die Erwachsenen sagten sofort: «Friedlichen Zwecken dient das bestimmt nicht. Die Leute verrecken davon ohne jede Bombe. Da hat sich die Regierung was ausgedacht!» Das Experiment scheint nicht geglückt zu sein: Sie jagten dieses Teil in den Kosmos, aber dort blieb es an etwas hängen und stürzte in den Stillen Ozean. In anderen Nachrichten hieß es, das Stück sei in der Atmosphäre verglüht. Und auf dem Sender ORT hoffen sie bis heute, dass es wohlbehalten zurückkommt. Irgendjemand lügt.

18. Februar
Die ganze Zeit nehme ich Zulja in Schutz. Sie hat erzählt, wie sie von einem Psychopathen überfallen wurde, als sie in die dritte Klasse ging. Seit der Zeit lachen alle über sie – schließlich kam sie an dem Tag ohne Strumpfhosen nach Hause. Der Psychopath ist von hier. Er wohnt in Karpinka. Häufig treibt er sein Unwesen in einem Mantel auf dem Schulweg. Er lockt die Kinder mit Bonbons ins Gebüsch. Uns wollte er auch etwas anbieten. Wir verjagten ihn mit Steinen: ich,

Latifa und Zaira. Und Zulja hat er erwischt ... Die Regierung
wechselt, und dieser Psychopath treibt sich immer noch auf
ein und derselben Straße herum, im Mantel.

Polja

24. Februar
Maga liebt mich noch immer, aber er schweigt. Ich richte es
immer so ein, dass wir zusammen sind. Heute zum Beispiel
schwänzte ich zwei Stunden und wartete auf der Bank hinter
der Schule auf ihn. Er kam und schwieg. Auch ich schwieg,
weil ich schüchtern bin. Seta hatte die Idee, dass man Maga
und Hitzkopf Hassik einen Zettel zuschiebt, zum Beispiel
«Kommt zum ‹Rohr›». Dann legt man sich auf die Lauer
und wartet: Kommen sie oder nicht? Wenn es hart auf hart
kommt, ist der Zettel nicht von uns, und wir sind fein raus.

Das «Rohr» liegt auf dem Weg zu Schule. Darunter ist
ein drei Meter tiefer Abgrund, unten Betonplatten. Das
Rohr selbst ist so dünn und lang wie ein Seil. Zaira sagte,
alle Muslime gehen nach dem Tod über eine Brücke, und
die ist so schmal wie eine Rasierklinge. Wer böse Taten
getan hat, fällt in den Abgrund, wer gute Taten getan hat,
nicht. Und unten wird Feuer sein. Dann gingen wir über das
«Rohr». Das ist sehr gefährlich. Fällst du mit dem Kopf auf
den Beton, ist es aus, schlägst du mit Arm oder Bein auf, hast
du sie gebrochen. Zaira kam bis zum Ende, ich bis zur Hälfte. Dann bekam ich solche Angst, dass ich zurückgekrochen
bin. Das Rohr ist etwa fünf Meter lang.

26. Februar
Stiefvater ist zu Hause. Er repariert Möbel.

Auf dem Markt habe ich Murzilka und Uzh gesehen. Die
Jungs sind vierzehn und sechzehn Jahre alt, kleine Markt-
diebe. Manchmal werden sie erwischt und verprügelt. Sie

leben in einem zerstörten Haus. Eltern haben sie keine. Die sind im Krieg getötet worden. Wir haben uns im September kennengelernt. Ich hörte mir ihr Geschwätz an (ihre übliche «Arbeitsweise»: Einer lenkt ab, der andere stiehlt Ware vom Marktstand) und tat so, als würde ich nicht merken, was sie tun. Dann sagte ich: «Legt das wieder hin! Ich weiß, dass ihr Diebe seid.»

Sie waren ganz verblüfft. Sie sagten, ich hätte die Gabe, Menschen zu sehen. Seither kommen sie manchmal zum Reden. Dass sie Diebe sind, erzählen sie selbst, sie vertrauen mir. Bei mir stehlen sie nichts. Sie jammern, wenn sie geschlagen wurden. Ich lache sie aus, sage, sie sollten lieber handeln und nicht stehlen. Aber Ware gibt ihnen niemand, und Geld haben sie keins. Sie stehlen Brot und Käse. Dann haben sie sich noch so ein Kunststück ausgedacht: Sie befestigen eine Stricknadel an einer Stange und angeln sich Apfelsinen und Zitronen aus den Kisten der Händler. Als ich Angina hatte, schenkten sie mir eine Zitrone mit einem Loch von der Nadel.

P.

2. März

Heute bin ich das erste Mal bis zum Ende über das «Rohr» gelaufen. Unter mir drei Meter und Beton. Ein klasse Gefühl! Man wird schwindlig, und das Herz klopft so ungewöhnlich. Du kannst abstürzen oder auch nicht, wie es eben kommt. Bestimmt werden auf jener großen Brücke eine Menge Muslime sein!

Ich habe etwas aus dem «Mahabharata» abgeschrieben:

Möge der Mensch sich selbst erhöhen,
möge er sich nicht erniedrigen;
denn nur er allein ist sein Freund.

Und hat keinen größeren Feind
als sich selbst.

3. März

Alle spenden Geld für den 8. März – sie wollen feiern. Ich gehe nicht hin und gebe auch kein Geld. Lieber kaufe ich Essen für zu Hause und füttere meine Mutter. Mama und ich schreiben manchmal Gedichte: ich die erste Zeile, sie die zweite. Das ist lustig!

Zum Beispiel:

Ich:

Auf unsere Pelzmäntel fallen die Schneeflocken.

Mama:

Und sinken dann auf unsere Socken.

4. März

Ich blättere mit Vergnügen in einem Buch mit Bildern von Ajwasowski. Ich mag das Meer so sehr! Am besten gefällt mir der «Regenbogen», mit dem der Maler denjenigen Hoffnung macht, die ihr Schiff verloren haben. Und die Madonnenbildnisse finde ich bezaubernd. Eines der bedeutendsten Gemälde hat meiner Meinung nach El Greco gemalt: «Die Heilige Familie».

9. März

Neulich habe ich mein kleines Kreuz verloren. Es lag in dem islamischen Gebetsbeutel «Dschejn». Ich kam in die Schule, und plötzlich sagte der betagte Lehrer im Unterricht: «Was ist das jetzt wieder?»

Alle guckten hin, und er hatte ein Kreuz in der Hand. Sofort lachten alle und zeigten auf mich, das «russische Schwein», das insgeheim ein Kreuz bei sich trägt. Ich tastete nach meinem arabischen Gebetsbeutel «Dzhejn» (er lag in meiner Tasche, und das Kreuz ist immer darin). Und er war noch da! Meine Klassenkameraden werden absichtlich ein anderes Kreuz in der Klasse gelassen haben, dachte ich, um sich über mich lustig zu machen. Der Lehrer fragte mich: «Gehört das dir?»

Da ich sicher war, dass ich mein Kreuz in der Tasche hatte, erwiderte ich:

«Nein!»

Und der Lehrer warf es vor aller Augen in den Mülleimer. Als ich nach Hause kam, sah ich noch einmal in der Tasche nach, und mein Kreuz war weg! Ich lief zurück – durchwühlte den ganzen Mülleimer und fand es nicht. Danach suchte ich mit Seta und Kassi auf dem Müllhaufen hinter der Schule. Aber wir fanden nichts.

In unserer Familie gab es viele Glaubensrichtungen. Es gab Christen (Katholiken, Orthodoxe, Altgläubige), Muslime, Buddhisten. Ich habe beschlossen, Heidin zu werden. Mir gefallen die alten griechischen Götter. Ich sehe sie in meinen Träumen.

Polja

11. März

Heute lief Maga mir auf der Straße nach und sagte immer wieder: «Ich liebe dich! Ich liebe dich! Liebst du mich?»

Darauf verlangsamte ich geringfügig meinen Schritt und antwortete: «Nein!»

Was hat er denn erwartet? Ich war sehr selbstsicher: mit einem neuen roten Kopftuch, unter dem die kastanienbraunen Locken hervorschauten. Und dazu hatte ich noch Mamas Wimperntusche benutzt!

Polja

18. März

Ich habe mir einen interessanten Dialog auf dem Markt notiert: «Wir dachten, du wärst schon gestorben!»

«Sehe ich so aus, als ob ich noch lebe?»

21. März

Gruß! Ich bin vierzehn geworden! Tante Leila hat mir fünfzig Rubel geschenkt, Tante Fatima einen asiatischen Mantel! Wir feierten, es gab Tee und Torte. Ich ging zu der Schönen Leila und ihrem kleinen Sohn und habe dort den Film «Der innere Raum» geguckt, Fantasy für Kinder. Tante Marjam hat mir ein Portemonnaie geschenkt, und darin war Geld! Hurra! Ruslan hat mir einen Taschenrechner geschenkt, damit ich auf dem Markt Gewinn und Verlust ausrechnen kann. Mama hat mir ihren Schal gegeben. Aber schlechte Nachrichten gibt es auch: Neben dem Haus der Regierung hat es eine Explosion gegeben. Ein Auto ist in die Luft geflogen. Es gab Verletzte und Tote.

23. März

Bis zum 5. April brauchen wir nicht zur Schule. Wir haben frei. Ich werde mich nach allen sehnen. Auch wenn es kalt ist in der Klasse, ich keinen Stuhl habe und wenig Unterricht und mich prügeln muss. Trotzdem werde ich Sehnsucht haben nach den Mädchen und Jungs, nach Freunden und Feinden. Und jetzt gesteht mir auch noch Hitzkopf Hassik, dass ich ihm gefalle. Wie spannend das alles! Die Ferien sind überflüssig.

Polja

25. März
Ich habe Nachrichten auf TV gesehen. Wieder ist irgendwo Krieg. Schiffe der USA sind ausgelaufen. Warum kämpfen und kämpfen sie? Wofür?

31. März
Wir waren bei Doktor Püppchen, wegen Mamas Zähnen.

Ich lese die «Anthologie der Weisheiten». Darin steht ein Gedicht von Abulkasim Firdousi:

Alles auf der Welt wird vom Staub des Vergessens bedeckt,
Nur zwei kennen weder Tod noch Verwesung:
Nur die Tat des Helden und das Wort des Weisen
überdauern Jahrhunderte, kennen kein Ende.

P. S.: Die liebe Mama ist sauer, meckert wegen dem Geschirr, Ich hätte nicht rechtzeitig abgewaschen. Sofort den Herd reinigen! Und die Socken waschen! Und ich sitze hier ganz infam und schreibe Gedichte.

4. April
Mama hat heute richtig getobt: Sie wollte mich aus dem Haus jagen. Als ich erst drei, vier Jahre alt war, hat sie mich wegen Ungehorsams vor die Tür gesetzt und zugemacht. Ich hab im Treppenhaus geheult. Mich tröstete Tante Marjam, und auch heute hat Marjam uns versöhnt, hat Mama gerügt. Mama sagte, sie hat Stress und hat nicht vor, auch nur den geringsten Ungehorsam von mir zu dulden. Ich soll auf dem Markt arbeiten, lange Röcke und Kopftuch tragen, immer bescheiden aussehen, jede Bemerkung, sogar Ohrfeigen schweigend hinnehmen, absolut alles im Haus erledigen – dann dulden Mama und Ruslan mich im Haus, bis ich heirate. Das hat sie gesagt! Dann ging Mama zu Doktor

Püppchen. Ich handelte auf dem Markt, verdiente aber nicht einmal genug für Zahnpasta und fürchte, dass ich jetzt die nächste Schimpfe bekomme. Morgen zur Schule.

Polja

12. April

Sei gegrüßt! So viele Neuigkeiten. Unheimlich viele! Ich hatte einen Zusammenstoß mit der Literaturlehrerin, die mich nicht ausstehen kann. Sie erklärte, ich sei «Ghaski», und ich sagte, nein, ich hätte viele Nationalitäten unter meinen Vorfahren!

Zu allem Überfluss wollte mich im Bus noch ein Kerl an der Hand fassen. Ich sagte: «Bist du völlig bescheuert? Lass das!»

Er stieg an meiner Haltestelle aus und folgte mir fast bis nach Hause. Widerling! (Ich musste einen Umweg machen, damit er nicht herausbekommt, wo ich wohne.)

Mit Maga ist es lustig. Er benimmt sich wieder normal.

Mama hat den Nachbarskindern eine Taube weggenommen – sie haben sich damit vergnügt, sie mit Stöcken zu schlagen. Jetzt liegt die Taube bei uns in einer Schüssel mit Lumpen. Sie wird bestimmt sterben. Ich habe ihr Wasser zu trinken gegeben.

Ich pauke N. Gumilews Gedichte wie Mantras. Das macht mir das Leben leichter. Doktor Püppchen wird von lokalen Kriminellen bedroht, die Schutzgeld von ihm fordern – er arbeitet ja zu Hause. Bei uns behandeln alle Zahnärzte Patienten zu Hause. Im Stadtzentrum gibt es eine Praxis, aber dort ist es sehr dreckig. Bei Püppchen ist es sauber, und es gibt einen Stuhl, auf dem den Kranken die Zähne gezogen werden. Püppchen hat Angst vor den Banditen – bestimmt wird er ihnen Schutzgeld zahlen.

Am 7. April war das christliche Fest Mariä Verkündigung.

Polina

15. April

Heute war ich in der Schule.

Maga hat meinen Beutel versteckt, damit ich nicht nach Hause kann, und Hitzkopf Hassik hat ihn mir zurückgegeben (hat ihn aus Sulims Aktentasche gezogen). In dem ganzen Durcheinander hat der Eber die Klasse zugeschlossen (darum hat Maga ihn gebeten). Und Maga und ich waren allein darin. Maga fing sofort ein Verhör an: «Wo lebst du? Wie heißt deine Tante? Wer ist dein Vater? Wirst du nach Russland ziehen?» Ich finde das sinnlos und dumm von ihm. Wir saßen auf dem Fensterbrett und guckten aus dem zweiten Stock hinunter. Er sagte, er habe mich gesucht – sei mit dem Auto seines Vaters gefahren und habe in allen Straßen geguckt. Darauf erwiderte ich, dass er mein Haus nicht finden wird, er sollte lieber zum Markt kommen, wo ich arbeite – dort könnte man beliebig lange schwatzen. Warum habe ich das gesagt?

Dann habe ich auf sein feierliches «Ich liebe dich!» noch gefragt: Wo sind seine frühere Verachtung, seine Beschimpfungen? Er sagte, er habe das vor Wut getan. Ich hätte ihn doch nie ernst genommen. Ich sagte, ich wolle seine Freundin sein, nicht mehr. Darauf einigten wir uns. Zu Hause traf ich Mama fröhlich an. Sie hat neue Zähne.

16. April

Die Meditations- und Yogaübungen tragen Früchte. Früher war ich nicht so aufmerksam, jetzt malt meine Phantasie mir noch Dreckspritzer zu Farben aus und zeigt mir kleine Bilder und Gesichter im Muster eines Blattes. Ich folge dem Spiel von Licht und Schatten und sehe Teufelchen und Engelchen. Heute Morgen auf dem Vorhang habe ich ein Teufelchen gesehen: Es hatte Uhren in den Augen, und die Zeiger gingen in unterschiedliche Richtungen. Lustig.

28. April

Mir scheint, ich muss alles vergessen: das Gute und das Schlechte. Ich habe W. Zheleznikows «Balg» gelesen. Als wäre es über mich geschrieben.

Ich betrachte gern die Sterne und denke dabei daran, dass Ciolkowskij sie einmal gesehen hat. Und dabei geträumt hat. Und die Raketen der Zukunft gezeichnet.

Polja

29. April

Wieder geprügelt. Diesmal mit Hitzkopf Hassik. Was ist in den gefahren? Heute im Geographie-Unterricht, den seine Tante gibt, fing er an zu lästern. Ich sei ein «russisches Aas» und so was … Dann schlug er mir das Heft auf den Kopf. Maga, das Miststück, wollte sich nicht mit seinem besten Freund anlegen (jetzt stellt sich heraus, dass Hitzkopf Hassik auch noch entfernt mit ihm verwandt ist). Bei so viel Ungerechtigkeit packte mich die Wut: Die Lehrerin hat ihrem Neffen nicht mal einen Verweis erteilt! Ich sprang auf und lief auf Hitzkopf Hassik zu. Der sprang über die Bank und rannte zur Tür. Ich hinterher. Tische und Stühle flogen zur Seite. Leben kam in die Klasse. Hitzkopf Hassik drückte die Tür von außen zu, aber mich hält so leicht keiner auf. Ich öffnete sie mit einem Fußtritt. Hitzkopf Hassik fiel hin, sprang auf und raste zur Toilette, um sich zu verstecken. Dort erwischte ich ihn und hämmerte gnadenlos auf ihn ein (bis ich selbst vor Anstrengung außer Atem geriet). Meiner Wut hatte er nichts entgegenzusetzen, er winselte nur jämmerlich und ertrug alle Schläge. (Vermutlich, weil er verstand, dass sie verdient und gerecht waren.)

4. Mai
Wie sich herausstellt, probieren die Jungs in unserer Klasse Drogen! Das ist kein Witz! Nicht nur, dass viele von ihnen Zigaretten rauchen und Naswar kauen (so ein ekliges grünes Zeug – es wird in der Schule verkauft wie Sonnenblumenkerne), jetzt auch noch Drogen! Bobby-N hat sie in die Klasse gebracht. So werde ich ihn nennen, obwohl ich ihn früher anders nannte. Und viel über ihn geschrieben habe. Das sind alles ganz scheußliche Sachen. Bobby-N ist, verstehst du, derselbe Junge aus meiner Klasse. Er weiß irgendetwas über Maga, deshalb gibt Maga ihm in jeder Hinsicht nach.

8. Mai
Die dickliche Nachbarin Aza aus dem Nachbarhaus war hier. Sie hat im Augustkrieg 1996 allen bei uns auf dem Hof geholfen – sie war Krankenschwester. Sie hat Spritzen gegeben, Verbände angelegt. Sie erzählte, wie sie den Aufständischen beim Waffenverstecken half. Aza will unser Kätzchen Seda zu sich nehmen. Seda ist das tschetschenische Wort für «Sternchen». Ruslan redet nicht mit ihr und will mit ihr nichts zu tun haben – Aza ist Tschetschenin, und sie raucht und trinkt. Was für eine Sünde! Dafür hat Mama ihr Tee gegeben – Mama möchte das Kätzchen gut unterbringen.

Mein Stiefvater war deshalb böse, er guckt stur in ein Buch. Eine andere neue Nachbarin, Roza, kam bei uns vorbei, sah Ruslan und fing an zu beten – sie war erschrocken. Sie glaubte, Ruslan wäre ein Dschinn. Da haben wir gelacht! Sie hatte einfach nicht erwartet, dass meine Mutter einen tschetschenischen Mann hat, und hat Ruslan für einen Dschinn gehalten.

P.

10. Mai

Dumas' «Graf von Monte Christo» hat einen starken Eindruck auf mich gemacht. Ich habe mir das Buch von Tante Marjam geliehen und zweimal gelesen. Ich will versuchen, so wie Edmond Dantès zu sein: Er vergaß weder Freund noch Feind, und jeder bekam, was er verdiente.

13. Mai

Die Schöne Leila hat meiner Mutter einen Ring mit Platin dafür geschenkt, dass Mama ihre Katze Frank Sinatra gerettet hat. Die Katze hatte sich vergiftet und lag mit Schaum vorm Maul da. Mama hat ihr stündlich eine Medizin in den Rachen geträufelt. Die Katze hat überlebt. Niemals wäre dieser Ring mir zugefallen, wäre da nicht mein dünner Finger und Mamas dicker. Nach dem Gesetz des dünnen Fingers wurde der Ring mir übergeben und leistet nun den Clips Gesellschaft! Hurra!

Auf dem Markt haben wir eine Frau kennengelernt – sie heißt Kusum. Sie macht Yoga und hat mir ein Buch mit dem Titel «Frauenyoga» versprochen. Dann haben wir noch eine Nachbarin auf dem Markt, eine ältere Tschetschenin. Sie hat uns mehrmals erlaubt, auf ihrem leeren Stand zu handeln. Heute kam sie mit Fragen angelaufen: «Wie heißt du? In welcher Klasse bist du?» Ich gab ihr Antwort, und sie trug das sofort ihrem Neffen weiter – einem großgewachsenen, hellhaarigen Tschetschenen mit dem Spitznamen Bandam. Bandam kam, um zu plaudern, grauäugig, gesund wie ein Elefant, er studiert an einem Institut. Der Tag war interessant. Uzh und Murzilka kamen an unserem Marktstand vorbei, verfolgt von einer Menschenmenge, aber sie rannten davon, Weißbrot und Wurst fest in ihren Händen.

16. Mai

Als ich in die Klasse kam, regnete es Neuigkeiten, und dazu hat heute noch Mama Geburtstag! Ich und Zulja kauften ihr eine große Tafel Schokolade am Kiosk, und auf dem Rückweg begegneten wir Maga und seinen Schwestern. Ich freute mich sehr. Wir hatten uns schließlich vier Tage nicht gesehen! Ich dachte, in Gegenwart seiner Schwestern würde er nichts sagen, doch er rief schon von weitem: «Grüß dich, Polina!!!»

Und mit einem Schlag war ich froh. Ich liebe alle so sehr!

Polina

18. Mai

Morgen Prüfungen in unserer 8a. Zaira pflegt keinen Kontakt mit mir: Ihre psychisch kranke Schwester leidet sehr – sie wird für den geringsten Ungehorsam geschlagen. Die Arme! Maga guckt verschlagen wie eine Katze und führt etwas im Schilde. Wir haben lange gelacht, als er allen seinen Traum erzählt hat, mich mit achtzehn zu heiraten und mit mir in ihrem großen, schönen Haus zu leben.

«Ich bin der einzige Sohn meines Vaters! Ich habe ihn sehr darum gebeten, und er erlaubt es!», freute sich Maga. «Wir werden zehn Kinder haben! Und sie alle werden dir ähnlich sein, denn du bist das schönste Mädchen auf der ganzen Welt.»

Dann sagte Maga noch, dass ich sehr schüchtern sei, aber wenn ich groß bin, werde mir das vergehen, und ich werde ihn heiraten wollen, er wird den Mullah rufen, und der wird ein Gebet für uns lesen – ganz nach dem Gesetz des Islam.

Alichan hat einen Brief aus Moskau geschrieben: Sie leben dort und sind sehr froh, dass sie weggezogen sind, aber dennoch hat er Sehnsucht nach Grosny. Er hat einen Hubschrauber auf Papier gezeichnet.

Sulim, mit dem ich mich öfters gekloppt habe, hat sich heute entschuldigt und gesagt, er schäme sich sehr für sein Verhalten und werde mich nicht mehr als «russische Kreatur» beschimpfen.

«Denn manchmal gibt es auch gute russische Menschen!», erklärte Sulim, was mich sehr erstaunte.

Polina

21. Mai

Seit dem frühen Morgen hat es geregnet, jetzt kommt die Sonne heraus. Die Schule geht ihrem Ende zu – adieu, achte Klasse!

Wir standen am großen Fenster im Schulkorridor und schauten in den Regen hinaus. Ich, Kassi, Arina, Tina, Seta und Latifa. Kassi hatte versprochen, Kleeblätter zu bringen. Sie sollen vor bösen Geistern schützen.

«Man muss Kleeblätter an die Tür heften, dann ist immer Glück im Haus», sagte sie. Arbi hörte das und versprach, im neuen Schuljahr einen ganzen Sack Klee mitzubringen.

«Ich füttere die Kaninchen im Dorf damit. Ich habe eine Menge davon. Ich werde es allen schenken!» Arbi ist ein guter Freund.

Tina und ich sind mit dem Bus nach Hause gefahren: In unserer Gegend fährt selten ein Bus, aber jetzt tauchte er plötzlich auf. Ich saß am Fenster und betrachtete die Regentropfen, und auf einmal entdeckte ich Maga. Er ging auf der Straße. Er bemerkte mich und winkte, er sprang in die Höhe!!! Aber der Bus fuhr vorbei, bergauf, und ich verbarg meine Verlegenheit und mein Glück hinter dem Fenstervorhang.

Ruslan hat mir ein neues «Dzhejn» geschrieben – ein muslimisches Gedicht gegen böse Teufel, und ich habe einen schönen Platz gefunden, mit vielen Blumen, gehe

234

heimlich dorthin und bete zu Aphrodite – der Göttin der Liebe. In alten Büchern habe ich gelesen, dass man ihr Rosenblätter und Gebäck zum Opfer gebracht hat. Auch ich hatte eine Rosenknospe und einen Teigkringel. Die Blütenblätter verstreute ich. Ich zerbröselte den Kringel auf dem Rasen, die Vögel pickten ihn auf. Ich bat Aphrodite, mir so eine Liebe zu schenken, dass ich sie nie vergessen werde. Maga und ich haben nur noch zwei Tage, bevor der Sommer beginnt.

Polja

24. Mai

Die Chemie-Lehrerin, ein junges Mädchen, wollte gestern meine Testarbeit nicht annehmen. Sie sagte einfach: «Deine nehme ich nicht an!» Ich bin auch heute zu ihr gegangen – sie hat mich weggejagt. Mein Test ist mit «Sehr gut» benotet worden. Ich war sogar beim Direktor, aber er war wie üblich nicht da. Ich bin gespannt, was Mama dazu sagen wird?

Alle unsere Mädchen, besonders die Bande von Löwin Lurjé, ziehen Miniröcke an und schminken sich. Und Jacha hat sich heute erdreistet, im BH in die Schule zu kommen! Maga flegelte sich sofort schäkernd auf der Bank mit ihr und umarmte sie. Alles wie gehabt. Ich, Tina, Zulja, Kassi, Arina, Seta und Latifa kleiden sich bescheiden.

Es ging nicht ohne Vorfälle ab: Die Fensterrahmen sind alt, und heute ist einer von ihnen rausgefallen und hat Tina am Kopf getroffen. Wir waren sehr erschrocken. Wir haben sie in das Zimmer getragen, in dem früher das Buffet war: Haben ihr den Kopf mit einem feuchten Tuch abgerieben und mit Wasser übergossen. Sie öffnete zum Glück die Augen.

Maga hat in allen Stunden geraucht. Absolut scheußlich! Was soll ich noch in dieser Schule? Nach diesen Aufregungen gingen Seta und ich nicht nach Hause, sondern auf die

Hügel, durch die Gärten. Seta hat, wie sich herausstellte, auch Russen in ihrer Familie, aber es ist ihr peinlich, und sie erzählt niemandem davon. Sie macht den Namaz [das Pflichtgebet] und trägt ein großes Kopftuch, das nicht nur die Haare, sondern auch die Brust verdeckt. Einmal, als sie sich sehr über einen Knallkörper erschrocken hat, bekreuzigte sie sich rasch mit den Worten: «Rette mich, Allah!»

Ich fragte, warum sie sich bekreuzigt habe? Sie wusste es nicht. Dann kam heraus, dass sie eine russische Mama hatte, doch das ist ein schreckliches Geheimnis, und wo ihre Mama lebt, weiß Seta nicht, denn sie wurde ihrer Mutter weggenommen und lebt bei ihrer Großmutter mütterlicherseits.

Wir gingen in die Gärten, die Luft war zauberhaft! Zwanzig Meter stiegen wir auf die Hügel und schauten von dort hinab, und alles erschien uns verändert: die Sonne, das Gras. Ein unglaubliches Gefühl! Vielleicht kommen wir noch einmal wieder hierher?

Polja

25. Mai

Das «letzte Geläut» in der Schule. Selbstverständlich ohne Glocken und ohne jede Feierlichkeit. Maga schwieg. Löwin Lurjé brachte ein altes Batterie-Tonbandgerät mit, das in der Ecke schepperte. Und wir drehten uns ein bisschen dazu.

26. Mai

Wieder haben sich alle in der Schule versammelt. Ich ging durch die Klassen und fand ein Buch über alte Weise auf dem Fußboden. Jemand hatte es mit Füßen getreten. Ich säuberte es und nahm es mit. Überall liegen Essensreste und Müll herum. Maga ist und bleibt mein, fürs ganze Leben. Er sagte, er wird mich heiraten, und alles wird gut, Hauptsache, es gibt keinen Krieg.

Jacha, Löwin Lurjé, Linda und Zaira haben gesagt, sie werden nicht mehr zur Schule gehen – die Eltern haben es verboten: Sie sollen schon heiraten.

1. Juni
Bonjour, Tristesse!

Ich bin zu Hause. Hege den Kaktus in dem Topf auf meinem Fensterbrett. Mache Yoga-Übungen und vergesse nicht, Teigkringel an geheimer Stelle zu verkrümeln. Schließlich bin ich Heidin.

2. Juni
Mein neues Tagebuch beginne ich mit Versen von James Thomson.

Haben wir einmal die umfassende Verbindung der Dinge erkannt, so begreifen wir leicht:
Eine Blüte haben wir kaum berührt –
schon fühlt ein ferner Stern sich gestört.

5. Juni
Auf dem Markt traf ich den Besitzer des Apparats, als ich gerade süßes Wasser verkaufte: Auf einmal umarmte er mich und küsste mich auf die Wange! Alle ringsum lachten, ich stieß ihn vor Schreck weg und sagte: «Sie sind ja nicht normal!»

Aber damit hatte sich die Sache auch.

Eine Bekannte, ein fünfzehnjähriges Mädchen, heiratet. Ich habe sie im Winter kennengelernt. Sie kommt vom Land. Sie hat mir immer geholfen und etwas von meinen Waren gekauft, was sie gar nicht brauchte, damit ich Brot nach Hause bringen konnte.

Jetzt habe ich mich mit Zurchan angefreundet, einer Elfjährigen. Sie geht in die sechste Klasse. Sie handelt auch auf dem Markt, mit ihrem Vater, den ich anfangs für ihren Großvater hielt.

Wir haben mit einer Frau gesprochen, die Halbedelsteine verkauft und daraus Ketten herstellt. Sie sagte, zu mir passe Bergkristall, Sarder und Nephrit. Und für den Erfolg brauche man Lasurstein und Türkis.

Ich habe Verse des Weisen Jusuf Balasaguni gelesen:

Bisweilen ist Wachsamkeit wichtiger als die Kraft.
Sorglosigkeit hat schon viele starke Männer umgebracht.

7. Juni

Wir schlafen, und die Geburtenkette birst in den Traum.
Wir träumen Zukunft und Vergangenheit in einem Raum.
Samsons Wind enthebt uns der Sorgen,
und Eos Gespann rötet den Morgen.

Wir schlafen. Und unser Leben ist nur ein Traum.
Einer von vielen, die uns nachts erscheinen.
Kaum wollen wir sein Ende beweinen,
weist Petrus uns schon die Tür zum nächsten Raum.

Dieses Gedicht habe ich heute Morgen geschrieben.

Heute habe ich in Wandams Bude gehandelt. Dort gibt es eine Bank, auf der man sitzen kann! Er hat sich das alles selbst gebaut, eigenhändig! Tante Kusum hat ihren Tisch mit uns geteilt – sie handelt mit Medikamenten. Ihren Sohn habe ich flüchtig gesehen. Kusum will ihn nach Moskau auf die Schule schicken und ihm eine Ehefrau von vierzehn Jahren mitgeben. Darüber muss ich noch nachdenken, sagte sie.

Ich habe große Lust auf Erdbeeren. In diesem Jahr habe

ich noch keine einzige gegessen, immer nur Brot und Grütze. Wir haben noch zweihundert Rubel Schulden. Mama schimpft ständig, geht mit den Fäusten auf mich los. Tante Kusum meint, dem Menschen werden alle Sünden verziehen, wenn er sagt: «Subhana-Llahi wa bihamdihi», das heißt: «Allah ist groß, und ihm sei Ruhm.»

10. Juni
Auf dem Markt haben wir gute Nachbarn, Tschetschenen. Wir scherzen und lachen die ganze Zeit. Es scheint, die Feindschaft zwischen den Völkern geht allmählich vorbei. Ein junger Mann, ein Bekannter von uns, hat ein russisches Mädchen geheiratet, und alle haben ihnen gratuliert.

12. Juni
Was für eine Prügelei auf dem Markt! Ein betrunkener Alter fiel mit dem Messer über einen jungen Mann her. Beides Tschetschenen. Sie kippten die Tische um, Flaschen mit Limonade. Fürchterliches Geschrei! Der üble Alte zog das Messer und wollte ihn schon abstechen, aber der Junge sah das rechtzeitig und trat ihn mit dem Fuß, einmal, noch mal … Er trat ihn ordentlich zusammen!

Erst die Tante, dann wieder Mama schicken immer wieder Männer zu mir – die wollen mich kennenlernen, über Heirat sprechen. Ich sehe viele schwangere Mädchen von vierzehn bis fünfzehn Jahren. Alle sind schon verheiratet. Ich versuche, die Männer mit einem Scherz abzuwimmeln und nähere Bekanntschaft zu vermeiden.

Es gibt keinen Strom, kein Wasser. Seit dem Krieg leben wir so.

Ich habe von dem toten Großvater Anatolij geträumt, er bat um Hilfe. Gott hab ihn selig! Und dann, gegen Morgen, hatte ich folgenden Traum: Ich sitze da und lese ein Buch, und jemand tippt mich auf die Schulter. Ich hebe den Blick, und es ist Maga! Wir fielen uns in die Arme. Ich frage mich, ob er auch von mir geträumt hat?

18. Juni

Heute in der Morgendämmerung hatte ich einen Traum. Ein Raumschiff mit einer Gruppe von Forschern wurde von der starken Anziehungskraft eines künstlichen Planeten in dessen Inneres gezogen. Viele Mondmenschen und Frauen von der Erde kamen ums Leben. Der Kapitän des Raumschiffs, das vor dem Untergang stand, bat mich aufzuwachen und alles aufzuschreiben. Ihm war das sehr wichtig.

21. Juni

Neben uns auf dem Markt handelt ein Junge mit Musikkassetten. Sein Spitzname ist «Buratino». Wir haben uns angefreundet. Ich habe bei ihm Kassetten gekauft. Als er erfuhr, dass ich viel lese, schenkte er mir zwei Bücher, die er bei einer russischen Alten am Ende der Marktreihe gekauft hat. «Angélique in Burberry» und «Die besten Detektivromane». Ich habe bis zwei Uhr nachts gelesen.

Abends. Mein Traum ist in Erfüllung gegangen! Buratino hat mir das Buch «Shaolin Wushu» gebracht – ich lese, lese noch einmal, kann mich nicht losreißen davon! Jetzt werde ich lernen, wie man richtig kämpft! Ich bin erst vierzehn, ich kann es noch lernen, obwohl die Kinder mit sechs bis sieben Jahren anfangen.

Dann hat mir Buratino Bücher über die Sterne, über den Aufbau des Weltalls und die Propheten gebracht. Aber das spannendste ist natürlich das über Wushu.

29. Juni

Gestern war ein Gewitter. Es wehte heftig. Buratino und ich suchten in Wandams Bude Zuflucht. Diese Tage haben wir dort gehandelt. Aber heute kommt, glaube ich, Wandam zurück. Die Klatschbasen tratschen auf dem Markt, dass der Speichel fließt – und nur über mich. Buratino bewirtete mich mit Zuckerwasser und Brötchen. Da hatten alle was zu reden. O, Buratino! Ein tapferer Tschetschene aus der Stadt Urus-Martan, witzig und mutig, nicht verheiratet, begeistert sich für Yoga und Karate, glaubt an die Geister des Wassers und der Sonne. Ich habe ihm eine Kassette VIVA ENIGMA VANIA abgekauft. Dazu meditiere ich.

Und Wandam kam gestern zu uns – sah unsere Freundschaft und wurde ärgerlich. Nie werde ich den gestrigen Regen vergessen. Ich wimmerte beim Donner und beim Blitz. Sie schlugen auf unserem Markt ein, als hätte Zeus selbst sie geschleudert. Und Buratino sammelte im Regen eilig seine Kassetten ein.

9. Juli

An unseren Marktständen sind jetzt merkwürdige Mädchen zu sehen. Sie tragen kein Kopftuch und sind stark geschminkt. Zwei von ihnen treiben sich die ganze Zeit bei Buratino herum. Wir haben sie «Eidechse» und «Rotschopf» getauft. Die Eidechse trägt Grün, sie ist sechzehn, schwarzhaarig. Der Rotschopf ist etwas älter, kleidet sich in Rottönen, hat blaue Augen. Auch eine Tschetschenin. Sie haben schon mit Buratino übernachtet! Damit hat er bei den Jungs aus der Marktreihe gegenüber angegeben. Schlampen sind das! Gestern ging ich an dem Stand vorbei, wo Buratino handelt: Er drückte die Eidechse an sich, und die lachte auffordernd und laut.

Unser Platz auf dem Markt war heute besetzt, und wir

richteten uns neben Tante Kusum ein. Die alte Frau nahm mich gegen Angriffe der «Freiwilligen» in Schutz, die ganz scharf auf meine Bekanntschaft waren und ihre Verwandten vorschickten, als sie mich mit großem Kopftuch sahen.

Die Tante bittet mich, ein Auge auf ihren Sohn Abdulla zu werfen. Mein Gott, wie ich das satt habe! Sie redet auf mich ein – Gold und Kleider werde ich haben! Aber ich behalte im Sinn:

Keine Kleider der Welt sind schöner als die Natur.
Wer nach den Kleidern geht, sieht bloßen Schein nur!

Nizami

11. Juli
Buratino hat den ganzen Tag mit Eidechse und Rotschopf geplaudert. Aber die Bücher hat er nicht vergessen: Er brachte mir den «Reichtum der außerirdischen Ressourcen», das «Weltall», die «Erstaunliche Gravitation». Er hat mitgekriegt, dass ich ihn Buratino nenne, und war furchtbar beleidigt. Na ja. Aber dann hat er sich beruhigt und sich für mich den Spitznamen Hippolino ausgedacht.

Wieder hat es geregnet, wir alle wurden nass.

Wir haben den russischen Jungen Dymka (Kassis Freund) gesehen. Er sammelt Flaschen auf dem Markt und gibt sie ab. So verdient seine Familie sich das Brot. Bis bald.

12. Juli
Wie sich herausstellte, ist Buratino verheiratet! So ein Lügner. (Er hat allen auf dem Markt das Gegenteil erzählt.) Wir werden sie Malwina nennen. Eine magere, bescheidene Tschetschenin mit großen Augen. Sie hat einen kleinen Sohn.

Heute hat Buratino seinem Sohn eine Schirmmütze gekauft. Eine sehr hübsche. Ich finde es so schade, dass er leider schon so erwachsen ist. Und so ein Lügenbold! Aber egal,
trotzdem ist er mein Freund! Ich habe die Diebe Murzilka
und Uzh gesehen. Uzh arbeitet inzwischen als Lastenträger,
Murzilka klaut weiter.

P. S.: Stiefvater Ruslan ist zu Hause. Er hat wieder keine
Arbeit. Wenn er kein Geld verdient, traut er sich nicht, et-
was zu essen. Er trinkt nur Tee. Er glaubt, wenn ein Mann
kein Essen nach Hause bringt, sollte er auch nichts essen.
Mama und ich versuchen vergeblich, ihn davon abzubringen.
Trotzkopf! Tschetschene!

Polja

13. Juli

Mama hat Eidechse und Rotschopf kennengelernt. Sie baten um Geld für eine Pastete. Mama hat es ihnen gegeben.
Sie haben ihr verraten, dass sie verheiratet waren und sie
jetzt niemand mehr brauche, deshalb gehen sie der ältesten
Profession nach. Sie haben eine «Besitzerin». Die sammelt
solche Mädchen und schickt sie zu den Männern auf dem
Markt. Sie geben der «Besitzerin» alles Geld ab und kriegen
ein wenig Essen von ihr – so viel, wie die für notwendig hält.
Sie sind die ganze Zeit hungrig und sehr mager. Was für ein
furchtbares Leben!

P. S.: Mein Stiefvater behauptet, gestern sei ein Blitz ins
Haus eingeschlagen und er habe ihn gesehen. Er hat ihm
aber keinen Schaden zugefügt. Jetzt ist er traurig. Er sagt,
das ist ein Zeichen.

15. Juli

Der Freund meines Stiefvaters ist da. Der, der an Dschinn
glaubt. Er sitzt mit Ruslan herum und trinkt Tee. Mama

reicht ihnen Butterbrote. Und sie flegeln sich wie die Könige und sind glücklich!

Buratino hat meiner Mama gestanden, dass er in die Eidechse verliebt ist. Dabei ist sie eine Gefallene, und wenn seine Frau das erfährt, können sie die Eidechse umbringen! Sie wird nie zweite Ehefrau sein können, weil sie eben «so eine» ist. Aber Buratino hat Mitleid mit ihr: Ihr Mann hat sie geschlagen, sie ist von ihm weggegangen, ihre Familie hat sie nicht wieder aufgenommen, und sie ist in die Hände der «Besitzerin» geraten. Bei uns lebt ein Mädchen nie getrennt von seinen Angehörigen – das ist eine Schande! Wenn deine Familie sich von dir lossagt, dann bist du wie aussätzig, wie zertrümmertes Glas, und jeder kann mit dir tun, was ihm passt.

17. Juli

Die Eidechse hatte Geburtstag! Buratino hat uns das mitgeteilt. Die «Alte» ist fünfzehn geworden! Sie ist nur ein Jahr älter als ich! Mama hat ihr eine Kohlpastete geben lassen, und Chabiba, die Eidechse immer als Schlampe bezeichnet hat, hat heimlich einen schönen Lippenstift und ein Stück Torte für sie abgegeben. Die alte Tante Kusum hat ihre Tränen weggewischt, aber nichts gesagt. Und ich wollte etwas sagen, aber o weh. Ich war zu schüchtern. Aber ich verstehe Buratino nicht. Er hat Frau und Kind zu Hause! Und er macht so einer den Hof … Na schön. Sie hat Geburtstag!

2. August

Wir haben heute die «Besitzerin» der zwei unglücklichen Mädchen vom Markt gesehen. Wie sich herausstellt, leben außer Eidechse und Rotschopf noch viele andere Mädchen bei ihr. Sie nennen diese geschminkte, dicke, widerliche Tante «Mama». Ein Albtraum!

Auf dem Hof erzählt das Mädchen Lunet allen, dass sie sehr bald heiraten wird. Und ihre Schwester Rita, die in das Auto des Bräutigams Puschinka gestiegen ist, ist zu ihren Eltern zurückgekehrt. In der Familie gab es Ärger. Es half nichts, dass sie ein Kind zur Welt brachte – ihr Mann hat sie nicht geliebt.

7. August

Ich habe eben herausbekommen, dass mein Stiefvater und meine Mama mit noch einem Tschetschenen gesprochen haben: Er will mich zur Frau. Er ist alt, und ich nenne ihn Löwe. Er gefällt mir überhaupt nicht! Er kam zum Reden und brachte seine alte Mutter, seine Schwester, seine Schwiegertochter und seinen Bruder mit. Der Bruder ist halb so alt und schöner! Aber ich soll den Löwen heiraten. Mama und Ruslan flüstern und diskutieren. Ich bin fest entschlossen, mich nicht auf solche Albernheiten einzulassen, habe mich hingesetzt und angefangen, einen Roman über den Stern Sirius zu schreiben. Mama brummelt etwas von Lernen. Lernen soll ich! Aha. Ein gutes Zeichen. Bis zum Wiedersehen mit Maga sind es noch dreiundzwanzig Tage.

11. August

SONNENFINSTERNIS! Heute ist Sonnenfinsternis! Die Menschen haben Angst. Sie kommen nicht zum Markt! Alle redeten davon, dass die Sonne erlischt und die ewige Nacht beginnt: Die Leute haben Kerzen gekauft, um damit durch die Straßen zu laufen. Wenn sie die Bücher über das Weltall gelesen hätten, wüssten sie, dass die Kerzen ihnen auch nicht helfen, wenn die Sonne erlischt!

Die Sonnenfinsternis dauerte nur eine Stunde. Auf dem Markt waren weder Käufer noch Verkäufer, obwohl normalerweise Tausende Menschen dort sind. Wir guckten durch eine Brille auf die Sonnenscheibe. Jemand schoss mit Maschinenpistolen und Gewehren. Eine fürchterliche Ballerei. Wandam sagte, die Schießerei werde die Dschinn vertreiben, die die Sonne verdunkeln. Als ich sah, dass es mit dem Handel nichts wird, zeichnete ich eine orientalische Schönheit und einen grünen Drachen.

19. August

In der Nacht war eine höllische Hitze – niemand konnte schlafen. Grosny liegt in einem Kessel. Im Halbschlaf erschienen mir mein Roman über den Sirius und Modelle von interplanetaren Raumschiffen. Sie können einzeln fliegen, können sich aber auch zu einem riesigen Kreis schließen. Die interplanetaren Schiffe können sich wie Lotosblüten aneinanderklammern. Sie können eine hohe Geschwindigkeit erreichen. Nachdem ich erwacht war, zeichnete ich alles auf.

Gestern, als wir vom Markt kamen, sah ich ein rotes Licht um den Mond. Ich schaute nach oben und freute mich: ein roter Mond – ein Wunder! Überraschend tauchte am Himmel ein fliegendes Objekt auf, das vom roten Mond zu kommen schien und in allen Regenbogenfarben schillerte. Es sprang und drehte sich und flog mit großer Geschwindigkeit zu unserem Haus herunter. Wir erreichten gerade den Hof, an dem unsere vierstöckigen Häuser stehen. Der Mann der Schönen Leila kam uns entgegen. Wir wiesen ihn auf das seltsame Objekt hin.

«Bestimmt ein UFO!», sagte er.

Nach einiger Zeit verschwand das seltsame Objekt mit einem grünen Blinken, ohne uns erreicht zu haben.

Polja

22. August

Gestern hatten wir ein Abenteuer. Mama und ich gingen Müll raustragen zum Haus Nr. 88. Der gigantische Haufen, der hinter dem ausgebrannten fünfstöckigen Haus mit jedem Jahr größer wurde, stinkt so sehr, dass man sich ihm nicht mehr nähern kann. Seitdem bringen wir unseren Müll ein paar Ecken weiter weg, zu einem fremden Haus.

Die Straße war leer. Wir warfen rasch die Tüten weg (nachdem wir uns umgesehen hatten – die Bewohner des Hauses Nr. 88 schimpfen fürchterlich: Sie wissen selbst nicht, wohin mit ihrem Müll) und eilten den Pfad an den Gärten entlang zur Haltestelle. Auf dem Müllhaufen hatte ich einige getötete Hunde gesehen, mit Stacheldraht um den Hals und ohne Augen! Ich war erschrocken, wie viel Böses in den Menschen ist. Wir hatten fast die Bahnstrecke erreicht, die Grenze zwischen den Gärten und der Brachfläche mit der Haltestelle. Da sahen wir eine Frau mit Kind auf den Gleisen. Sie trug von irgendwoher Wasser in Eimern und machte Rast – sie musste einen weiten Weg gehabt haben! In dem Augenblick hörten wir hinter uns Bremsen quietschen: Mit wahnsinniger Geschwindigkeit kam ein weißer Lada Zhiguli an, die Eimer fielen hin, die Frau kreischte. Ohne sich darum zu kümmern, stieg ein Mann von vielleicht fünfundzwanzig Jahren aus, mit dunkler Brille und der Uniform eines Aufständischen. Er lief gewandt über die Schienen und als wir uns umdrehten, blickten wir in den Lauf eines Gewehrs, der direkt auf uns gerichtet war! Er zielte. Etwa eine halbe Minute sahen wir uns an – wir erstaunt, er überrascht. Dann drehten wir uns um und gingen weiter, und er lief zum Auto zurück, stieg ein und fuhr mit Karacho davon. Wir verdanken unser Leben einem Schutzengel. Der Mann war ein Mörder. Bestimmt ein «Gruß» von Adam und Ajschat! Sie können uns nicht verzeihen, dass es ihnen nicht gelungen ist, Tante Walja und Aljonka zu töten!

Als wir danach zur Haltestelle hinunterkletterten, sagte Mama, unter unseren Vorfahren seien Christen und Muslime gewesen. Und es komme vor, dass die einen die anderen umbringen. Ohne Grund. Einfach so. Ich muss mir überlegen, wie ich richtig bete, um zu überleben. Meine Antwort, dass ich Heidin sei, hat Mama gar nicht gefallen. Da sagte ich, ich lese wieder den Koran: Den Namaz kann ich schon lange. Wir haben in der Schule gelernt, nach muslimischer Art zu beten.

«Als sie dich in die Kirche trugen, wolltest du dich losreißen und hast geweint, der Priester war richtig erschrocken. Vielleicht war es ein Fehler von mir, dich taufen zu lassen? Du kannst frei entscheiden, wie du betest», sagte Mama. «Früher hatte ich immer Angst, die Familie deines Vaters würde dich mir wegnehmen.»

Ich lese ein Buch über Aikido. Ich will stark sein. Ich werde nicht aufgeben.

Abend. Ich lese O. Henrys Kurzgeschichten. Meine Lieblingsgeschichten sind «Solange das Auto wartet», «Die dritte Zugabe» und «Bolivar kann nicht zwei tragen».

P.S.: Mein Stiefvater Ruslan hat herausgefunden, dass das Auto mit dem Jungen mit dem Gewehr Verwandten von Onkel Adam und Tante Ajschat gehört. Aber der Junge hat es nicht fertiggebracht zu schießen. Vermutlich hat er doch ein Herz.

Polja

23. August

Ein ganz wilder Hurrikan! So einen Hurrikan habe ich in Grosny noch nicht erlebt! Alles auf dem Markt flog in die Luft, die Ware kullerte über die Marktstände, und die Menschen rannten sich gegenseitig über den Haufen. Die Ware flog einfach davon! Aber wichtig ist etwas anderes. Im Geheul des Windes, dem Zucken der Blitze und im Donnergrollen, als alles verlorenging und davonwirbelte ... sah ich Buratino. Er sah mich auch und lief zu mir. Ich nahm seine Hand und sagte: «Geh nicht weg! Lass mich nicht allein!»

(Stell dir vor, Tagebuch, genau SO habe ich das gesagt! Ich habe ihn an der Hand genommen!) Buratino war perplex: Ich vermute, er war einfach selig! Ich merkte das sofort und drückte ihm geistesgegenwärtig eine Tasche in die Hand, damit er unsere Ware aufsammelte. Er rannte den herumfliegenden Fäden, Nadeln und Scheren hinterher und brummelte: «Wie schön!» Trotz des Hagelsturms, der uns peinigte.

Ich riss mich zusammen und sagte: «Entschuldigen Sie! Ich weiß nicht, was über mich gekommen ist.»

«Keine Entschuldigungen!», empörte sich Buratino. «Es ist mir eine Ehre!»

In dem Moment tauchte die liebe Mama auf, die Kartoffeln kaufen wollte, sich aber im Hurrikan verloren hatte, und verdarb den ganzen Spaß. Mama lachte mich aus. In Blitz und Donner fuhren wir nach Hause. Wir liefen durch die Obstgärten und durch einen dreckigen Ozean von Pfützen!

Trotz dieses wunderbaren Ereignisses gab es heute Streit: Ein Junge von vielleicht neunzehn griff mich im Café an (obwohl ich Kopftuch und lange Kleider trug). Er sagte, ich wäre «Russin» und meine Mama auch und wir sollten «nach Russland abhauen». Ich erwiderte ihm, sein Vater sei wohl drogenabhängig, da er so blödes Zeug rede, und er solle selbst nach Russland abhauen. Mein Zuhause ist hier!

27. August

Gestern sagte Buratino: «Patoschka, ich habe von dir geträumt!»

Und ich sagte, dass ich auch von ihm geträumt habe. Das ist wahr. Ich sah ein außerirdisches Raumschiff, einen fremden Planeten. Ein Unfall war passiert, starker Wind wehte, wir kämpften ums Überleben. Und natürlich war Buratino in diesem Traum mein Liebster. Als ich den Traum erzählt hatte, riss Buratino die Augen auf. Ich fragte, was er geträumt habe. Er antwortete listig: «Die Fortsetzung von deinem Traum!»

29. August

Der Schlüssel zur Warenaufbewahrung ist verschwunden, und Buratino konnte nichts verkaufen. Musikliebhaber kamen an unseren Stand, doch der Händler der Musikkassetten war nicht da. Mama und ich erklärten den Käufern, sie sollten morgen wiederkommen. Es ist schrecklich: Die Schulzeit naht, und ich werde nur zwischendurch auf den Markt kommen können. Ich muss den Weg ganz allein gehen – sie können mich in ein Auto stoßen und entführen. Ich habe Angst. Wieder werde ich mich mit allen in der Klasse streiten und prügeln müssen.

Ich habe mit einer russischen Frau auf dem Markt gesprochen: Großmutter Ira. Bei ihr sind nachts Aufständische eingebrochen. Sie traten die Tür ein, gingen durch die Zimmer, guckten sich die Sachen an. Sie war mit ihrem alten Mann zu Hause. Der ist blind. Sie hatten Angst, umgebracht zu werden. Trotz ihres Schreckens bot Ira den ungebetenen Gästen Tee an – nach kaukasischer Sitte. Sie trug ein Tablett herein, stellte es vor den Aufständischen hin. Die redeten Tschetschenisch untereinander. Dann sagten sie auf Russisch, sie würden jetzt gehen und sie nicht töten, denn Großmutter Ira habe sie ehrenvoll aufgenommen und bewirtet. Ira und ihr Mann haben beschlossen, aus Grosny wegzuziehen. Aber sie wissen nicht, wohin. Sollen sie auf einer Parkbank in Russland übernachten? Sie versucht, wenigstens die Busfahrkarte bis in die nächste russische Stadt zusammenzubekommen. Sie verkauft Sachen aus ihrer Wohnung.

31. August

Ich habe eine «seherische» Gabe. Das ist so ein Spiel. Ein Phantasiespiel. Du meditierst, schließt die Augen, dann stellst du dir jemanden vor und siehst in der Jetztzeit, was dieser Mensch gerade tut. Vielleicht stimmt ja etwas davon. Ich habe einige Experimente gemacht – es klappt.

1. September

Heute war ich in der Schule. In der Klasse flüsterten sie, ich sei eine blöde «Ghaski», eine Russin. Aber als ich laut sagte «Salam alaikum!», grüßten mich alle. Das wirkt, wie man sieht. Ich habe Seta, Tina und Kassi gesehen und von weitem – Maga! Die Schule beginnt am 10. September.

Ich habe ein Experiment mit Tante Kusum gemacht: Ich weiß ja nicht, wo sie wohnt. Abends schloss ich die Augen und fragte: Was tut Tante Kusum gerade? Und ich glaubte zu sehen, dass sie ein Buch mit einem blauen Umschlag las! Heute haben wir uns getroffen, und sie sagte, dass sie zur besagten Zeit in einer hellblauen Zeitschrift gelesen habe.

Wieder hat dieser Kerl aus dem Café mich angemacht und mich wegen meiner Nationalität beschimpft, hat Schweinereien gebrüllt und gedroht, mich umzubringen.

Zu Hause las ich die Stücke von Herrn Molière in zwei Büchern, erschienen 1913, aus unserer Bibliothek.

7. September

Warum bin ich kein Detektiv? Dieser Gedanke kam mir nach einem Experiment mit Buratino. Ich meditierte, dann schloss ich die Augen und sah eine Pistole auf dem Stuhl neben seinem Bett. Heute kam er zu mir, um sich zu unterhalten, und das Erstaunliche ist, dass er tatsächlich eine Pistole hat! Eine alte, mit Trommel, wie ich sie im «Phantasiespiel» beschrieben habe. Das heißt, ich habe eine gewisse Gabe.

Buratino war so schockiert, dass er mir seine ganze komplizierte Geschichte ausbreitete. Seine Mutter hat ihn mit drei Jahren verlassen und einen anderen Mann geheiratet. Das Kind blieb, wie üblich, beim Vater. Die Mutter bekam einen Sohn von dem anderen Mann, den sie liebt und als ihren leiblichen Sohn betrachtet, Buratino dagegen nicht, weil sie ihn als junges Mädchen verlassen hat. Buratinos Stiefbruder ist jetzt vierundzwanzig. Sein Vater hat, gleich nachdem er seine Frau verstoßen hatte, sich eine neue Frau genommen. Die Stiefmutter mochte das fremde Kind vom ersten Tag an nicht: Sie schlug und schubste es, sobald sie es sah. Eigene Kinder schenkte Gott der Stiefmutter nicht, aber das Haus wollte sie für sich! Sie hetzte den Vater gegen den Sohn auf, so gut sie konnte, das ganze Leben. Ihr Traum war, das Haus zu verkaufen und wegzuziehen. Als Buratino sich eine junge Frau holte, verhöhnte der Vater sie, und sie wagte es nach den hiesigen Sitten nicht, sich zu widersetzen. Doch Buratino wollte nicht nachgeben und nicht das Haus verlassen, in dem er geboren worden war. Aber der Vater, aufgestachelt von seiner Frau, liebte ihn nicht mehr so sehr. Einmal ging während eines Gewitters die Fernsehantenne kaputt, und Buratino kletterte auf das Dach, um sie zu reparieren. Der Vater sah das und kletterte ihm nach. Er war schon lange auf einen Skandal aus. Er schlug Buratino so, dass ihm eine Sehne an der Hand riss und das Blut spritzte.

«Du bist mein Vater! Wage es nicht, mich zu schlagen! Ich bin erwachsen!», sagte Buratino und beugte sich hinunter, um die Antenne wenigstens irgendwie zu reparieren. Da schlug der Vater ihn gegen den Hals. Als ehemaliger Boxer wusste er, wohin man nicht schlagen durfte. Die Halsvenen schwollen an, und Buratino drohte, im Regen auf dem Dach bewusstlos zu werden! Mit letzter Kraft schlug er seinen Vater, einen alten Tschetschenen, zurück. Er traf ihn mit der heilen Hand so, dass er anfing zu weinen! Danach lag Buratino einige Tage im Krankenhaus. Er hat bis heute eine Narbe an der Hand! Der Vater und die Stiefmutter riefen das Scharia-Gericht an und sagten, Buratino habe seinen Vater töten wollen. Sie verlangten seine Hinrichtung! Das Scharia-Gericht verhandelte und fand nichts, wofür man Buratino hätte bestrafen müssen. Die Stiefmutter setzte mehrmals Mörder auf ihn an, doch die versagten. Aus diesem Grund hat sich Buratino in dem Geschäft «Jäger und Fischer» eine Pistole gekauft. Die Frau ist so eingeschüchtert, dass sie nicht mehr im Haus von Buratinos Vater lebt. Sie ist geflohen. Auf diesem Haus lastet ein regelrechter Fluch. Nachts kann Buratino nicht schlafen: Er lauscht auf jedes Geräusch, jedes Rascheln. Die Pistole liegt neben ihm auf dem Stuhl.

Polja

9. September

Hier wird wahrscheinlich bald wieder Krieg sein. Die Dörfer um Grosny herum werden schon von der russischen Luftwaffe bombardiert. In Dagestan ist Krieg. Ich habe mir eine Haarnadel gekauft, damit das Kopftuch schöner am Kopf anliegt.

20. September
Bislang wird nicht bombardiert. Der Markt ist ärmlich: nur
Frauen und Kinder. Fast keine Männer – alle sind weggefahren. In unserer Reihe verkaufen Großmütter mit ihren
Enkeln Brot und Milch. Wir haben uns mit Chabiba, Zaka
und Churman angefreundet. Das Mädchen Zurchan handelt
mit ihrem Vater.

Ich habe von Maga geträumt. Er war schön!

Der Stiefvater ist zu einem Freund gefahren. Der will
umziehen und braucht Hilfe beim Tragen. Die Familie will
nach Inguschetien ziehen.

P. S.: Der Islam ist die letzte Religion, die den Menschen
herabgesandt wurde. Tante Kusum und ich haben uns darüber unterhalten. Sie sagte, wenn der Mensch sich seine Religion aussucht, fließt immer Blut. So ist es immer, wenn der
Mensch vorher gesündigt hat. Das Blut wäscht alle früheren
Sünden vom Menschen ab, und er wird rein, als wäre er gerade erst geboren.

21. September
Ein Sturzregen hat die Stadt eingehüllt.

Wir haben gehandelt. Und Geschichten gehört. Ich versuche, sie aufzuschreiben.

Geschichten im Regen
Wir haben die russische Frau Inga getroffen – sie handelt
mit Zeitschriften. Die Spanplatte über ihrem Stand leckt,
deshalb ging sie zu der russischen Frau Ana, die Teepäck-
chen neben der Börse verkauft. Beide sind mit einem Tschetschenen verheiratet. Börse nennt man das Haus neben
dem Markt. Dort werden Waffen im Geschäft «Jäger und
Fischer» verkauft. Es heißt, dort kann man eine Pistole
oder eine Maschinenpistole kaufen, aber ich bin hingegan-

gen und habe nichts gefunden. Bestimmt bekommt man so etwas, wenn man weiß, wo. Rings um die Börse verkaufen Händler Brot, Butter, Kleider und Zigaretten. Nach ihrem «Umzug» wollte Inga sich warme Socken kaufen und bat mich, auf ihren Stand mit den Zeitschriften aufzupassen. Ich war einverstanden.

Geschichte Nr. 1

An den Stand kamen eine ältere Tschetschenin und ein Dollarhändler, ein Geldwechsler. Sie baten um Erlaubnis, den Rand des Marktstandes unter dem Vordach benutzen zu dürfen. Das konnte ich den alten Leuten natürlich nicht verwehren. Vor meinen Augen zog die alte Frau einen Packen Geldscheine aus ihrer Tasche, die mit Gummibändern zusammengebunden waren. Weißt du, wie viel das war? Eine Million! Ich habe zum ersten Mal im Leben so viel Geld gesehen!

Ich fragte die Frau: «Sind Sie so hergekommen? Ohne Begleitschutz?»

Zur Antwort wies das Weiblein auf die Spitze ihres Regenschirms und sagte: «Ich hab diese Eisenspitze speziell geschliffen. Der Dieb wird sich wundern!»

Sie selbst sah ganz mager aus und war angezogen wie eine Obdachlose. Dann schimpfte sie auf den alten Dollarhändler: «Was gehst du so sorglos mit den Gummibändern um?! Ich kann sie nicht jeden Tag neu kaufen!»

Sie legte die Dollars in eine große durchsichtige Plastiktüte für einen Rubel (sodass man sie sehen konnte) und ging weg. Wir fragten uns, woher sie so viel Geld hatte?!

Geschichte Nr. 2

Kaum war das geheimnisvolle Weiblein verschwunden, tauchten zwei junge Männer auf. Tschetschenen. Sie fragten mich gar nicht erst, sondern gingen wortlos zu dem Tisch unter dem Vordach, und einer zählte dem anderen 10000 Dollar ab. Darauf gaben sie sich die Hand mit den Worten: «Du bist mein Bruder!» und «Allah sei dir gnädig!»

Unerwartet fiel dem, der das Geld bekommen hatte, etwas ein: «Warte mal, du bist mir doch noch fünf Rubel schuldig!»

«Was?!», wunderte der andere sich ungespielt. «Du hast doch eben 10000 Dollar bekommen!»

«Hast du das vergessen?! Im Frühling hab ich dir was für ein Eis geborgt.»

Der «Bruder» wühlte in seiner Tasche. Und reichte ihm die Münze.

Geschichte Nr. 3

Das Café gegenüber von Ingas Tisch. Die Türen stehen offen. Ich sehe zwei junge Männer. Gut erzogen. Sie sitzen da und unterhalten sich höflich.

Der Erste: «Mir schuldet da jemand etwas und zahlt es nicht zurück. Das ist nicht gut von ihm.»

Der Zweite: «Hast du nichts unternommen?»

Der Erste: «Ja, doch schon. Hab auf sein Auto geschossen. Aber nicht getroffen!»

Der Zweite: «Das ist schlecht! Aber macht nichts, ich hab ein Auto. Heute Abend ...»

Da näherte sich die Kellnerin. Sie räumte die Tassen ab. Die jungen Männer verzichteten höflich auf ihr Wechselgeld. Draußen klopften sie die Sache fest.

Der Zweite: «Ist er allein zu Haus? Ja. Wenn er heute nicht zahlt, werden wir eine fröhliche Spazierfahrt mit ihm machen.»

Der Erste drückt ihm die Hand: «Du bist mein einziger wahrer Freund!»

P. S.: Zum Glück kam Inga. Die Börse ist irgendwie ein gruseliger Ort. Auf dem Markt habe ich nie so etwas gehört oder gesehen.

P.

23. September

Krieg in Tschetschenien. Heute um 10.25 Uhr, als wir zum Handeln auf den Markt wollten, begann die Bombardierung. Flugzeuge warfen Bomben über dem Flughafen ab. Rauch! Schrecklich!

Alle Nachbarn von unserem Hof, deren Hauptbeschäftigung es ist, sich die Hosenböden auf den Sitzbänken durchzuwetzen, stöhnten auf, heulten vor Angst. Mama und ich stiegen in den Bus und fuhren zum Markt. Dort ging es um fünfzehn Uhr mit der Bombardierung los. Manche suchten sofort das Weite. Packten ihre Sachen und liefen davon. Aber wir, Tante Churman, die Zuckerwasser verkauft, das Mädchen Zurchan mit ihrem Papa, die Nachbarin Hazan und Tante Kusum blieben weiter am Stand. Was macht es für einen Unterschied, wo man stirbt? Letztendlich haben alle das gleiche Schicksal: Der Tod erwartet den Herrscher ebenso wie den Sklaven.

Die Flugzeuge summten in Schwärmen. Helden wurden zu Feiglingen. Die wichtigste Metamorphose geschah. Ich lutschte Bonbons mit Churmans kleiner Tochter Tisa und erzählte ihr das Märchen von der Schneekönigin. Wie der Wind stürmte Buratino vorbei und rief, der Krieg komme ihm wie gerufen. Blödmann!

Der Frau, die mit Milch handelt, ist in diesem Jahr die achtzehnjährige Tochter gestorben, und jetzt waren zwei Kinder (drei und fünf Jahre) allein zu Haus. Eingeschlossen im dritten Stock, neben dem Flugplatz, auf den die russischen Flugzeuge Bomben warfen! Sie bombardierten die

Kolchose Komsomolskij, das Andreewskaja-Tal und – so hieß es – die Karpinka (den Rayon mit den privaten Häusern), wo sieben Mädchen aus meiner Klasse wohnen: Arina, Zaira, Tina und Zulja. Tante Marjam sagt, zu Hause ist es nicht besser als auf dem Markt. Dort wird auch bombardiert. Das ist schon der dritte Krieg in meinem Leben. Und alle Kriege mit Russland, um das Erdöl.

Seltsam und schrecklich war es nach den Bombenschlägen. Über dem Zentralmarkt von Grosny tauchten bizarre Wolken auf, wie sie noch niemand je gesehen hatte. Die Wolken formten Bilder (Abergläubische trauten sich nicht, in den Himmel zu schauen), aber ich zeichnete sie ab, so gut ich konnte. Zuerst tauchte hinter dem Börsengebäude so etwas wie eine Flamme aus Wolken auf. Ein Feuer. Dann eine Flamme und Wasser. So als würden riesige Wogen den Markt bedecken.

24. September

10.05 Uhr. Heute sind wir ein bisschen bombardiert worden. Die Nachbarn gingen aus Angst gar nicht erst zur Arbeit. Aber Mama und ich werden dorthin gehen. Ich helfe ihr. In meiner Schule gibt es Gerüchte, dass sie geschlossen werden soll. Alle sagen: «Krieg.»

14.05 Uhr. Man hört das Dröhnen von Flugzeugen. Sie werfen Bomben ab, aber noch weit entfernt. Im Zentrum von Grosny, wo der Markt ist, spüre ich nur, wie die Erde zittert. Das ist alles. Ich gehe nicht weg. Wohin soll ich? Ich bin hier.

Polina

25. September

Heute habe ich mich in der Schlange nach Brot geprügelt. Die Aserbaidschaner, die ihre Waren in unsere Stadt brachten, sind weggezogen. Es gibt nichts mehr zu verkaufen! Dann habe ich noch ein Rezept für Hefekuchen mit Käse aufgeschrieben. Die sind so lecker! Ich werde sie backen, sobald Frieden ist.

26. September
Auf den Markt sind wir nicht gegangen – die Abflussrohre im Haus sind verstopft. Jemand von den Nachbarn hat etwas hineingeworfen und gibt es nicht zu. Wir riefen den Klempner. Der Klempner war ein Russe, betrunken, und ihm wurde schlecht – man musste die Krankenschwester holen und ihm Spritzen geben. Er wäre fast an einem Herzanfall gestorben. Und die Abflussrohre sind weiter verstopft.

27. September
In unserem Rayon Staropromyslowskij ist die Haltestelle Berjoska bombardiert worden, ganz in unserer Nähe. Bomben fielen vom frühen Morgen an.

Ich werde Shakespeare lesen. Wir haben zwölf Bücher von ihm in der Bibliothek. Es sind alte Bücher, vom Anfang des zwanzigsten Jahrhunderts. Mein Großvater hatte sie gekauft.

29. September
Bombenangriffe. Meine Lieblingstante Marjam ist nach Inguschetien gefahren.

30. September
Sie haben Brücken bombardiert. Im Radio wurde gemeldet, dass ungefähr am 10. Oktober Panzer der russischen Streitkräfte einrücken werden.

Ich habe nachgedacht und bin zu dem Schluss gekommen, wenn schon Krieg ist, muss man sich schwarze Unterwäsche kaufen, um nicht so oft zu waschen.

Ich musste mir Brot erprügeln. Die Leute haben den Verstand verloren.

1. Oktober

Gestern und vorgestern – Bomben. Es heißt, das Krankenhaus Nr. 8 sei getroffen worden. Im lokalen Radiosender war von vierhundertzwanzig Getöteten und etwa tausend Verwundeten die Rede.

Die Stadt brodelt von Gerüchten. Häufig widersprechen diese «Nachrichten» sich gegenseitig. Vor einer neuen Kriegswelle hat uns im August unser Bekannter, der Kardiologe Professor W. Nunajew gewarnt. Wir haben ihm nicht geglaubt. Haben neue Waren gekauft. Am 6. August erfuhren wir: Die Witwe des gefallenen Präsidenten D. Dudajew hat Grosny verlassen. So viele Informationen! Glauben kann man nur dem, was man selbst gesehen hat, mit eigenen Augen. Den Ohren darf man niemals glauben.

Am 30. September ist unsere Kanalisation wieder übergelaufen. Wir wollten einen Klempner rufen, aber niemand kam. Wir haben uns allein abgemüht. Und die «lieben» Nachbarn spülten weiter alles nach unten. Wir trugen eimerweise davon raus. Auf dem Markt tauschen befreundete Leute Adressen aus, falls jemand ausgebombt wird, damit man irgendwohin kann zum Wohnen. Uns gab Nazar seine Adresse. Er handelt gemeinsam mit seiner Frau mit Lebensmitteln: Mikrorayon, Kosiora-Str. 8, Wohnung 66. Bus 29. Auch eine russische Frau gab ihre Adresse, sie heißt Lelja. Sie sagte: «Nachher seid ihr im Stadtzentrum, und ein Luftangriff beginnt? Lauft den Sieges-Prospekt entlang, bis zum Haus Nr. 5 A, das ist in der Nähe vom Markt, bei uns auf dem Hof ist ein großer Keller.»

Sofort zu sterben, ist bestimmt nicht so schlimm, schlimm ist es, unter den Trümmern zu liegen und qualvoll zu sterben. Ich muss an die russischen Alten denken, die 1994 im Zentrum von Grosny verschüttet worden sind. Es gab keine Maschinen, um die Betonplatten beiseitezuräumen. Menschen unterschiedlicher Nationalität kamen, weinten vor diesem Berg von Beton, hörten das Stöhnen. So vergingen mehrere Tage. Dann wurde es still. Das ist ein schrecklicher Tod. Dann habe ich noch über verschiedene Religionen nachgedacht. Sie alle sind auf ihre Weise gut, nur die Menschen erfüllen die Gesetze Gottes schlecht.

Der kleine Sohn von Fatima, unserer Nachbarin aus dem mittleren Aufgang, ist gestorben.

5. Oktober

Noch lebe ich! Sie bombardieren. Unser dreistöckiges Haus beginnt, sich von den Erschütterungen zu setzen. Im Zimmer haben sich die Wände von der Decke gelöst. Heute kreisten Flugzeuge über dem Markt. Viele liefen weg, darunter auch ein kräftiger, hellhäutiger Junge – Wandam, der an der juristischen Fakultät studiert. Er erlaubt mir und Mama gelegentlich, in seiner Holzbude zu handeln. Das ist bei Regen angenehm. Aber ich mag ihn nicht. Zu Hause haben wir Kartoffeln im elektrischen Samowar gekocht. Strom gibt es, aber auch nur noch manchmal. Das Gas ist abgestellt, damit es beim Beschuss weniger Opfer gibt. Die Häuser brennen, Menschen sterben.

11. Oktober

Es wird gekämpft. In der Ferne hört man Geschützdonner. Wir wollen jetzt mit Zeitungen handeln. Tante Tanja und ihre Tochter Julka sind uns böse. Sie handeln mit Presseerzeugnissen. Jetzt sind wir ihre Konkurrenten. Aber uns bleibt nichts übrig. Waren gehen nicht. Das Geld reicht nicht zum Essen.

Vorgestern bin ich zu Sulims Frau gegangen und habe mich mit ihr bekannt gemacht. Sulim importiert Zeitungen und Zeitschriften im Großhandel. Ich hab gelogen, ich sei Julkas Freundin. Früher einmal hat Julkas Mutter mit meiner Mutter zusammengearbeitet. Aber Freundschaft war das nicht. Bekanntschaft. Die Frau stellte sich vor – Sonja. Sie gab mir gleich Zeitschriften zum Verkauf.

Gestern kam die Marktnachbarin Kusum mit einem Kameraden ihres Sohnes an unseren Stand. Der unbekannte Junge schenkte mir ein schönes kleines Buch. Kusum versucht, mich mit ihrem Sohn zusammenzubringen. Dieser Sohn ist sehr groß, deshalb geht er krumm. Er ist schüchtern, bescheiden. Er heißt Daud. Besucht studienvorbereitende Kurse. Er will am Erdöl-Institut studieren. Hat ständig Chemie-Lehrbücher in der Hand. Daud ist einundzwanzig Jahre alt, ich – vierzehn. Mama sagt, es ist noch zu früh für mich zum Heiraten. Sie hämmert mir ein: «Lernen musst du!» Kusum lockt:

«Du bist das einzige Mädchen, das mein Sohn beachtet hat. Wenn du seine offizielle Braut wirst, warten wir, bis du die neunte Klasse beendet hast.»

Für tschetschenische Verhältnisse ist das ein schmeichelhafter Vorschlag. Ich sehe: Der Junge sieht gut aus! Aber mir gefiel sein Freund besser, der, der mir das Buch geschenkt hat. Dauds Mutter hat mir ein schönes T-Shirt gekauft und mir feierlich ausgehändigt.

«Für das erste Mädchen, das meinem Sohn gefiel!», erklärte sie ihr Geschenk.

Patoschka

12. Oktober

In die Schule gehe ich nicht. Es gibt keinen Unterricht. Ich helfe Mama.

Jemand hat vorgestern, bei strömendem Regen, einen Baum mit Kerosin übergossen und angezündet. So ein Idiot! Das gab vielleicht ein Lagerfeuer! Genau zu der Zeit, als ein Flugzeug über uns kreiste. Die Leute bekamen Angst. Wenn es nun eine Bombe abwirft? Aber es ging gut aus.

Kusum hat mich ihren Schwestern vorgestellt. Sie sagt, ich gefalle allen. Aber ich muss das Kopftuch tragen, damit sie nicht merken, dass meine Mutter Russin ist, und mich besser behandeln. Das sind erwachsene Frauen, gesprächig. Immer schenken sie mir irgendetwas. Vielleicht werde ich nicht einsam sein? Vielleicht finde ich Freunde?

Ich mag Hals- und Kopftücher. Mir gefallen die emanzipierten Frauen des Westens nicht. Schal und Halstuch verleihen jeder Kleidung einen romantischen, zärtlichen, geheimnisvollen Ton. Kopftuch zu tragen, hat mir ein Freund von Mama geraten. Er erklärte: «Dann werde ich dich verteidigen. Du wirst erwachsen. Du brauchst Schutz!»

Sie wissen nicht, dass der Vater meines Vaters Tschetschene war. Von der männlichen Linie her bin ich Tschetschenin. Mamas Nachnamen trage ich deshalb, weil sich Mama sieben Monate vor meiner Geburt von meinem Vater getrennt hat. Sie wollten sich nicht vertragen. Später bekam sie von einem Arzt die Bescheinigung, dass ich ein Siebenmonatskind bin! Sie überschrieb mich auf sich. Am witzigsten ist, dass die Mutter meines Vaters, meine Großmutter Elisabeth, Jüdin war. Heißt das, dass er Jude ist? Ha, ha. Bei denen zählt alles nach der mütterlichen Linie. Deswegen glaube ich, ich bin ein Kind des Friedens. Meinen Vater habe ich kein einziges Mal gesehen. Mir wurde von Kindheit an eingebläut: «Papa ist gestorben!», und ich würde gern glauben, dass das nicht so ist.

Heute kam die liebe Tante Leila. Sie war es, die mich als Neugeborene aus der Geburtsstation mit Mama zu Großvater gebracht hat. Leila hat uns immer geholfen. Sie hat früher einmal mit Mama in dem großen Betrieb «Roter Hammer» gearbeitet. Leila hat versprochen, Konfitüre zu bringen. Sie hat vorgeschlagen, Mama auf dem Markt nach tschetschenischer Art anzureden. Jetzt rufen auf dem Markt und zu Hause alle meine Mutter «Leila».

Eine alte Freundin von Mama wollte uns, kaum war sie zu uns gekommen, zur Ausreise überreden. Mama wollte nichts davon hören.

«Ich weiß nicht, wie die Menschen woanders sind. Wie sie dort leben. Kenne die Sitten nicht, die Regeln. Ich habe nirgendwo nahe Angehörige. Bekannte auch nicht. Hier habe ich mein ganzes Leben verbracht. Hier habe ich zwei Gräber, von Großmutter und Vater. Und ich habe meine Wohnung. Ruslan ist hier. Mein Schutz. Ich fahre mit dem Kind weg und dann? Soll ich als Obdachlose leben?»

13. Oktober

Nachts hören wir die Geschützkanonade. Tagsüber sind wir auf dem Markt. Ich habe mit Tanja und mit Julka gestritten. Sonja behandelt uns schlechter. Ich weiß nicht, ob ich ihr mit meinen Bitten auf die Nerven gehe? Oder ob unsere Konkurrenten schlecht über uns geredet haben? Jetzt trage ich ein Kopftuch, so wie Tante Kusum. Kusum lobt mich. Sie setzt sich auf dem Markt zu uns und kämmt mir das Haar. Sie ruft: «Los, wir machen dir Dauerwellen!»

Dauds Freund kam wieder. Er kaufte mir ein Eis. Gefalle ich ihm? Wenn Kusum, Dauds Mutter, davon wüsste! Dieser Junge fragte mich: «Wie alt bist du?»

Als er vierzehn hörte, wunderte er sich: «Du bist so jung! Ich dachte, du wärst schon erwachsener! Weißt du, dass du der Zarentochter Budur aus meinem Lieblingsmärchen sehr ähnlich bist?»

264

Da fasste ich Mut und sagte, er sei Aladdin! Wir schauten uns lange an und schwiegen. Ich staune über meinen Mut. Früher habe ich bei den Jungs immer geschwiegen, nur zugehört, jetzt hatte ich etwas gesagt. Aladdin hat schöne Augen. Und seine Haare sind schwarz und ringeln sich bis auf die Schultern. Er ist wirklich wie ein Prinz! Ich erinnerte mich, ihn im Traum gesehen zu haben, vor langer Zeit, als ich ein Kind war und noch nicht zur Schule ging.

Aladdin ist dreiundzwanzig Jahre alt. Sein Vater hat eine andere Familie. Er lebt mit Mutter und Schwester auf dem Dorf. Aladdin wurde verlegen, blickte lange auf seine Schuhe und ging dann ohne ein Wort des Abschieds.

Polina

14. Oktober

Morgens habe ich in der Schule vorbeigeschaut. Vielleicht werden wir bis zum Frühling keinen Unterricht haben. Von der Schule fuhr ich zum Markt.

Mama wartet auf meinen Stiefvater. Er wollte einem Freund beim Umzug helfen, schon am 19. September. Seither haben wir nichts mehr von ihm gehört.

Hauptsache – die Ware ausverkaufen. Neue Kleidung mitnehmen, die Lieblingsbücher und wegfahren. Unser Handel läuft schlecht. Wir kaufen zu essen, aber zurücklegen können wir nichts. Beunruhigend sind Zeitungsartikel darüber, dass Flüchtlinge die Hälfte des Weges zu Fuß zurücklegen, gebeugt unter ihren Sachen. Wie sie frieren. Und darüber, dass ihre Autos unterwegs beschossen werden. Der Weg aus der Stadt ist sehr gefährlich! Geld, um uns für länger eine Wohnung «bei den Flüchtlingen» zu mieten, haben wir nicht. Wir geben unsere Ware zum Einkaufspreis ab. Hauptsache, es kommt Geld herein! Alle Jugendlichen haben Militärkleidung angelegt. Vielen steht die Uniform!

Doch Waffen haben sie nicht in der Hand. Nur Funkgeräte. Maschinenpistolen bei erwachsenen Männern, den dreißigjährigen oder älteren. Kusum weint, sie erzählt, dass ihr Sohn das Haus verlassen habe. Sie bittet meine Mutter, ihr dabei zu helfen, ihn zurückzuholen. Sie will ihm sagen dürfen, dass ich bereit bin, ihn zu heiraten. Damit er nur von seinen neuen Bekannten ablässt! Damit er nach Hause kommt! Wir unterstützten Kusums Idee. Ich warnte nur, dass ich danach wegziehe, aber auf jeden Fall helfen werde. Aber Kusum wollte mich nicht mitnehmen. Sie fuhr allein zu ihm. Und kam ohne ihren Sohn zurück. Daud hat erklärt, er habe zuverlässige Kameraden. Und er werde sie nie im Stich lassen. Wir alle haben geweint.

Prinzessin Budur

20. Oktober

Ich habe von einem Bergsturz geträumt. Viele Leute sind umgekommen. Ich sah riesige Steinblöcke herabfliegen. Sie erdrückten und zertrümmerten die Menschen. Ich suchte ein Versteck, lief weg, fiel hin. Kleine Steinchen trafen mich schmerzhaft. Entsetzt wachte ich auf. Ich lag lange da, ohne mich zu rühren. Hände und Beine waren bewegungsunfähig. Habe ich vielleicht eine Angst gehabt in dem Traum!

Dann kam ein starker Beschuss in Wirklichkeit. Aber es ist alles in Ordnung.

22. Oktober

Mama und ich sind am 21. Oktober verletzt worden. Auf so überraschende und schreckliche Weise ist der Traum wahr geworden. Ich sah: An einem Tisch saß eine getötete Frau. Verwundete suchten Zuflucht im Café und in den Hauseingängen. Männer – freiwillige Retter – sammelten die Opfer des Beschusses ein, verteilten sie auf die Autos. In erster Linie die Schwerverletzten. Und alles begann ganz unerwartet, gegen fünf Uhr nachmittags. Wir suchten unsere restliche Ware zusammen: zwei Taschen, eine für mich, eine für Mama. Da trafen wir Kusum mit ihrem kleinen Kind. Wir standen da und unterhielten uns. Plötzlich erleuchtete ein greller Blitz den ganzen Himmel. Ein gewaltiges Getöse folgte. Vor Schreck rollten wir uns hinter unseren Tisch. Wir hockten uns zwischen den eisernen Buden hin. Eine andere Deckung gab es nicht. Explosion! Dann noch eine. Es sah so aus, als würde ein und dasselbe Etwas viele Male hintereinander detonieren. Wir rannten los, ins Haus der Mode. Genau das Zentrum von Grosny. Die Roza-Straße. Während ich lief, pfiff ein riesiger Splitter, wie das Echo einer neuerlichen Explosion, an meinem Kopf vorbei. Er zerteilte nicht mich, sondern die Zeit, wie warmes Wasser, das nach unten ablief, und ich stand in dem trockenen Bett und begriff auf einmal, dass weder Mama noch andere Menschen mich vor dem Tod retten könnten, wenn ich um Hilfe rufe. Der Tod und ich, wir allein waren in dieser Welt miteinander verbunden. Da war nichts, das zwischen uns treten und uns voneinander abschirmen konnte. Mir wurde zum Lachen zumute, ich brauchte nichts mehr – Sachen, Taschen, alle Wertgegenstände. Und ich begriff, dass ich nichts, absolut nichts von hier mitnehme. Ein heftiger Schlag und … die Zeit kehrte zurück mit den feurigen Funken, die der Splitter aus den Ziegelsteinen der Hausmauer neben meinem Kopf schlug. Kleine, metallische Kiefer rissen an meinen Beinen, aber ich lief weiter, wie aus Trägheit. Erst nach mehreren Schritten fiel ich hin. Man hob mich auf. Wir stürzten in den Eingang eines Wohnhauses, aber dort war statt der zweiten Tür ein Gitter. Wir liefen auf den Hof, unter Schock, rannten in einen anderen Aufgang, zu einem Wohnhaus nebenan, dort, wo früher das Geschäft «Fischfang» war. Als ich mich in

einer Ecke anlehnte und hinhockte, machte sich ein durch-
dringender Schmerz in den Beinen bemerkbar. In denselben
Aufgang schubsten, warfen Mama und Kusum ein Mädchen,
eine Tschetschenin. Bei dem Mädchen war das Knie aufgerissen. Ich sah zum ersten Mal, dass der Knochen innen weiß
ist. Sie stand unter Schock und sagte nur: «Es tut weh! Es
tut weh! Es tut weh!»

In dem Aufgang waren Frauen und Kinder. Mama sagte, sie habe ein kleines Loch in der Manteltasche und ihre
Hüfte brenne. Ein anderer Splitter war in Mamas Tasche
gedrungen. Als die Männer in unseren Aufgang kamen, riefen alle, zuerst müsse das Mädchen ohne Bein weggebracht
werden. Es verlor viel Blut. Das Mädchen mochte siebzehn
bis zwanzig Jahre alt sein. Sie wurde weggefahren. Wieder
schauten freiwillige Helfer in den Aufgang. Junge Männer.
Unter ihnen war Aladdin. Man wollte mich zum Verbinden
in eine Apotheke bringen, zum Prospekt des Friedens (im
ehemaligen Brotlager). Aladdin trug mich auf den Armen
und flüsterte: «Weine nicht, meine Prinzessin! Keine Angst!
Hilfe kommt!»

Mama wurde hinter mir hergeführt. Unsere Taschen
mit der Ware vergaßen sie auch nicht – sie gingen in
dem Durcheinander nicht verloren. Der Weg führte über
den Hof des Hauses der Mode. Dort hatte ich einmal mit
Mama bei meinen Großvater, dem Journalisten, gewohnt.
Als sie mich unter Beschuss wegschleppten, sah ich drei
Getötete. Sie lagen getrennt voneinander. Jemand hatte sie
mit Pappe zugedeckt. Es waren eine Frau, ein Mann, und
wer der dritte war, kann ich nicht sagen, ich glaube, ein
Kind. Sie trugen uns in die Apotheke, und eine unbekannte
Frau zog den Splitter aus Mamas Oberschenkel. Mir wurden die Beine nur verbunden, denn ein Splitter saß sehr tief
und auch die anderen herauszuziehen, war zu schmerzhaft.

Aladdin litt mit mir, streichelte mir über den Kopf und kaute einen Lebkuchen. Es wurde entschieden, dass wir nach Hause sollen, weil die Krankenhäuser mit Verwundeten überfüllt sind, denn auf dem Markt handeln vor allem alte Leute, Frauen und Kinder. Männer sind dort sehr wenige. Praktisch gar keine. Wir waren doch sehr weit vom Epizentrum entfernt, fast drei Seitenstraßen. Wie viele Tote hat es dort gegeben? Ganz fremde Leute brachten uns mit ihrem Auto nach Hause. Ich bin auf beiden Ohren zum Teil ertaubt – ich hatte ein starkes Sausen, war halb bewusstlos. Alles ringsum schwamm. Ich hörte jemanden mehrmals sagen:

«Wer Polina Gutes tut – wird es sehen,
wer Polina Böses tut – wird es sehen.»

Das ist, glaube ich, Teil eines Gebets. In Wirklichkeit geht es so:

«Wer im Gewicht eines Stäubchens Gutes tut, wird es sehen,
und wer im Gewicht eines Stäubchens Böses tut, wird es sehen.»

Gegen Morgen nahm der Schmerz in meinem Bein zu. Ich nahm Schmerztabletten und Schlafmittel. Doch der Schmerz wurde immer schlimmer. Kaum war ich eingenickt, kam unsere Katze, die das Blut unter dem Verband roch, unter meine Decke gekrochen und schlug ihre Zähne in mein rechtes Bein. Das war schrecklich. Ich verjagte sie mit den Fäusten. Nach dem Frühstück bat Mama die Nachbarn, mich zum Arzt zu fahren. Die Bewohner von oben erklärten sich einverstanden. Mit ihrem Lada 2106 fuhren wir ins Krankenhaus Nr. 9. Die Ärzte erklärten sofort:
«Wir brauchen ein Röntgenbild. Der Strom ist ausgefal-

len, und der Dieselgenerator ist in dem ganzen Chaos irgendwo verschwunden.»

Trotzdem schickte man mich in den Operationssaal. Durch den schmutzigen und dunklen Saal im ersten Stock spazierte ein gestreifter Kater. Er rieb sich die Beinchen an den Stühlen und schnurrte. In den offenen Türen standen verweinte Menschen. Alles war voller Blut. Fetzen von Kleidern, irgendwelche Laken. Menschen liefen herum. Sie suchten ihre Angehörigen und Bekannten. Leichtverwundete warteten in Schlangen seit dem gestrigen Tag auf einen Arzt. Sie saßen auf dem Fußboden und auf Stühlen. Dumpf stöhnten die Angehörigen derjenigen, die im Krankenhaus schon gestorben waren. Irgendeine Tschetschenin schrie ganz furchtbar. Ihre Kinder waren getötet worden. Eine Frau mittleren Alters bat um Geld für die Operation ihres Sohnes, für Medikamente. Man gab ihr etwas.

Der Arzt, der mich untersuchte, war erschöpft. Er konnte sich kaum auf den Beinen halten. Er erzählte, dass in der Nacht, bei den Operationen, mehrmals der Strom ausgeschaltet wurde, dass sie Dutzende von Menschen operiert hätten. Viele seien gestorben. Ein junger deutscher Korrespondent mit Brille und kariertem Hemd fragte die Ärzte nach der Zahl der in der Nacht Verwundeten und Getöteten. Welche Verletzungen die häufigsten gewesen seien. Und mich fragte er, ob ich Angst gehabt hätte. Der Arzt nannte die Zahlen. In dem Durcheinander hätten sie nicht alle aufgeschrieben. Daher dieser Wirrwar. Viele könnten ihre Vermissten nicht finden. Ich habe mir diese Angaben nicht genau gemerkt, deshalb kann ich nichts darüber sagen. Bei mir wurde die Betäubung vergessen, als die Wunde behandelt wurde. Ich brüllte. Es war mir peinlich zu schreien. Der Arzt begriff und gab mir Spritzen. Alle Medikamente und Spritzen kaufte Mama gleich dort im Laden. Dazu eine

Tetanus-Impfung. Sie suchten nach den Splittern, fanden sie aber nicht.

«Ohne Röntgenaufnahme können wir nicht helfen. Wir wühlen nur umsonst das ganze Bein auf», sagten die Ärzte. «Gehen Sie dorthin, wo es einen Röntgenapparat gibt.»

Sie entfernten nur kleine Teile. Mama hatte zu dem Zeitpunkt ein Pflaster auf dem Oberschenkel. Sie konnte gehen. Wir erwarben Schmerzmittel, viele Verbände, chirurgische Tupfer und Brillantgrün.

Budur

23. Oktober

Gestern ist etwas Bemerkenswertes passiert! In der zweiten Tageshälfte kamen ganz überraschend Kusum und Aladdin bei uns vorbei! Eine Adresse besaßen sie nicht. Sie fanden uns, indem sie andere Opfer der Explosion fragten. Sie kannten nur den Stadtbezirk und mussten lange suchen. Beide waren sehr erschöpft. Mama gab ihnen Tee. Kusum hatte Früchte mitgebracht. Aladdin gab siebzig Rubel für Verbandsmaterial. Mehr Geld hatte er nicht. Er schwieg die ganze Zeit. Ich auch. Wir schauten uns nicht an, wandten den Blick ab. Die Erwachsenen sprachen – meine Mama und Tante Kusum.

25. Oktober

Ich weine. Abends tut mein verletztes Bein mehr weh. Auch mit dem anderen Bein stimmt etwas nicht! Die Kratzer haben sich entzündet. Sie sind geschwollen. Mama tröstet mich: «Du bist doch geimpft. Da ist Schmutz reingekommen. Das geht vorbei!»

Viele beschreiben eine große Rakete ohne Schwanz. Sie sagen, dort, wo sie liegt, gibt es eine starke Strahlung! In der Stadt sind viele ausländische Korrespondenten. Sie sind bis hierher durchgekommen! Jemand hat die Strahlung mit einem Messgerät gemessen. Die Menschen gehen extra auf den Markt, um die «Todesrakete» zu sehen. Ich bitte Mama: «Sag den Nachbarn, sie sollen mich dorthin bringen! Ich will wissen, wie das scheußliche Ding aussieht, das mir diese Schmerzen zugefügt hat.»

Die russische Seite weigert sich, den Beschuss des Marktplatzes zu kommentieren. Aber die Tschetschenen haben solche riesigen Raketen nicht. Wer in der Nähe der Rakete war, heißt es, der wurde in Stücke gerissen, und jetzt versuchen die Angehörigen, sie anhand von Knöpfen, Haarnadeln oder Kleidungsstücken zu erkennen. Heute brachte Rezwan, der jüngere Sohn der Nachbarin Nura, uns nachmittags ins Krankenhaus Nr. 4. Es gab Strom, aber der Röntgenarzt kam nicht zur Arbeit. Mama kaufte einige Stangen Brot. Sie verteilte sie an alle Nachbarn, die im Aufgang standen, «für meine Genesung».

Mama hat den Stock unserer Urgroßmutter Julia-Malika gefunden. Das ist ein brauner hölzerner Krückstock, wie von einer Märchenhexe. Ich lerne, damit im Zimmer zu gehen. Mama meckert, dass wir alles Geld durchgebracht haben und die Operation und die Medikamente nicht bezahlen können. Heute war sie bis zwölf Uhr handeln und hat die Rakete gesehen!

Budur

26. Oktober

Am frühen Morgen, solange wenig Menschen da waren (mir ist es peinlich mit der Krücke), gingen Mama und ich auf den Markt. Ich sah mir die «Reste» der Rakete an. Sie ist sehr groß! Auf der Rakete kletterten kleine Jungs herum. Sie sagten, die Rakete sei «ansteckend», deshalb solle man sie wegräumen. Die Rakete hat alles im Umkreis weggefegt.

Da weinten Menschen, die nichts wiederfanden an der Stelle, an der ihre Mutter, ihre Tochter oder Schwester gestanden hatte. Absolut nichts! Sie suchten Fetzen von der Kleidung ihrer Angehörigen. Einige Bekannte kamen, um zu handeln. Sie breiteten ihre Ware aus und fragten nach meinem Befinden: «Haben Sie Splitter abgekriegt?»

Mama bat sie, unsere restliche Ware zu verkaufen, das heißt, das, was wir gestern nicht verloren hatten. Aber die Leute hatten Angst und wollten nicht.

«Es wird viel gestohlen», erklärten sie und erzählten ausführlich davon, was nach der Detonation passiert war:

«Zwölf Menschen sind an Ort und Stelle wegen Raub erschossen worden! Die Plünderer waren Tag und Nacht unterwegs. Sie nahmen den Getöteten Wertsachen, Gold und Mäntel, Schuhe, Kleider und Kosmetik ab. Dabei taten sie so, als wären sie auf der Suche nach verschollenen Familienmitgliedern. Manche kamen mit ihren Kindern zum Stehlen her! Papa und Kind ‹suchten› die Mama. Und die Mama mit einem anderen Sprössling ‹suchte› den Vater. Die diensthabenden Tschetschenen begriffen diese Heimtücke nicht sofort. Sie begannen, die Papiere zu prüfen. Viele der Verwundeten waren bestohlen worden! Ein Bekannter hatte eine Brustwunde, stürzte vor Schmerz und schrie um Hilfe, und eine vorbeilaufende Frau schnappte sich seinen Beutel mit dem Portemonnaie.»

Eine andere Nachbarin hier auf dem Markt bewies unglaublichen Mut. Sie ist Russin, hellhäutig, und handelte nicht weit von uns, in der Parallelreihe. Nach der Raketenexplosion trug sie eine verletzte Tschetschenin eigenhändig weg, und in der Zeit stahlen Diebe ihre ganze Ware. Aber sie bereut das nicht im Geringsten. Ich habe mit ihr gesprochen. Eine tolle Frau! Jetzt ist der Markt ganz klein. Heute Morgen nur zwei Reihen. Die Tische wurden am Prospekt des Friedens aufgestellt. Hier gibt es das Café, Friseurgeschäfte, Hauseingänge. Die Leute dachten sich, da kann man rechtzeitig Deckung suchen.

Als sie mich mit dem Krückstock sahen, scherzten die Händler: «Eine ganz junge Alte!» Alle wünschten mir rasche Besserung.

Der Lautsprecher am Prospekt des Friedens, aus dem im Sommer Musik kommt, wiederholte in einem fort: «Fünfhundert Menschen sind spurlos verschollen. Ungefähr tausend Menschen sind verwundet. Wie viele in die Dörfer und in medizinische Einrichtungen auf dem Land gebracht wurden, weiß man nicht.»

Wir brachen in Tränen aus, als wir erfuhren, dass in dem Kiosk mit Bonbons ein Mädchen umgekommen ist, in meinem Alter. Ihre große Schwester und ihre Mama sind verletzt. Unsere Marktnachbarin Roza, die im achten Monat schwanger war und Kohl verkaufte, ist tot. Sie hinterlässt sieben Waisenkinder. Verheult kauften wir Brot und fuhren nach Hause. Im Bus heulten nicht nur wir. Zu Hause machten wir Tee heiß. Kurz darauf kam Aladdin. Ich hatte keine Lust zu reden. Er sagte, er sei bei seiner Schwester gewesen. Er hat mit ihr über mich gesprochen. Die Schwester habe versprochen, mir Geschenke zu machen, die Kleider und Kittel durchzusehen, die sie sich kürzlich im Sommer gekauft hat. Aladdin wollte sich schon verabschieden. Im letzten Moment legte er meiner verwirrten Mama einen Umschlag in die Hand: «Das ist für die Operation und für Medikamente», sagte er. «Oder für Essen, notfalls.»

«Wir geben es zurück!», rief ich ihm nach.

Es war uns peinlich. Von einem kaum bekannten Menschen Geld zu nehmen, ist nicht gut. Aber uns blieb nichts anderes übrig. Ohne Geld keine Behandlung. Im Umschlag waren zweihundert Rubel. Aladdin bat mich, ihn meinen «großen Bruder» zu nennen. Das gefiel mir, ich sagte zu.

Am Abend, ganz spät, kam Tante Kusum – Dauds Mutter. Sie schenkte mir einen schwarzen Rock mit hübschen Taschen. Wir wollten sie bei uns übernachten lassen, denn draußen war es dunkel. Doch Tante Kusum erklärte:

«Ich fürchte nichts außer Gott!»

Sie erzählte: «Am Tag haben sie das Zentrum bombardiert. Es gibt wieder Tote. Wir sind rechtzeitig weggekommen!»

Kusum sagte noch, sie wolle sich um Daud kümmern und ihren kleinen Sohn zu Verwandten geben. Ihr großer Sohn ist ihr besonders lieb. Der zweite Versuch, ihn wegzubringen, ist gescheitert! Nicht einmal Moskau und ein Studium in der Hauptstadt konnten ihn locken. Daud erklärte, er werde auf jeden Fall zu seinen Freunden fliehen. Wenn man ihn zwingen wolle, werde er seine Familie vergessen. Nachdem Tante Kusum gegangen war, klopfte Fatima an unserer Tür, die Frau, deren kleiner Sohn gestorben ist. Sie brachte eine leckere Suppe, zum Gedenken an seine Seele. Jetzt hört man Kanonendonner. Mama ist Wasser holen gegangen. Ich sitze und streichle den Kater Chips. Ich hoffe, Aladdin wiederzusehen.

Prinzessin Patoschka-Budur

27. Oktober
Morgens hob Tante Marjam meine Stimmung. Sie ist wieder bei uns. Mit ihr ist Mama seit dem ersten Tag in diesem Haus befreundet, seit Dezember 1986. Marjam küsste mich ab und versprach: «Du bist bald wieder gesund! Halt nur ein bisschen noch durch!»

Sie schenkte mir ein cremefarbenes Kopftuch, mit einem feinen Saum. Und Puder! Wir frühstückten zusammen. Mar-

275

jam kündigte an, einen Teil ihrer Sachen nach Inguschetien zu bringen. Und neben uns, im Erdgeschoss, will sie eine Familie von gegenüber einziehen lassen. Wir werden nicht allein sein. Sobald sie die Möglichkeit hat, wird sie selbst kommen oder eine ihrer Schwestern schicken, damit sie mich und Mama holt. Sie wird uns bei der Ausreise helfen!

Tagsüber fuhren wir ins Krankenhaus Nr. 4. Wieder vergeblich. Strom gab es nicht, das Dieselaggregat war gestohlen. Eine Röntgenaufnahme wurde nicht gemacht. Hingefahren hatte mich der Nachbar Rezwan. So viel Geld und Zeit verloren, ohne Sinn! Ein kleiner Splitter hat die Haut zerschnitten, er ist von allein herausgekommen. Man empfiehlt mir Kompressen aus Teig mit Honig. Wie sich herausstellt, habe ich kleine Splitter, aber keine Schnittwunden! Wir haben fünfzehn gezählt, überall, wo wir etwas Hartes unter der Haut entdeckt haben. Der sechzehnte Splitter sitzt ganz tief. Er ist groß und direkt neben dem Knochen im Bein. Der ist am schlimmsten! Er bewegt sich. Er wandert in meinem Bein und zerschneidet es! Das tut am meisten weh. Eine Nachbarin, Tante Warja, aus dem Haus gegenüber, war bei uns. Sie hat mit ihren drei Söhnen und ihrer betagten Mutter im Ersten Krieg bei uns gewohnt. Damals war ich neun. Ich hatte eine heimliche Zuneigung zu ihrem Sohn Mansur. Übrigens haben wir einen Teil des Fensters mit Holzstücken verkleidet – gegen Splitter. Zolinas kleine Tochter kam zu mir, spielen.

Polja

28. Oktober

Mama ging zu den weit entfernten Brunnen, um Wasser zu holen. Bei uns ist es sehr kalt. Heute machte sie sich auf zum Markt, wollte bis zum Mittag handeln und Essen kaufen. Unsere Vorräte gehen zu Ende, und die Zeitungen veralten

und verfallen. Wieder verlieren wir, statt zu verdienen! Wir
frühstückten rasch, packten die Zeitschriften und Zeitungen
in zwei leichteren Paketen zusammen. Wer kann so etwas
jetzt gebrauchen?

Mama ist ein naiver Mensch!

Und plötzlich ging ein schrecklicher Beschuss los! Es
donnerte! Genau vom Stadtzentrum, vom Markt her! Der
Himmel dort wurde auf einen Schlag feuerrot. Mama wollte
darauf pfeifen:

«Kleinigkeit!», sagte sie.

Da kam die Nachbarin Aza angelaufen und schrie:

«Der Markt wird bombardiert! Sie haben den Markt getroffen!»

Danach lief uns eine Frau mit Salzgurken im Eimer entgegen. Sie weinte und stammelte vor sich hin: «Wieder alles
voller Blut! Alles zerbombt! Der Markt brennt!»

Mama hielt sie an und gab ihr Wasser. Die Frau ver-
schnaufte in unserem Aufgang. Sie erzählte: «Das sind keine
Waffen. Ein Flugzeug! Es hat den Markt bombardiert! Viele
sind tot! Er traf die Ecke dort am Haus der Mode, wo die
Frauen mit Brot handeln!»

Weinend ging sie davon. Mama kam zu sich: «Jetzt geht
es los! Wir haben nichts zu essen! In unserem Bezirk ist es
noch ruhig! Komm, wir gehen auf den Berjoska-Basar. Wir
holen Lebensmittel. Die billigeren: Makkaroni, Kartoffeln,
Brot, und für dich Verbandszeug. Nachher fangen sie noch
richtig an zu kämpfen, und wir kommen nicht mehr raus.»

Mama ist so was von stur. Ich war bald fertig. Die furchtbare Krücke ließ ich zu Hause. Es war nicht weit. Ich stützte mich beim Gehen auf Mama. Wir kamen wohlbehalten
über unseren Hof. Überquerten die Straße. Umgingen
den Grünen Kindergarten. Und bewegten uns über einen
großen, fremden Hof. Da hörten wir Flugzeuge dröhnen!

Die ersten Bomben detonierten. Wir rannten in den privaten Sektor, über die Straße, fanden einen Keller, aber der
war klein. Fünf Menschen standen darin, dicht aneinan-
dergedrängt, wir passten nicht hinein. Also zurück! In einen
Hauseingang. Gut, dass er innen nicht abgeschlossen war.
Wir hockten uns in eine Ecke, vor eine fremde Tür. Eine
Explosion! Noch eine! Ein Mann im Haus gegenüber schrie
auf. Die oberen Stockwerke brannten. Ein anderer Mann
sprach auf den Verwundeten ein: «Halt durch! Halt durch!
Gleich werde ich dich verbinden. Wenn sie wegfliegen, fahre
ich dich ins Krankenhaus», doch der Verletzte schrie mit un-
menschlicher Stimme. Er musste große Schmerzen haben!
Die Flugzeuge bogen in Richtung Privatsektor ab und
warfen ihre Bomben dort ab. Wir traten auf die Straße. Das
Haus rechts von uns hatte keine Ecke mehr. Unter seinem
Dach qualmte schwarzer Rauch hervor. Das Haus gegenüber, in dem wir Zuflucht gesucht hatten, brannte in den
oberen Stockwerken. Dort hatten sie geschrien. Wegen
Mamas Sturheit gingen wir weiter und erreichten den kleinen Basar. Dort war niemand zu sehen. Ware auf den Tischen, von Käufern und Verkäufern keine Spur! «Sie sind
im Geschäft!», vermutete Mama. Die Flugzeuge drehten
eine neue Runde, und wir gingen in den Laden. Dort waren
viele Menschen, Erwachsene und Kinder. Sie hockten hinter mächtigen Marmorsäulen und beteten. Der ganze Fußboden mit Glas bedeckt, die Schaufenster zersplittert. Ein
Teil der Verkäufer, Käufer und Passanten, die von der Straße hierher geflohen waren, waren in den Keller des Ladens
gestiegen. Auch wir gingen dorthin. Im Keller brannten
Kerzen. Die Leute saßen auf leeren Holzkisten. Die Frauen
boten sich gegenseitig Sonnenblumenkerne und Wasser an.
Sie beteten auf Russisch und auf Arabisch. Sie berieten sich.
«Wenn wir hier übernachten müssen, geben wir unsere An-

ziehsachen den Kindern. Wir breiten sie auf dem Zement aus, damit die Kinder schlafen können.» Die Leute unterhielten sich leise, so als könnte jemand mithören. Auch wir blieben hier zwei Stunden sitzen, solange die Bomben fielen. Alle waren verängstigt. Niemand wollte nach oben, in den ersten Handelssaal und noch weniger auf die Straße, solange die Detonationen nicht aufhörten. Endlich gingen wir raus! Wir kauften, was wir konnten, und gingen an der unteren Seite, dort wo das Geschäft ist, nach Hause – beim Bombenangriff kann man sich dort leichter verstecken. Bei uns im Aufgang war alles voller Menschen. Vor unserer Tür saßen: Nura, ihre Tochter Malika, Tante Warja und ihre Söhne, andere Nachbarn, Unbekannte von der Straße. Mama sagte ihnen, der Treppenaufgang, hinter der dünnen Tür, biete keinen Schutz. Er sei gefährlich, weil auf allen Etagen Fenster sind. Besser, man geht in die Wohnung, in die Ecke des Flurs. Dort hat man zwei Wände. Sie zeigte ihnen, wo unser Wohnungsschlüssel liegt. Wir gingen zu uns. Uns folgte die Nachbarin Chazan. Mit ihr die zehnjährige Zara. Sie erzählten, dass sie ganz schön Angst gehabt hätten! Und meine liebe Mama ist wieder Wasser holen gegangen, zum Brunnen. Morgen will sie auf den Markt. Sie hat Angst, dass die Ware verfällt und wir kein Geld haben, um hier wegzukommen.

Menschen kamen und erzählten: «Die Rakete, die den Markt getroffen hat (als ich verwundet wurde) kam vom Kaspischen Meer. Journalisten haben das herausgefunden. Die russischen Streitkräfte haben ihren Irrtum erst nach fünf Tagen zugegeben. Sie hatten ein anderes Ziel, das Börsengebäude, haben es aber verfehlt. Sie trafen den friedlichen Markt.»

Ich kann gar nicht glauben, dass das schon der dritte Krieg in meinem kleinen Leben ist! Der erste war 1994 (da war ich neun). Der zweite – im Sommer 1996 (vom 6. bis 22. August, ich war elf). Ach, wie viele Nachbarn damals umgekommen sind! Und jetzt der dritte. Herbst 1999 (ich bin vierzehn).

Was soll ich tun? Mein «großer Bruder» ist nicht gekommen. Dafür hat mich heute ein Nachbar, Onkel Walera, damit überrascht, dass er mir Geschenke von Muslim übergab (dem Jungen aus dem ersten Aufgang). Ein weißes Tuch mit hellblauem Saum und graue Herbstschuhe. Muslim ist der Enkel von Zulaj, einer überaus guten Frau. Ich habe nur ein einziges Mal mit ihm gesprochen. Das ist lange her, im vergangenen Frühjahr. Einmal kam er mir auf dem Weg von der Schule entgegen. Er sagte, dass ich ihm besser gefalle als Hawa, seine Nachbarin. Er verstehe ja, dass ich lernen müsse. Aber sobald ich sechzehn bin, wolle er um meine Hand anhalten! So ist das hier Sitte. Ich war erstaunt. Und jetzt bekomme ich von ihm ganz überraschend diese kurze Notiz: «Wenn du dich an mich erinnerst – bitte, bete für mich!» Ich schloss die Augen und sah ihn sofort vor mir. Zartes Gesicht, helle Augen, dunkles Haar. Muslim stand die ganze Zeit an der Eingangstür seines Hauses, sauber und bescheiden. Mir war zum Heulen. Das sind die Nerven! Sie sind am Ende! «Warum hast du auf die Älteren im Hof gehört, Muslim! Warum hattest du Angst vor den anderen! Alles nur, weil meine Mama Russin ist», brummte ich. Und sah mir verwirrt die Geschenke an. Wir hätten Freunde werden können! Sein Zettel machte mich so froh! Sofort war ich gelöst und frei.

«Muslim! Ich werde deinen Namen in meinem Gebet nicht vergessen!», versprach ich im Stillen. «Aber die Schuhe sind mir zu klein, verzeih. Ich habe sie gleich Mansurs Mama geschenkt. Nur das Kopftuch lasse ich für mich.»

Budur

31. Oktober

Bombardierung. Sie haben den privaten Sektor, Karpinka, «beharkt». Bei uns zu Hause haben sich Kinder versteckt. Die zehnjährige Zara hat laut geheult. Mansur, Tante Warjas Sohn, saß an unserer Tür und versuchte, alle zu beruhigen. Ich habe gebetet. Alle anderen schauten ab und zu aus dem Treppenflur bei uns herein.

Beim schrecklichen Geschützdonner habe ich ein Gedicht geschrieben:

Erinnerst du dich an die Kämpfe in unserem Grosny?
Als sie uns vom Hubschrauber beschossen?
Wie die Kinder richtig weinten,
als sie die tote Katze an der Haustür fanden.

Meine Mama, die «Meckertante», war auf dem Basar! In dieser Situation! Allerdings gleich nebenan, auf dem Berjoska. Sie hat gekauft: Brot, Kartoffeln, Zwiebeln. Das gibt einen Vorrat! Im Laufschritt, unter dem Bombenhagel, kam sie nach Hause zurückgeeilt.

Hamzat, der Bruder der Nachbarin Marjam, hat mir Schmerztabletten gebracht. Analgin. Mein größter Splitter «wütet». Er wandert und zerschneidet innen das weiche Gewebe. Das Bein tut sehr weh. Ich liege im Bett.

Zaras Bruder lief, während die Erwachsenen Angst hatten und Unterschlupf suchten, in die verlassenen Gärten. Er pflückte Weintrauben. Ganz viele! Wir alle haben davon gegessen. Er ist jünger als seine Schwester, hat aber wie ein erwachsener Mann gehandelt. Er klopfte an die noch bewohnten Wohnungen und bot Weintrauben an. Alle hat er verteilt. Ich habe in ruhigen Momenten den Kindern Märchen erzählt. Zara und ihr Bruder sind die Kinder von Zolina, der Frau aus dem Haus gegenüber. Jetzt ist es dunkel.

Die Kerze ist ausgegangen. Es zieht von irgendwo. Deswegen das Gekritzel. Ich schreibe im Dunkeln.

Polina

2. November

Heute Morgen sind Mama und ich mit Tante Warja gemeinsam Wasser holen gegangen. Dort ist eine tiefe Pfütze, aus der man Trinkwasser schöpfen kann. Es ist weit, über die Straße und noch fast ein Häuserviertel hinter dem Grünen Kindergarten und dem Haus, wo der Verwundete geschrien hat. Dort fand ich ein Kätzchen. Ich nenne es Luchs. Jetzt haben wir insgesamt sechs Katzen! Das Kätzchen hat ein rotes Fell. Es ist ganz scheu und wild.

Gestern habe ich Aladdin von weitem gesehen. Er winkte, war nicht allein. Abends erzähle ich den Kindern die zauberhaften Geschichten von Hauff. Alle lauschen gebannt. Die Kinder – das sind Zara, der kleine Wacha, sieben Jahre und die neunjährige Alisa. Alisa ist die Nichte von Tamara aus dem dritten Stock.

Im Frühjahr werde ich fünfzehn. Wenn ich dann noch lebe, natürlich. Mansur erzählte im Hof herum, dass ich seine Braut wäre. Er erklärte mir: «Das mache ich absichtlich. Damit sie dich nicht belästigen und beleidigen», und fragte mich gleich darauf: «Wirst du auf mich warten?»

Ich nickte schweigend. Ein Tollhaus! Solange sein Vater weg ist, ist Mansur der Älteste in der Familie. Mehr als einmal hat er im schwierigen Winter 1995 Konflikte zwischen uns beigelegt. In unserer «Kriegswohngemeinschaft».

Mit meiner Mutter komme ich gar nicht mehr zurecht. Ständig streiten wir uns. Ihr gehen die Nerven durch wegen des Geschießes. Sie ist gereizt und böse.

In der Nacht fallen Bomben. Ich habe geträumt. Ich hielt mich auf einem Planeten auf, auf dem durchsichtige Wesen lebten. Sie bestanden aus Sonnenflecken! Aus blassgoldenem Feuer. Unglaublich, dass ich dort gewesen bin! Und diese Wesen hoben mich auf die vierte Wissens-Stufe! Dann habe ich im Traum noch den Propheten Mohammed gesehen! Er tadelte mich für meine Yoga-Übungen. Er sagte, Yoga und alles Wissen gehöre Allah!

Der Splitter sticht und schneidet in meinem Bein. Ich kann nur mühsam gehen.

Budur

4. November

In der Nacht war Geschützdonner. Die Granaten flogen über unser Haus, irgendwo in Richtung Rayon Zawodskij. Es war hell wie am Tage. Bestimmt ist dort kein einziges Haus heil geblieben! Marjams Bruder, der strenge und tapfere Onkel Hamzat, sagt, bei klarem Wetter kann man die russischen Soldaten in den Bergen sehen. Er glaubt, in der Stadt wird der Krieg in ungefähr einem Monat zu Ende sein. Aber insgesamt wird er lange dauern.

Polja

7. November

Gestern kam mein «großer Bruder» Aladdin. Er will mir Arabisch beibringen. Ich war einverstanden. Wir haben ja keine Schule, und das ganze Geschichtsbuch habe ich schon zweimal durchgelesen. Mein «großer Bruder» hat uns zwei Kleider geschenkt. Das eine, hellblaue, gab er mir. Genau so eins, nur in Grün, meiner Mama. Dann hat er mir noch ein großes weißes Kopftuch aus Mekka mitgebracht! Davon habe ich schon lange geträumt! Bei uns bedecken die reichsten Frauen damit den Kopf. Das Tuch ist weiß und mit weißem Faden bestickt. Es ist so groß wie ein Schal.

Aladdin hat Bücher angebracht. Verschiedene. Er sagt:

«Ihr lest gern, und über einem Buch vergeht die Zeit schneller. Das sind Kriminalromane.» Er ist so unvorhersehbar!

Heute nehme ich das Heft, in das ich arabische Buchstaben schreibe, und finde darin Geld! Völlig überraschend fällt es heraus. Ich wäre fast ohnmächtig geworden! Insgesamt hundertsechzig Rubel. Wofür?! Wir freuen uns auf jeden Fall darüber und werden ein Leben lang dankbar sein für unsere Rettung. Das ist zu viel! Gefalle ich ihm etwa gar nicht? Aladdin behandelt mich wie ein kleines Mädchen. Freundschaftlich, mehr nicht.

Gestern wurde gebombt. Mama und ich machten einen «Ausflug», Brot kaufen. Wir gerieten unter Beschuss, fanden Zuflucht bei Frauen, unten, am Berjoska, in einem großen Haus im Erdgeschoss. Drei Frauen, alles junge Tschetscheninnen, alleinstehende, schöne Frauen. Sie ließen, wie wir, Fremde von der Straße herein, um sie vor dem Bombenhagel zu schützen. Eine der Frauen meinte: «Sie werden uns alle hier fertigmachen!», und weinte. Wir warteten den Beschuss ab, verzichteten auf den Tee und gingen nach Hause.

12 Uhr. Was für ein Beschuss gerade eben war! Weittragende Granaten flogen über unsere Häuser und zerstörten in Sichtweite die privaten Häuser. Ein höllischer Krach! Manche Granaten erreichten ihr Ziel nicht, sie gingen in den Gärten nieder. Eine explodierte ganz dicht neben der Straße, im letzten Garten.

Gerade dann kehrten drei Männer vom Markt zurück: Hawas Vater Sultan, der lange Onkel Walera und der grauhaarige Nikolaj. Der Beschuss erwischte sie auf einem unbebauten Grundstück. Eine Granate schlug wenige Meter vor ihnen ein. Die Männer konnten sich noch auf die Erde werfen, in der letzten Sekunde. Sie blieben unverletzt! Dann sprangen sie in den frischen Bombentrichter und hofften, dass dieselbe Stelle nicht zweimal getroffen würde. Die nächste Granate schlug ganz dicht neben ihnen ein. Aber die Männer leben, und die Lebensmittel sind heil geblieben. Mama und ich saßen im Flur, in unserer Nische hinter der Zusatzwand vor den Fenstern.

Unsere unseligen Katzen versteckten sich unter der Badewanne, sie waren ganz erschrocken von der Schießerei und miauten. Mein wandernder Splitter hat Ruhe gegeben, er lässt mich verschnaufen. Heute ist der 7. November – Revolutionsfeiertag der ehemaligen Sowjetunion. Bestimmt sind deshalb alle so «froh»!

Patoschka-Budur

(aus dem schrecklichen Märchen über Grosny)

8. November

Gestern Abend war ein fürchterlicher Rabatz! Raketen und Granaten flogen in den Hof. Granatwerfer und Maschinengewehre hämmerten. Die Wände unseres Hauses bebten und zitterten. Bei allen flogen die letzten Reste der Glasscheiben raus. Bei uns sind sie vielfach kreuzweise mit Papier überklebt und deshalb heil geblieben. Als wir sie klebten, witzelten manche Bewohner bissig: «Kreuze, wie bei den Russen auf dem Grab!»

Mama reagierte nicht. Sie erteilte gute Ratschläge: «Habt ihr die Filme über den Krieg mit den Deutschen nicht gesehen? Was waren da für Fenster? Alle kreuzweise überklebt. Macht es auch so!» Das brachte die Nachbarn aber lediglich dazu, die russischen Soldaten als «Deutsche» zu bezeichnen.

Gegen Abend kam Aladdin. Er war ganz mit Lehm bedeckt. Er sei unterwegs auf unserem Brachgrundstück vom Beschuss überrascht worden. Mit einer grauen Katze habe er sich in einen Graben geworfen. Die Katze habe sich losgerissen und ihn gekratzt. Wie sich herausstellt, war das mein Kater Chips! Aladdin und er haben sich gemeinsam gerettet.

Wir machten Wasser warm, damit unser Gast sich in der Küche waschen konnte. Wir wuschen seine Kleider. Mama erklärte, mit den nassen Sachen lasse sie ihn über Nacht nicht weg. Er protestierte anstandshalber, strahlte aber und blieb!

Mama und ich mussten uns auf Großmutters Bett quetschen, dem Gast traten wir das Sofa ab. Wir erzählten dem «großen Bruder»: Neben uns wohnt vorübergehend eine Familie aus dem dritten Stock. Tschetschenen. Früher waren wir mit einer jungen, fröhlichen Frau aus dieser Familie befreundet. Besonders im Sommerkrieg. Aber die Zeiten haben sich geändert. Die Nachbarin und ihre Verwandten benehmen sich hochmütig. Sie sind unfreundlich zu uns und anderen russischen Menschen. Wir ertragen das. Wir denken an ihren Kummer. Beim Sommerkrieg ist der neunzehnjährige Sohn dieser Frau in unserem Aufgang getötet worden. Puschinka und Tamara wurden verletzt. Wir sind nicht schuld daran, aber die Schuld wird uns zugeschoben, weil der Hof aus einer russischen Armeeeinheit beschossen wurde. Aladdin erklärte:

«Feindseligkeit und Hass sind unvermeidlich! Darauf solltet ihr euch einstellen. Viel Geduld ist nötig, um ungerechte Beschuldigungen und Beleidigungen zu ertragen.» Und er gestand: «Meine Bekannten verstehen mich nicht, wenn ich sage, dass ich eine russische Familie besuchen gehe. Ich erzähle, dass wir befreundet sind. Dass ihr ganz normal seid. Sie glauben mir nicht!»

Abends habe ich, weil ich es in der Wohnung nicht mehr aushielt, auf den Hof geschaut. Dort lagen Granatsplitter, so groß wie eine Hand! So einer schneidet dich mitten durch. Sie sind groß wie Holzscheite für den Ofen.

Prinzessin Budur

9. November

Mein «großer Bruder» Aladdin hat bei uns übernachtet. Wir haben lange geredet. Er hat mich mit Konfekt gefüttert und fing an, in der Wohnung aufzuräumen, benahm sich überhaupt wie ein Verwandter. Ich habe viel über ihn erfahren, über seine Kindheit, seine Schulstreiche. Dann kam es «über ihn». Abrupter Stimmungswechsel. Er tadelte mich dafür, dass ich falsch esse, dass ich das Kopftuch falsch trage, die Buchstaben zu langsam erfasse, wenn ich den Koran lese. Ich verstand. Und manchmal reizt ihn auch mein slawisches Blut. Mama trat für mich ein. Sie bezeichnete ihn halb im Scherz als «Langweiler». Und fügte hinzu: «Wenn der Gast anfängt, die Gastgeber zu belehren, ist es Zeit, ihn davonzujagen!»

Aladdin war beleidigt. Er ging. Doch ich weiß – er wird wiederkommen!

Er möchte sich nicht an uns gewöhnen und wird das doch tun. Mama hat Mitleid mit ihm. Aladdin nennt sie «Mütterchen» und sie ihn «mein Söhnchen!».

Heute Morgen bin ich die Regeln zur russischen Sprache durchgegangen. Mama und ich haben ein Diktat geschrieben. Jetzt macht Mama ein Nickerchen. Ich sitze still.

Die Frau aus dem Nachbarhaus zieht weg. Ein Auto holte sie ab, ganz eilig. Die Frau bot uns Zigaretten «Astra» an, die billigsten und widerlichsten. Insgesamt sechsundneunzig Päckchen, zu dreißig Kopeken das Stück. Mama hat sie gekauft. Sie sagt: «Wir verkaufen sie, verdienen etwas für Brot. Viel schlagen wir nicht drauf, das wäre unverschämt. Ein, zwei Rubel. Auf dem Markt sind die Zigaretten teurer. Und sie werden bestimmt noch teurer.»

Budur

10. November

Gestern hat es geschneit. Ein Schneesturm wie im Februar!
Alle Bäume sind weiß. Mama hat Herzprobleme. Ich rate ihr
zu schlafen. Brot haben wir nicht, dafür Maultaschen mit
Gras aus dem Gemüsegarten.

Raisa hat mir beigebracht, wie man sie macht. Raisa ist
eine junge Armenierin. Früher waren wir nicht befreundet,
wir kannten uns gar nicht. Jetzt kommt sie in den Ruhepha-
sen zwischen den einzelnen Schießereien zu uns. Sie liest
Bücher, und wir weissagen ihr mit Hilfe der Karten. Raisa
hilft mir Kompressen anlegen. Sie lebt in dem dreistöckigen
Haus nebenan.

Ein Mann aus unserem Haus kam, sich zu verabschieden.
Er wohnt nicht ständig hier. Ihm fehlt eine Hand. Der ganze
Hof nennt ihn «Schwarzer Handschuh». Vor einigen Tagen
ist er uns zum ersten Mal aufgefallen. Er sah zufällig, wie
ich verletzt aus dem Auto in die Wohnung getragen wurde. Er stellte sich vor und sagte, er sei aus Griechenland
gekommen. Von den Nachbarn wusste der Schwarze Handschuh, dass wir Yoga machen und Träume deuten. Er bat
um eine Deutung dessen, was ihm erschienen war: «Hunde
jagen! Große und kleine. Sie wollen mich zerreißen. Mal
laufe ich, mal nicht. Bin hilflos! Weiß nicht, was tun. Habe
große Angst. Es sind sehr viele Hunde, eine ganze Meute!»
Wir verstanden seinen Traum so: «Feinde. In großer Zahl.
Dableiben bedeutet den Untergang. Rasche Ausreise ist nötig. Die Jagd ist im Gange!»

Beim Abschied sagte der Mann, schon an der Tür, ganz
leise: «Ich komme wieder. In fünf, sechs Jahren. Ich habe
Familie dort.»

Auf dem Tisch sahen wir einige Tafeln Schokolade.

Ich spüre schwindelerregende Hoffnung: Alles wird gut!
So warten Kinder auf die Geschenke vom Weihnachtsmann.

Oder auf dem Meer, wenn das Schiff sinkt, und man hinter einem Schleier von Regen und Sturm plötzlich schemenhaft das Ufer erkennt.

14.35 Uhr. Mama hat Herzprobleme. Sie hat viele Tabletten genommen. Sie helfen nicht. Ihre Lippen werden kalt, die Hände, die Füße. Ich habe ihr eine große Flasche mit heißem Wasser in die Hände gegeben, eine Art Wärmflasche. Eine zweite habe ich ihr an die Füße gelegt.

Ich sehe Aladdin vor mir! Führe mit ihm ein stilles Gespräch. Ich sitze auf dem Sofa. Es wird geschossen. Bislang noch weit weg. Aus einem Grad-Raketenwerfer. Sie laden ihn schon zum dritten Mal! Das ist so eine Waffe wie die «Katjuscha» im Vaterländischen Krieg. Brot sind wir nicht kaufen gegangen. Ich höre ein Flugzeug heulen. Das Geräusch kommt näher. Eiszapfen vorm Fenster, wie kleine Stalaktiten. Der Himmel ist klar und blau. Aladdin hat mir versprochen, mir ein Kätzchen mit blauen Augen zu bringen, so weiß wie gestern der erste Schnee.

Nachts habe ich geträumt: Im dunklen Keller kämpfe ich mit dem Tod. Er ist schwarz, in einem Kapuzenmantel. In der Hand hält er ein Schwert, und zu seinen Füßen ist Sumpf. So viele stecken schon bis zur Brust in diesem Sumpf, sie kommen nicht mehr heraus, keine Rettung. Niemand. Ich hole aus und schlage dem Tod mit dem Spazierstock an den Kopf. Ich spüre den Schlag ganz real, als hätte ich etwas Lebendes und Wirkliches geschlagen. Er weicht zurück, und es gelingt mir, aus dem Keller ins Licht zu springen.

Ich habe den Traum Mama erzählt. Sie lachte und sagte: «Das bedeutet, in diesem Krieg wirst du nicht sterben!»

Prinzessin Budur

12. November

Ich schwöre: Ich habe nicht geglaubt, dass ich überleben würde. Was ich jetzt schreibe, ist das achte Weltwunder. Am Morgen gingen wir zum Berjoska. Wir hofften, Kartoffeln zu finden. Wenigstens zwei Kilogramm. Auch Brot wollten wir kaufen. Wir haben wenig Mehl. Weniger als einen halben Sack. Das Mehl ist für den Notfall. Wir kamen an dem Grünen Kindergarten vorbei und betraten den verhängnisvollen Hof, in dem wir immer etwas abkriegen. Und da fing das Bombardement auch schon an! Wir rannten in den Eingang eines großen fünfstöckigen Hauses. In dem einen Aufgang war niemand, der bot keinen Schutz, also liefen wir in den zweiten Aufgang. Dort war eine russische Alte. Sie sagte, sie lebe völlig allein. Niemand sonst sei dort. Aber sie habe die Schlüssel zu allen Wohnungen. Die hätten die Besitzer ihr gegeben, falls es brennt. Auch den von einer Wohnung im Erdgeschoss. Dort gingen wir rein. Die Bomben fielen weiter – das Flugzeug kreiste direkt über dem Hof.

Vor unseren Augen flogen erst die Fensterscheiben, dann die Fenster selbst und die Reste der Mauern auf die Straße. Eine große Öffnung bildete sich. Zwei breite Betten, ohne Räder, rutschten auf den Beinen auf uns zu! Weißer Rauch drang durchs Fenster herein. Man konnte kaum etwas sehen und bekam keine Luft mehr. Ein unangenehmer, ätzender Geruch! Ich hörte Stimmen. Auf dem Hof wurde laut geredet. Ich schaute hinaus und sah zwei junge Männer in Jeansanzügen. Sie saßen auf einer nassen Bank aus Schnee. Der eine hielt den Kopf zwischen den Händen und heulte wie ein Tier. Der andere sagte immer wieder: Was ist mit dir? Bist du verrückt geworden? Er schlug den ersten ins Gesicht, schüttete ihm Schnee auf den Kopf. Irgendwo schrien Verwundete. Unheimlich. Die russische Alte, rundlich und unverzagt, sagte: «Ihr lebt! Also muss man an die Lebenden denken! Meine Wohnung ist im zweiten Stock. Meine Tochter ist vor kurzem gestorben. Sie war neunundzwanzig. Ich möchte ihrer gedenken! Nehmt ihren Mantel mit! Er ist neu.»

Wir gingen zu der guten Frau in den zweiten Stock. Betraten die Wohnung. Ich probierte den bordeauxroten Drape-Mantel an. Er passte mir. Wir falteten das Geschenk zusammen, legten es in eine Tüte und dankten dem Mütterchen. Mama sagte: «Wir wohnen nicht weit. Falls Sie ausgebombt werden und am Leben bleiben, kommen Sie zu uns! Bei uns können Sie überwintern. Es ist ganz nah.»

Mama schrieb ihr unsere Adresse auf die Tapete. Da ertönte eine ohrenbetäubende Detonation. Ein Flugzeug warf Bomben ab. Das fünfstöckige Haus wankte und neigte sich. Vor Angst konnte ich keinen Gedanken mehr fassen. Ich betrachtete die Christusfiguren an der Wand und die Kreuze. Fensterglas und Teile des Balkons fielen nach unten. Von der Druckwelle flog die Tür in den Treppenflur auf. Alles war in Rauch gehüllt. «Nur nicht hier sterben, im zweiten Stock», ging mir durch den Kopf. Ich setzte mich auf den Boden, flüsterte: «Mama», und begriff, dass meine Stimme versagte. Das Mütterchen neigte den Kopf und betete. Mama erklärte hoffnungslos: «Ich glaube, das ist unser Ende. Lass dich umarmen!»

Doch in dem Moment hörten wir Rufe im Treppenhaus. Ein Mann, den weder ich noch Mama kannten, sprang die Stufen hoch zu uns. Er fuchtelte mit den Armen und rief laut: «Das Haus brennt! Gleich wird die Mauer zusammenbrechen! Los! Lauft! Schneller! In den Keller! Über die Straße!»

Bei ihm war einer der Jungen vom Hof. Der zweite war verschwunden. Wir stürzten nach unten. Die Splitter schnitten in mein rechtes Bein. Es tat höllisch weh. Wir eilten auf

291

den uns schon vertrauten Hof mit dem kleinen Keller, über uns das Heulen der Flugzeuge. Irgendwo wurde aus einer Maschinenpistole geschossen.

Der Keller war verschlossen! An der Tür hing ein großes Schloss! Da liefen wir zu viert zum Roten Kindergarten. Ich fiel hin, von dem furchtbaren Schmerz in den Beinen, man zog mich an der Kapuze weiter. Mehrere Bomben warteten wir im Kindergarten ab. Ohne Fenster und Türen. Und ohne Kacheln, fiel mir auf. Wer hatte die abgerissen? Wer hatte das geschafft? Die Flugzeuge drehten ab. Wir gingen raus. Zum Erstaunen von Mama hielt ich meinen braunen Krückstock in der Hand, er war nicht zerbrochen! Ich hatte ihn so fest umklammert, dass die Finger dunkel geworden waren! Es gelang uns, über die Straße in den nächsten Hof zu gelangen. Wir hörten das bekannte Knirschen. Daran erkennt man den Raketenwerfer Grad. Mama und ich traten sofort in den Hausaufgang, links von uns. Wir klopften aufs Geratewohl. Es wurde geöffnet. Wir gingen in die Wohnung im Erdgeschoss. Eine Tschetschenin und ihr Sohn, ein Mann von vielleicht dreißig Jahren. Da krachte es!

«Wir haben bei euch Unterschlupf gesucht», erinnerte sich der junge Mann sofort.

Mir tat das Herz weh, und man gab mir Validol. Einen Teil der Tabletten ließ ich für Mama. Die Wohnungsinhaberin gab uns Wasser mit Baldrian. Mama setzte sich auf einen Hocker. Ich saß in dem fremden Flur auf dem Wassertank. Alle warteten regungslos auf den nächsten Schlag.

«Wo sind die Männer abgeblieben», fiel Mama ein. «Sie haben versucht uns zu helfen.»

«Und das russische Mütterchen», pflichtete ich ihr bei. «Und ich glaube, ich habe den Mantel verloren!»

Mama winkte nur ab.

Die Wände wankten. Eine ungeheure Detonation zer-

292

brach einen Teil der Zimmerdecke. Wir drängten uns aneinander, einer suchte Schutz hinter dem anderen. Putz und Holzsplitter regneten auf uns nieder. Feuer schien durch uns hindurchzugehen, so heiß wurde es. Eine weitere heftige Explosion, diesmal erstaunlicherweise von unten, erschütterte den Boden. Sie warf Mama vom Hocker und den Mann auf alle viere. Der Grad-Beschuss hörte bald auf. Der Werfer wurde nicht mehr nachgeladen. Wir warteten ab, aber das Knirschen, das den Abschuss einer neuen Salve von Granaten ankündigt, kam nicht mehr. Alle gingen nach draußen. Die Männer und die Alte waren nicht zu sehen. Wir sahen die ausgebrannte Wohnung nebenan, im ersten Stock. Durch das Loch sah man wie durch ein zusätzliches Fenster die Möbelgarnitur, das Schlafzimmer. Dort war die Granate eingeschlagen. Der Fußboden rauchte.

«Tödliche Stille», sagte der Sohn der Frau, die uns Unterschlupf gewährt hatte.

Wir dankten unseren Rettern auf Tschetschenisch und auf Russisch. Und nahmen Abschied. Wir gingen zum Basar. Er war leer. Das Geschäft war zu. Kette und Schloss. Bei einem Beschuss würde niemand Deckung finden.

«Rasch! Nach Hause!», kommandierte Mama und zog mich mit allen Kräften. Bei dem Kindergarten aus roten Ziegeln fanden wir die Tüte mit dem Mantel. Als wir über den Hof gingen, sahen wir am Fenster des ersten Stocks das Mütterchen. Es winkte uns. Ein Teil der Mauer und des Dachs dieses Hauses waren nicht mehr da. Aus dem zweiten und dritten Stock kam dichter, schwarzer Rauch. Den Mann und den hochgewachsenen Jungen in Jeans trafen wir nicht mehr. Der, der geheult hatte, lag an der Bank. Er war nicht … ganz, nur sein oberer Teil war geblieben. Unter ihm war eine riesige, dunkle Blutlache. Wir hatten Angst, näher an ihn heranzugehen. Der private Sektor war weggefegt. Nicht einmal die Ziegelsteine waren geblieben! Schotter auf der Erde. Und Abdrücke an der Stelle, wo die Zäune gestanden hatten! Riesige Gruben! Häuser und Gärten wie vom Erdboden verschluckt. Die ganze Straße in Schutt und Asche.

Da sahen wir, wie uns vom Berjoska der grauhaarige alte Nikolaj und Hawins Papa entgegenkamen, unsere Nachbarn. Sie hatten so eine Angst vor dem Luftangriff gehabt, dass sie sich in den Schnee gewühlt und die ganze Zeit regungslos dagelegen hatten. Auch sie waren auf die Suche nach Brot gegangen. Zu Hause an der Tür begrüßte uns die alte Oma Stasja. Sie klopfte bei uns. Natürlich machte ihr niemand auf. Unter unserer Wohnungstür kam Rauch heraus! Wir gingen hinein. Es brannten: das Fenster, die Vorhänge, die Beine des polierten Tisches und der Fußboden. Wir mussten alles Wasser aufbrauchen, getauten Schnee und Dreck ins Zimmer schleppen.

«Gut, dass alles so feucht geworden ist! Das brennt schlecht», freuten wir uns.

Nachdem wir fertig waren, stellten wir fest, dass die Nachbarn gewechselt hatten. Tamaras Verwandte aus dem dritten Stock waren ausgezogen. Eingezogen waren, wie Tante Marjam angekündigt hatte, Leute aus dem Haus gegenüber: Oma Nina, dreiundsiebzig Jahre, drei ihrer Enkel und ihre Tochter Warja, eine junge, hellhaarige Frau.

Mama und ich freuten uns. Das war die Familie, mit der wir den Ersten Krieg erlebt hatten! Gezankt. Vertragen. Angefreundet. Wir halfen uns gegenseitig. Sie lebten bei uns wie Flüchtlinge.

Wieder schlagen Grad-Geschosse ein. Wenn ich nicht umkomme, Tagebuch, sehen wir uns morgen wieder!

Polina

13. November

Mir ist schleierhaft, wie wir weiter leben sollen. Brot ist teurer geworden. Erst kostete es schon sechs Rubel. Jetzt verlangen viele Händler zehn und fünfzehn Rubel für einen Laib. Unser Mehl ist alt, es schmeckt nach Schimmel, und es reicht gerade noch eine Woche.

Aladdin war hier! Wir haben uns darüber unterhalten, wie wir den gestrigen Tag überlebt haben. Ich habe gelesen. Heute hat er weniger mit mir gemeckert, dafür war ich plötzlich verklemmt und stotterte. Ich brachte es nicht fertig, mich ruhig zu beschäftigen. Ich war ständig abgelenkt, wenn er neben mir saß. Ich wollte dann nicht lesen, sondern seinen Atem atmen. Nicht hören, was er sagt, sondern einfach seine Stimme hören. Es ist wie verhext! Er hielt mich für unaufmerksam. Er ging beleidigt nach Hause.

P. S.: Sie schießen wieder. Wann hört das endlich auf? Ich bin feige. Schande!

Polina

14. November

Aladdin war hier mit einem Freund. Der Freund heißt Artur. Sie tranken den restlichen Kaffee. Ich fühle, ich gehöre nicht in diese Zeit. Der «große Bruder» hat mir übrigens ein Foto von Lolita gezeigt, einem Mädchen aus dem Mikrorayon. Hübsches Gesicht. Langes schwarzes Haar. Er sagte, er liebe sie, doch die Eltern brächten sie aus der Stadt weg. Von den Gesichtszügen her ist Lolita schöner als ich! Aber auf dem Foto hat sie die Augen stark nachgezogen. Und ich benutze keine Kosmetika. Von der Figur her bin ich besser, auch wenn ich jünger bin. Aladdin sagte, dieses Mädchen sei älter als er. Auf dem Foto sah Lolita gepflegt aus und selbstsicher. Ich nahm Aladdin die Erzählung von seiner Freundin nicht übel. Ich ärgerte mich nicht. Vertrauen ist gut. Meine Eitelkeit litt nicht. Ich war listig! Ich wusste, dass ich Aladdin auch etwas erzählen und zeigen konnte! Mansur hat mir nämlich ein Foto von sich geschenkt. Er hat seine Unterschrift darauf gesetzt und dazu geschrieben: «Zur Erinnerung und viel Erfolg!» Mein «großer Bruder» wurde sehr eifersüchtig auf das Foto meines Nachbarn! Er verbarg seinen Ärger gar nicht erst! So weiß ich jetzt: Aladdin kann seine Gefühle nicht verbergen. Wenn er betrügt, sieht man das sofort!

Er hat Kaffee und ein Glas eingedickte Sahne mitgebracht. Mama hat Fladen gebacken – Piroggen mit Konfitüre. Wir hatten für Kriegszeiten seltene Leckereien zu essen. Von Lolita hatten die beiden noch eine Schachtel Gebäck dabei, als Geschenk. Die Jungs teilten traurig mit, dass ihre Bekannte wegzieht. Ihre Familie versuche, ihr Hab und Gut nach Inguschetien zu bringen. Man muss beim Verladen der Sachen helfen. Damit verabschiedeten Aladdin und Artur sich. Hauptsache, er lebt! Und ich lebe! Und vielleicht erleben wir den morgigen Tag auch?

Polina-Budur

15. November

Keine starken Luftangriffe, aber Beschuss mit Grad-Raketen und aus Tankergeschützen. Seit dem frühen Morgen war es still. Wir gingen Wasser holen, Warja, Großmutter Nina und ich mit Mama. Ich nahm trotz meiner Verletzungen an der Exkursion teil! Habe zwei Blechkannen mit je drei Litern getragen.

Raisa war bei uns zu Besuch. Wir aßen Teigtaschen mit Resten von Kohlblättern und Blättern von Roten Beten. Großes Fressen! Dazu tranken wir den kostbaren Kaffee. Tante Warja schaute mit Baschir vorbei.

«Die Wohnung muss gehütet werden! Die Nachbarn im

Haus gegenüber sind unzuverlässig!», erklärte Warja. Alle tranken einträchtig Kaffee, entspannten sich und führten mondäne Gespräche. Mir wurde langweilig. Ich konnte es kaum erwarten, dass sie gingen. Und das, obwohl ich sie sehr mag! Aladdin war nicht da! Mama und ich machten uns auf zum Berjoska, Brot kaufen, diesmal ohne Abenteuer. Baschir, fünfzehn Jahre, will uns aus einem Wäschetrog einen Ofen für Brennholz bauen, um die Wohnung zu heizen. Mit seiner Hilfe schließen wir den Ofen an das Abgasrohr des Gasofens und den Rauchabzug an. So kriegen wir Ende des zwanzigsten Jahrhunderts einen alten «Bollerofen». Ich habe zweimal mit ihm Schach gespielt und beide Male schmählich verloren. Schuld daran sind die Gedanken. Ich bin in einem ausgedachten, glücklichen Leben ohne Krieg.

Im Dickicht der Städte begann ich zu leben

Und hörte kein gutes Wort.

Auch wir werden offenbar lange Zeit im Dickicht und auf Müllhalden leben müssen. Von meiner geliebten Stadt wird nicht viel übrig bleiben!

Hurrah! Aladdin ist gekommen!

Polja

16. November

Gestern waren Aladdin und Artur bei uns. Ich las vor, sie hörten zu. Artur rutschte heraus, dass sie all das, was ich in zwei Wochen gelernt habe, mit Mühe in einem halben Jahr geschafft haben! Aladdin stieß ihn in die Seite. «Oi!», sagte Artur, und wir lachten. Als sein Mädchen wegzog, hat sie Aladdin einen Brief hinterlassen, darauf stand: «Genau in die Pranken des Tigers.» Darüber, dass er ihr teuer ist, doch nicht als Freund, sondern als Geliebter. Sie verstehe: Ihr Gefühl sei fehl am Platze. Sie sei älter, schon siebenundzwanzig Jahre. Er brauche eine andere. Lolita wünschte Aladdin Glück, Frau und Kinder. «Mich wirst du nicht mehr wiedersehen!», schloss sie stolz.

Mama rügte den «Tiger»: «Das ist ein persönlicher Brief. So etwas zeigt man nicht. Und gibt schon gar nicht damit an! Solche Dinge bewahrt man auf und schweigt. Ein Brief ist etwas Wertvolles!»

Diesmal brachte Aladdin eine Lampe mit, und er hatte sogar Kerosin dabei. Jetzt haben wir zwei Lampen. Es ist hell in der Küche und im Zimmer. Wenn man sie nebeneinanderstellt, kann man lesen! Die Fenster sind immer dicht verhängt – Licht lockt Schützen an. Aladdin hat mir eine sehr schöne Sache geschenkt: einen Tasbih für das muslimische Pflichtgebet. Ich habe nicht einmal Mama etwas davon gesagt. Das ist ein Geheimnis!

Heute Morgen sind Mama und ich hinten um unser Haus und in die fremden Gärten gegangen, solange nicht geschossen wurde. So viele Ruinen stehen dort! Ein toter, verbrannter Hund lag auf dem Pfad. Friede ihm in anderen Welten! Wir fanden Rote Bete, Kohl gab es nicht. Dazu mussten wir auf den Markt. Kauften alles und wollten zurück. Da fiel Mama ein, wir könnten Tante Aza besuchen, gleich gegenüber.

«Wir haben noch nicht gefrühstückt!», sagte ich. «Und es ist schon Mittag!»

Doch Mama erklärte: «Aza ist krank. Der menschliche Anstand verlangt es, bei ihr vorbeizuschauen.»

Mich wollte sie nicht dorthin mitnehmen. Sie fluchte unflätig und beschimpfte mich! Wünschte mir den Tod, sagte, wenn ich nicht getötet werde, dann werde sie selbst das besorgen. Sie schrie alle möglichen gemeinen Sachen in Gegenwart des jüngeren Sohns von Tante Warja, Baschir! Wie peinlich! Mama nahm Gastgeschenke für Aza mit: Kekse,

Makkaroni «Rolton». Aladdin fragte mich gestern, warum ich so nervös bin. Wie soll ich erklären, dass ich als kleines Mädchen davon träumte, ohnmächtig zu werden, wenn mir der Kopf gegen die Wand geschlagen wurde, weil ich eine Fünf in der Schule bekommen hatte. Wahrscheinlich bin ich deshalb heute so. Meine Mama ist ein sehr grausamer Mensch.

Mama ist weg. Ich weiß, ihr Leben ist kein Zuckerschlecken. Ich weiß, sie wollte rauchen und ich sollte es nicht sehen! Ich hasse Zigarettenrauch! Ich mag es nicht, wenn Frauen rauchen! Als ich ganz klein war, merkte ich, dass die Nachbarin Walja Mama zum Rauchen verführte. Ich beschloss, aus Protest von zu Hause wegzulaufen. Ich überredete auch Aljonka (die sechsjährige Tochter der Nachbarin) zur Flucht. Es gelang uns, vierundzwanzig Stunden unterzutauchen. Wir versteckten uns in fremden Treppenhäusern (von zu Hause hatten wir Decken und Bonbons mitgenommen).

Zurück mussten wir deshalb, weil Aljonka ihre Lieblingspuppe vergessen hatte. Da wurden wir dann von den Eltern erwischt. Aber mit dem Gürtel geschlagen wurden wir nicht. Später sind Aljonka und ihre Mutter verleumdet worden. Ein Befehl mit dem Wolfssiegel und der Unterschrift von Schamil Bassajew machte sie zu Feinden des tschetschenischen Volkes. Sie wurden zur Erschießung verurteilt. Aber andere Tschetschenen haben diese Russen verteidigt (allerdings haben sie dafür ihre Wohnung fast umsonst bekommen). Doch sie haben sie gerettet, nicht getötet.

Ich habe das merkwürdige Gefühl, dass die Vergangenheit einer Glaskugel ähnelt. Darin ist etwas. Man kann es sogar betrachten. Aber rühren kann man nicht mehr daran.

Wieder wird mit der Grad geschossen.

Mama ist zurück. Ihr geht es besser.

Aladdin und Artur brachten Batterien für ein kleines Tonbandgerät. Jetzt werde ich Musik hören! Mansur kam. Wir machten die Jungs miteinander bekannt. Ich schaue sie mir an. Artur ist groß und breitschultrig, männlich, edle, ruhige Gesichtszüge. Er wirkt älter, als er ist, hat eine gute Aussprache. Einfallsreich! Ein vorzüglicher Freund. Mansur hat helle Augen. Sie sind schmal und zu den Schläfen hin verlängert. Sein Haar ist aschfarben und lockig. Er erinnert an einen Seefahrer.

Aladdin ist schwarzhaarig und schwarzäugig, hat ungewöhnlich goldbraune, dunkle Haut und einen ständig wechselnden, nervösen Gesichtsausdruck. Er ist zielstrebig in seinen Bewegungen und Handlungen und hat es immer eilig. Unberechenbar. Verwegen. Und dieses blendende Lächeln! Alle meine Freunde hören gern Lieder zur Gitarre, singen auch ein bisschen selbst.

Artur bemühte sich, die Spannung in den ersten Minuten der Bekanntschaft zu lockern. Er witzelte über sich und Aladdin, war fröhlich und gar nicht angriffslustig. Aladdin kochte Kaffee, schmierte Butterbrote, bewirtete alle, als wäre er der Gastgeber. Mansur sprach über den Krieg, darüber, dass wir nicht alle überleben würden.

«Schön wäre es, wenn wir uns im Frühling sehen, zum Sommer hin!», schlug er vor.

Mansur drückte Aladdin noch die Hand und sagte, er werde mich beschützen, egal vor wem.

«Und unser persönliches Schicksal entscheidet der Allerhöchste!»

Seine letzten Worte habe ich nicht richtig verstanden, aber ich spürte, dass sie wichtig waren. Die kostbaren Minuten dieser Begegnung werde ich gut in Erinnerung behalten.

P. S.: Aladdin hat ein Fernrohr gebracht, das er auf dem

Dachboden gefunden hat. Draußen ist Sturm. Den Mond habe ich nicht sehen können.

Prinzessin Budur

17. November

Am Morgen schlug in der Nähe eine Grad ein. Ich hörte, wie sie geladen wurde. Dann wieder eine Detonation. Unseren häuslichen Unterstand suche ich nicht auf. Ich will nicht leben. Ich will über diesem Heft sterben. Ich schreibe absichtlich ganz genau über alles. Nachher wird mein Tagebuch gefunden, so wie das Tagebuch des Mädchens aus Leningrad. Die Leute werden es lesen und werden verstehen, dass man in seinem eigenen Land keinen Krieg anfangen darf. Hier ist unsere Heimat! Wir sind eng miteinander verbunden: durch unsere Kindheit, durch Freundschaften, unsere Verwandten. Durch die gemeinsame Kultur. Die unsichtbaren Fäden sind stark.

Ich notiere den Refrain eines Liedes, das uns allen gefällt – Mansur, Aladdin, Artur und mir:

Über den Bergen hebt sich der Nebel.
In der Ferne lodern Feuersbrünste.
Hier tobt erneut die Schlacht.
Die Widerspenstigen werden mundtot gemacht.

Das ist von dem tschetschenischen Barden Timur Muzurajew. Seine Lieder sind immer rasch ausverkauft. Sie sind beliebt bei Menschen unterschiedlicher Nationalität und unterschiedlichen Glaubens.

Ein anderes Ereignis: Mansurs kleiner Bruder hat mir ordentlich aus der Patsche geholfen. Das kam so. Erwachsene, bewaffnete Tschetschenen kamen in unseren Hausflur. Sehr sportlich und groß. Alle trugen sie schwarze Bärte und schwarze Uniformen. Einer erklärte, er beobachte uns seit langem. Und ich gefalle ihm! Er wolle mich als eine seiner Ehefrauen (!) mitnehmen. Aber nicht mit Gewalt, sondern im Guten. Meine Mama werde er mit Gold (so ist es Sitte) dafür bezahlen, dass sie mich großgezogen hat. Mit diesen Leuten zu streiten, war zwecklos. Zum Glück war Baschir im Hausflur. Er sagte auf Tschetschenisch, dass er mein Bruder sei, dass ich versprochen sei und auf einen Mann warte, der in den Krieg gezogen ist. Meine Mama kam erschrocken aus der Wohnung. Sie bedankte sich für die Ehre, die uns zuteilwurde. Gut, dass Mama das tschetschenische Wort «Bräutigam» noch wusste. Die «Besucher» in Schwarz verneigten sich und gingen.

Wir haben schon oft von den Arabern gehört. Sie holen sich Mädchen – zum Kochen und Waschen. Es wird erzählt, dass im privaten Sektor, nicht weit von uns, bewaffnete Aufständische ein russisches Mädchen mitgenommen haben. Ich kenne sie persönlich. Sie heißt Katja. Blond und mager. Sie ist fünfzehn! Nach zwanzig Tagen gaben sie das Mädchen zurück. Das hatte niemand erwartet. «Ich wurde weder beleidigt noch belästigt», erzählte sie. Der sie zurückbrachte, sagte zu ihren Eltern: «Ihr seid schon sehr alt. Ihr kommt allein nicht zurecht!» Sie teilten mit, dass sie aus der Stadt abziehen.

Mansur war nicht zu Hause. Aber als er von den «Besuchern» erfuhr, verbat er mir, auf die Straße zu gehen. Für junge Mädchen ist es gefährlich, auszugehen. Mansur ist ein Ritter und ein Gentleman. Heute war ich bei ihnen zu Besuch und konnte mich erneut davon überzeugen. Er persönlich deckte den Tisch, servierte, hielt das Gespräch in Gang. Er scherzte sanft, ohne Bosheiten. Mansur sagte, es gebe eine Variante für einen schnellen Krieg: einen Staudamm zu öffnen oder zu sprengen. Die Stadt zu überschwemmen.

Dann wird, wie im Altertum, dort Meer sein, wo Grosny war.

Prinzessin Budur

20. November

12.25 Uhr – Gebetszeit. Schon seit einigen Tagen liest auf unserem Hof eine schöne, junge Stimme den «Azan» – den Gebetsruf. Der Mensch bleibt unsichtbar. Wir wissen nicht, wo er ist, doch seine Stimme klingt machtvoll, als käme sie vom Himmel. Womöglich wird seine Stimme von den Ruinen verstärkt. Offenbar haben sich in den weiter entfernten großen Häusern schon neue Bewohner häuslich eingerichtet. Und gestern Morgen, solange die Kampfparteien schliefen, ging ich mit Baschir in die fremden Gärten, um Kohl zu holen. Wir haben ja nichts zu essen. Wir stießen auf einen Garten mit einem großen, gusseisernen Tor und einem Schloss, das nicht aufging. Das war seltsam: Alle Pforten waren längst aufgebrochen, nur diese hier nicht. Durch das Gitter sah man, dass die Beete voller Gemüse standen! Wir rüttelten lange vergeblich an dem Tor und versuchten, es mit dem Messer zu öffnen. Ohne Erfolg. Daraufhin kletterte Baschir geschickt über den Zaun. Er reichte mir verschiedene Früchte herüber. Ich legte sie in die Tüte und mahnte zur Eile: «Mach schneller! Die Stille hält nicht lange an. Gleich kann wieder geschossen werden!»

Baschir beeilte sich. Er kletterte schon zurück und machte Witze, da plötzlich – wumm! Eine Mine schlug im Garten ein. Sie detonierte! Der Arme, er rutschte ab und blieb mit einem Hosenbein am oberen Zacken der Pforte hängen (drei Meter hoch). Kopfüber hing er da, und ich konnte nichts tun! Wieder flog eine Mine an. Wieder eine Detonation! Schon näher.

«Schnell! Sonst sterben wir!», rief ich und sägte mit dem

303

Messer rasch ein Stück von seinem Hosenbein ab, und er plumpste auf meiner Seite herab. Wir waren gerettet! Wir hatten unser Gemüse! Und genau in diesem glücklichen Augenblick öffnete sich wie von selbst das Gartentor. Die Hose war schon abgeschnitten! Was für ein Spaß! Vermutlich ging das Tor in die andere Richtung auf. An unsere Heimaterde geduckt, krochen wir nach Hause. Das Wichtigste, die Tüten mit Proviant, hielten wir im Arm. Erst hinter dem Haus, vor unserem Eingang, drehten wir uns um und sahen: Die Gärten stehen in Flammen. Gerade noch rechtzeitig! Ich gab der Nachbarin, der alten Mana, einen kleinen Kürbis.

21. November

Ich kam auf die Idee, Artur Dschinn zu nennen. Wenn Aladdin einen Freund hat, dann ist es Dschinn. So wie im richtigen Märchen. Artur hat nichts dagegen.

Heute habe ich nachts schlecht geschlafen, weil ich in Gegenwart der Jungs eingenickt war. Ich wachte auf, als Dschinn mich gerade mit dem Mantel zudeckte. Aladdin wurde sauer und sprach den ganzen Abend kein Wort mehr mit Dschinn. Dafür rollte er ein Handtuch zusammen und schlug mich damit, angeblich zum Spaß! Ich riss ihm das Handtuch aus der Hand und drosch ordentlich auf ihn ein. Er war vielleicht gekränkt!

Dschinn und Aladdin brachten ein kleines Hühnchen. Mama und Tante Warja rupften und kochten es. Warja gaben wir ein Bein, die Bouillon gossen wir ab. Wir entschuldigten uns, dass es so wenig war für uns vier. Dann gab es zwar Fladen, aber kein Brot! Die Jungs waren darüber sichtlich sauer. Sie gingen zum nächsten Basar, Brot holen. Aber sie waren sehr unzufrieden! Sie lieferten das Brot ab und wollten gleich wieder gehen. Dadurch fühlten wir uns tatsächlich schuldig. Aber wir zeigten es nicht. Im Gegenteil,

Mama erklärte laut: «Wer nicht will, soll gehen! Wir zwingen niemanden.»

Die Jungs gingen. Beim Abschied kündigte Dschinn an, dass er nach Inguschetien ziehen wird, zu seiner Mutter.

«Wenn wir überleben, sehen wir uns wieder!», versprach er.

Ich sah Schrecken und Erstaunen im Gesicht «meines» Aladdin.

Baschir hat uns den ganzen Abend mit Scherzen unterhalten. Wir haben herzlich gelacht! Er nutzte die Waffenruhe auch, um unsere Haustür zu verstärken. Er fand Bretter, die von der Größe und Dicke her passen und befestigte sie an beiden Seiten. Vielen Bewohnern, die im Krieg noch hier geblieben sind, hat er kostenlos Bolleröfen gebastelt, aus alten Eimern und Wäschetrögen.

Bis bald, Tagebuch!

Budur

24. November

Nachts wieder Beschuss. Gestern wurde heftig gebombt und aus vielen verschiedenen Waffenarten geschossen. Wir hatten Angst allein und übernachteten bei den Nachbarn, Tante Warja und Großmutter Nina. Wir schliefen im Korridor auf dem Fußboden.

Mansur legt Kleinholzvorräte für seine Großmutter und uns an. Er sägt und hackt den ganzen Tag. Sein Brüderchen ist toll! Morgens fand er eine Holztür und hat dieses Teil ganz allein zu uns geschleppt. Er sagte: «Den Nachbarn gegenüber haben sie heute Nacht die Tür zu Kleinholz geschlagen. Der Hauseingang steht offen. Wir brauchen eine Ersatztür. Sonst kommen alle möglichen Leute hier rein, fangen an zu kämpfen, verwüsten unser Haus!»

Bei Großmutter Nina wohnt schon seit einigen Tagen

ihre Freundin Stasja. Sie ist aus ihrem hohen Stockwerk heruntergezogen. Hat Angst allein. Heute sind alle unsere Nachbarn schlecht gelaunt. Im Radio hieß es, sie würden uns mit der Akul bombardieren. Das sind Militärhubschrauber mit Raketen. Furchtbar! Aber die Flucht ist gefährlich. Die Busse werden beschossen, Menschen sterben, verbrennen bei lebendigem Leibe.

Auf Wiedersehen, Tagebuch!

Prinzessin Budur

25. November

Ein ganz erträglicher Tag. Seit dem Morgen wurde wenig geschossen, und abends gingen die Nachbarn «spazieren», das heißt sie standen vorm Hauseingang und schnappten frische Luft, gemischt mit Brandgeruch. Aber dann ging es los! Granaten schlugen bei uns auf dem Hof ein. Wir alle stürzten in Tante Marjams Wohnung, zu Warja und den Großmüttern. Dann liefen wir aus der Nachbarswohnung in unsere (man hört, wie das Geschütz geladen wird und auch, wo es einschlagen wird). Danach flohen wir aus unserer Wohnung zu den Nachbarn, je nachdem aus welcher Richtung die Granaten kamen. Unter Feuer kam Sultan angerannt. Da wurden wir bereits mit Bodengeschützen und zusätzlich aus der Luft beschossen! Unser Hof – das sind mehrere vierstöckige Häuser mit friedlichen Bewohnern – wurde von zwei Flugzeugen und einem Hubschrauber bearbeitet. Das Haus wankte. Brandgeruch machte das Atmen schwer. Eine Druckwelle schleuderte die Wolldecke vom Fenster weg, Bretter flogen heraus, ich sah den Bauch des tieffliegenden Hubschraubers und musste denken, dass er wie eine bösartige Libelle aussieht. Das ging von achtzehn bis zwanzig Uhr. Baschir sah mich an, als wollte er mich für immer in Erinnerung behalten.

Da klopfte der Nachbar Suleiman an der Tür – der Vater des kleinen Wacha und von Zara. Suleiman war stark betrunken. Offenbar hatte er irgendwo eine Flasche Wein gefunden und sich volllaufen lassen. Frau und Kinder waren weg. Er saß ganz allein in seiner Wohnung im zweiten Stock, nicht in unserem Haus, sondern gegenüber. Suleiman liest viel. Ein gutmütiger, fröhlicher Mensch. Ich habe ihn nie grausam und böse gesehen. Eher schutzlos-schwach. Der Alkohol machte ihn mutig, und er lud uns ein, rauszugehen und uns die Brände in den Gärten anzuschauen. Bei diesem Höllenbeschuss? Alle schickten ihn zum Teufel oder noch weiter. Wir versuchten, Suleiman in die Wohnung zu ziehen, aber er wehrte sich verzweifelt und lief davon, um die Feuersbrunst anzugucken.

«Ich bin high!», rief Suleiman im leeren Hof.

Bei dem unglaublichen Krach musste er seine Stimmbänder ordentlich anstrengen.

«Ich bin high!», hörten wir, auf dem Fußboden im Flur liegend.

Seine Stimme kam mal von weitem, aus Richtung der Gärten, dann vom Hauseingang, ganz aus der Nähe:

«Ich habe in der Sowjetarmee gedient. Bei den Luftlandetruppen! Ich habe keine Angst.»

Mansur legte ein Lied von T. Muzurajew auf. Er stellte sehr laut. Unser erschrockenes Flüstern, die Detonationen, die Schüsse und die Stimme des Sängers vermischten sich. Sie wurden zu einer Musik des Krieges. Es klopfte hastig an der Tür. Aladdin! Ich dachte, ich verliere den Verstand. Wie eine Halluzination. Er war lebendig durch diese Hölle gekommen! Wie?! Bei so einem Bombenangriff! Aus dem brennenden Zentrum hatte er es in unseren Bezirk geschafft, weil er dachte, wir würden hungern! (Unterwegs lag er in einem Straßengraben, war völlig verdreckt.) Er hat einen

«Ziegel» – Kommissbrot – für uns aufgetrieben! Aladdin
hatte sich die Hand aufgeschnitten, sie war voller Dornen.
Aber er hat es geschafft! Ehrlich gesagt, habe ich überhaupt
keine Lust mehr zu sterben!

Prinzessin Polina-Budur

26. November

Gestern haben wir beim Bombardement gegessen. Nicht
einmal, sondern zweimal! Dann haben wir die Kleider unseres Gastes gereinigt und zum Teil gewaschen. Aladdin durfte natürlich auf dem Sofa übernachten, und ich quetschte
mich zu Mama aufs Bett, am Fenster. Der Trick ist, dass wir
die Beine längst abgesägt haben. Die Wand und der Heizkörper bieten uns Schutz. Das Bett liegt weit unterhalb des
Fensterbretts, fast am Boden. Auf das schmale Fensterbrett
haben wir als Barrikade Bücherregale gestellt (gegen Splitter!). Dadurch ist es jetzt dunkel, aber dafür sicherer. Nach
dem Aufstehen gingen wir ans Ummöblieren. Zu dritt schoben wir den Bücherschrank vor das Sofa. Gegen eine Granate hilft das nicht, aber gegen kleine «Eisenteile» schon.

Nach dem Frühstück lernten wir. Schrieben Grammatik-
übungen, lernten Vokabeln. Ich bemühte mich, Tschetschenisch vorzulesen. Dann Arabisch. Aladdin hörte aufmerksam zu. Am Ende lobte er mich!!!

Danach erzählte er, dass er mehrere Jahre nicht zu Hause
gelebt habe. Oft sei er im Internat gewesen, getrennt von
der Familie. Er klagte, dass er sich diesen Herbst die Nie-
ren verkühlt habe und krank sei. Mama rieb ihn mit Hexen-
schuss-Salbe ein. Sie sagte, er solle einen Schal um die
Hüften wickeln. Ob das nun seine Absicht war oder nicht,
ich sah, dass er meine Mama rührte. Sie weinte in der Küche.
Und ich hörte sie brummeln: «Arme Kinder! Haben nichts
vom Leben gehabt!»

Morgens ließ Aladdin nicht von Mama ab. Im Flur drückte er ihr die Nase an den Rücken, wie ein kleines Kind. Er rieb seine Wange und sagte: «Ehrlich gesagt, würde ich gern noch leben. Ich habe Angst. Ich bin noch nicht einmal verheiratet!»

Bevor Mama antworten konnte, klopfte es an der Tür. Ein unheilvolles Klopfen, das merkte ich sofort. Ich trat hinaus. Im Flur standen Nachbarn. Sie sagten: Abends hat eine Bombe das Haus nebenan getroffen. Sie hat zwei Stockwerke durchschlagen. Hat sie miteinander verbunden! Raisa ist tot – die Armenierin, die vor zwölf Tagen zum Islam übergetreten ist. Sie war beim Gebet und hat es nicht unterbrochen. Die alte Tschetschenin, die Raisa den Azam des islamischen Glaubens lehrte, war bei ihr. Aber sie bekam Angst, rannte raus und die Treppe hinunter. Diese Frau hat überlebt! Sie saß die ganze Nacht auf einem Stück Treppe. Erst am Morgen wurde sie von Verwandten gefunden, die die Nacht im Keller verbracht hatten. Die betagte Frau hat zum Teil die Sprache verloren. Ein grüner Splitter hat Raisa in die Schläfe getroffen. Sie wurde im Garten in einem frischen Bombentrichter beerdigt, quer über die Straße vor ihrem Haus, unter einem Kirschbaum. Aladdin und andere Nachbarn lasen ihr die Gebete. Ein ungewöhnlich angenehmer Geruch ging vor der Beerdigung von ihrem Körper aus. Er blieb auch, nachdem der Körper der Erde übergeben worden war! Diese Erscheinung können alle bezeugen, die zugegen waren. Noch als ich zu Hause war, hatte ich diesen Geruch in der Nase. Ich weinte. Ich habe immer größere Angst, jemanden in diesem Krieg zu verlieren. Aladdin nahm meine Hand und sagte: «Raisa ist im Paradies! Alles Frühere ist von ihr genommen durch den Glaubenswechsel! Ich bin überzeugt: Auf der Erde ist es schlimmer als im Himmel. Weine nicht, Prinzessin!»

Er verabschiedete sich und ging.

Bei der Beerdigung halfen: der russische Nachbar Nikolaj, Azas Bruder Schachrudin, die Söhne der tschetschenischen Nachbarin, bei der Raisa vorübergehend wohnte, auch Aladdin und Tagir aus dem privaten Sektor. Alle Frauen und Männer aus den umliegenden Häusern waren da. Ungefähr zwanzig Menschen.

Stasja nahm sich Raisas Trauring. Sie zog ihn vom Finger der Toten ab, zur Erinnerung. Ich beobachtete ein bitteres Lächeln meiner Mama und war noch verzweifelter. So vielen Menschen hatte Raisa geholfen! Sie konnte so schön singen. Ihr tragischer Tod hat mich erschüttert. Ich fürchte, Aladdin zu verlieren. Ich fürchte, ohne Mama leben zu müssen! Ich habe Angst!

Tagsüber kam Dschinn. Er sagte, es sei ihm nicht gelungen, die Stadt zu verlassen. Die Landstraße werde aus mehreren Richtungen beschossen.

Ich legte ihm die Karten. Sie sagten: Der Weg, den er im Sinn hat, wird offen sein!

Dschinn trank Tee, aß Kekse und ging.

Ich betete für Raisas Seele, betete für Aladdin, für Dschinns ungehinderte Reise. Ich gedachte Muslims, des Enkels von Zulaj aus dem ersten Aufgang, der es versteht, Blumen zu sammeln, und betete für ihn.

Prinzessin Budur

27. November

8.50 Uhr. Dschinn ist bei uns. Solange er seinen Freund nicht sieht, sagt er, kann er nicht für immer wegfahren. Draußen ist es heiter und sonnig. Das heißt, jeden Augenblick kann ein Luftangriff kommen. Ja, mein liebes Tagebuch! Wir müssen uns vielleicht für immer verabschieden. Wenn diese schweren Bomber angeflogen kommen und

brummen wie müde Hummeln, dann glaube ich, darin eine
Melodie aus dem Notenheft des Todes zu hören. Nachts
wurde gebombt. Nicht bei uns, sondern im Stadtzentrum
und im privaten Sektor, bei den Werksanlagen.

Dschinn bat mich, nicht auf die Straße zu gehen. Er warnte: «Die Wahrscheinlichkeit plötzlicher Straßenkämpfe ist
groß. Es ist sehr gefährlich!»

Er brachte uns ein echtes, weißes, großes Brot!

9. 10 Uhr. Bomben fallen. Zum Glück ziemlich weit entfernt. Im Radio der alten Nachbarsfrauen heißt es: In Tschetschenien finden Flächenbombardements statt. Bedeutet das,
dass nichts und niemand übrig bleibt?! Aladdin ist weg. Wir
werden uns wiedersehen, so Gott will.

Prinzessin Budur

29. November

Gestern Abend kam Tante Marjams Schwester Liza.

Die sagte, sie habe Geld, um eine Person außer Landes
zu bringen, und sei extra gekommen, um mich als Verwundete abzuholen. Marjam und ihre Familie halten ihre Versprechen ein! Mama erklärte, sie bleibe hier, um auf unser
Eigentum aufzupassen. Ich war trotzig. Ich will nicht weg.
Habe Angst, Mama allein zu lassen. Sie kommt ohne mich
nicht zurecht.

«Danke!», sagte ich. «Dir und Marjam. Aber getrennt
von denen, die ich liebe, will ich nicht leben.»

Statt unserer packte Mansurs Mutter Warja rasch für
die Flucht. Sie wollte wenigstens Baschir, sich selbst und
ihren Fernseher retten. Geld für die Reise ihres Sohnes
hatte sie. Den zweiten Platz im Bus, für Warja, bezahlte
Liza. Eine schnelle Entscheidung! Mama versuchte, mich
zur Flucht zu überreden. Sie packte sogar eine leichte
Tasche mit Kleidern. Aber ich fahre nicht! Beschlossen!

Mama brachte die Nachbarinnen und meinen fröhlichen Freund zur Tür.

Der Bus sollte um sieben Uhr kommen. Er hatte eine Stunde Aufenthalt. Mama half Decken und Kissen tragen. Sie riskierte ihr Leben, indem sie unter dem Beschuss über das leere Grundstück und zurück ging. Ich betete für Mama. Ich hätte glatt Vollwaise werden können. In meiner Einsamkeit klopfte plötzlich Aladdin. Er fragte: «Alles in Ordnung?»

Und warf mir eine Schachtel Kekse zu.

«Ich habe es eilig! Nur ein paar Minuten. Muss schnell die Jungs finden und sie vor einer Sache warnen.»

Dann fügte er hinzu: «Jetzt, da du hier bleibst, werde ich euch besuchen! Sei nicht traurig!»

Heute hatten wir kein Brot. Lebensmittel auch nicht. Gegen Abend gingen Mama und ich auf den Markt. Wir kauften nichts außer einer Packung Reis. Die Händler hatten Zigaretten und Schokolade. Auf dem Markt erzählten Frauen: Um fünfzehn Uhr sei ein Bus mit Flüchtlingen beschossen worden. Der Bus wollte nach Inguschetien. Die Händlerinnen nannten auch Zahlen: vierzig Tote, vier Verletzte.

Gott! Was ist mit unseren Freunden?

Polina

30. November

Gestern Abend kam Aladdin. Er teilte mit: «Dschinn ist verschwunden!»

Er gab zu, dass sie sich gestritten hatten. Der Grund: «Dschinn sollte nicht mit dir sprechen. Und du nicht mit ihm.»

Aladdin war verwirrt und ärgerlich. Auf einmal sagte er mir und meiner Mama, er habe viel nachgedacht und sei zu einem Entschluss gekommen: Er wolle mein Leben nicht

zerstören, aber er will jetzt, im Krieg, heiraten! Seine Gefährtin wird eine erwachsene Frau sein. Die schon einmal
verheiratet war. Sollte er sterben, wird sie weniger leiden
als ich. Ich hörte mir diesen Quatsch ganz ruhig an. Doch
mein Herz wurde augenblicklich schwer wie ein Stein. Eine
erwachsene Frau also. Und es stellt sich heraus, dass wir sie
kennen.

«Kusum!», folgerte meine Mama sofort.

Aladdin nickte. Doch den Namen seiner Frau sprach er
nicht aus. Er versuchte zu erklären:

«Sie ist die Mutter meines Freundes, war zweimal verheiratet. Sie ist älter als ich, so wie im Buch über den Propheten
Mohammed. Ich war öfter bei ihnen zu Besuch. Dass Kusum
in mich verliebt ist, ist meine Schuld! Und ihr Sohn redet
immer nur von dir. Sie wird überleben, sagte er, sie wird
mich heiraten. Das alles ist nicht schön. Es ist unehrenhaft.
Kusum ist religiös! Unsere gemeinsamen Bekannten meinen,
unsere Ehe ist eine Prüfung des Glaubens!»

Ich antwortete hart: «Wenn das so ist, siehst du mich nie
wieder! Den Mann einer anderen brauchen wir hier nicht!»

Mama rüffelte mich: «In dieser schweren Zeit müssen wir
uns um ihn kümmern! Versteh doch, er hatte eine Kindheit
im Internat, Hunger, Kälte. Jetzt endlich findet er eine Familie. Denk nicht an dich. Denk an ihn!»

Prinzessin

3. Dezember

Flugzeuge werfen schon seit vierzig Minuten Bomben. Wir
liegen mit Oma Nina und Oma Stasja in unserer Nische,
auf dem Fußboden. Sie lassen uns nicht zu Atem kommen.
Heute hat Aljonka Geburtstag. Ich denke an sie. Wo ist sie?
Irrt bestimmt durchs tiefste Russland. Aber wenigstens nicht
hier, wo überall der Tod ist.

Ich liege mit dem Kissen über dem Kopf, gegen mögliche Splitter, und schreibe. Ich kann kaum atmen, so tut mir die Seele weh. Die Stadt wird seit acht Uhr bombardiert.

Patoschka-Budur

4. Dezember

Es wird weniger gebombt. Sie schießen mehr mit Geschützen auf unsere Häuser. Aufständische sind aufgetaucht, bescheidene Bauernjungs, die Russisch mit Akzent sprechen. Sie fragen die alten Frauen: «Gebt ihr uns Seife? Wir wollen sie uns nicht selbst nehmen.»

Sie stellten sich vor. Sie kommen aus dem Regiment Naurskij. Sie werden zum Wasserholen in unseren Hof kommen, zu den Feuerwehrbrunnen. Ihr Quartier haben sie im Gebäude des Instituts, hinter dem leeren Grundstück. Sie decken hier den Abtransport von Verwundeten, sagen sie. Die Aufständischen haben eine leichte Kanone hergeschleppt und vor unserem Eingang aufgestellt. Sie haben geschossen! Alle Frauen und ich und Mama haben uns zusammengetan, ohne die Männer, und sind zu ihnen gegangen. Wir baten sie: «Geht weg! Euretwegen werden unsere Häuser zerbombt. Ihr schießt in die Luft, zwischen die Gebäude, und zur Antwort kommt gezieltes Feuer aus schweren Geschützen! Oder Bomben auf unsere Häuser. Wir haben alte Leute, Kranke und Kinder!»

Die Aufständischen verstanden. Sie sagten: «Geht zu unserem Kommandeur. Wir können das nicht entscheiden.»

Wir gingen alle zusammen. Der Kommandeur erlaubte, dass sie von unseren Häusern weggehen. Und die Aufständischen sagten: «Wir entladen die Kanone und ziehen ab. Geladen können wir sie nicht schleppen!»

Und weg waren sie. Insgesamt fünf, sieben Leute. In den nächsten Tagen sahen wir, wie diese Jungs ihre Spielzeugkanone von einem Ort zum anderen schleppten, durch die verlassenen Gärten, über das unbebaute Grundstück. Sie taten so, als wären sie viele. Sie zogen das Feuer auf sich. Sie schossen in den leeren Himmel, indem sie den Lauf ihrer Miniwaffe steil nach oben richteten. Den Bewohnern erklärten sie: «Die Kanone schießt sieben bis acht Kilometer weit. Wir treffen niemanden damit.»

In der Nacht auf heute habe ich von der getöteten Nachbarin Raisa geträumt. Sie trug ein Stirnband, auf dem mit arabischen Buchstaben stand: «Es gibt keinen Gott außer Allah.» Sie lächelte und sagte: «Der Krieg wird zu Ende gehen. Und du wirst unter den Lebenden sein.»

Heute stört mich der Splitter im rechten Bein. Er bewegt sich und schneidet innen. Ein schrecklicher Schmerz. Ich bete. Jeden Tag! Ich bete darum, dass niemandem, den ich kenne, etwas Böses zustößt.

Budur

8. Dezember

Gestern, während Mama in der Küche war, haben wir uns geküsst. Ich bin glücklich! Ich werde glücklich sterben! Mama kam herein, und Aladdin kniete am Sofa. Er bat um Verzeihung und schwor, dass er mich liebe. Mama gab ihm sofort eins auf den Hinterkopf und sagte: «Ich glaube dir und deinem Glauben. Mach dir selbst nichts vor!»

Er warf sich Mama in die Arme und sagte mehrmals: «Ich bin ein Dummkopf!»

Aladdin schmiegte sich mit verweintem Gesicht an ihre Schulter.

«Völlig verrückt», sagte Mama und streichelte ihm das Haar. «Reiß dich zusammen, Söhnchen! Kommt Zeit, kommt Rat. Ich danke dir! Verdreh nur meinem Mädchen nicht den Kopf! Nimm's mir nicht übel, aber ich bin froh, dass es so gekommen ist. Du hast dich richtig entschieden, sie ist ja gerade erst vierzehn Jahre alt.»

Mama entschwand in die Küche, um nicht vor seinen Augen zu weinen.

«Kinder! Hände waschen! Ich bringe euch zu essen», rief sie wacker, mit fast normaler Stimme von dort. Wir alle setzten uns und aßen traditionelle Teigtaschen mit Gras zum Abendbrot. Dann legte sich Mama aufs Bett und tat so, als schliefe sie. Und wir redeten die ganze Nacht! Aladdin nahm meine Hand. Er küsste meine Finger und sagte mehrmals, dass er mich liebe. Er sprach meine Mutter an und wiederholte sein Geständnis. Er habe geheiratet, um mich zu schützen. Wenn ich einverstanden sei, seine Frau zu werden, werde er einen Grund finden, sich scheiden zu lassen! Aladdin war sanft und zärtlich! Mein geliebter Aladdin.

Prinzessin Budur

13. Dezember

Die Heizung ist kalt. Gas gibt es schon lange nicht mehr. Klirrender Frost. Die Hände sind rot vor Kälte, und die Finger verweigern sich dem Schreiben. Ganz abgehetzt kam Dschinn herein. Er sagte gleich: «Ich habe nur wenige Minuten.»

Er verstehe Aladdin und sein Verhalten nicht. Er sagte, draußen an der Straße warte ein Auto auf ihn. Er werde gleich versuchen, zu fliehen.

«Bis zwei Uhr ist Waffenruhe! Es wird nicht geschossen und nicht bombardiert! Die letzte Chance, aus der Stadt zu kommen! Deshalb bin ich hier. Ich will dich mitnehmen!», sagte Dschinn zu mir. «Bist du einverstanden?»

Ich traute mich nicht. Da versprach Dschinn, mir auf jeden Fall zu schreiben! Mit der Post (wann wird es die wieder geben?) oder über Leute wird er Nachricht geben, von sich und Aladdin. Er wird versuchen herzukommen! Dschinn bestätigte, dass Aladdin geheiratet hat. Kusum sei vierzig, Aladdin dreiundzwanzig Jahre alt. Und sein Freund habe am 24. September Geburtstag.

«Heute Nacht soll der Sturm auf die Stadt beginnen!», sagte Dschinn. «Lass uns fahren!»

Ich lehnte erneut ab. Wir verabschiedeten uns wie gute Freunde. Ich setzte mich in die Nische, werde Tagebuchnotizen machen, so lange ich noch lebe. Allah, schütze Aladdin! Meine Freunde! Die Alten und Kinder, die in der Stadt bleiben! Ich lerne, den Ramadan richtig zu beachten. Wir haben zwar sowieso nichts zu essen. Aber wie soll man im Bombenhagel oder unter Beschuss nachts einen Happen zu sich nehmen?

Prinzessin Budur

15. Dezember

Heute haben unsere Nachbarn ihr wahres Gesicht gezeigt.

Sie haben gekuscht! Haben den Hund Lajda nicht verteidigt, den Hoffreund von Suleimans Kindern. Tschetschenen in Uniform der Aufständischen haben auf den Hund geschossen. Die Männer aus unserem Haus sind zur Seite getreten und haben kein Wort gesagt. Vor ihren Augen wurde ein lebendiges Wesen ausgelöscht – und sie haben geschwiegen! Eingemischt hat sich meine Mutter. Sie sagte, so benehmen sich herzlose Kinder, aber nicht Männer im Krieg! Die Aufständischen richteten die Pistole auf sie. Mama rührte sich nicht vom Fleck. Sie sagte «Für mich werdet ihr bezahlen müssen!», und stemmte forsch die Arme in die Seiten.

Die Aufständischen erwiderten: «Wir kommen zu dir, Tante!»

Mama wurde erst recht böse. Sie schrie: «Ich warte! Die Tür wird offen sein!»

Ich ging raus. Wir trugen Lajda in den nächstgelegenen Hauseingang. Dort, wo Großmutter Stasja ihre Wohnung hat. Wir verbanden sie, stellten ihr Wasser hin und gingen. Es ist ein großer Hund, ein Hofhund. Zu uns nach Hause hätten wir sie nicht tragen können. Sie ist zu schwer.

Als es dunkel wurde, kamen diese jungen Männer an. Sie baten Mama um Essig. Und entschuldigten sich! Sie sagten, sie hätten die Männer von unserem Hof auf «Lausigkeit» testen wollen: «Verrottet sind eure Männer! Sie trinken und stehlen. Stehlen und trinken! Wir können unterscheiden, wer was für einer ist! Falls ihr Hilfe braucht, wir übernachten im mittleren Aufgang bei Aza. Ruft uns, wenn jemand euch zu nahe tritt! Wir kommen!»

Und sie gingen. Mama und ich nutzten die Waffenstille und trugen dem verwundeten Hund ein Stück Fladen hin. Wir streichelten ihn lange. Der Hund war am Leben.

Uns stirbt die Katze vor Hunger. Mein Kater Chips kann kaum die Pfoten bewegen. Einmal hat Aladdin ihn gerettet. Heute Nacht habe ich von Kusum geträumt, meiner Beinahe-Schwiegermutter. Nina und Stasja haben im Rauschen ihres Radios gehört: Zu uns nach Tschetschenien kommt die OSZE! Aber der Kanonenbeschuss hört nicht auf.

Budur

16. Dezember

Aladdin! Aladdin! Er kam gestern Abend, bestätigte, dass er geheiratet hat. Eine Stunde später verkündet er: «Es stimmt nicht!» Er verdrehte alles, log und sagte, er hätte mich auf die Probe stellen wollen. Er fragte, ob ich seine zweite Ehefrau werden wolle. Er schwatzte Unsinn, demzufolge Kusum und ich angeblich Freundinnen werden können.

Ich erwiderte: «Hör bloß auf! Zweite Ehefrau, ja, wenn ich vierzig bin. Jetzt bin ich vierzehn! Ich will nicht heiraten. Ich werde lernen, die Schule abschließen, dann auf die Hochschule, und dann nehme ich mir den zum Mann, den ich will! Ich selbst werde ihn aussuchen!»

Aladdin riss die Augen auf. So böse und aufsässig hatte er mich noch nicht erlebt. Er bat mich, nichts zu überstürzen und erst zu überlegen.

«Eine Frau, die schon zweimal verheiratet war, hat dich um den Finger gewickelt», mischte meine Mama sich ein. «Na ja … Für uns ist es besser so.»

Aladdin lief ihr nach in die Küche. Er wisse auch nicht mehr weiter. In den Büchern stehe, man solle in erster Linie geschiedene Frauen heiraten, um außerehelichen Beziehungen und Unzucht vorzubeugen.

«Wohl wahr!», sagte Mama. «Aber wenn du verheiratet bist, solltest du nicht mehr zu uns kommen. Ja?! Was für eine Schande.» Aladdin war geknickt, Mama richtig wütend. Er hatte sie verärgert. Er legte alles Geld aus seinen Taschen auf den Tisch, sogar Kleingeld.

«Für euch, fürs Essen», brummte er und ging.

Und mit mir gingen die Nerven durch. Es tat mir so weh! Ich sprang ihm nach auf den Hof. Rief ihn. Aladdin kam bis zum mittleren Aufgang unseres Hauses. Er hielt es nicht aus, drehte sich um. Er rieb sich das linke Auge. Die Nasenwurzel. Dann schritt er rasch davon und verschwand hinter der Ecke. Ich fing an zu heulen und konnte gar nicht mehr aufhören. Ich verstand nicht, wo ich eigentlich war, ob ich lebendig war oder nicht. Ich verfluchte mich selbst und die ganze Welt. Der Krieg kam mir schrecklich banal und dumm vor im Vergleich zu meinem Verlust. Das ist bestimmt der schlimmste Tag in meinem Leben! Aber äußerlich ließ ich mir nichts anmerken, nicht einmal bei Mama.

Nachts hat jemand dem verwundeten Hund mit einem

Stein den Rest gegeben. Der Stein lag daneben, in seinem Blut. Wir kamen morgens, um Lajda zu streicheln und ihr den Verband zu wechseln.

«Weil sie gebellt hat, wenn jemand in fremde Wohnungen wollte!», folgerten die Mütterchen schnell. «Wir sehen alles! Taschenlampen im Treppenflur gegenüber, nachts. Mal in der, dann in der anderen Wohnung! Wir haben ein Guckloch in der Decke vorm Fenster. Da können wir alles beobachten.»

Nikolaj und ihr Herrchen Suleiman beerdigten die Hündin Lajda.

Nikolaj hasst uns. Er knurrt und sagt hässliche Sachen. Aladdin hat ihn schon einmal dafür zur Rechenschaft gezogen, dass er mich im betrunkenen Zustand belästigt hat. Deshalb ist Nikolaj böse. Mama bezeichnet ihn ganz unverhohlen als Säufer und Dieb.

Es ist Nacht. Draußen Kanonenfeuer. Ich habe Aladdin einen Brief geschrieben, einen Brief, den er nie lesen wird. Ich traue mich nicht, ihn abzuschicken. Mein Stolz erlaubt es nicht. Ich hefte den Brief in deine Seiten, Tagebuch. Hier ist er:

«Aladdin!

Möge der Allmächtige zufrieden mit dir sein und dich auf deinem Weg beschützen. Ich bete darum, dass unsere Trennung nicht zu lange dauern möge, und habe große Sehnsucht. Ich sehne mich nach den Augenblicken, da wir zusammen waren. Ich warte auf dich. Auf dein Lächeln und das Licht, das es in unserem Haus verbreitet hat. Ich bin erst vierzehn, das ist sehr jung, aber in diesen Jahren habe ich keinen Menschen getroffen, der besser und gütiger wäre als du. Niemals werde ich unsere Lehrstunden beim Bombenhagel vergessen und deine Sorge um mich, ganz so, als wäre ich

wirklich dein Schwesterchen. Ich wünsche dir, dass du dem Tod entgehst, noch lange auf dieser Erde lebst und glücklich seist. Denk immer daran – unser Haus ist auch dein Haus.»
    Die Prinzessin

18. Dezember
Eine große Gruppe von Menschen ist in unsere Häuser gekommen. Frauen und Kinder. Ihr Anführer ist etwa vierzig Jahre alt. Alle gehorchen ihm, er erteilt die Befehle. Diese Menschen erzählten, sie seien zu Fuß vom Mikrorayon gekommen. Früher lebten sie alle in einem Plattenbau. Unter ihnen sind hauptsächlich Russen und Tschetschenen, aber auch eine Armenierin und Tataren. Sie müssen heute unbedingt eine Übernachtungsmöglichkeit finden, um eine Weile zu rasten, ohne sich trennen zu müssen, um sich aufzuwärmen und die feuchten Sachen zu wechseln. Sie brauchen Geschirr, Werkzeug und natürlich Lebensmittel. Die beste Lösung wäre ein großes privates Haus. Wo es so etwas gebe. Der Ad-hoc-Familie gehört auch eine junge Frau namens Kira an. Sie befreundete sich sofort mit Aza. Kira ist mit ihrem Sohn gekommen. Er ist jünger als ich. Ein flinker! Er stellte sich selbst vor: Mischa! Am ersten Tag behandelten sie uns ganz gut: Sie hatten Mitleid wegen meiner Verwundung und wegen Mamas körperlicher Erschöpfung. Ich bat um eine Axt (sie hatten viele Werkzeuge) – unsere alte ist sehr schwer. Mischa sagte: «Eine Sekunde!» Ich sollte mit ihm kommen, Mama erlaubte es. Wir gingen auf die Suche nach einer Axt und fanden sie: klein und leicht, wie gemacht für meine Hände!
    Der Mann, der Chef ihrer «Mannschaft», schenkte meiner Mama einen Kanister Dieselöl. All diese Leute sehen aus wie Obdachlose. Ich weiß, das ist nicht ihre Schuld. Sie sind unglücklich, haben kein Zuhause, aber ich kann meinen

Ekel nur schwer verbergen. Dank der fremden Axt überlebe ich. Und sie überleben! Uns alle haben sie dreckig und hungrig gemacht und das Stehlen beigebracht. Wie abscheulich! Die Leute aus der «Mannschaft» ziehen durch fremde Höfe wie die Heuschrecken. Halbwüchsige Kinder filzen mit geübten Bewegungen fremde Taschen. Sie laufen durch die Hausflure, stehlen, sind überall.

Nach dem Beschuss sind einige Stockwerke unseres Hauses zusammengesackt, ineinandergesunken. Das Gleiche passierte im Haus gegenüber. Aus dem Dach steigt schwarzer Rauch. Aber die Dächer sind längst durchlöchert. Die Flammen erlöschen langsam von selbst. Die Mauern sind feucht, geheizt wird nicht. In unser Zimmer schneit es hinein, dann wieder regnet es.

21. Dezember
Ich denke an Aladdin. Das letzte Mal haben wir uns vorgestern gesehen. Er kam um zehn Uhr vormittags zu mir. Wir standen im Schneefall und hielten uns an den Händen. Ein wunderbares Gefühl! Er wollte nicht gehen. Er hat mich so angeschaut! Dann verabschiedete er sich doch und ging. Das ist alles. Den Brief habe ich ihm nicht gegeben.

Die Prinzessin

24. Dezember
Die dicke Aza hat den Neuankömmlingen allerlei Tratsch erzählt. Jetzt erlauben sie Mischa keinen Umgang mit mir. Sie lassen ihn nicht zu unserem Hauseingang. Das Oberhaupt der Gruppe knurrte im Vorübergehen: «Wir rechnen mit euch ab!»

Was haben wir ihnen getan, was ist unsere Schuld? Wahrscheinlich werfen sie uns vor, dass wir nicht trinken, dass wir nicht an ihren Ausschreitungen teilnehmen und den Hunger ertragen, statt fremde Wohnungen zu plündern. Und zu essen gibt es nichts.

In dem Feuerwehrbrunnen schwimmt eine verendete Katze, aber das Wasser wurde getrunken, ohne Probleme. Niemand lehnte ab, und niemand wurde krank. Jetzt schmelzen wir häufiger Schnee und trinken ihn. Ein Eimer Schnee ergibt ein Glas Wasser. Die alten Nachbarinnen haben einen Sack Makkaroni. Sie teilen nicht. Bevor Mansur wegging, hat er von zu Hause Makkaroni mitgebracht. Damals hat seine Mutter uns großzügig von der kostbaren Speise abgegeben. Jetzt essen unsere Nachbarn ihre Makkaroni allein.

Meine gute Mama ist blöd. Im Herbst hat sie alle durchgefüttert. Auch Aza. Damals hatten wir Lebensmittel. Jetzt haben wir nichts außer einem Kilogramm angeschimmelten Mehls. Heute gab es heftiges Geschützfeuer. Die oberen Etagen brannten, und ein Teil von ihnen ist eingebrochen. Die Druckwelle hat geschlossene Türen im ersten Stock aufgerissen. Mama hat sie miteinander verbunden und dazu am Treppengeländer festgebunden. Aber in unser Treppenhaus kamen Aza, Lina, Onkel Walera und andere Nachbarn. Sie sagten: «Hunger! Hunger kommt!», und begannen, Essen in den Wohnungen zu suchen.

Wir fanden ein Glas Konfitüre. Ich aß Konfitüre mit dem Löffel, bis mir schlecht wurde. Unser Hauptnahrungsmittel ist ein Glas Wasser, in das wir einen Löffel Mehl und kleingehackte Zwiebel rühren. Das trinken wir aus und legen uns hin.

Fünf Katzen von uns sind schon gestorben. Mama hat sie in den Gärten hinter dem Haus begraben. Jedes Mal hat sie geheult, als wäre es ihr Kind. Nur ein Kater ist noch geblieben, groß und gestreift. Er kommt, wie die neuen Leute, aus einem anderen Stadtteil. Wir nennen ihn Chattab. Der Kater will unbedingt leben! Er frisst eingelegte Tomaten. Er kaut einen halbrohen Fladen, ohne Fett. (Das Rezept ist einfach: Soda, Wasser aus Schnee, fauliges Mehl, erhitzt in einer leeren Pfanne über dem Lagerfeuer, unter Beschuss.) Er bringt uns getötete, halb verbrannte Vögel. Und regelmäßig klaut er irgendwo Trockenfisch. Zum Glück lässt er sich dabei nicht erwischen. Gestern haben wir Chattab ein Stück Fisch abgenommen und es sofort aufgegessen.

Auf dem Hof haben die Bewohner ein großes rundes Netz aufgespannt. Sie haben Brotkrümel hineingestreut. Eine selbstgebastelte Taubenfalle. Aber die Tauben fallen nicht darauf herein. Heute wurde hartnäckig mit Kanonenfeuer auf unser Haus geschossen. Von der einen wie der anderen Seite. Wir haben die Nachbarinnen mit ihrem Enkel in unserer Rettungsnische im Flur aufgenommen. Zeitweise sind wir auch zu ihnen in den Flur gelaufen und saßen dort auf dem Boden. Der Beschuss dauerte mehrere Stunden. Die Granaten schlugen im Hof ein. Wie kommt es, dass wir noch leben?! Meiner Bildung kann ich mich gar nicht widmen. Aufstehen früh um vier Uhr. Dann gehen wir Brennholz suchen, hacken und sägen es. Wir kochen im Flur oder zu Hause. Alles, bevor es hell wird. Damit der Rauch nicht zu sehen ist. Rauch zieht den Granatenbeschuss an. Sie denken dann, dort sind Aufständische. Aber von wegen. Hier sind nur friedliche Bewohner!

Patoschka-Budur

25. Dezember

Aza und Lina sind Lügnerinnen und absolute Miststücke! Sie schrien auf ihrem Hausflur herum, dass wir ihnen Mehl gestohlen hätten. Als würden wir in ihre Wohnung gehen – oder überhaupt nur in ihren Aufgang?! Mama schimpfte nicht einmal, sie sagte nur:

«Wer will, kann kommen und gucken, was wir essen. Von Mehl keine Spur!»

Natürlich wollte niemand. Aber das Theater war da. Wieder wurde gegen uns gehetzt. Woher dieser Hass! Ich verstehe gar nichts. Unsere Fenster gehen nicht auf den Hof. Wir bekommen die Nachbarn selten zu sehen. Ihre «Ausflüge» interessieren uns nicht. Ich hielt es nicht aus und schrie die dicke Aza an: «Eh, du mieses Stück! Meine Mama hat dir zu essen gebracht. Hat dich besucht, als du krank warst. Lügst du jetzt, um deine Sünden zu tilgen?»

Aza ließ das nicht auf sich sitzen, sie beschimpfte mich als Hure, drohte mir Prügel an. Mama versuchte, mich in den Flur zu ziehen, doch ich war richtig wütend geworden.

«Deine Strafe für die Verleumdung wird schmerzhaft sein! Mein Beschützer ist dort!» Und ich zeigte in den Himmel. Stille trat ein. Lina flüsterte Aza etwas ins Ohr und führte sie in den Aufgang.

Es herrschte Waffenruhe. Wir wurden nicht bombardiert. Aber von draußen hörte ich ein komisches Rascheln, ein Knirschen. Ich steckte meine Nase aus dem Hauseingang und brummelte: «Bin mal gespannt, was das für eine neue Waffe ist. Womit sie uns jetzt umbringen wollen.» Und mir bot sich folgendes Bild: Diese Nachbarn kamen aus den unteren, fremden Häusern, beladen mit Säcken, und in der Hand hielten sie ein Seil, an dem zahlreiche miteinander verbundene Staubsauger hingen! Die Staubsauger fuhren auf Rädern! Und dieser «Bimmelzug» machte das seltsame Geräusch. Die Nachbarn schenkten mir keinerlei Beachtung, sie unterhielten sich darüber, wem welche Farbe besser gefällt und wer welches Gerät bekommt. Die Leute sind wirklich verrückt geworden, dachte ich, statt an den Tod denken sie an Staubsauger, in einer Stadt, in der nur noch Ruinen stehen.

Geschützdonner. Mama ruft mich in die Wohnung, in unsere Nische, zur Sicherheit. Ich gehe nicht. Ich stehe da und betrachte das Haus gegenüber. Dort sind die zwei Frauen verschwunden, die uns durch ihre Lüge beleidigt haben. Ich sehe: Die Stockwerke sinken zusammen. Es brennt. Das ganze Haus ist in schwarzen Rauch gehüllt. Es ist schwarz! Man sieht es nicht mehr. Dort, wo das Haus war, ist Leere.

Wo bist du, Aladdin?

Ich kann nicht mehr weiterschreiben.

Prinzessin Polina-Budur

26. Dezember

Tagsüber habe ich auf alles gepfiffen und geschlafen. Wir wurden weiter mit Kanonen beschossen. Als ich aufwachte, war es still.

Onkel Walera aus dem mittleren Aufgang kam zu uns und erzählte vom Kriegshumor unseres Hofes. Drei «Helden»: Sultan, Nikolaj und Wowka aus dem privaten Sektor wollten bei heftigem Beschuss einen trinken. Sie trafen sich in Nikolajs Wohnung, nicht in dem Zimmer, wo seine gelähmte alte Mutter liegt, sondern in der Küche. Sie tranken, aßen einen Happen dazu, tranken weiter. In dem Moment bekam unser Haus einen Treffer. Eine Wand der Wohnung flog mit allen Sachen auf die Straße! Nikolajs altes Mütterchen rutschte mit ihrem Bett aus dem Zimmer auf den Flur. Regale mit Geschirr fielen runter. Von den Möbeln ist allein der Schrank heil geblieben. Alles andere ist zertrümmert. (Zu der Zeit schlief ich!) Doch den drei Freunden ist nichts passiert. Keiner wurde verletzt, nicht einmal ein Kratzer! Sie klopften sich freundschaftlich kleine Splitter und Putzteile von den Jacken.

«Vor allem aber», zappelte Onkel Walera herum, «ist die

Wodkaflasche nicht kaputtgegangen, die Nikolaj fest in den Händen hielt!»

Die Wand zwischen Zimmer und Küche hatte sie alle gerettet. Nikolaj zog mit seiner kranken Mutter sofort in den Aufgang zu Aza, ins Haus gegenüber. Dort setzten die Männer ihr Gelage fort! Vor Freude, dass sie alle unverletzt überlebt hatten, schenkten sie dem Nachbarn Walera ein Gläschen ein, und der kam gleich zu uns, um alles zu erzählen.

Mama wird böser und böser. Ihr Charakter ist völlig verdorben, bestimmt vom Hunger. Ich versuche, nicht bissig zu antworten. Im Gegenteil, ich erzähle ihr etwas Abstraktes. Ich habe dauernd Magenschmerzen. Bin ständig hungrig. Ich träume von einem Stück richtigen, weißen Brotes. Nichts könnte schmackhafter sein. So ein Stück Brot – und dann sterben. Aus meinem Bein sind mit Hilfe einer gedämpften Zwiebel gleich zwei Splitterteile herausgekommen! Das Bein ist rot und geschwollen.

Die Nachbarn haben in den Garagen getötete Jungs gefunden. Es sind zehn. Ich hoffe, Mansur ist nicht darunter. Einer von den Getöteten ist aus unseren Häusern. Aber sie sagen uns nichts.

Polina

28. Dezember

Aladdin war das letzte Mal am 19. Dezember bei uns. Ich lebe jetzt schon neun Tage ohne eine Nachricht von ihm.

Seit der Nacht geht der Beschuss ohne Pause. Von Schlafen kann keine Rede sein. Offenbar haben die «Kafir», wie man die russischen Militärs hier nennt, irreführende Angaben bekommen und beschießen ihre eigenen Leute. Wir retten uns in die Flurnische, liegen auf einer Matratze auf dem Fußboden, der zum Teil schon in den Keller eingebrochen ist.

Ich habe von Mansur geträumt. Er trug einen Hut und hatte langes, welliges Haar. Er fragte mich: «Weißt du noch, dass ich dich liebe? Wirst du auf mich warten?»

Ich sah ihm in die schönen Augen und sagte: «Ja!»

Morgens beim Frühstück fragte ich Mama: Was soll das bedeuten?

«Mansur geht es schlecht», meinte sie. «Aber zwei Erfolge sind ihm gegeben, zwei Freuden! Das lange Haar bedeutet, sein Leben geht weiter. Mag sein, dass er gerade an dich denkt. In seinem Leben wird es zwei Lieben geben. Apropos, auf das Neue Jahr!»

Ich habe ein Gedicht geschrieben:

Bombenflieger lassen die Erde beben,
über den Häusern ballt sich der Rauch.
Ich würde einfach nur gern leben,
geliebt und jung sein, wie andere auch!

Das Geschützfeuer zielt direkt auf unsere Häuser. Mindestens dreißig Mal schlugen Granaten in unserem Hausaufgang ein. Die alten Nachbarn mit ihrem kranken Enkel sind bei uns. Sie suchen Deckung. Auf ihrer Seite wird gezielt auf die Fenster geschossen. Ah! Wieder ein Treffer im Hauseingang. Rauch! Alles voller Rauch!

P. S.: Ein Sturm. Bald wird es bestimmt wieder schneien.

Prinzessin Budur

29. Dezember

Ich kann nicht verstehen, warum die Panzer auf die Fenster schießen.

Jetzt brennt es irgendwo bei uns im Haus. Wir haben die ganze Nacht nicht geschlafen. Es wird erbittert gekämpft. Die oberen Stockwerke unseres Hauses sind eingebrochen, haben sich ineinander verkeilt. Unbeschädigt ist bislang nur das Erdgeschoss. Im Haus gegenüber das gleiche Bild. Wir hungern. Es gibt keine Lebensmittel.

Heute wünsche ich Dir alles Gute, Tagebuch! Zum Neuen Jahr 2000! Alles Gute Dir, mein Liebster! Mein Aladdin! Mein Prinz und mein Unglück! Dir, meiner gequälten Mama! Mein Gruß an Dich, Mansur! Ich habe Sehnsucht, Nachbar. Ich wünsche Dir Erfolg. Zuverlässige Freunde! Ich möchte sehr, dass alle, die ich kenne, sogar die, mit denen ich in Feindschaft bin, am Leben seien! Unbedingt!

Unseren letzten Kater – den getigerten Chattab – haben hungrige Hunde zerrissen. Wir konnten ihm nicht rechtzeitig helfen. Er hat im letzten Augenblick seines Lebens nur noch jämmerlich gewimmert, nach Katzenart. Der Schnee ist schwarz von den Feuersbrünsten. Man muss ihn durch Stoff sieben, um ihn trinken zu können. Der Wind weht weißen Schnee her. Aber schon bald wird alles grau sein! Wir schmelzen Schnee auf dem Ofen, in einem Blecheimer. Filtern ihn durch ein dünnes Tee-Handtuch. Ein voller Eimer ergibt zwei, drei Becher Wasser. Nur zum Trinken. Den Schnee holen wir von draußen, neben dem Eingang, nachts oder am frühen Morgen. Weit gehen wir nicht. Es ist zu gefährlich. Der Granatenbeschuss setzt aus heiterem Himmel ein. Wir schlafen auf dem Fußboden. Schnee kann man direkt vom Boden kratzen, denn die Fensterscheiben sind rausgeflogen. Aber sie haben sich lange gehalten. Niemand hätte gedacht, dass sie seit November dringeblieben sind. Draußen sind gestern, wie Gespenster, russische Männer vorbeigegangen. Sie trugen alte, zivile Jacken, aber man sah sofort, dass es Militär war. Sie klebten «Wanzen» auf die Fensterbretter. Jetzt schießen sie dorthin, wo Schritte oder Gespräch zu hören sind.

Sie schießen auf die Fenster. In unserer eigenen Wohnung kriechen wir auf allen vieren. Den Kopf unter Fensterbretthöhe! Wie die Hunde. Man lässt uns nicht aufrecht gehen. Wir haben das Fenster mit allen Holzteilen, die wir bei uns finden konnten, und mit Büchern verrammelt. Heute haben wir noch eine alte Matratze dazugestellt. Sie dient als Geräuschisolierung. All die Tage liegen wir in der Flurnische, oft zusammen mit den Mütterchen Stasja und Nina. Säcke mit unserer Kleidung und mit Bettwäsche haben wir an die Wohnungstür geschleppt. Wenn es brennt, kann man sie leichter retten.

Bald ist Neujahr! Mama hat aus altem Gerümpel eine silberne Kunsttanne ausgegraben. Sie hat sie neben die Petroleumlampe gestellt und geschmückt. Die dünnen Zweige der Tanne glitzern. In dem dunklen, kalten Zimmer mit der verrußten Decke wirkt das für meinen Geschmack ein bisschen luxuriös.

Budur

30. Dezember

Nach dem Motorengedröhn zu urteilen, fahren große Autos oder Panzer auf der Straße vorbei. Mit Hilfe der verfluchten «Wanzen» schießen sie jetzt auf jedes Rascheln, jeden Laut. Auf unsere Häuser und die Hauseingänge. Rausgehen ist gefährlich, aber wir haben einen großen Vorrat an Brennholz in der Küche. Wir rühren Mehl ins Wasser und trinken es. Damit der Magen nicht so weh tut. Mehl mit leichtem Schimmelgeruch. Widerlich! Außer eingelegten Tomaten haben wir nichts. Und auch die gehen zu Ende. Aza und Lina haben sich an die Situation angepasst. Sie freunden sich mit den Aufständischen an. Manche übernachten bei ihnen. Die Frauen backen Brot für sie. Deshalb sind sie satt. Sie haben Öl, sie haben Mehl. Lina hat uns zu Neujahr ein bisschen Mehl gegeben. In einem Schälchen.

Manchmal riecht es in unserem Treppenhaus nach Zigarettenrauch (von den oberen Stockwerken her). Die alten Frauen konnten sich nicht entschließen nachzusehen, ob da oben jemand ist. Mama wollte auch nicht allein gehen. Sie sagte: «Sie lassen uns in Ruhe, was sollen wir sie stören?»

In der letzten Nacht haben zwei Unbekannte in einer der Wohnungen übernachtet. Es roch nach Essen! Wir wissen nicht, wer das ist. Russische Aufklärung? Aufständische? Besser nicht einmischen! So tun, als hätte man nichts gemerkt. Morgens sprang ein junger Mann mit einem Salto aus dem ersten Stock. Nach den Stimmen zu urteilen, haben zwei dort übernachtet.

Budur

2000

4. Januar
Alles Gute zum Neuen Jahr!

Wir haben zwei Tage hintereinander je einen kleinen Fladen gebacken. Ich habe ihn gegessen! Heiß und roh! Ich rief: «Lecker!» Dann gingen wir wieder zu Wasser mit Mehl über, mit einer ins Glas geriebenen Zwiebel. Mir wird übel.

«Zwiebel braucht man fürs Zahnfleisch», sagte Mama. «Sonst fallen uns alle Zähne aus!»

Mir wackeln alle Zähne.

Frühmorgens, wenn nicht geschossen wird, gehen wir dicht an den Häusern entlang zum Brunnen. Er ist ein Haus weit entfernt. Die Leute, die dort wohnen, streiten mit uns. Es gibt zu wenig Wasser. Es ist verdreckt.

In dem Haus weiter hinten wohnen eine russische Großmutter und ihr tschetschenischer Mann. Ganz allein! In einem vierstöckigen Haus mit drei Aufgängen! Neue Leute sind aufgetaucht. Auch ein tschetschenischer Mann, mit seiner russischen Frau und einer Tochter. Zu dem Brunnen wagen sich unter Lebensgefahr auch Bewohner des privaten Sektors. Heute fragte ein hellhaariger Tschetschene Mama: «Wo gibt es Wasser?»

Er sieht aus wie siebzehn, trägt eine militärische Uniform und ist unbewaffnet. Er hilft den Älteren, hackt Holz, schleppt Wasser, kocht Essen. In der Gruppe der Aufstän-

333

dischen sind Verwandte von ihm. Eine Maschinenpistole
geben sie ihm nicht. Um den Hals trägt der Junge einen
hellgrünen Rosenkranz. Er ist lustig! Er machte Witze auf
Russisch und auf Tschetschenisch und half Mama und den
alten Mütterchen, Wasser aus dem am weitesten entfernten
Brunnen hochzuziehen.

«Gibt es Wasser? Dann ist es für alle da! Die Nationalität
spielt keine Rolle», belehrte er die hartherzigen und frechen
Bürger. Bald sahen wir seine Gefährten, stämmige junge
Männer. Sie sagten zu den Bewohnern: «Stellt die Eimer an
den Brunnen und geht. Wir werden sie mit Wasser füllen.
Für jeden zwei Eimer. Dann nehmt ihr sie mit! Geht kein
Risiko ein! Hier gibt es keine Deckung!»

Der Brunnen liegt tatsächlich so, dass es weit zum nächs-
ten Hauseingang ist. Siebzig Schritte. Alle standen dort im
Eingang. Die Aufständischen gossen Wasser in die Eimer.
Beim Gießen sagten sie immer wieder:

«Bismi Llahi!» (Um Allahs willen!) Unter ihnen ist ein
stimmgewaltiger Junge. Er ist es, der den Azan liest (den
Gebetsaufruf) mit klangvoller, hoher Stimme. Die Männer
erzählten: «Als wir in euren Bezirk kamen, haben wir in
einem großen, vierstöckigen Haus Quartier bezogen. Aber
dann haben wir uns umgesehen und beschlossen, Abstand
von den Menschen zu halten. Hier sind zu viele Bewohner!
Deshalb sind wir in den privaten Sektor gegangen. Wir haben einen Kessel, eine Heizung. Es gibt einen Keller. Und
wenn es zum Entscheidungskampf kommt, gefährden wir
die friedlichen Bewohner nicht.»

Vermutlich hatten wir sie deshalb bisher nicht gesehen.
Oma Stasja bedankte sich lange bei den Helfern und nannte sie ihre «leiblichen Söhnchen». Mama flüsterte mir zu:
«Gestern, als Stasja den Jungen gesehen hat, den jüngsten und fröhlichsten, hat sie ihm den Tod gewünscht. Hat

ihm hinter dem Rücken die Faust gezeigt und gebrummelt: ‹Noch nicht alle verreckt?!› Und heute? Siehst du, wie sie sich verneigt!»

Ich sah: Stasja trägt an der rechten Hand einen Trauring. Es ist der, den sie von Raisas Finger gezogen hat, der Frau, die beim Gebet getötet wurde, als sie uns bombardierten.

Budur

7. Januar

Heute fallen zwei freudige Feiertage zusammen! Das orthodoxe Weihnachtsfest und die Zaubernacht vor Uraza-Bayram.

An Uraza-Bayram soll man Gäste bewirten und sein Haus nicht verschließen. Die Tür verschließen wir schon lange nicht mehr – wir haben Angst zu verbrennen. Zum Bewirten haben wir leider nichts. Die Zwiebel ist alle. Mehl ist nur noch ganz verschimmeltes da, am Boden des Sacks. Wir konnten seit heute Morgen nicht raus. Ein Minenwerfer beschießt den Hof. Ab und zu mischen sich die Kanonen ein. Panzer sieht man auf den Hügeln. Sowohl auf der einen als auch auf der anderen Seite. Wohnungen brennen. Im Hof hat es einen ordentlichen Treffer gegeben. Leute schreien. Mama rannte zum Eingang. Vier Männer in Uniform waren mit Eimern auf dem Weg zum Brunnen.

«Wohin?!», brüllte Mama. «Wollt ihr zeigen, wie furchtlos ihr seid? Denkt ihr an eure Frauen, an eure Mütter? Wartet im Hausflur!»

Der Beschuss nahm zu. Immer mehr Treffer im Hof. Bei den alten Nachbarinnen hörte man immer öfter Winseln und Schreien. Mama klopfte an deren Tür, lud sie zu uns ein. Sie legten sich in unsere Flurnische. Die Männer vom Hof lud Mama ein, in unserem Zimmer die Schießerei abzuwarten. Sie kamen herein, erstaunt, unentschlossen, fragten, wie es bei uns mit dem Essen aussieht. Mama zeigte schweigend auf den leeren Sack, mit dem feuchtgewordenen Rest Mehl. Die Aufständischen schlugen vor:

«Ein Haus weiter steht ein Sack Mehl hinter der Tür! Holt ihn euch am Abend.»

Mama war froh: «Ihr habt uns gerettet! Wir leiden Hunger. Der Junge, der uns mit Medikamenten und Lebensmitteln geholfen hat, ist weg. Wir sind zu zweit. Meine Tochter hat Splitter in den Beinen. Wisst ihr noch, im Oktober die Rakete auf dem Markt? Wenn es ernst wird, kann sie nicht weglaufen und Deckung suchen. Und allein auf die Suche zu gehen, kann ich nicht riskieren.»

«Und wir dachten, ihr habt alles!», wunderten sich die Tschetschenen. «Eure Hofnachbarn laufen überall herum. Einmal wurden sie im privaten Sektor geschnappt. Nicht von uns, von einer anderen Gruppe. Eine Frau ist Tschetschenin. Eine andere Darginin. Auch ein Russe mit seiner Frau waren dabei, sich fremdes Hab und Gut anzueignen. Sie hatten Angst und erklärten: Wir suchen zu essen! Dabei hatten sie Kristallgläser in ihren Säcken! Erschossen wurden sie nicht. Wer will diese Sünde auf sich nehmen. Aber die Pässe wurden ihnen abgenommen. Nach dem Krieg werden wir sie zur Rechenschaft ziehen.»

Die Männer erinnerten sich: «Vor einem Monat kam ein Junge zu uns. Er sagte: Hier im Erdgeschoss liegt sein Mädchen, verwundet. Er bat uns, sie zu schützen, falls die Araber sie mitnehmen wollten. Doch die Araber zogen bald ab. Sie wohnten hier in der Gegend. Trugen Schwarz, mit schwarzen Bärten. Bestimmt habt ihr sie gesehen. Augenblick mal! Das heißt, ihr seid das gewesen?!»

Die Stimmung wurde herzlich.

«Ich heiße Budulaj», stellte sich der ältere Mann vor. «Unsere Verpflegung ist einfach. Brot backen wir selbst.

Zu den Frauen gehen wir nicht. Wir müssen uns rein halten.»

Ich erkannte ihn. Dieser Mann hatte öfter als andere Wasser in die Eimer friedlicher Bewohner gegossen. Er sagte immer: «Bismi Llahi!» Er war rothaarig, helläugig und stämmig gebaut, ein Tschetschene wie der Held eines russischen Märchens. Am Abend schleppten wir das Mehl zu uns. Die alten Weiber ließen nicht lange auf sich warten. Mama schüttete ihnen etwas ab. Sie sagte:

«Alles Gute zum russischen Weihnachten und zum tschetschenischen Ostern!»

Stasja und Nina waren froh. Sie versprachen uns ein Glas Makkaroni und zwei Kartoffeln! Die haben sie nicht gebracht. Lüge.

Heute ist unsere Eingangstür endgültig kaputt geschossen worden. Es machte Wumms! Tür und Verstärkungsbretter zersplitterten. Gut, dass niemand im Aufgang war! Einige Hunde sind verwundet. Einer ist tot. Ihm sind Kopf und Pfoten abgerissen worden. Morgen früh, noch im Dunkeln, müssen wir eine neue Tür einhängen und von innen einen Riegel anschrauben. Als Aufständische getarnt, laufen hier Bewaffnete herum und stehlen.

Wowkas und Olgas Haus im privaten Sektor ist endgültig verbrannt und am 31. Dezember, in der Neujahrsnacht, zusammengebrochen!

Budur

14. Januar

Das alte Neue Jahr! Wir haben Mehl! Dank diesen Männern! Heute ist der Geburtstag meiner Urgroßmutter Julia-Malika. Sie ist am 14. Januar 1900 geboren. Sie lebte in Stawropol. Sie wurde als Halbwüchsige getauft und nannte sich dann Julia. Vom Vater her war sie Muslimin. Wir haben sie gepflegt, als sie gelähmt war, und haben sie in Grosny bestattet. Ein Jahr darauf, auf demselben Friedhof in Karpinka, begruben wir meinen geliebten Großvater Anatolij. Ich erinnere mich: Es war schwer, die Urgroßmutter zu pflegen. Mama gab eine gute Stellung auf. Von der leitenden Wareninspekteurin eines großen Betriebes wurde sie zur Putzfrau in einem Wohnheim. Alle zwei Stunden musste jemand unsere bettlägerige Kranke aufsuchen. Doch mit der Zeit konnte die Urgroßmutter wieder sprechen. Sie wollte sogar aufstehen – und das nach einer Lähmung, mit zweiundneunzig! Meine Urgroßmutter hat viel über ihre Jugend erzählt. Hätten wir den kommenden Krieg nur geahnt! Dann hätten wir die Gemeinschaftswohnung in Rostow-am-Don nicht aufgegeben. Wir haben unser Hab und Gut nach Grosny gebracht: Antiquitäten, Bücher, Geschirr. Die Wohnung in Rostow-am-Don haben wir der Hausverwaltung überlassen. In Grosny hatte unsere Familie zwei Wohnungen im Stadtzentrum – eine Zweizimmer- und eine Einzimmerwohnung. Beide lagen im Rayon des Zentralmarkts. Mama und ich hatten unsere eigene Einzimmerwohnung, in der Zawjeta-Iljitscha-Straße.

Jetzt ist unser Badezimmer, vermutlich der Fußboden, eingebrochen. Die Kanalisation funktioniert nicht, sie ist verstopft und beschädigt. Die Wände, die Decke – alles schwarz, von fettem Ruß bedeckt. Ob wir unsere Wohnung wiederherstellen können? Ob das Haus stehen bleibt? Wie werden wir weiterleben? Ich fühle mich unglaublich schwach. Kleinholz zu sägen, fällt mir schwer. Ein junger Bursche mit Rosenkranz um den Hals schaute in den Hof. Einer von denen, die uns Mehl gegeben hatten.

«Tante», bat der Junge meine Mama auf Tschetschenisch. «Wäschst du mir meine Hose? Ich kann das nicht. Und die älteren Männer zu fragen, ist mir peinlich und geht nicht.»

Der Junge stellte seine Frage von weitem, von der Haustür her. Er machte einen angenehmen Eindruck.

«Gib her!», sagte Mama. «Ich bin allerdings herzkrank. Für alle kann ich nicht waschen. Nur für dich.»

Er ging und kam bald wieder. Ein Eimer Wasser. Ein schmales Kaffeeglas mit Waschpulver. In der Tüte die dreckige Hose. Das alles ließ er an der Tür. Mama wusch es. Am frühen Morgen holte dieser nette Junge seine nassen Sachen ab. Er werde sie im Keller des Hauses trocknen, wo sie leben. Er bedankte sich, wünschte Gesundheit und Erfolg.

«Vielleicht komme ich noch einmal?», fragte er, als er schon ging. «Bitte! Nachher werde ich getötet? Damit ich wenigstens saubere Sachen anhabe.»

Mama nickte.

Die einsame alte Manja kam vorbei. Sie habe kein Mehl für Fladen, und ihr Geld sei alle.

«Geld haben wir auch keins. Nur hundert Rubel», schüttelte meine Mama den Kopf. «Aber einen Fladen geben wir dir! Wenn nötig, komm morgen wieder.»

Sie reichte Manja die Hälfte von unserem größten Fladen. Manja fing an zu weinen.

18. Januar

Gestern wurde mit Kanonen auf unsere Häuser geschossen. Eine Granate bewies eine seltene Fiesheit: Sie flog durchs Fenster im Erdgeschoss, zu Azas Bruder. In der Wohnung lag alles in Trümmern. Der Bruder wurde am Kopf verletzt. Er kam die ganze Nacht nicht mehr zu Bewusstsein. Am Morgen starb Schachrudin in Azas Armen. Auf dem Hof wurde er einfach nur «Schachid» genannt. Sie begruben ihn am Hauseingang. Das Grab wurde sorgfältig mit langen Zweigen abgedeckt, wegen der hungrigen Hunde. Sie wühlen so einen Leichnam aus und fressen ihn auf. Azas

Bruder war ein guter Mensch, friedlich und still. Sehr traurig! Er war harmlos. Eine wertvolle Eigenschaft, besonders zu Kriegszeiten. Ein Treffer in einer Wohnung im Erdgeschoss ist selten. Gewöhnlich werden die oberen Stockwerke «abgetragen», der zweite, dritte Stock und höher. Schachids Grab hoben Männer von unserem Hof unter Lebensgefahr aus. Ihnen half, wie beim letzten Mal (für Raisa), Nachbar Tagir aus dem privaten Sektor.

Am 16. Januar ist die alte Manja bei einem Grad-Beschuss auf der Straße umgekommen. Sie wollte Brot vom Markt holen. Wir wissen nicht, wer sie bestattet hat und wo. Frauen aus dem Haus gegenüber kamen und suchten nach den Wohnungspapieren, Resten ihrer Rente und wühlten in ihren Sachen. Sie mussten also den Leichnam gesehen haben. Manja war krank. Sie hatte Geschwüre. Aber nicht einmal diese Tatsache konnte diese Geier abhalten.

P. S.: Die Splitter in den Beinen tun mir heftig weh. Und ich habe Herzschmerzen. Mit wird schwindlig, dann muss ich mich an der Wand festhalten, sonst könnte ich vor Hunger auf den Boden fallen. Dann wieder aufzustehen, ist sehr schwer, glaubt mir.

Polina-Budur

20. Januar

Gestern Morgen, am 19. Januar, holten uns russische Soldaten nach draußen. Meine Uhr zeigte kurz nach zehn.

«Schnell, Schnell!», befahlen sie. Mama ließen sie nicht ihren Pass und die Tüte mit Fotos von ihren verstorbenen Angehörigen mitnehmen. Sie sagten:

«Pass brauchst du nicht mehr.»

Oma Nina lief in Hausschuhen in den Schnee. Sie dachte: Sie werden die Wohnungen durchsuchen, die Papiere prüfen, und wir können zurück. So war es ja 1995 schon einmal ge-

340

wesen. Doch diesmal wurden alle Bewohner vor dem mittleren Aufgang des Hauses gegenüber versammelt. Dort wohnen Aza und Lina. Als ich über unseren Hof ging, sah ich die grelle Sonne und den weißen, glitzernden Schnee! Schön! Nur die Splitter, die jetzt schon vier Monate in meinem Bein leben, stachen von innen, und das Gehen war schmerzhaft. Die Treppe nach unten war voller Seifenstücke in roter Verpackung. Sie waren aus einer großen Schachtel gefallen. Ich hob ein Stück auf und steckte es in die Tasche. Vielleicht konnte es mal nützlich werden, zum Händewaschen? Dann sah ich noch, als wir über den Hof gingen, wie die Soldaten große Schachteln heraustrugen. Wie sich herausstellte war Kristallglas darin. Sie machten die Schachteln auf, fluchten böse und zertrümmerten das Kristall vor aller Augen. Warum nur? Dann befahlen sie uns, in den Keller zu gehen, und verbaten uns zu reden. Schwätzern stellten sie eine Granate in Aussicht.

Ungefähr drei Stunden saßen wir in dem Keller. Wir unterhielten uns lautlos, bewegten gerade einmal die Lippen. Alle hatten Angst vor einer Granate. Erwachsene sagten, solche Fälle habe es schon gegeben. Es war eng, feucht und stickig. Und Jurotschka, Oma Ninas Enkel, der den Verstand verloren hat, flüsterte mir etwas von UFOs zu. Die Soldaten seien nicht echt, an ihrer Stelle seien Killer von einer fremden Galaxis gekommen. Er erwarte «seine Freunde, die Russen», aber keine Aliens.

Endlich befahl man uns rauszugehen. Tante Aza und Tante Lina krochen ans Licht und sammelten sofort die schöne rote Seife auf. Die hätten sie von Nachbarn zur Aufbewahrung bekommen, sagten sie. Es war mir peinlich, aber mein einziges Stück habe ich nicht abgegeben.

«Lassen Sie mich in meine Wohnung! Den Pass holen. Wie soll ich ohne Pass gehen?», regte Mama sich auf.

«Geht nicht! Den Pass brauchen Sie nicht. Keine Sachen mitnehmen! Die Türen offen lassen. Vorwärts! Mit dem Begleiter.»

Aza gab meiner Mutter einen schwarzen Ledermantel.

«Rette wenigstens das für mich!», bat sie unerwartet.

Die Menschen aus den zwei Häusern gingen im Gänsemarsch. Ich zählte elf Leute. Am Ausgang vom Hof wurde der Beschuss heftiger. Minen rauschten und pfiffen. Ganz in der Nähe explodierte eine Granate. Direkt vor uns schossen Flammen in die Höhe. Wir und die Soldaten gingen zusammen. Sie wurden von den eigenen Leuten beschossen. Links brüllte ein Soldat Mutterflüche ins Funkgerät. Einen Teil davon habe ich verstanden:

«Eh, Permer! Wir sind's! Wir sind schon hier! Ihr beharkt eure eigenen Leute!»

Wir gingen voran: Großmutter Stasja, Mama und ich. Stasja konnte kaum laufen. Wir nahmen sie in die Mitte und hakten uns alle unter. Vor Hunger und Erschöpfung kam ich kaum voran. Wenn das sirrende Rauschen einer Mine ertönte, warfen sich alle hin. Dann gingen wir weiter. Sie führten uns zu einer Schlucht. Ich sah hinunter. Dort war klebriger Lehm und Schnee. Jurotschka zitterte, schlug ein Kreuz über die Soldaten und murmelte etwas wie: «Husch! Husch! Fliegt weg!»

Einer der Soldaten gab eine kurze Salve aus der Maschinenpistole ab, knapp über unsere Köpfe. Ich erschrak und taumelte, mir wurde schwindlig, Mama hielt mich fest. Und der wandernde Splitter in meinem rechten Bein wachte auf und schnitt mit furchtbarer Kraft. Die alte Oma Stasja fiel auf die Knie und schrie:

«Was macht ihr? Wir sind Russen, eure Leute! Schießt nicht!»

Mama stand schweigend. Die Soldaten lachten. Einer, der

342

so rund war wie ein Laib Brot, winkte ab: «Ihr seid frei! Rutscht da runter! Aber wagt euch nicht nach Hause – wir führen eine Säuberung durch!»

Wir gehorchten. Rutschten tatsächlich auf dem Lehm und Schnee hinunter. Ein Militär, der ins Funkgerät geflucht hatte, rief uns hinterher: «Das mit der Erschießung war nur Spaß.»

Wir schleppten uns in unbekannter Richtung, retteten uns immer wieder in fremde Garagen, wenn geschossen wurde. Der Begleiter zeigte uns ein Haus ohne Fenster und Türen, aus soliden Ziegelmauern: «Dort könnt ihr abwarten. Nach uns kommen andere Einheiten. Die sind härter. Wir sind gutmütig, aus Moskau, wir haben sogar Leute von der Hochschule!»

Er war ganz lang und dürr. Bald darauf trafen unsere Nachbarn ein. Das Haus, in das man uns geführt hatte, war leer. Nur ein Bett stand mitten im Zimmer, mit Eisengitter, ohne Matratze und Decken. Darauf nahmen alle abwechselnd Platz für den Rest des Tages und die ganze Nacht. In meiner Tasche fand ich zwei winzig kleine Zuckerstücke, schwarz vor Ruß, wie Kohlestückchen. Die hatte ich schon lange aufbewahrt. Ich wollte sie vor dem Tod essen. Der ereilt mich ja sowieso, dachte ich, aber ich hatte sie vergessen. Jetzt schob ich die Hand in die Tasche, und da waren sie. Ich bot sie den Leuten an, aber niemand wollte. Nur Oma Stasja nahm sie. Sie verschluckte sich daran und bekam einen Hustenanfall.

Am Morgen gingen alle ein anderes Haus suchen, heil sollte es sein und eine Schlafmöglichkeit bieten. Wir hatten nichts gegessen, weder gestern noch heute. Dafür haben wir ein Haus gefunden! Mit einer Tür! Es gibt Fensterrahmen. Sogar einen Küchentisch! Und ein Sofa. Unsere Gesichter müssen vor Freude gestrahlt haben, nie-

343

mand grummelte mehr. Wir teilten uns in kleine Gruppen und gingen auf die Suche nach Wachstüchern, um die Fensterrahmen zu bespannen. So wird es wärmer sein. Unsere Jagd war erfolgreich. Wir brachten Werkzeug mit – Nägel und einen Hammer! Wir beschlossen, alle zusammenzubleiben. Wir bekamen das äußerste Zimmer mit einem alten, grünen Sofa. In dem Zimmer waren wir zu sechst: ich und Mama, Großmutter Nina mit ihrem großen Enkel, die alte Stasja und Großmutter Marja aus dem Privathaus, das abgebrannt ist. Für Nina und ihren Enkel Jurotschka gruben Mama und ich einen eisernen Bettrost aus dem Schnee aus. Dazu haben wir uns Stützen für das Gitter ausgedacht, Ziegelsteine. Jemand fand Männerschuhe und zog sie Großmutter Nina an. Ihre nassen Füße waren stark geschwollen. Für die alte Stasja schleppten sie ein Bett an, wie aus dem Krankenhaus, mit hohen Enden. Uns traten sie einmütig das grüne Sofa ab, und Mama und ich passen gut darauf. Das rechte Bein tut sehr weh. Ich habe Fieber. Ein Glück, dass ich in einem kaputten Glasschrank Medikamente gefunden habe – Aspirin und Validol. Essen haben wir nicht gefunden. Gegen Abend geht es mir immer schlechter. Ich kann ganz normal laufen, aber dann kommt immer wieder ein stechender, schrecklicher Schmerz, ich falle in den Schnee und schreie.

22. Januar

Aza und Lina hatten aus den Nachbarhäusern warme Decken geholt und schliefen dann ruhig. Meine Mama schämte sich, in fremde Häuser zu gehen, wir quälten uns, wir froren. Ich weinte am Morgen, weil ich die Kälte nicht aushielt, und sagte zu Mama: «Die machen es richtig! Die kapieren schnell, wo es langgeht, und wie!» Sie sagte: «Na meinetwegen», und winkte unwillkürlich ab.

Russische Soldaten erbarmten sich und gaben uns zwei Dosen Büchsenfleisch von ihrem Proviant ab. Sie sagten: «Alles, was ihr braucht, sucht euch selbst. In Grosny stehen sozusagen alle Türen offen!»

Wir gingen auf die Suche, fanden aber nichts außer Mehl. Gegen drei Uhr kochten wir eine Soße mit Teigknödeln, endlich hatten wir zu essen! Am Abend entdeckte jemand ein bisschen Reis, jemand ein Glas Makkaroni. Hurrah! Es gab Makkaroni-Reis-Suppe.

Unser Haus ist wahrscheinlich schon abgebrannt und Mamas Pass ebenso. Wowka und Aza haben irgendwo Wodka für die Soldaten gekauft. Wozu? Ich verstehe das nicht. Wowkas Frau, Tante Olga, kichert und flüstert die ganze Zeit mit den Soldaten. Sie sagt, sie bemüht sich um Essen. Kommandiert alle, schreit und schleppt fremdes Kristall und Teppiche in ihre Wohnung. Unsere Zimmer sind durch die Küche getrennt. Im zweiten Zimmer wohnen vier: Olga mit ihrem Mann, Aza und Lina.

Wo ist der Nachbar Nikolaj mit seiner gelähmten Mutter abgeblieben? Als wir zur Säuberung hinausgejagt wurden, sahen wir, wie die Soldaten Nikolajs Mutter hinausschleppten, und er schimpfte die ganze Zeit, man solle sie nicht anrühren.

Mir tun die Finger weh. Gestern, als wir den Bettrost für Großmutter Nina trugen, sind meine Finger an dem kalten Eisen festgefroren. Fäustlinge habe ich nicht, die habe ich zu Hause auf dem Kühlschrank vergessen.

Heute fand Mama einen Sack und darin ungefähr anderthalb Eimer dunkles Mehl! Er lag in einer Grube an der Straßenecke. Mama wollte den Sack wegtragen, da brüllte eine Tschetschenin laut: «Das ist meiner! Gib her. Er lag neben meinem Haus. Ich bin alt. Ich habe drei Tage nichts gegessen.»

Mama war es peinlich, die Oma tat ihr leid. Sie gab das Mehl ab. Wie hat der betrunkene Wowka sie angeschrien!

«Ich werde euch nicht durchfüttern! Wer nichts bringt, bekommt auch nichts zu essen!»

Wir sagten nichts. Wir waren ja selbst schuld. Beim Kleinholzsuchen habe ich ein Gedicht verfasst:

In den Schnee, zu Epiphanias, den 19.
«Raus aus dem Haus! Nicht abschließen!
Sonst werden wir schießen!
Keine Sachen mit rausnehmen!
Und wagt es nicht, euch Schuhe anzuziehen.
Ab in den Schnee! Ihr sollt fliehen!
Wir schauen hin – vor uns ein russischer Soldat,
ein Mensch in einer Maske!

Polina

23. Januar

Wowka ist von abends bis morgens betrunken und von morgens an auch. Nina und ihr geisteskranker Enkel hacken und sägen Holz. Sie tragen es ins Haus, als Vorrat für den Fall eines Beschusses. Mama und ich haben die Fenster weitergebaut, sie noch einmal mit Wachstuch bezogen, schließlich ist Winter, und wir leben praktisch auf der Straße. Heute hat Wowka einen eisernen Ofen in der Küche aufgestellt. Das Rohr hat er zum Fenster geführt. Ich hoffe, meine gepeinigten Finger und Füße werden nicht mehr so eiskalt sein. Ich laufe in einem alten, langen Mantel herum. Ich habe in ihm geschlafen, als sie uns aus dem Haus holten. Darunter noch zwei Blusen und eine löchrige Jacke. Damit ich nicht belästigt werde, hat Mama mir Teigtropfen aufs Kinn gemacht, wie Pickel. Die hat sie mit Ziegelstaub gefärbt. Jetzt sieht es aus wie eine ansteckende Krankheit. So laufe ich herum. Ich bin doch erst vierzehn! Mama hat Angst um mich. Es sind viele betrunkene Männer unterwegs.

Die Leute sagen, ich solle besser nicht ins Militärhospital gehen zur Operation. Warum? Jetzt hat Wowka meine Mutter gerügt, sie sei ein Trottel, weil sie der Alten, «die längst verreckt sein sollte», das Mehl abgegeben hat. Mama ertrug die Kritik nicht und heulte los. Unser «Mittag» verzögert sich. Wo sind die drei: Wowkas Frau Olga, Aza und Lina? Es ist schon halb fünf.

Jetzt stellt sich heraus: Sie waren alle auf Schützenpanzerwagen zu uns nach Hause gefahren, mit den Soldaten. Sie hatten niemandem etwas gesagt! Hatten sich heimlich mit den Militärs verabredet. Und haben große Säcke gebracht. In unseren Häusern sitzt jetzt eine andere militärische Einheit, sagten sie. Und sie haben ihre Sachen gerettet. Die Säcke haben sie ins zweite Zimmer getragen und sofort zugemacht. Wir warteten. Ich war sehr hungrig, aber noch gespannter war ich zu erfahren, wie es um unser Haus steht. Die Reisenden erzählten: «Unser Hauseingang ist mit Ziegelsteinen zugeschüttet. Man kommt hinein, aber nur durch andere Eingänge, durch Löcher in den Wänden der Wohnungen, die jetzt alle miteinander verbunden sind! Aber der Weg braucht Zeit, und wir hatten es eilig.»

«Habt ihr uns die Papiere nicht gebracht? Ich brauche meinen Pass!», erregte sich Mama. «Mein Pass ist in dem leeren Kühlschrank. Dort ist er für den Fall eines Brandes versteckt!»

«Was zum Teufel willst du damit!», erwiderte die Tschetschenin Aza bissig.

Dabei hatte Mama ihr kürzlich noch den Mantel gerettet. Wie böse alle geworden sind! Seither sind im Nachbarzimmer farbenprächtige Thermoskannen und ein neues Service eingezogen.

Ich habe Herzschmerzen und möchte sehr gern nach Hause. Die Frauen erzählten, dass die Soldaten, mit denen sie gefahren sind, sich heftig mit denen in unseren Häusern gestritten haben, die von der anderen Einheit. Fast hätten sie sich geprügelt und aufeinander geschossen.

Polina

24. Januar

Die Granaten schlagen jetzt ganz in der Nähe ein. Die Kanonen stehen auf einem Berg, neben den Feuerwehrbrunnen, auf dem Weg zu meiner Schule Nr. 50. Man kann gut sehen, wie ein Haus in Flammen aufgeht und einstürzt. Ein Donnern. Brandgeruch. Oft pfeifen die Granaten dicht über unsere Köpfe hinweg. Das ist so ein Spiel der Militärs. Sie schießen ganz knapp über unsere Köpfe, wenn wir Wasser holen. In fremden, zerstörten Häusern gibt es Wasser, aber das ist gefroren, und nicht immer kann man den Eimer vom Fußboden losreißen. Wir haben einen Ofen. Das Eis taut im Eimer. Schnee zu schmelzen ist schwierig. Er ist immer verrußt, ganz schwarz. Wir schlafen weiterhin im Mantel, aber jetzt frieren wir nicht mehr so.

Heute hatten wir Glück – wir fanden in Gläsern eingelegte Tomaten. Unsere Nachbarn haben Mehl gefunden und mitgebracht. Deshalb gibt es heute für jeden einen Fladen. Man kann ihn gleich essen oder für den Abend aufheben. Ich habe ständig Hunger. Meine Beine tun weh.

Gerade eben war ein furchtbares, schweinisches Theater. Der betrunkene Wowka hat Oma Stasja geschlagen und gewürgt. Er schrie: «Ihr verfluchten Luder! Sucht euch selbst was zu essen! Ich bin nicht verpflichtet, alle möglichen alten Huren durchzufüttern!»

Aza nahm Stasja in Schutz: «Sie kann doch kaum gehen!»
Wowka schlug auch sie! Aza wurde ganz rot und fing an
zu weinen. So ein Miststück! Schade, dass ich nicht die Kraft
habe, ihm eins in die freche Fresse zu hauen! Einige russische Soldaten haben Mitgefühl mit uns Aussiedlern gezeigt.
Sie gaben uns Konserven aus ihrem Proviant ab, ein bis zwei
Dosen für alle.

«Dort geben sie uns sowieso nur die Hälfte des vorgese-
henen Proviants», sagte einer der Soldaten. «Den Rest verkauft die Führung unter der Hand an Aufständische. Aber
nehmt nur. Man kann gar nicht mit ansehen, wie ihr hungert!» Alle Lebensmittel sortierten Wowka und Tante Lina,
Aza und Olga sofort. Was gut ist, versteckten sie. Sie essen
heimlich, in der Nacht, und den alten Frauen, Mama und
mir geben sie nichts ab.

Ich streite mich jeden Tag mit irgendjemandem. Wahrscheinlich, weil ich ständig bei meinen Aufzeichnungen gestört werde, beim Gedichteschreiben und beim Lesen. Sie
glauben wohl kaum an Gott oder die Wahrheit. Aber an wen
soll man hier überhaupt glauben?

Ich habe es endlich verstanden! All unsere Mitbewohner
im Haus sind Plünderer. Sie schreien uns absichtlich aus
vollem Hals an. Damit die Leute auf der Straße es hören
und denken, die alten Mütterchen und wir bräuchten Kristall. Dabei haben wir zu Hause Geschirr im Überfluss! Ich
brauche das gar nicht. Ich musste daran denken, dass ein
Philosoph bei seiner Wanderung durch die Welt nur einen
Wasserbecher bei sich trug. Dann kam er zu einer Quelle
und sah, dass ein Hirtenjunge Wasser aus der hohlen Hand
trank, und er zerschlug seinen Becher auf den Steinen!

Ich habe ständig den Geruch des Todes in der Nase. Er
riecht nach Metall.

Wenn wir losziehen, erlaubt Mama mir nicht, in fremde

Wohnungen zu gehen. Hauptsache – Essen! Essen mitzunehmen, ist keine Sünde. Immer werfen wir auch einen Blick ins Badezimmer. Dort sind Hausapotheke, Wasser, Seife. Heute hatten wir viel Erfolg – wir fanden Medikamente. Schmerzmittel! Ich schluckte sofort zwei Tabletten. Als der Schmerz in meinem Bein nachließ, gingen wir in die Seitenstraße und baten die Bewohner um Fäustlinge für mich. Niemand gab etwas.

«Sucht doch selbst. Oder fragt eure Leute. Die ‹Herren› dort haben jetzt das Sagen», zeigten sie auf die russischen Soldaten.

«Schon klar!», antwortete Mama bissig.

Wir hätten auf Tschetschenisch fragen sollen, dann hätten sie etwas gegeben. So schimpften sie nur, alle. Fäustlinge haben wir nicht gefunden. In einem privaten Haus aus Ziegelsteinen waren russische Soldaten und ein alter Tschetschene. Ich nahm einen Eimer Wasser und ging raus. Mama nahm auch einen Eimer Wasser und ein großes Glas Konfitüre. Dann sah sie ein scharfes Gewürz in einem Glas und nahm auch das mit. In einem großen Kunststoffbehälter bewahrten die Soldaten Gläser und Konservendosen auf, offenbar für ihr ganzes Kollektiv.

Der alte Tschetschene trieb sich dort mit einem Sack herum. Er deckte sich auch mit Essen ein. Niemand hinderte den anderen. Im Gegenteil, Verständnis und Mitgefühl herrschten. Nach uns ging Lina. Großmutter Nina kam uns entgegen. Sie half, den Wassereimer die Stufen hochzutragen.

«Mein Enkel und ich haben Zwiebeln und Streichhölzer gefunden!», brüstete sie sich noch.

Kaum waren wir drin, stürmten russische Soldaten herein. Sie schrien, wir hätten ihnen die Taschenlampe gestohlen! Sie würden uns alle jetzt sofort erschießen! Sie bebten vor

Ärger und Wut. All unsere Nachbarn schwiegen entsetzt, denn zwei entsicherte Maschinenpistolen waren auf uns gerichtet.

Eine Taschenlampe hatte ich tatsächlich gesehen in dem Haus, aus dem wir gerade gekommen waren. Sie stand als Beleuchtung auf dem Fensterbrett in der Küche. Ich trat heraus und sagte das. Ich konnte die zornigen Menschen dazu bewegen, nicht zu schießen, sondern zurückzugehen und genau nachzusehen. Ich sagte, ich hätte nicht gelogen. Sie glaubten mir. Sie spuckten aus und gingen. Sonst wären hier nur Leichen geblieben. Um unsere diebischen Nachbarn wäre es gar nicht schade gewesen. Wer hatte uns das eingebrockt? Der Alte oder Lina? Vermutlich hat sie die Lampe gestohlen.

Die Prinzessin

25. Januar

Morgens wurde erzählt, dass russische Soldaten zwei Mädchen von zu Hause, von der Mutter, entführt haben. Im Schulalter. Ihre Mutter sucht jetzt einen Kasten Wodka, nur dagegen wollen sie die Kinder zurückgeben.

Am Tag sah ich: ein frisches Grab auf unserem Hof. Die Erwachsenen erklärten: «Das ist der Nachbar. Ist neben seinem Haus getötet worden.»

Na so etwas! Und ich habe nichts davon bemerkt. Nachts wird heftig geschossen, aber niemand geht in den Keller. Wir schlafen jeder an seinem Platz. Der kranke Enkel von Oma Nina bringt von irgendwoher Bücher. Die besten nimmt sich Lina. Wenn geschossen wird, hat er furchtbare Angst und sagt in einem fort: «Um Gottes willen! Soll ich meine Mama nie wiedersehen?! Ist sie getötet worden? Kommt, wir verstecken uns im Gullyloch!»

Seine Großmutter scherzt: «Wenn du brav bist, wirst du deine Mama wiedersehen!»

Dabei sind Tante Warja und Baschir auf die Flucht gegangen. Und niemand weiß, ob sie noch leben. Die Plätze im Bus sind sehr teuer. Dazu werden sie auch noch beschossen. So ist eine ganze Flüchtlingsfamilie aus dem Haus Nr. 88 umgekommen. Sechsundvierzig Menschen sind verbrannt, als eine Granate den Bus traf. Ein einziges Kind konnte gerettet werden.

Mama hat Herzprobleme. Ich habe ihr Tropfen gegeben. Sie bat mich, sie im Garten zu vergraben, wenn sie stirbt. Und nur ich soll das tun, niemand anders aus ihrer engeren Umgebung. Sogar nach ihrem Tod werde es ihr zuwider sein, Hilfe von ihnen anzunehmen. Ich wandte ein, dass ich sie nicht vergraben kann, weil die Erde gefroren ist.

«Dann verbrenn mich», schlug sie vor.

Ich versuchte, mir das vorzustellen, so als sähe ich es von oben, die gefrorene Erde, der langsam verschwimmende schwarze Fleck um das Lagerfeuer und ihr in den Flammen zerschmelzender Körper. Aber ich sah, wie schlecht es ihr ging, und versprach: «Ich werde tun, worum du mich bittest.»

Und wischte meine Tränen weg, als sie nicht guckte.

P.S.: Unsere jungen Nachbarinnen verschwinden nachts immer irgendwo, haben keine Angst, als Frauen! Sobald Olga weg ist, trinkt ihr Mann Wowka noch mehr.

Prinzessin Polina-Budur

26. Januar

Die Nachbarn vom zweiten Zimmer sind völlig übergeschnappt! Sie schlafen dort alle durcheinander und rauchen und trinken auch noch. Der Rauch zieht zu uns. Wir kriegen keine Luft: Kinder und Alte. Sie haben unsere Zimmertür zugesperrt, Stühle davorgestellt. Jetzt sitzen wir zu sechst und kommen nicht raus, nicht einmal zur Toilette! Und in der Küche feiern unsere Mädchen mit den russischen Sol-

daten! Sie futtern und reden. Haben sich was Leckeres gekocht! Ein Duft zum Verrücktwerden! Obwohl die Lebensmittel bestimmt für alle waren. Wir sind hungrig. Und sie
trinken! Durchs Schlüsselloch können wir große Krüge mit
Rotwein sehen. Die russischen Soldaten haben ein Rascheln
gehört, sie fragen: «Was, sind hier Leute?»

Wowkins Frau und Tante Aza darauf sofort gereizt: «Was
für Leute?! Das ist unser Raum für Krüppel. Wir füttern sie
durch!»

Mama fing an zu weinen, als sie das hörte. Sie sagte:
«Wir werden uns trennen. Bei den Lebensmitteln und beim
Brennholz. Einen Ofen bastele ich mir selbst auf dem Hof,
mit einem Gitter. Da liegen viele kaputte Ziegelsteine.»

Ich freute mich und flüsterte: «Komm, wir gehen ganz
von hier weg.»

Doch dazu konnte Mama sich nicht entschließen. Eine
Frau und ein Mädchen – das ist ein allzu verletzliches Ziel.
Zumal sie auch noch ständig Herzschmerzen hat.

Wir haben in einem fremden Haus trockene Socken gefunden. Fäustlinge fanden wir wieder nicht. In einem Haus,
auf dem Sofa, haben wir einen getöteten Mann gesehen. Ein
bisschen Blut am Kopf und ein Glas Tee in der Hand, die auf
dem Unterarm ruhte, ganz so, als wenn er noch lebte. Nur
ein metallischer Geruch lag in der Luft. Warum riechen Getötete nach Metall und Asche? Dazu Kindersachen um ihn
herum und ein Kinderbettchen. Aus diesem Haus hat Mama
mich nicht einmal Essen mitnehmen lassen. Sie ist abergläu-
bisch. Sie sagt, von Toten darf man nichts nehmen.

Dann suchten wir Mehl und Zucker. In einem anderen
Haus guckte ich in ein Zimmer. Oh! Was dort alles war! Auf
dem Tisch lag ein geöffneter Koffer! In einer durchsichti-
gen Tüte daneben lag eine neue Lederjacke! Ich bat Mama,
die Jacke nehmen zu dürfen. Meine ist völlig abgetragen.

Löchrig. Aber Mama erlaubte es nicht. Sie schimpfte. So was Stures! Als würde sie nicht sehen, dass alle um uns herum alles mitnehmen. Sie gehen gruppenweise, Erwachsene und Kinder, Militärs und zivile Bewohner, Nachbarn und zufällige Bekannte.

Abends gingen Mama und ich raus, solange nicht geschossen wurde. Da sahen wir – das Haus mit der Jacke steht nicht mehr. Nur schwelende Balken und das Fundament. Ich sagte: «So eine Jacke werde ich nie tragen.»

Mama nahm mich in die Arme: «Wenn in unserer Wohnung wenigstens irgendetwas bleiben soll, dann dürfen wir selbst nichts mitnehmen, außer Essen und Medikamenten! Es gibt eine passende Zeit und eine unpassende, besonders im Krieg.»

Später in der Nacht wäre ich fast ums Leben gekommen. Ich ging um dreiundzwanzig Uhr auf den Hof. Es war dunkel. Sterne. Frost. Ich hatte ein Stück Fladen versteckt, um den obdachlosen Hund zu füttern. Wegen dem Hund war ich eigentlich rausgegangen. Ich rief ihn und gab ihm zu essen. Plötzlich ein Schuss. Dann noch einer! Neben mir ratschte eine Kugel über die Hauswand. Jemand gackerte betrunken. Sie schossen auf mich, offenbar mit Hilfe eines Nachtsichtgeräts. Darin sehen wir für die Scharfschützen vermutlich wie Gespenster aus, interessante Ziele. Ich zuckte zusammen, zog mich hinter die Ecke zurück, ging in die Hocke wie ein Entlein, fünf Minuten lang. Genauso, in der Hocke, watschelte ich auch die Treppe hoch. Vor Schmerz in den Beinen biss ich mir die Lippen blutig. Zu Hause, im Licht der Petroleumlampe, sahen Mama und ich uns das Schussloch in meinem Halstuch an. Noch während ich den Hund fütterte, hatte ich Lina, Aza und Olga über die russischen Soldaten reden hören. Die Worte und der Rauch drangen aus ihrem Fenster. Sie grölten vor Lachen und erörterten,

354

welcher Mann besser, wer wie «ausgestattet» sei und solche schmutzigen Sachen. Dreck.

Es ist nach Mitternacht. Eben gerade habe ich mich mit Olga gezankt. Ich wollte mir endlich die Haare waschen, es juckt schon (ich habe sie eine Woche nicht gewaschen!), und Olga schrie: «Willst den Soldaten gefallen?! Schlampe!»

Ich erwiderte: «Gott hat euch alle schon verflucht! Schlampen leben im Zimmer neben uns.»

Olga zischelte, sie hasse mich und würde mich mit Vergnügen umbringen, dann verschwand sie zwischen den Säcken in ihrem Zimmer. Ratte! Glaubt die wirklich, dass ich mit meinen vierzehn Jahren so bin wie sie?!

Patoschka

27. Januar

Heute sind unsere allerliebsten Nachbarinnen wieder zu unseren Häusern «abgedüst». Auf Militärfahrzeugen, mit den Soldaten. Die benutzen die Schützenpanzerwagen wie Autos. Weder Mamas Pass noch ihr Arbeitsbuch haben sie mitgebracht, obwohl sie es versprochen hatten. Dafür haben sie viele große Taschen angeschleppt, besonders Olga und Aza. Vielleicht lügen sie und waren überhaupt nicht in unseren Häusern? Ich glaube diesen unseligen Menschen schon lange nicht mehr. Olga brachte ihrer Mutter einen Stapel Kopftücher zur Auswahl. Großmutter Marja nahm sich die, die ihr gefielen, mit den Worten: «Gott erbarme sich!»

Wowka war betrunken, fluchte und sagte schweinische Sachen zu mir. Ich sagte ihm, dass ich jünger als seine Tochter bin und er sich schämen sollte. Da wurde er still. Als alle gegessen hatten, kam Großvater Chalid angelaufen, ein Tschetschene von hier.

«Helft! Das Haus meiner Tochter brennt! Rettet die Sachen!»

355

Niemand raffte sich auf. Nur ich und Mama schleppten uns nach draußen. Chalid zeigte auf ein großes Haus. Der Brand war nicht stark, aber wir hatten trotzdem keine Möglichkeit, ihn zu löschen. Wir holten zwei Kissen und eine große, blaue Kasserolle für etwa fünfzig Liter raus. Irgendeinen alten Mantel. Ein paar Eimer. All das trugen wir mit dem Alten auf seinen Hof. Das brennende Haus war beinahe leer, offenbar hatten Tochter und Schwiegersohn die wichtigsten Sachen wegbringen können. Der Alte versprach uns zum Dank Fadennudeln. Er hielt Wort. Aber er zeigte sich knausrig. Dabei hatte er gesagt, er hätte einen ganzen Sack voll! Aza schnappte uns die Fadennudeln weg und versteckte sie in ihrem Zimmer. Mama und ich gingen leer aus. Ich war fürchterlich verletzt!

Um meinen Schmerz und meine Ohnmacht nicht zu zeigen, ging ich auf die Straße. Die Sonne blendete. Das verwundete Bein tat weh. Ich merkte gar nicht, wie ich anfing zu weinen. Da steckte mir jemand ein Plüschtier zu, einen Hasen. Ich habe mir das Gesicht dieses Menschen nicht gemerkt. Ich habe nur seine Augen gesehen! Es war ein russischer Soldat. Er schrieb mit einem trockenen Zweig in den weißen Schnee: «Zeit für uns, nach Hause zu gehen!»

Mama gefiel das Spielzeug. Sie erlaubte mir, es zu behalten. Ein farbenfroher, gelber Hase! Ich gehe mit ihm schlafen.

Weitere Neuigkeiten, Tagebuch! Unsere «Damen» brachten schöne Kleider an. Ich war überrascht von den Geschenken. Aber kaum waren die Nachbarinnen draußen, hängte Mama alles in den Schrank und sagte: «Ich weiß nicht, ob das eine List ist oder nicht, aber nach Hause werden wir die Sachen nicht mitnehmen. Wir tun so, als hätten wir sie angenommen, um niemanden zu verletzen.»

Ich holte alle Sachen wieder raus und probierte sie an.

Am besten gefiel mir ein rosa Kleid. Ich versuchte Mama zu überreden, mir wenigstens dies zu erlauben! Aber Mama war unerbittlich.

«Du bist dumm! Das sind keine Geschenke! Sie wollen das nur auf uns abwälzen! Wir haben keine Verwandten. Wir können nicht wegziehen. Wir werden hierbleiben. Die Leute werden denken, dass wir das gestohlen haben. Auf die Russen haben sie sowieso einen Hass.»

Ich verstand. Mama hat recht.

Unsere Ernährung ist in diesen Tagen viel besser geworden. Wir durchsuchen fremde Keller und Küchen. Was wir finden, essen wir auf. Manchmal zweimal am Tag! Unseren Anteil an den Lebensmitteln bekommen die Nachbarn von den Soldaten, wir sehen davon nichts.

Die Prinzessin

28. Januar

Jetzt wurde einmal geteilt. Mama und ich bekamen: einen Eimer Mehl, Zwiebeln, ein großes Glas Tomaten und (Hurrah!) ein Dutzend Kartoffeln. Zusätzlich gab es zwei Gläser Konfitüre und Adschika. Unsere Nachbarn haben viele verschiedene Essenssachen unter den Betten. Aber den alten Mütterchen Stasja und Nina und ihren kranken Eltern gaben sie genauso wenig wie uns. Ich habe für unser Haus eine Menge nützlicher Sachen angeschleppt: Streichhölzer, Watte, Validol und das Buch «Die schöne Sitzenbleiberin».

Mama hat ihre früher mal schöne, jetzt dreckige, vom Straßenofen verrußte Jacke abgelegt. Stattdessen hat sie einen Männerpullover angezogen, den sie in der Küche gefunden hat. Er ist ganz sauber! Ihre gelbe Jacke hat sie an die Stelle des Pullovers gelegt.

«Wozu das?», fragte ich.

«Die kann man waschen, wenn es Wasser gibt. Sie sollen sehen, dass ich keinen Ausweg hatte.»

Mama ist sofort hübscher geworden. Der Pullover steht ihr!

Heute haben wir zum ersten Mal die Soldaten angesprochen. Wir baten sie, uns eine Flasche mit Diesel oder Benzin zu füllen. Das taten sie. Wir werden zu Hause eine «Petroleumfunzel» haben!

Nach Hause! Nach Hause! Hurrah!

Abend. Petroleumfunzel. Wir sind zu Hause. Wir haben den Marsch geschafft. Wir gingen durch hohen Schnee, einen Weg bergauf, vor uns Großmutter Stasja. Sie trug ihren Proviant in einem Beutel. Alle Augenblicke stolperte sie, drehte sich um, guckte uns an, erwartete Hilfe. Manchmal winselte sie komisch. Dann stöhnte sie wieder. Mama hatte den kleinen Handwagen repariert. Darauf stellte sie eine Holzkiste und legte unser Essen dort hinein. Ich trug eine bunt gepunktete Tasche. Die habe ich gefunden! In die Tasche passten: der gelbe Hase, ein Glas Konfitüre, Watte, verschiedene Medikamente, das Buch über Schulkinder und noch ein roter Pullover. Ein Geschenk von Tante Lina. Mama hat ihn nicht gesehen. Nachher ist zu Hause gar nichts, und ich muss mich umziehen? Für kurze Zeit, während der Rückkehr nach Hause, vertrugen wir uns alle besser. Unsere Nachbarn hörten auf zu streiten und zu fluchen.

Hinter uns gingen Oma Nina und ihr kranker Enkel. Der Enkel trug zwei mit Verbandsstoff zusammengebundene Bücherstapel. Omachen schleppte seinen Proviantanteil. Kleinwüchsig und füllig, schien sie in dem tiefen Schnee unterzugehen und atmete schwer. Hinter Nina kamen die anderen. Wowkas Frau zog gleich zwei Karren: eine mit jeder Hand. Auch Wowka schob zwei beladene Schubkarren. Lina machte das Schlusslicht. Ihre Schubkarre war fast leer. Sie ging leicht und gewandt. Sie ist schön: rotes Haar bis zu den Schultern, leuchtende blaue Augen und immer adrett, sogar im Krieg! Mit ihren vierzig Jahren sieht sie aus wie eine junge Sportstudentin. Unterwegs stellte sich heraus, dass sie Großmutter Marja zurückgelassen hatte. Zum Aufpassen für irgendwelche Sachen. Auch Aza war dort geblieben.

«Wir haben viele Sachen dort. Die können wir nicht aufgeben!», rutschte es Olga heraus.

Als sie uns sahen, kamen die Nachbarn aus dem vierstöckigen Haus nebenan zu uns. Dem Haus, in dem die Armenierin Raisa gestorben war. Sie erzählten: «Als sie Nikolaj mit seiner gelähmten Mutter aus dem Haus holten, begann seine alte Mutter neben den Militärfahrzeugen zu sterben. Jemand von den Soldaten hielt das nicht aus. Er befahl, sie ins Hospital zu bringen. Zwei Tage später war Nikolaj verwaist. Er ließ den Rest seiner Sachen zurück. Ging auf die Flucht oder fuhr zu entfernten Verwandten. Er hatte hier nichts mehr verloren. Eine Wand seiner Wohnung im ersten Stock war noch vor Epiphanias eingebrochen.»

Endlich, als es dunkel geworden war, hatten wir alle Ziegelsteine vor dem Eingang beiseitegeräumt und den Pfad zur Tür freigelegt. Aber die Tür selbst war verschwunden. Am Eingang begrüßte uns unser zerschossener Kühlschrank. Die abgerissene Kühlschranktür lag daneben. Wir traten ein und sahen: die Laken blutbefleckt. Tonbandgerät und Fernseher weg. Geschirr, Bettwäsche, verschwunden. Nicht einmal Unterwäsche zum Wechseln war da. Die Wohnung hatte endgültig Schlagseite bekommen. Flur und Küche waren in den Keller eingebrochen. Papiere und Fotos waren nicht mehr da, viele antiquarische Sachen, die wir von der Großmutter aus Rostow-am-Don hergebracht hatten, auch nicht mehr. Die Schäfte von meinen neuen Stiefeln waren noch da. Das Unterteil hatte jemand abgeschnitten. Alles war besudelt, die Sachen ebenso wie die Sofakissen. Wir waren so erschöpft, dass wir uns einfach nur überzogen, was wir gerade fanden. Schnee kam durchs Fenster in das Zimmer. Aber wurscht! Wir waren zu Hause! Mama bastelte eine Petroleumlampe aus einem leeren Glas Babynahrung. Wir deckten uns mit einem alten, abgetretenen Teppich zu und schliefen im Flur auf der Matratze ein. Gegen Morgen waren meine Hände fast erfroren. Unsere Handschuhe haben wir nicht gefunden. Nicht einmal die allerältesten.

P.

29. Januar

Morgens entdeckten wir, dass eine antike Vase, im Kleinholz versteckt, noch da war! Ein Teil der Bücher ist erhalten. Teller aus Mamas Lieblings-Service lagen auf dem Hof herum. Einige Weingläser haben sich gefunden. Unser Silberbesteck ist weg. Niemand hat das große Tonbandgerät entdeckt. In die angrenzende Wohnung der Inguscheten sind wieder die zwei Freundinnen Nina und Stasja gezogen. Großmutter Nina schreit von frühmorgens ihren Enkel an. Er verlangt etwas zu essen und will unbedingt auf die Suche gehen. Die Nachbarn von gegenüber sind auch heute mit Schubkarren losgezogen. Sie sind unermüdlich. Schleppen fremdes Hab und Gut zu sich und haben der Operation den Codenamen «Großmutter» gegeben.

Draußen ist es still, dann wird wieder geschossen. Flugzeuge fliegen tief. Wir müssen bald unsere Tür finden. Und Hauptsache – die Personalpapiere. Der Fußboden in unserem Zimmer hat sich gewölbt. In den Ecken dagegen ist er in den Keller abgerutscht. Ungefähr dreißig, vierzig Zentimeter. Vom Keller weht es kalt, man hört die Ratten piepsen. Auch sie sind hungrig. Und ich kann mich nicht aufwärmen.

Ich sitze an dem nach Abfällen stinkenden Bullerofen in der Küche und friere. Er heizt nicht.

Im schmutzigen Schnee im Hof haben wir meine Kinderfotos gefunden. Sie waren zertrampelt. Wir haben sie an dem aus einem Wäschetrog gebastelten Ofen getrocknet. Im Flur, neben der Toilette, bei den Nachbarinnen, lag Mamas Pass! Das ist das Wertvollste! Wir haben das Fenster mit einer Decke verhängt. Jetzt kommt weniger Kälte herein. Die Fenster von draußen zu reparieren, ist gefährlich. Von den Gärten her fallen die ganze Zeit Schüsse, über die Straße. Na egal, wir halten das aus, wir stehen das durch.

Prinzessin Budur

30. Januar

Wir schlafen ohne Tür, direkt auf dem Fußboden. An den Eingang stellen wir einen Hocker, darauf den Wäschetrog mit Brennholz. Unsere Tür haben wir gefunden, aber die Türangeln sind verbogen. Sie müssen ausgetauscht werden. Unbekannte haben das Mehl gestohlen, das wir von den Aufständischen bekommen haben. Sie haben es zusammen mit den großen Kasserollen weggetragen. In dem Mehl waren unsere restlichen Waren und Musikkassetten. Ich habe schon große Nägel und einen Hammer für die Reparaturen gefunden. Aus den Gärten vor unseren Fenstern wird immer wieder einmal geschossen. Gerade eben hat es draußen gerumst. Ein kurzer Blitz, dann ein Windstoß. Ich guckte nur raus und ging rasch in Deckung. Ein tiefes Loch wurde in den Asphalt gerissen. Uns hat die Zwischenwand geschützt.

Russische Soldaten haben Linas flauschigen Kater erschossen. Eine Kugel haben sie ihm in den Kopf gejagt. Sie hat geweint. Und der Hofhund Belotschka, den ich im

Hauseingang vor dem Beschuss gerettet habe, wurde von einer Kugel am Hals getroffen. Er war nicht gleich tot. Drei Tage lange hat er sich gequält, dann ist er mit einem Seufzer verendet. Meine Mama hat ihn auf die Arme genommen und im Gebüsch an der Straße vergraben. Unsere Kater und Katzen sind schon im Spätherbst verhungert.

Budur

31. Januar

Ich friere. Es gibt fast nichts zu essen. Heute muss ich die Eingangstür fertig reparieren. Ich habe sie schon eingehängt. Jetzt muss sie unten abgeschliffen werden, damit sie zugeht. Der Fußboden hat sich an der Schwelle gehoben. Wenn wir weggehen, werden wir die Wohnung zunageln und die Zange mitnehmen. Sonst verhungern wir.

Die Großmütter haben uns betrogen. Sie haben um Mehl für einen Fladen gebeten. Ihr Enkel esse so viel, und sie hätten überhaupt kein Mehl. Dafür wollten sie uns Makkaroni geben, haben aber wieder nicht Wort gehalten. Wir essen jeden Tag kleine Stücke gekochten Teig, darauf streuen wir Zwiebeln. Mir tut der Bauch weh und die rechte Seite. Einmal am Tag backen wir Fladen ohne Öl (das gibt es nicht). Zutaten: Soda, Wasser aus Schnee, Mehl. Der Fladen ist immer roh, aber er schmeckt besser als die «Teigklöße» (Galuschki). Als die Nachbargroßmütter einmal im Hauseingang Suppe auf Ziegelsteinen kochten, liefen sie kurz weg, weil in der Nähe eine Mine explodiert war. Ich nutzte das und aß kochend heiße Makkaroni mit dem Löffel. Ich will nicht verhungern.

Wir gehen auf die Suche nach Brennholz. Dafür dienen uns Bretter und Balkonbrüstungen, die nach dem Beschuss der oberen Etagen heruntergefallen sind. Mit dem Wasser gibt es ständig Probleme. Wir schmelzen Schnee, filtern den

Ruß heraus. Das ergibt gerade genug zum Trinken. Wir laufen dreckig herum, schwärzer als die Nacht. In den Brunnen ist kein Wasser.

Wir waren Brennholz suchen ... und das hat uns gerettet! Ein «Eisenvogel» flog in unsere Wohnung. Als wir zurück waren, haben wir eine ganze Handschaufel Splitter vom Boden gefegt! Auf dem Esstisch lag das Grüne Buch. Es hat nicht so viel Glück gehabt wie wir. Es ist völlig zerfetzt. Neben ihm lagen kleine Splitter. Dieses Buch hebe ich auf. Es gehört in ein Museum gegen den Krieg. Ich hoffe, das wird es einmal geben. In der Wand zu unseren Nachbarn klafft jetzt ein Loch.

Die Prinzessin

6. Februar

Es ist kalt. Wir sind zu Hause. Zum Schlafen tragen wir mehrere alte Mäntel übereinander. Die Schuhe ziehe ich schon seit Wochen nicht mehr aus. In den Fenstern sind Furnierholz und alte Decken. Der Waschtrog-Ofen kriegt den Raum ohne Fensterglas nicht warm. Uns schlägt der Dampf aus dem Mund, so wie auf der Straße. Die Hände sind rot vor Kälte, wie Gänsefüße. Mein rechtes Bein tut seit dem Morgen nicht weh. Der große Splitter hat seinen Frieden mit der Welt gemacht. Schlaf ruhig, eiserner Gefährte!

Soldaten kamen zu uns. Sie kontrollierten unsere Papiere. Schrieben alles auf. Sie sagten streng: «Wenn aus euren Häusern oder aus den Gärten auf unseren Posten geschossen wird, dann werden wir euch alle erschießen!»

«Die, die geschossen haben, sind längst weg», erwiderte Mama. «In unseren Häusern sind nur friedliche Menschen, die genug haben vom Krieg! Alte Leute, Kinder. Aufständische sind hier keine!»

Die Soldaten wurden nicht grob. Sie waren nüchtern.

Jetzt schießen sie nur nachts mit Kanonen auf die Gärten – «für alle Fälle!»

Granaten explodieren auf der anderen Straßenseite. In der Nacht ist draußen ein ununterbrochenes Lichterflackern. Die Zäune brennen. Die Datschen brennen. Zu uns fliegen Splitter herüber. Tagsüber schalten sich die Scharfschützen ein. Sie jagen dir Angst ein, wenn du vorbeigehst, schießen dir vor die Füße oder über den Kopf. Sie haben mir die Blechkanne zerschossen, als ich Wasser von der unteren Straße trug. Ich bekam Angst, warf sie am Bahndamm weg und lief davon. Mama schimpfte unflätig. Ich ging zurück und holte die Kanne.

«Auch wenn's nur die Hälfte ist, hier ist sie!», sagte ich.

Fein! Die Kanne hat sich in eine Wassermühle verwandelt. Gut, dass sie mich nicht in die Beine getroffen haben. Nur schade um das Wasser. Beim Wasserholen habe ich auch eine Hundeleiche auf einem Baum gesehen. Sie hing sehr hoch, aufgespannt in den Zweigen im Gipfel. Der Rumpf zum Teil vermodert. Weißgraues Fell war geblieben und die traurige Hundeschnauze, die die Menschen von oben betrachtete. Erst konnte ich nicht verstehen, wie er dort oben hingekommen war? Hunde sind ja keine Katzen. Dann kam ich darauf – eine Druckwelle muss ihn hochgeworfen haben!

Wir suchen Bretter auf der Hofseite, dort wo die Hauseingänge sind. Die Mauern unseres Hauses machen uns unsichtbar für diejenigen, die schießen. Neulich wurde eine Frau verwundet. Sie überquerte mit einem Kind auf dem Arm die Straße zum Grünen Kindergarten. Wir haben Angst, über diese Straße zu gehen. Aber wir müssen essen – und riskieren es! Wir rennen schnell und im Zickzack über die Straße. Die Welt, durch die wir irren, ist verkohlt und von Eisen zerpeitscht. Wir gehen in zerstörte, fremde Häuser ohne Türen und Fenster. Dort ist es gruselig, besonders, wenn man auf der Suche nach Essen, nach Konserven, in die Keller geht. Wir wissen, dass die Keller häufig vermint sind und Menschen dort in die Luft fliegen, wenn sie die Hand nach einem Marmeladenglas ausstrecken oder in eine Sprengfalle tappen. Überall stoßen wir auf Getötete, und fast immer sind diese Menschen mittleren Alters, Frauen, Männer in Hauskleidung. Essen zu finden ist schwer. Aber anders überlebt man nicht. Längst haben sich hungrige Menschen alle Lebensmittel geschnappt: die friedlichen Bewohner und diejenigen, die die Stadt voreinander verteidigt haben – die Aufständischen und die russischen Soldaten. Essen wollen alle – und möglichst abwechslungsreich. Mehrere Tage lang fanden wir überhaupt keine Lebensmittel, und ich aß Schnee, den ich von saubereren Stellen nahm. Aber endlich hatten wir Glück. Gestern haben wir Tomaten in Gläsern gefunden. Ganze fünf Stück davon haben wir nach Hause gebracht. Ich habe sofort eine gegessen und bekam Magen- und Leberschmerzen. Dann habe ich noch Streichhölzer und ein Glas mit einem Rest Kaffee am Boden gefunden. Und Mama hat neulich feuchte Gerstengrütze in einer Zellophantüte entdeckt. Wir wissen nicht, ob sie verfault ist oder nicht. Vielleicht ist sie noch essbar?

Prinzessin Budur

9. Februar

Als wir vom Wasserholen kamen, hatten wir «Gäste» zu Hause. Sie wühlten in unseren Sachen und im Bücherschrank. Gereizt entsicherten sie ihre Maschinenpistolen und wollten wissen: «Was seid ihr für welche?!»

«Wir wohnen hier. Und ihr?», fragte Mama die Russen. Sie ging rein und setzte sich sofort hin. Wir waren sehr erschöpft nach dem weiten Weg. An dem entfernten Wasserbrunnen wartet immer eine lange Schlange. Natürlich zeigte

Mama ihnen unsere Papiere mit der Anmeldung, den Pass und meine Geburtsurkunde auch.

«Wie in einem großen Gefängnis», scherzte sie traurig.

«Ihr habt ja eine gute Bibliothek. Wir werden ab und zu kommen und Bücher nehmen!», erklärten die Soldaten einfach so.

Ich musste an den Ersten Krieg und an die vorrevolutionäre Puschkin-Ausgabe denken, die auf einem Scheiterhaufen aus Parkettstäben mitten in der Wohnung meines Großvaters verbrannt worden war. Die Soldaten hatten sich Mittagessen gekocht. «Damals haben sie zum Kochen einfach Bücher in den Wohnungen verheizt, heute lesen sie sie – ein gutes Zeichen», dachte ich.

Sie suchten weiter, ohne sich stören zu lassen. Bei der Gelegenheit machten sie sich auch mit uns bekannt. Einer von ihnen hieß Sascha, und der andere sagte, man nenne ihn den Kapitän.

«Gut so! Besser lesen, als Tag und Nacht Wodka trinken», knurrte meine Mama die «Gäste» an. «Aber wenn eine Wohnungstür verschlossen ist, sollte man sie nicht aufbrechen! Besser wartet man, bis die Bewohner zurückkommen.»

Mama zeigte ihnen wie eine Bibliothekarin die Regale, auf denen Fantasy und Kriminalromane standen, wo Bücher über Geschichte, Briefe, Memoiren, Tagebücher waren.

«Schaut hier!», wurde sie lebhaft, ohne es zu merken. «Hier haben wir lustigen und amüsanten Lesestoff: Die ‹Zwölf Stühle› von Ilf und Petrow und Awertschenko und Kozma Prutkow.» Dann schlug sie plötzlich vor: «Ich schenke euch etwas, was mit der Zeit zu eurer Erinnerung werden wird! Damit ihr wisst, wo ihr wart. Bei uns im Kaukasus gibt es eine ganz eigene, einmalige Kultur und bemerkenswerte Legenden. Mein Vater war Russe. Er war verliebt in dieses

Land. Er studierte die hiesigen Sprachen, er achtete die Sitten, viele von ihnen hat er in unseren Alltag eingeführt.»

Aus dem obersten Regal zog Mama ein großes, farbiges Album mit dem Titel «Der Tschetschenen uraltes Land» und gab es dem, der Sascha hieß. Dem «Kapitän» bot sie die Erinnerungen von Alla Dudajewa an – der Witwe des ersten Präsidenten der Tschetschenischen Republik. Die russischen Soldaten waren zufrieden.

«Hört nicht auf die antitschetschenische Propaganda!», sagte Mama. «Glaubt nicht, dass hier ungebildete Holzköpfe wohnen. Lest die Gedichte! Seht euch die Gemälde an! Themen und Ausführung, alles ist interessant. Hier zum Beispiel der Katalog einer Ausstellung von Kinderzeichnungen. Tschetschenische Kinder können wunderbar zeichnen. Sie haben eine Begabung für Tanz und Sport, und sie sind sehr musikalisch!»

Die Soldaten wurden verlegen, sie versprachen: «Die Sachen, die wir euch weggenommen haben, werden wir finden. Wir fragen unsere Jungs!»

Dann wühlten beide in ihren Rucksäcken und kramten gleichzeitig je eine Büchse Rindfleisch heraus! Bei dem Anblick wurde mir übel, richtig schwindelig. Ich wusste sofort, dass Mama das Essen nicht von ihnen annehmen würde. Aber ich schwieg.

Sascha und der Kapitän sagten: «In unserer Einheit wurde allen gesagt: In der Stadt gebe es keine friedlichen Bewohner! Nur Banditen! Sie alle müssen vernichtet werden! Wir waren bestürzt, als wir in die Stadt einzogen und sahen, wie viele alte Leute und Kinder in den zerstörten Häusern und Hausfluren leben! Wie habt ihr hier nur überleben können?! Wir haben doch direkt auf euch gezielt?!»

«Das wissen wir selbst nicht», staunte meine Mama mit ihnen. «Na gut! Ihr braucht uns nichts zurückzugeben. Diese Bücher bekommt ihr als Andenken. Was ihr vorher geholt habt, ist eben weg. Wir nehmen euch das nicht übel. Lasst uns einfach tauschen!» Und sie zeigte auf die zwei Konservendosen.

Ich atmete erleichtert auf und ging in die Wohnung von Tante Marjam. Da bekam ich plötzlich einen seltsamen Schüttelfrost. Beim Gedanken an das Essen wurde mir ganz schummerig. Ich hörte, wie Mama zu Sascha und dem Kapitän sagte: «Nehmt es mir nicht übel! Aber kommt lieber nicht mehr zu uns!»

Die Soldaten verabschiedeten sich höflich und gingen. Im Treppenflur lauerte ihnen schon Oma Stasja auf: «Meine Teuersten! Meine Kinderchen! Gebt der Großmutter etwas, irgendetwas! Zu essen oder ein bisschen Geld!»

Mama und ich lachten los. «Sieh mal an! Plötzlich hat sie wieder Kinder!», witzelten wir.

Budur

10. Februar

Wir sind glücklich! Gestern haben wir nach langem Hungern gegessen. Und dann gingen wir auf die Suche nach der kostenlosen Kantine. Hartnäckige Gerüchte besagen, dass es so etwas gibt. Mit Rastpausen – alle halbe Stunde – erreichten wir die Haltestelle Katajama, aber die versprochene Kantine fanden wir nicht. Auf der Straße lagen blutbefleckte Jacken. Wer hat die Besitzer da herausgeschüttelt? Oder hatten Soldaten sie auf die Schnelle nach einer «Säuberung» in den Schützenpanzer geworfen und dann, als sie genauer hinsahen, fanden sie sie eklig und warfen sie weg? Wir hatten bald verstanden, dass es besser ist, zwischen den Häusern zu laufen. Wenigstens eine Art von Deckung. Auf der Straße stehen Militärposten, und es kann zu plötzlichen Kämpfen kommen, in die wir hineingeraten wie Kieselsteine in eine

Mühle. Wir ruhten aus, lagen im Schnee. Meine Beine taten so weh, dass ich nicht mehr weiter konnte und fast das Bewusstsein verloren hätte. Als uns in der Schneewehe kalt wurde, standen wir trotzdem auf und schleppten uns nach Hause. Ich motivierte mich mit Gedanken an heißes Teewasser.

Als wir ankamen, sahen wir, dass Unbekannte erneut unser Türschloss aufgebrochen hatten. Es lag im Flur. Die Nachbarinnen sagten, sie hätten geschlafen und nichts gehört. Wir entdeckten, dass sie unser großes Tonband mitgenommen hatten (das im Kleinholz versteckt war).

Sascha und der Kapitän besuchen jetzt häufig die Freundinnen Aza und Lina im Haus gegenüber. Wir sahen Bücher in den Händen der föderalen Soldaten. Wir sahen Schachteln mit Soldatenproviant. Aza und Lina bieten den alten Mütterchen Stasja und Nina großzügig Konserven daraus an.

Und dann haben wir doch herausbekommen: Die kostenlose Kantine ist schon eine Woche geöffnet, an der Haltestelle Autobaza. Daneben das Krankenhaus des Katastrophenministeriums, das friedlichen Bewohnern hilft. Und noch eine Neuigkeit: Heute ging ein unbekanntes Mädchen in den privaten Sektor, um seine Verwandten zu besuchen. Gut gekleidet, doch in Hausschuhen. Ihre Füße wurden im Schnee nass.

Mama schlug ihr vor: «Komm zu uns! Wir geben dir Gummischuhe und trockene Socken.»

Das Mädchen bedankte sich, kam aber nicht mit. Es zeigte uns ein Foto ihres Bruders – und neben diesem Bruder erkannte ich Aladdin! Das Mädchen teilte fröhlich mit: «Im Januar waren beide noch am Leben! Wir haben die Jungs zusammen aus der Stadt gebracht!»

Hurrah! Wir umarmten uns wie Schwestern und verabschiedeten uns. Mama weinte auf der Straße. Sie erinnerte daran, wie Aladdin uns im Bombenhagel Schwarzbrot gebracht hatte.

Prinzessin Polina-Budur

11. Februar

Gestern kam Wowka, Olgas Mann, zu uns, ein Säufer und Grobian. Er hat Kummer. Beim nächtlichen Angriff ist seine alte Mama umgekommen, die an der Haltestelle Autobaza wohnte. Eine Granate hat eine Ecke des Hauses weggerissen. Seine Mutter befand sich allein in dem Eckzimmer der Wohnung. Sie lag da und schaute sich vor dem Schlafen Fotos ihrer Angehörigen an. Wowka hat sie allein begraben, auf dem Hof seines abgebrannten Hauses, in einer Grube. Alle Papiere in der Wohnung der Mutter, auch ihr Pass, sind verschwunden. Offensichtlich gingen da, wie bei uns auf dem Hof, alle möglichen Nachbarn ein und aus!

Wowka hatte sich vor Kummer betrunken und kam, um zu reden. Es war schon spät, gegen einundzwanzig Uhr. Mama vergaß allen Streit und alte Wunden. Leider! Sie rauchte mit ihm eine Zigarette! Sie goss Wowka Eau de Cologne aus einem Flacon ins Glas, und er hat das getrunken! Er verfluchte sich dafür, dass er seine Mutter nicht zu sich geholt hatte. Aber er hat sich eben weniger um sie gekümmert als darum, fremdes Eigentum zu rauben. Dann wurde er frech und wollte mich anfassen, belästigte mich und sagte, ich würde mich anstellen. Wo kann man hin in der Nacht? Draußen schießt der Scharfschütze. Man sieht die Leuchtkugeln. Ich zog mich vor diesem Menschen und seinen betrunkenen Tränen zurück. Verließ das Zimmer. Eine Stunde lang saß ich in der zerstörten Küche im Dunkeln, mit den Ratten. Ich betete wortlos darum, dass der Allmächtige mir hilft und Aladdin zurückkommt. Ich wäre sogar bereit, seine Frau zu werden –

auch die zweite oder dritte! Hauptsache, wir leben zusammen und nicht so, wie die Menschen hier überall.

«Aladdin! Komm und rette mich! Hol mich von hier weg und das bald!», rief ich lautlos und musste an meinen Traum denken. Ich hatte geträumt, dass Aladdin gestorben sei und zwischen Ruinen liegt. Möge Allah verhindern, dass das wahr wird!

Im Zimmer hörte ich Wowkas Mutterflüche und dumme Gespräche. Meine Mutter hätte ich in diesem Moment fast gehasst. Endlich ging Wowka schlafen, in das Haus gegenüber. Man konnte die weibliche Stimme hören, die ihn dreckig beschimpfte. Das war seine Frau.

P. S.: Heute Morgen hat Wowka vor allen Leuten meine Mama belästigt. Er verfluchte sie, und ich habe sie nicht in Schutz genommen. Geschieht ihr recht! Wozu lässt sie dieses Schwein ins Haus? Mit solchem Abschaum soll man sich nicht einlassen.

Budur

12. Februar

Hawas Mama hat vorbeigeschaut. Sie fragte, wo ihr Mann Sultan sei. Wir berichteten: «Sultan wollte nach der Beerdigung des Bruders der Nachbarin Aza euer Haus im privaten Sektor besuchen. Am Morgen des 19. Januar wurden wir wegen einer Säuberung umgesiedelt. Aber wir haben deinen Mann dort nicht gesehen!»

Die Mutter der schönen Hawa fing sofort an zu weinen. Aza und Wowka luden sie nachdrücklich ein. Sie sagten, sie wüssten, wo Sultan liegt, und brachten sie weg. Wie sich später herausstellte, hatten Aza, Olga, Wowka und Lina, auf der Suche nach leichtem Profit, den Vater meiner Freundin längst gefunden. Er war erschossen worden und nicht nur er. Neben ihm im Schnee lagen noch zwei Menschen.

«Auf dieser Straße und weiter», erzählten örtliche Bewohner, «kamen föderale Streitkräfte mit Osseten an.» Das war ein Albtraum! Die Inguscheten hassten sie ganz besonders wegen der umstrittenen Territorien von 1992. Sie erschossen alle drei. Da war ein russischer Junge von hier, ein Tschetschene, und dann führten sie diesen Inguschen her. «Damit es international ist», lachten die Soldaten. Sie erlaubten die Bestattung der Toten nicht. Nicht weit von der Stelle erschossen sie eine alte Frau, im Nachthemd und mit warmem Tuch auf den Schultern, und deren Tochter. Die Tochter war vollständig entkleidet, etwa dreizehn. Ungefähr zwei Seitenstraßen weiter nach oben, wenn man von uns zum privaten Sektor bergauf geht, erschossen sie ein tschetschenisches Mädchen, deren Mutter und deren Tante. Die Leute aus der Straße erzählten, dass die Soldaten die ältere Schwester des erschossenen Kindes, ein Mädchen ungefähr in meinem Alter, mitgenommen hätten. In den Keller eines Wohnheims der Brotfabrik warfen die Soldaten eine Granate. Dabei starben sowohl Tschetschenen als auch Russen, die dort Zuflucht vor dem Beschuss gesucht hatten. Viele Menschen! Darunter Kinder. Die Mutter von einer der getöteten Frauen, sie hieß Galina, trafen wir auf dem Berjoska-Basar. Vermutlich sind dort auch die jungen Tschetscheninnen gestorben, bei denen wir einmal im Rayon Berjoska Deckung gesucht hatten. Jedenfalls waren sie alle drei genau in diesem Keller.

Am 19. Januar haben sie uns aus unseren Häusern geholt. Neun Tage lang trieben wir uns in einem Gebiet herum, in dem die föderalen Streitkräfte sich festgesetzt hatten. Damals hatten wir alle den Eindruck, dass sie uns grausam und ungerecht behandeln. In Wirklichkeit aber haben sie uns gerettet. Ich erinnere mich daran, was der eine Soldat gesagt hat: «Nach uns kommen andere Einheiten. Die sind härter!»

Das heißt, wir waren im Irrtum! Sie spielten nur mit uns und wussten längst, was denen blühte, die in ihren Häusern blieben. Sie würden von den nachrückenden Truppen fertiggemacht.

Hungrige Hunde haben sich auf Aas umgestellt. Sultan, dem vorbildlichen, friedlichen Familienvater, Vater zweier Kinder, sind das Gesicht und eine Hand abgebissen worden. Sie wickelten ihn in einen großen Teppich und brachten ihn in der Schubkarre weg. Lina und Aza begleiteten die Witwe. Die Militärposten fragten: «Na, schleppt ihr da Teppiche?»

Und die Frau zeigte auf die Schuhe ihres Mannes. Zufällig begegneten sie ausländischen Journalisten. Sie machten ein Interview und versprachen: «Das wird ein Dokumentarfilm!»

Arme Hawa! Sie hat ihren Vater so geliebt! Grauenhaft! Wie weit ist es mit den Menschen gekommen? Ich höre Musik im Kopf und den Text des Liedes von Wiktor Zoj:

Zweitausend Jahre Krieg!
Ganz gleich, ob Niederlage oder Sieg!
Krieg ist nichts für die Alten,
es ist ein Mittel gegen Falten.

P. S.: Wir werden sicher irgendwo anders hinziehen – in Ruinen kann man nicht leben. Ich muss die Schule abschließen. Auf den grünen Zaun des verbrannten Kindergartens werde ich unbedingt schreiben: «Aladdin! Budur ist weggezogen …», und dann meine ungefähre Adresse. Wenn er lebt, wird er mich finden. Ich liebe ihn.

Die Prinzessin

13. Februar

Ich zanke ständig mit Mama. Sie sagt gemeine Sachen, geht mit den Fäusten auf mich los. Schon als Kleinkind hatte ich ein schwieriges Verhältnis zu ihr. In letzter Zeit hat sich ihr seelischer Zustand, offenbar durch den Krieg, verschlechtert, sie hat einen Knacks bekommen. Gestern gegen Abend fühlte ich mich schlecht: Leber, Magen, Herz taten mir weh. Ich mache ja zu Hause die ganze Arbeit – hacke Brennholz, wasche, trotz meiner Wunden. Und kaum lege ich mich vor Schwäche und Schmerzen in den Beinen hin, geht sie auf mich los und schreit, sie werde mich an den Haaren hochziehen, wenn ich nicht alle Hausarbeit mache. Sie schlägt mir ins Gesicht und flucht. Seit ich erwachsener werde, tobt sie jeden Tag mehr. Ich glaube, und ich irre mich selten, dass sie ein ganz schwieriges und trauriges Schicksal als Frau gehabt hat, und jetzt, da sie meine Jugend sieht, fürchtet sie insgeheim, ich könnte mehr Glück haben und meine Liebe finden. Ich bitte Gott sehr um Geduld und Tapferkeit, dies alles zu überleben. Der Krieg schreckt mich weniger als der Konflikt mit meiner Mutter. Ich fürchte um ihren Verstand.

P.

14. Februar

Wir waren an der Haltestelle Iwanowo. Die Leute sagten, dort gebe es humanitäre Hilfe, aber das stimmte nicht. Dafür trafen wir Tante Tanja und ihre Tochter Julka. Wir waren Konkurrenten beim Verkauf von Zeitungen auf dem Markt. Heulend erzählten sie uns in allen Einzelheiten, wie ihr Vater umgekommen war. Der Nachbar hatte sich noch hinter eine Ziegelmauer retten können und alles beobachtet. Ihren Vater brachten die Soldaten deshalb um, weil er, dieser alte russische Mann, sich im Kriegschaos den Bart nicht rasiert hatte und für einen Aufständischen gehalten wurde.

Tanja blieb allein mit drei Kindern zurück. Ihr großer Sohn brauchte fast zwölf Stunden, um den Leichnam des Vaters im Beschuss über einen nicht sehr großen Hof zu tragen, einige Dutzend Meter weit. Der Hof wurde beschossen, und er kam nur kriechend voran, musste immer wieder Deckung hinter Ruinen suchen, auf dem Schotter liegen.

Mama hatte die alten Streitereien vergessen. Sie lud sie ein. Sie riet ihnen, im Sommer in unsere Gärten zu kommen, Obst zu holen. Wir standen lange auf der Straße. Tanja und Julka waren schon in der kostenlosen Kantine gewesen. Sie rieten auch uns dazu. Wir sollten eine Kanne mitnehmen. Sie erklärten:

«Es gibt mehrere Schlangen. An jedem Kessel steht eine an. Deswegen das Durcheinander! Dort kann man sich satt essen und Grütze mit nach Hause nehmen!»

Kaum waren wir in unserem Hof angekommen, riefen Aza und Lina uns, wir sollten helfen, Sultans Sachen zu holen: «Die Witwe des Getöteten hat uns beauftragt, alles vorzubereiten.»

Als Erstes trugen wir die Küchenmöbel hinaus und brachten sie in eine Wohnung nebenan. Nach den Worten unserer Nachbarinnen hatte die Hausherrin das so verfügt. Lina und Aza nahmen behutsam den Kristallleuchter ab und trugen ihn weg.

«Sonst wird er gestohlen! Wir bringen ihn in Sicherheit!», versicherten sie.

Olga kam, um zu helfen. Ich sah, wie unter ihrer Jacke eine schöne Kasserolle verschwand, die im Badezimmer auf dem Boden gestanden hatte.

«Was soll das?!», fragte ich.

Da hauchte die heuchlerische Olga: «Der arme Sultan», und sprang auf den Hof, so als wenn sie weinte.

Ich bat, falls die Hausherren nichts dagegen hätten, um

alte Schulbücher aus verschiedenen Fächern, damit ich im Voraus lernen konnte. Der Lehrplan ändert sich ja nicht so sehr. Aza und Lina erlaubten es. Mir gefielen die Bücherregale aus Holz, aber die gab Lina nicht her. Sie hatte Hawas Mama schon vorher gebeten, sie ihr zu überlassen. Diese Frauen gaben uns ein großes, halbes Glas Kunsthonig. Für unsere Hilfe. Es stand offen, war eingetrocknet, niemand wollte es haben. Aber wie lecker der war!

P.

16. Februar

Wir waren im Krankenhaus des Katastrophenministeriums an der «Autobaza». Dort ist so ein interessanter Röntgenapparat! Ich wurde auf einen Tisch gelegt und konnte auf einem großen weißen Bildschirm über mir alles gleich sehen. Ich sah die Splitter. Einer ist einfach riesig. Fast alle «Kleinteile» sind von allein rausgekommen.

«Der im rechten Bein sollte so schnell wie möglich entfernt werden, er fängt wahrscheinlich schon an zu oxidieren!», entschied der Chirurg.

Ich bekam Angst. Aber ich dachte: Aladdin steht neben mir und sagt: «Es muss sein!» Ich gab mein Einverständnis zu der Operation. Gott helfe mir. Der Operationstermin wurde angesetzt. Ich fürchte mich sehr. Ich brauche wohl nicht mal eine Betäubung, glaube ich, ich vergehe vor Angst, verliere das Bewusstsein und werde nichts spüren. Die Ärzte untersuchten meine Mutter. Sie hörten ihr Herz ab. Gaben ihr eine Spritze und einige Validol-Tabletten und Baldrian umsonst.

Prinzessin Budur

17. Februar

Morgens tranken wir Tee, aßen Fladen und machten uns auf zum Krankenhaus, zur Operation. Als wir schon einen Großteil des Weges hinter uns hatten, stellte sich heraus, das russische Militär hat die Straße gesperrt. Sie erklärten: «Heute ist hier gesperrt! Den ganzen Tag. Keine Widerrede. Haut ab!»

Wir mussten umkehren.

Insgeheim war ich sogar froh.

Es ist die Hölle! Alles begann damit, dass Mama mich geschlagen hat. Ich fragte: «Was ist passiert?»

Sie schlug mit dem Besen auf mich ein und sagte: «Du hast gestern Fladen auf dem Tisch gemacht und das Mehl nicht weggefegt!»

Aber ich habe gestern die Fladen nicht auf dem Tisch gemacht, sondern Papier daruntergelegt. Dort kann gar kein Mehl sein! Ich guckte mir den Tisch an: Da war zwar ein Teefleck, aber kein Mehl.

Ich nahm einen Lappen und wischte das weg.

«Du machst so einen Aufstand, statt einfach den Tisch abzuwischen?», fragte ich sie.

«Ach, du Miststück!», rief sie, griff sich ein Messer und ging auf mich los. Mich aber überkam plötzlich so eine Gleichgültigkeit angesichts der menschlichen Gemeinheit, dass ich absolut ruhig dastand und sie und das Messer ansah. Sie hielt inne und ging weg.

Während ich die Teller in der Schüssel wusch, baute sie sich neben mir auf, verschränkte die Hände vor der Brust wie ein Heerführer und schrie, dass sie mich für mein Aussehen (!) hasse, für meine Stimme (!) und überhaupt für alles.

Ich hörte mir das schweigend an und bekam überhaupt nicht mit, wie sie sich anschlich und mir mit voller Kraft ins

377

Gesicht schlug. Ich stieß sie weg: «Ich gehorche dir wie eine Tochter, und du!»

Das versetzte sie noch mehr in Wut, sie hämmerte weiter auf mich ein und fluchte schreiend. Ich musste wieder weglaufen. Für ein paar Minuten war ich sogar draußen, unter dem Beschuss und glaubte, dort würde ich enden. Aber dann dachte ich an dich, mein Tagebuch, besann mich und ging zurück. Mama schrie, der Tod sei eine Erlösung! Vom Hunger und von Krankheiten. Erlösung von Mängeln und Lastern. Sie wurde hysterisch! Mit fremder, unbekannter Stimme sagte sie: «Ich kann die Menschen nicht mehr sehen. Niemanden! Keine!»

Sie behauptete, sie wolle in den Wald oder auf eine Insel, dorthin, wo Blumen, Bäume und sanfte Tiere sind, Sand, Wasser. Aber vor allem – keine Menschen! Mir taten nach alldem das Herz und die Leber noch mehr weh. Ich kann mich kaum rühren. Keine Kraft! Natürlich müssen wir morgen ins Krankenhaus.

Prinzessin

18. Februar

Sonne. Der Schnee taut. Ein richtiger Frühlingstag! Ich übte: Atmen nach Yoga. Für so ein Leben braucht man harte Nerven. Die Angst ist weg, wie zerstäubt. Danach tranken wir Tee und aßen ein Stück angebrannten Fladen ohne Öl dazu. Ich bekam ihn kaum zerkaut, er war von vorgestern und so hart wie eine Schuhsohle. Ich habe meinen Krückstock genommen. Auf geht's!

Budur

19. Februar

Gestern, am 18. Februar, bin ich operiert worden. Die Ärzte «fotografierten» mein Bein noch einmal, sie markierten

Orientierungspunkte mit Brillantgrün. In der Nähe wurde gekämpft, wir hörten Schüsse. Ich spürte die Spritzen, es waren vierzehn: «Novocain-Blockade.» Aber ich hatte Schmerzen und schrie. Dann, nachdem sie sich abgemüht, das Bein an mehreren Stellen aufgeschnitten und es trotzdem nicht geschafft hatten, die Splitter herauszuholen, entschlossen sich die Ärzte des Katastrophenministeriums doch zu einer Vollnarkose. Anfangs hatten sie wegen meines Herzens Bedenken, sie fürchteten, es würde die Narkose nicht aushalten. Die Operation dauerte ungefähr zwei Stunden. Während der Narkosevorbereitung lernte ich die hagere Krankenschwester Natascha und meinen Chirurgen Sulejman-Baudi kennen. Er ist ein Arzt aus dem Moskauer Krankenhaus Nr. 9. Er ist Tschetschene, die Schwester Russin. Beide kommen aus Moskau. Das einzige Schlechte war, dass man mir meinen großen Splitter danach nicht geben wollte. Dafür bekam ich eine Bescheinigung über meine Verwundung mit dem Stempel des Katastrophenministeriums.

Danach hatten wir ein bisschen Glück: Ein Rettungswagen brachte eine Frau nach Mosdok, ins Krankenhaus, und fuhr uns auf dem Rückweg in die Nähe unserer Wohnung. Drei Seitenstraßen entfernt setzten sie uns ab – Trümmer eines zerstörten Hauses versperrten die Fahrbahn. Wir ruhten auf einer Bank in der heißen Sonne aus und schleppten uns dann nach Hause.

Die Ärzte hatten gesagt: «Nach einem Tag müsst ihr kommen, den Verband wechseln!»

Sie gaben uns Tupfer und Verbandsmaterial mit. Kostenlos. Sie sagten:

«Falls Kämpfe sind und ihr es nicht zu uns schafft.»

Gegen Nacht ließ die Wirkung der Schmerzmittel nach. Die Wunden brannten! Ich nahm ein Medikament. Mama ging allein Grießbrei holen. Sie wird auch versuchen, welchen für mich nach Hause zu kriegen.

Alles in Ordnung. Mama ist hier. Das Essen ist noch warm. Wir müssen es nicht aufwärmen. Den alten Mütterchen gaben wir zu Ehren meiner Genesung Kakao mit Milch und dem Nachbarn Walera ein bisschen Grießbrei auf einem Teller.

Budur

21. Februar

Das Söhnchen der betagten Tschetschenin, die Raisa das Beten beigebracht hat, ist ein Russe! Er ist adoptiert! Er ist dreiundzwanzig Jahre alt. Den Islam hat er 1993 angenommen. Hat auf dem Bau gearbeitet. Dieser Junge hat von den Tratschfrauen auf dem Hof von Aladdin gehört. Er sagte, er habe nie an mich gedacht, aber einmal sei ich in seinen Traum gekommen und habe gesagt: «Ich bin die Prinzessin Polina-Budur!» Diese nächtliche Vision hat mich bestürzt. Diesen Namen kannten nur vier Menschen: Aladdin, ich, Dschinn und Mama. Der Alki Wowka hat sich heute Folgendes erlaubt: Er hat meine Mama einfach auf den Scheitel geküsst. Was für eine Schande! Diese Frechheit ist unerträglich! Mama hat gelacht und sich die Stelle gekämmt.

Aladdins Freundin

24. Februar

Die Nähte haben sie mir nicht gezogen, nur einen neuen Verband angelegt. Die Ärzte haben das Bein angesehen und gesagt: «Dort ist ein großer Hohlraum. Keine Gewichte heben, auch viel laufen ist gefährlich.»

In einem anderen Saal klebten sie mir eine kleine Batterie, wie für eine Armbanduhr, mit einem Pflaster auf den

Zeigefinger. Sie erklärten: «Sie beschleunigt die Heilung. Der Punkt auf deinem Finger entspricht der Wunde am Bein!»

Ich bekam eine Spritze mit einem Herzmittel, und wir begaben uns in die Kantine. Aufgrund meiner Bescheinigung bekamen wir vier Dosen Pastete. Es sind ganz kleine Dosen, aber für jeden zwei, das lässt sich gut teilen.

Lass mich ein Wort über meinen neuen Freund verlieren, Tagebuch: Alik lautet sein tschetschenischer Name. Er ist umgänglich. Erzählt viel von sich, von seiner Vergangenheit, von Drogen, vom Gefängnis. Alik gesteht, dass die Verhältnisse in der Familie seiner russischen Eltern ihn einige Male zur äußersten Verzweiflung getrieben haben. Er wollte seinem Leben ein Ende setzen, hat sich die Venen aufgeschnitten, wollte sich erhängen. Durch ein Wunder wurde er gerettet.

Budur

26. Februar

Abends saß Alik bei uns. Mir war langweilig. Manchmal tut er mir leid.

Heute habe ich mit Mama gestritten. Sie konnte die Füllfeder nicht finden. Und «Schriftsteller» im Haus ist nur eine – ich. Sie wurde wütend, beschimpfte mich unflätig. Als wir Grießbrei holen gingen, setzte sie ihre Tirade draußen fort. Ich ging ein Stück neben ihr her, dann spuckte ich aus und kehrte um, nach Hause, kroch unter das Bett, um den verfluchten Federhalter zu finden. Dort lag ein Riesenbiest von einer verreckten Ratte. Aber den Federhalter habe ich auch gefunden!

Alik bekam mit, dass Mama nicht da war. Er besuchte mich und fing an, von Heirat zu reden. Ich sagte aufrichtig: «Nein! Aber Kontakt haben, sich besuchen, gern.»

Alik erklärte, er bestehe nicht darauf, er werde uns besuchen wie ein Nachbar. Gut, dass er da ist. Ich fühle mich nicht so einsam. Dank sei ihm dafür.

Mama ist von ihrem «Spaziergang» in die Kantine zurück. Sie ist erschöpft und lässt mich in Ruhe. Essen hat sie gebracht. Wieder kam Alik. Uns gegenseitig unterbrechend, erzählten wir Alik meinen Traum. Ich hatte von einem Märchengnom geträumt. Er war ernsthaft und streng. Er kam herein und sagte:

«In einem der verlassenen Gärten liegt ein Getöteter. Neben ihm ist ein Schatz. Wenn ihr ihn findet, gehört der Schatz euch. Aber ihr müsst den Menschen bestatten. Wenn ihr den Getöteten (einen jungen Mann) nicht findet, werden Aza und Lina ihn finden. Sie werden die Wertsachen mitnehmen und den Toten nicht bestatten. Der Mensch, der in den Gärten liegt, will, dass ihr ihn findet.»

Mama und ich gingen hin und suchten. Wir fanden nichts. Bis ganz weit hinten in den Garten, zum Bahndamm, haben wir uns allerdings nicht getraut. Dort kann man in eine Sprengfalle treten oder erschossen werden, und das ist das Ende! Am schlimmsten ist es, wenn das Ende nicht sofort eintritt.

«Träume sind Schäume!», knurrte Mama. «Wir haben unnötig alles wörtlich genommen.» Aber sie bat Alik, sich im Garten umzusehen.

«Es geht nicht um den Schatz. Da braucht eine menschliche Seele Hilfe!», redete sie ihm zu.

«Abgemacht!», versprach Alik.

Budur

28. Februar

Heute hätte Großmutter Geburtstag gehabt. Früher habe ich bei ihr in Rostow-am-Don gelebt. Mein erster Gedanke – wie kann ich heute meiner Großmutter, der Künstlerin und Schauspielerin, gedenken? Sie war es, die mich die Liebe zu guten Büchern gelehrt hat. Sie pflanzte mir die Freude am Theater ein.

«Mit diesem guten Wort hast du deiner Großmutter schon gedacht!» Das war meine Mutter, die mir über die Schulter geschaut hat.

Alik hat niemanden in den Gärten gefunden.

Morgen gehe ich endgültig und lasse mir die Nähte ziehen, und heute koche ich Suppe.

Heute gab es noch schwarzen Humor bei unseren Nachbarinnen, in Marjams Wohnung. Oma Stasja stand vom Stuhl auf und stützte sich auf einem Bein des gusseisernen Ofens ab. In dem Augenblick knirschte das verrostete Eisen und brach. Stasja krachte mit dem Hintern auf den heißen Ofen! Sie verbrannte sich heftig und schrie: «Schei…! Hilfe! Feuer!»

Ihre Freundin Oma Nina löschte. Das qualmte vielleicht! Stasjas alte Jacken glimmten. Da stieß Ninas kranker, geistesgestörter Enkel seine Großmutter weg, griff sich einen Eimer mit eisigem Wasser und goss ihn mit Schwung über Stasja aus. Wie die aufgeheult hat! Es stank nach alter Wolle. Stasja fluchte und haute mit letzter Kraft dem fremden Enkel eine runter. Und Nina brüllte wie wahnsinnig die beiden an: «Idioten! Jetzt haben wir kein Wasser mehr im Haus! Keinen Tropfen! Wir haben es drei Stunden lang unter dem Beschuss nach Hause getragen, ihr Parasiten!»

Überall waren Pfützen. Und zwischen der Geretteten und ihren Rettern kam es zu einem heftigen Gefecht. Wir hörten erlesene Mutterflüche, das Geräusch von kräftigen Schlägen und gekränktes Winseln.

Mama hat den Nachbarn eine volle Teekanne Wasser geschenkt. Sie half den Alten, den Rauch mit Handtüchern wegzuwedeln. Und ich lachte und konnte nicht mehr aufhören.

Wir waren Grießbrei holen. Ein Scharfschütze hat auf mich geschossen. Der Schütze hatte sich in einem leeren, ausgebrannten fünfstöckigen Haus eingenistet, drei Häuser weit von uns, an der Kreuzung. Ich hörte das Pfeifen der Kugel und habe mich sofort geduckt. Hätte ich das nicht getan, Tagebuch, dann hätte ich nichts mehr in dich eintragen können. Die Kugel flog links an mir vorbei, mit letzter Energie. Sie flog noch ein paar Meter, dann schlug sie wie ein Steinchen hinter mir auf den Asphalt. Mama und Oma Nina waren in dem Moment neben mir und haben sich sehr erschrocken. Sie verbaten mir sogar, am Kontrollposten etwas davon zu sagen. Ich wäre gern hingegangen und hätte gefragt: Warum tut ihr so etwas?

Prinzessin Budur

1. März

Wir waren an der Haltestelle Iwanowo in der Verwaltung. Das ist sehr weit weg. Ich brauche jetzt bald einen Pass. Den gibt es ab vierzehn Jahren. Und wir lebten hier so ahnungslos vor uns hin. An meiner Geburtsurkunde haben sie etwas auszusetzen. Und für den Pass und das Foto braucht man Geld! Woher sollen wir das nehmen? Womit verdienen? Leere Wodkaflaschen sammeln?

Wir gingen Grießbrei holen. In der elend langen Schlange lernte ich Natascha kennen, ein Mädchen, das in Wladikawkas studiert. Sie ist 1999 Flüchtling geworden. Ihre Familie ist beim Verlassen der Stadt von Hubschraubern beschossen worden. Sie warfen sich unter ihr Auto und suchten hinter den Rädern Deckung, bis das Auto zu Schrott geschossen war. Dann passsten sie einen Moment ab und rannten auf den Randstreifen der Straße. Dort blieben sie mehrere Stunden.

384

Sie warteten die Nacht ab. Und in der Dunkelheit krochen sie zum Wald. Sie blieben unversehrt! Natascha will nicht im zerstörten Grosny leben. Sie mag die Stadt nicht. Sie hat beschlossen, die Ausbildung abzuschließen und sich sofort danach in einem neuen Fachbereich einzuschreiben, um weiter im Wohnheim leben zu können. Dann wird sie versuchen, einen Mann zu finden. Egal was für einen, Hauptsache, sie muss nicht hierher zurück.

Russische Soldaten haben den schwarzen Hund auf unserem Hof getötet, als ich nicht hier war. Aza hat ihnen den Hund gezeigt und sie gebeten, ihn zu töten. Sie behauptete, er sei ein Menschenfresser. Das ist eine böse Hexe, keine Frau! Wie kann man?!

Oma Nina sagte: Alles erlogen! Die Hündin hat keine Leichen gefressen. Sie hat Plünderer angefallen. Sie war zuletzt ganz rund. Bestimmt war sie trächtig. Soldaten aus unserem Aufgang haben sie erschossen. Es heißt, Alik habe den Hund weggeschafft, damit ich ihn nicht sehen muss. Es tat ihm leid für mich. Ich kann diesen Tod nicht verwinden. Versuche mich abzulenken, aber meine Gedanken kehren hartnäckig zu dieser Untat zurück, wieder auf unserem Hof.

5. März

Mama bekommt plötzlich Herzprobleme! Sie kann nicht aufstehen. Sie sagt, als nachts in den Gärten heftig geschossen wurde, habe sie plötzlich einen starken Schmerz in der Brust verspürt. Ich lege ihr Flaschen mit heißem Wasser an die Füße und an die Hände. Ich gebe ihr alle Stunde eine Spritze mit Cordiamin. Ich habe noch sechs Ampullen davon. Wir haben auch Validol und Nitroglycerin. Das haben wir im Krankenhaus bekommen.

Abends. Ich habe große Angst! Werden wir den Morgen erleben?

Eben habe ich die Bücher von Professor W. Nunajew gefunden. Ich lese. Da heißt es, die Herzmuskel brauchen Vitamine. Die Spritzen muss man alle drei Stunden geben. Morgen werde ich alle Stationen im Krankenhaus des Katastrophenministeriums ablaufen! Im Augenblick ist es das Wichtigste, dass ich mit meiner Mama rede. Sie darf nicht schweigen, nicht das Bewusstsein verlieren, sonst kann ich im Halbdunkel des Zimmers nicht erkennen, ob es ihr schlechter geht. Mama erzählt mir kaum hörbar davon, was sie sieht.

«Sag!», bitte ich sie.

Mama erzählt: «In unserer Wohnung sind mehrere durchsichtige Wesen. Sie sind gekommen, um mich zu holen. Ich sehe eine Frau mit Tibetmütze, in einem Samtkleid. Sie trägt eine kurze Weste. Sie sitzt auf einem kleinen Teppich. Neben ihr eine schwarze Katze. Das Haar der Frau ist zu Zöpfen geflochten.»

Und genau gegenüber, zu ihren Füßen, sieht Mama einen Mann. Sie beschreibt ihn: «Dunkles Haar. Bis zur Schulter. Er trägt Weiß. Gesicht und Augen hat er mit den Händen bedeckt. Jetzt hat er die Hände vom Gesicht genommen, aber er steht. Seitlich. Dreht sich nicht zu mir. So gern würde ich ihn sehen! Der Mann hat sehr weite Kleider. Er ist gegürtet.»

Rechts vom Bett meiner Mama sind drei. Sie erläutert: «Bekannte Silhouetten. Mama, Großmutter. Sie stehen sehr nah beieinander. Alle in langer Kleidung. Die Farben ihrer Sachen sind kaum zu erkennen.»

Dicht neben dem Bett sieht Mama Gnomen huschen. Sie haben schwarze Kostüme und schwarze Hüte mit Krempen. Mama ist weggetreten. Ich bin erschrocken und beginne zu beten. Um den Tod zu vertreiben. Mama flüstert kaum hörbar: «Ich sehe nichts.»

Ich gebe Mama zwei Spritzen.

Mama ist wieder zu sich gekommen. Ich habe sie gezwungen, ein Glas heißes Zuckerwasser zu trinken. Jetzt habe ich alles aufgeschrieben, um es nicht zu vergessen.

Morgendämmerung. Mama sagte: «Er ist weg!»

Ich beugte mich über sie und hörte: «Der Mann in Weiß. Der, der am Bett stand. Er ist weg.» Mama sprach mit Mühe. Doch sie konnte mir erklären, was sie während ihres Gebets gesehen hatte: Aus der Ecke des Zimmers, dort wo unsere Tür ist, ergossen sich goldene Strahlen auf sie. Sie spürte – das Licht trat in sie ein. Und in derselben Minute kam die Erleichterung. Ich bat die Nachbarn, bei meiner Mutter zu bleiben. Ich zeigte ihnen, wo die Medikamente sind.

Fast im Laufschritt, an den Posten vorbei, machte ich mich auf den Weg ins Krankenhaus. Sie hätten mich erschießen können, es war Ausgangssperre, aber ich kam durch. Kehrte mit einer Tüte Medikamente und der Krankenschwester zurück. Der Arzt war nicht in der Klinik.

Die Schwester horchte Mama ab, untersuchte sie und sagte: «Sie müssen nach Mosdok gebracht werden! Dort gibt es eine Reanimation. Und einen Facharzt. Sie müssen ein EKG und eine Herzaufnahme machen. Höchstwahrscheinlich hatten Sie einen Mikroinfarkt!»

Aber Mama wollte nicht. Sie sagte: «Mir geht es schon besser.»

Ich hatte drei Tage und drei Nächte nicht geschlafen. Am vierten Tag schlief ich im Sitzen ein und kippte mitsamt dem Stuhl um. Damit jagte ich allen im Aufgang einen Schrecken ein. In den Gärten auf der anderen Straßenseite begann ein wahnsinniges Geschieße.

Die Großmütter brachten Suppe. Schade, unsere Kupons sind verfallen. Nina kann nicht so viel tragen, deshalb hat sie unsere Portionen in der Kantine nicht mitgenommen.

Ich kann nicht dorthin. Es ist gefährlich, Mama allein zu lassen. Der Nachbar Walera war hier. Er hat vier Kartoffeln gebracht! Saß zehn Minuten bei uns und ging.

Budur

8. März

Mama geht es noch schlecht. Sie kann nicht sitzen. Nicht einmal gegen zwei Kissen gelehnt. Zum Glück hilft Alik. Er sägt und hackt Brennholz für mich. Manchmal denke ich, Mama wird sterben. Die Nachbarn sind ganz still geworden. Die Leute glauben nicht, dass meine Mama sich erholt. Manche bringen Essen, unterstützen uns ein bisschen. Dank! Mama isst fast nichts. Und wenn sie isst, verliert sie das Bewusstsein. «Gott, mach, dass Mama gesund wird! Schick deine Hilfe! Bewahre uns vor dem Hunger! Du regierst die Welt. Du weißt, wie schwer es ist, auf der Erde zu leben!» Diese Bitte wiederhole ich mehrmals am Tag.

Budur

20. März

Heute ist mein Geburtstag! Ich bin fünfzehn geworden.

Mama und ich waren an der Haltestelle Iwanowo. Wir wollten erst zu Fuß gehen, aber Bekannte vom Markt kamen mit dem Auto vorbei. Sie boten uns an, uns mitzunehmen. Natürlich nahmen wir gern an. Ich bekam meinen Ausweis auf der Kommandantur. Eine furchtbare Schlange, aber wir schlüpften durch den Zaun und erklärten den Soldaten, dass Mama ein krankes Herz hat und ich außerdem heute Geburtstag. Papiere und Foto hatte ich vorher abgegeben. Man erklärte mir, dass sie zuerst einen provisorischen Ausweis ausstellen. Dann, nach sechs Monaten, händigen sie mir den ständigen Pass aus, meinen ersten im Leben! Dafür müssen wir noch Geld finden. Für den Rückweg brauchen wir vier-einhalb Stunden.

Gestern, am 19. März, ist die Nachbarin aus dem zweiten Stock gekommen. Die Großmutter meiner Freundin Pa-toschka. Sie gab mir eine hellblaue Jacke. Sie sieht, dass ich nichts anzuziehen habe. Danke!

Patoschka-Budur

21. März

Alik war hier. Er hat gesagt, dass ich ihm sehr gefalle. Und er wird ein ganzes Jahr auf meine Entscheidung warten. Heute war Alik wegen meines Geburtstages besonders aufmerksam. Er hat in den Ruinen einen kleinen Hasen gefunden. Ein Spielzeug. Schön, dass wenigstens einer an mich gedacht hat. Gestern, am 20. März, hat Tante Aza einen riesigen Kühlwa-gen mit Sachen und Möbeln in das Dorf Znamenka gefah-ren. Aber das ist noch nicht alles! Sie kam zurück und sagte, es seien noch viele Sachen da!

Alik ist gerade gegangen. Er hat gestanden, dass er keine Papiere hat. Deshalb kann er nicht aus dieser zerrissenen Stadt weg. Heute hat er sich einer vom Krieg zusammenge-führten Gruppe angeschlossen. Sie wohnen in dem Haus, in dem die Armenierin Raisa gestorben ist. Gegenwärtig leben dort auch die betagten russischen Frauen Lida und Galja mit einem winzigen Schoßhund. Und die alte Tschetschenin, die Raisa muslimische Gebete gelehrt hat, mit zweien ihrer Söhne: der leibliche Baud und der adoptierte Alik. In eine andere Wohnung sind der tschetschenische Mann und seine russische Frau gezogen. Dieser «Gesellschaft» haben sich zwei unbekannte Jungs angeschlossen. Ihre Namen kenne ich nicht. Die sind oft betrunken.

Das Skelett, das von dem vierstöckigen Haus übrig ge-blieben ist, ist gefährlich, es hält sich gerade mal so. Ein Teil der Balkons der oberen Stockwerke baumelt wie eine Girlande über dem Abgrund, die Wohnungen sind längst abgestürzt. Die Rentnerin Galja hat vor dem Krieg im obersten, dritten Stock gelebt und stand dem Einmarsch der föderalen Streitkräfte sehr wohlwollend gegenüber.

«Ihr versteht nicht!», hielt sie ihre patriotischen Reden über den ganzen Hof. «Die russischen Soldaten werden unsere Häuser nicht zerstören! Sie führen nur gezielte Schläge gegen die Aufständischen!»

Interessant: Als am Anfang des Krieges bombardiert wurde, stürzte als allererste gerade ihre Wohnung zusammen. Galja stand, als sie aus dem Keller gekommen war, damals lange auf dem Hof und weinte wortlos. Und ihr rotbraunes Hündchen zitterte auf ihren Armen.

Übrigens kam gestern Putin nach Grosny geflogen. Dieser Onkel kandidiert als Präsident der Russischen Föderation. Die Erwachsenen sagen, er sei jung und vielversprechend. Obwohl niemand so richtig weiß, wer er ist.

Die Bewohner, die nicht zur «Säuberung» aus ihrem Haus gejagt wurden, weinen alle, dass sie nichts haben. Wir waren im Nachbarhaus, bei Galja und Lida. In einem Zimmer stehen etwa zwanzig Zuckersäcke an der Wand, ganz weiß und sauber, vollgestopft mit irgendwelchen Sachen. Sie sind sorgfältig zugenäht, für den Versand vorbereitet.

«Wollt ihr nachsehen? Reißt die Nähte auf und sucht nach euren Sachen! Und dann näht selber wieder zu!», erklärte Lida frech, als Mama bei ihr in der Küche unser Handtuch gefunden hatte. Mama erwiderte, sie verzichte darauf. Gott werde über alles richten. Mama nahm ihnen nur das weg, was sofort in die Augen fiel – der Deckel der großen Kasserolle, in der früher mal Mehl gewesen ist und das Handtuch. Unser Teehandtuch, behauptet Galja, habe sie auf der Müllhalde gefunden. Wir wollten uns nicht darum streiten. Es war uns zuwider, fremde Säcke aufzuschlitzen und dort nach Sachen von uns zu suchen. Mama erklärte stolz und geradeheraus: «Wir hatten alles und werden wieder alles haben!»

Abends erfuhren wir, dass ein Verwandter von Großmutter Nina von den Soldaten umgebracht worden ist. Er arbeitete vor dem Krieg beim Fernsehen.

Budur

25. März

Ich bin den ganzen Tag zu Hause. Ich habe Herzschmerzen.

Alik kommt jeden Tag zu uns, aber ich versuche, ihm keine Hoffnung zu machen, um ihn später nicht enttäuschen zu müssen. Er hat sich den ganzen Abend mit meiner Mama unterhalten. Er erklärte, selten Alkohol zu trinken, sagte, dass ich ihm gefalle und er mich gern heiraten würde. Er erzählte davon, dass sie, als die russischen Soldaten uns und die Leute aus dem Haus gegenüber weggeführt hatten, als Übriggebliebene in den Keller gebracht wurden: Alik selbst, seine Adoptivmutter, sein Stiefbruder und die russischen Rentnerinnen Galja und Lida. Galja trug ihr Hündchen auf dem Arm, das durch ein Wunder überlebt hatte. Auf die Eingangsplatte des Kellers schoben die Soldaten einen Kühlschrank. So waren sie vier ganze Tage eingesperrt, ohne Essen und Trinken, Frauen und Männer, Junge und Alte. Die Rentnerinnen bekamen Herzprobleme. Die Leute kamen nur raus, weil es ihnen gelang, ein Stück Mauer herauszubrechen und sich mit einem Eisenteil einen Tunnel zur Straße zu graben! Sonst wären sie verhungert! Baud und Alik sind von den Soldaten wegen «eigenmächtiger Handlungen» verprügelt worden, aber damit hatte es sich auch.

Vor einer Woche habe ich in der Schlange nach kostenlosem Grießbrei die junge Mascha kennengelernt. Sie hat einen Sohn, ihr Mann ist im Ersten Krieg umgekommen. Mascha lebt mit ihrer alten, kranken Mutter zusammen. Sie kommen einigermaßen zurecht. Sie müssen Konservengläser und Flaschen sammeln und abgeben. Alik war bei uns. Er hat Mascha gefallen. Ich will die beiden zusammenbringen. Heute kann ich irgendwie nicht schreiben. Mein Herz brennt innen; wenn ich mich abrupt bewege, tut es furchtbar weh.

Patoschka

27. März

Ich habe für ein paar Minuten das Bewusstsein verloren. Und wäre fast gestorben. Ich sah, dass Menschen und Gegenstände aus goldenen, tanzenden kleinen Fliegen bestehen, und bin weggetreten. Ich geriet in ein Rohr aus Kristall oder so etwas Ähnlichem. Es zog mich mit ungeheurer Geschwindigkeit nach oben, und halb durchsichtige Geschöpfe, elektrischen Kaulquappen ähnlich, riefen mir zu: «Schneller nach oben! Flieg schneller mit uns! Schneller, sonst schaffst du es nicht!»

Ich fühlte mich leicht und vergaß völlig, dass ich sterbe. Dann hörte der Sog auf, und ich stürzte nach unten. Das geschah in der Schlange nach kostenlosem Futter. Die Leute prügelten sich, und hungrige Menschen rissen den «Verteilern kostenloser Nahrung» Brotstücke und Grießbrei aus den Händen. Ich wurde in das Feldlazarett des Katastrophenministeriums gefahren und bekam Spritzen. Der Arzt sagte: «Das ist das Herz. Es ist kaum zu hören.»

Und er gab mir noch Tabletten mit.

Mama tobt, dass ich nichts im Haus tun kann. Heute hat sie mich wegen der Teekanne angebrüllt: Sie ist ausgelaufen. Mama hat mich geschlagen!

Mir nichts, dir nichts zog sie ihr längstes Kleid an, das größte Kopftuch und ging. Ohne Papiere. Den Tod zu suchen. Sie sagte, sie wolle nicht mehr leben. Was soll sie hungern und sich in den Schlangen erniedrigen, ständig krank sein – besser die Kugel eines Scharfschützen! Ich hoffe, es geht glimpflich ab, und sie kommt zurück.

P.

29. März

Ich habe von der Nachbarin Tamara geträumt. Sie ist Anfang des Winters 2000 verschwunden. Sie wollte unter die Flüchtlinge gehen. Sie hatte beschlossen, ihre Tochter und die neugeborene Enkelin in Stawropol zu besuchen und versprochen, wieder zurückzukommen. Und verschwand spurlos. Jetzt suchen die Verwandten sie und können sie nirgendwo finden. Der Traum war so: Es ist Morgen. Tamara klopft an unser offenes Fenster. Sie sagt: «Sucht mich nicht! Davon geht es mir schlecht. Ich bin gestorben.»

Mama tobt. Sie wünscht mir den Tod. Mit ihr gehen endgültig die Nerven durch. Wie schrecklich! Alik war hier. Er behauptet, nach tschetschenischen Gesetzen gelten wir schon als rechtmäßige Ehe, weil ich im «Heiratsalter» bin – fünfzehn Jahre. Viele meiner Klassenkameradinnen haben mit dreizehn und vierzehn Jahren geheiratet, schon vor dem Krieg. Eine von ihnen, Mila, war sogar schwanger! Ich sah sie mit einem Riesenbauch und schweren Taschen am Markt, und ihr Mann, bestimmt zwanzig Jahre älter, stolzierte vorneweg und rauchte eine Zigarette. Aber ich weiß, dass ich so nicht glücklich werde. Ich kann das nicht. Denn ich bin zu einem gewissen Grad schon gestorben. Alik ist nett. Aber das ist nicht mein Schicksal. Natürlich könnte ich sagen, bloß weg von der Giftkröte Mama. Doch wenn man die Liebe des anderen nicht erwidern kann, dann wird sie rasch lästig und ausweglos. Und er gehört nicht zu jenen, die lange Zeit nur ein Freund sein wollen.

Patoschka

2. April

All die Tage war ich krank. Alik besuchte mich. Er half im Haushalt. Wir essen Gras und pflücken Knoblauch in den verlassenen Gärten. Geld haben wir gar keins.

13. April

Onkel Walera aus dem mittleren Aufgang ist in die verlassenen Gärten gegangen, hat weder Minen noch Sprengfallen gefürchtet. Allen Frauen vom Hof hat er Blumen mitgebracht. Auch mir. Mein Strauß bestand aus Narzissen und Hyazinthen. «Für die junge Lady!», hat er gesagt und ist weggegangen.

Mama und ich holen uns humanitäre Grütze. Das ist sehr weit, im Rayon Katajama. Grießbrei ist unsere einzige Nahrung. Wenn man schlau ist, kriegt man manchmal ein bisschen mehr. Dann teilen wir mit Onkel Walera und essen nicht nur einmal, sondern zweimal am Tag. Alle alten Leute in den Nachbarhäusern bitten: «Bring mir was zu essen, ich habe Hunger!» – «Mir auch!»

Die Schlangen bei der Ausgabe sind riesig. An dem Fenster, wo das Essen ausgegeben wird, herrscht immer Gedränge. Vielen wird schlecht. Diejenigen, die sich als Flüchtlinge normal ernährt haben, sind körperlich kräftiger. Sie sind frecher und drängeln sich vor.

Alik redet nicht mit mir. Er winkt von weitem, mehr nicht.

«Hat fröhliche Gesellschaft gefunden, wo man alles darf. Er trinkt!», teilten die allwissenden Nachbarn aus dem Haus gegenüber mit.

In diesen Tagen denke ich viel über mich nach. Wer bin

ich? Ich denke an Aladdin. An ihn werde ich mich immer erinnern. Auch im Alter, wenn ich es denn erlebe. Einmal detonierte etwas vor unserem Haus, Feuer und Druckwelle drangen ins Zimmer, und Aladdin, der sich schützend auf mich warf, scherzte: «Und ich dachte, sie hätten uns schon ins Paradies befördert!» Dann trennte uns der Krieg. Ich, damals selbst noch halbwüchsig, wollte Familie und Kinder haben. Der Krieg schneidet gnadenlos, ohne Betäubung. Aus meinem Leben sind Schulfreunde, Nachbarn und all die verschwunden, mit denen ich befreundet war.

Hier bin ich fremd geworden, aber auch dort gehöre ich nicht hin. Die einen mögen mich nicht – meine Mutter ist Russin. Die anderen meiden mich – mein Vater hatte tschetschenische Verwandte. Gott richtet uns, nicht die Menschen. Viel würde ich noch über dich schreiben, doch mein Stolz lässt es nicht zu. Die folgenden Zeilen sind für dich:

Ist der Tod dir bestimmt,
so wirst im Paradies du sein!
Mein Liebster, ich bete
für deinen Weg!

Heute hatte ich einen wunderbaren Traum und war ganz glücklich. Ich habe von Delfinen und einer Insel geträumt.

Prinzessin

16. April

Alik schleppt Aluminiumdraht. Er grüßt gerade mal so. Auf die Höfe kommen Fahrzeuge. Die Fahrer kaufen Metall auf. Sie zahlen wenige Groschen: Aluminium – drei Rubel das Kilogramm, Kupfer – sieben Rubel. Geld bedeutet Brot. Alle Bewohner der großen Häuser und die Leute aus dem privaten Sektor machen sich auf die Suche nach zerschossenen Kochtöpfen und Drähten. Sie durchwühlen den Abfall und die Müllhalden. Wer von den Männern und Frauen noch Kraft genug hat, weidet Heizkörper und Durchlauferhitzer nach Kupfer- und Messingteilen aus. Mama und ich schaffen das nicht. Jeder Nachbar lagert seine Beute vor dem eigenen Eingang und wacht darüber. Die Jungs, die neulich in unseren Häusern eingezogen sind, haben so viel davon zusammengeschleppt, dass sie einen ganzen Bus beladen konnten. Wir trotten jetzt zum kostenlosen Grießbrei.

Prinzessin Budur

18. April

Ehre dem Allmächtigen! Dschinn hat mir einen Brief und ein Foto gegeben, auf dem er und Aladdin sind! Sie kommen bald zu Besuch. Alik lügt jetzt herum, dass ich ihm die Ehe versprochen hätte. Er und Baud haben allen Bewohnern der großen Häuser, die noch nicht zerbombt sind, diesen Blödsinn erzählt. Als Mama das hörte, hat sie sie als Lügner beschimpft. Nach tschetschenischer Sitte bin ich verpflichtet, mein Einverständnis zu geben. Sonst werden sie sich für ihre Erniedrigung rächen. Und es gibt keine weisen Alten in der Nähe, die den Konflikt beilegen könnten. Mama hat die «Brüder» vor allen Leuten blamiert. Jetzt sind sie böse und drohen damit, uns zu denunzieren. Wollen sie mich zum Umgang mit ihnen zwingen? Das sind vielleicht Mistkerle! Mit wahren Muslimen und Christen haben sie so viel gemein wie Hund mit Katze. Da spuck ich drauf! Ich werde nicht gebückt durchs Leben gehen. Ich besitze nichts außer meinem Stolz! Der Allmächtige bewahre mich vor solchen «Freunden» und Nachbarn. Heute, morgen und für alle Zeit.

Budur

19. April

Marjam und Warja sind gekommen. Marjam hat mir die Sachen ihrer kleinen Schwester gebracht. Wir haben zusammen Tee getrunken!

Aliks und Bauds Freunde rüpeln weiter rum. Sie wollen uns einschüchtern. Sie laufen jetzt mit Jungs aus den anderen Straßen herum, die die Ruinen plündern. Dann verkaufen sie ihre Beute und saufen. Jeden Tag! Einer von ihnen, in der Gantamirow-Uniform (das ist eine tschetschenische Einheit, die mit den russischen Truppen in ihre Heimat gekommen ist) war heute hinter mir her. Er lief über den Hof. Alle Anwohner taten so, als wären sie blind. Ich rettete mich zu Tante Marjam. In ihrer Wohnung war es voll: meine Mama, Großmutter Nina und Stasja, Tante Warja und Baschir. Der mit einer Maschinenpistole bewaffnete Gantamirow-Kämpfer war betrunken. Er war stolz auf seine Frechheit. Er trat das Türschloss mit dem Stiefel ein und kam in die fremde Wohnung. Alle bekamen Angst und kuschten. Die Frauen boten ihm sogar Tee an. Aber der Junge war schon zu wütend. Er sagte: «Euern Tee will ich nicht!»

Man redete ihm sanft zu, sich nicht aufzuregen.

«Wir können dich nicht schützen», warnten mich Warja und die Großmütter jetzt ängstlich und zogen sich zurück.

Da ging ich zu ihm und sagte: «Hau ab! Verschwinde hier!»

Ich habe es wirklich satt, zu warten und Angst vor dem Tod zu haben. Er guckte mich verwundert an und … ging. Auf dem Hof setzte er sich in Sichtweite unserer Fenster. Meine Mama ging zu ihm hinaus. Sie erzählte ihm, was wir durchgemacht hatten. Berichtete von der «Säuberung» im Januar. Wie wir auf dem Markt von der Rakete verwundet worden waren. Der Gantamirow-Mann bat um etwas zu trinken. Mama trug ihm Tee hinaus. Der Junge trank. Zum

Abschied erklärte er, er werde wiederkommen. Er sagte: «Ich heiße Magomed oder Aslambek, ganz, wie ihr wollt.»

«Lass es. Du vertust deine Zeit», erwiderte Mama.

Aber sie verabschiedeten sich friedlich.

Marjam und Warja ziehen morgen weg. Ich würde gern mit ihnen gehen, aber ich habe kein Geld. Und sie auch nicht. Die Busfahrkarte ist sehr teuer.

Prinzessin Budur

21. April

Weißt du, Tagebuch, was Aliks Adoptivmutter erzählt? Er hat geheiratet! Kaum eine Woche, nachdem er bei mir gewesen ist und mir die Liebe geschworen hat. Ich hörte: Alik hat sich am Morgen mit dem Gantamirow-Mann gestritten und ist sofort weggefahren. Angeblich zu seiner russischen leiblichen Großmutter. Sein «Bruder» Baud ist stockbetrunken. Natürlich tut es Alik weh, dass ich nicht seine Frau werden wollte. Er hat gehofft, dass Aladdin irgendetwas passiert. Doch der Allmächtige hat es anders gewollt. Ich glaube, das mit der Heirat ist nur ein leeres Gerücht. Die Freunde und Baud sind hiergeblieben. Sie sind den ganzen Tag auf dem Hof. Sie wussten nicht, dass Alik verschwinden würde. Deshalb ging niemand in die Kantine. Sie blieben hungrig.

Aza und Lina habe ich auf die Nachricht von der Hochzeit erwidert, dass ich Alik alles Gute wünsche. Allah sei Dank – endlich lässt er mich in Ruhe! Die Nachbarinnen wollten nur meine Reaktion sehen. Hätte ich vielleicht aufheulen sollen? Dann hätten sie neuen Tratsch für den Hof. Doch diesen Gefallen konnte ich ihnen nicht tun.

22. April

Wie viele Kleider mir die Leute gegeben haben! Sie sehen, dass ich in Lumpen herumlaufe und nichts mehr habe. Alles

Gute und Neue ist uns gestohlen worden. Gestern hat mir eine kinderreiche Frau Schuhe geschenkt! Aber sie sind zu klein. Wie schade! Ich werde sie verkaufen oder gegen Brot tauschen müssen.

Ein Kater ist zu uns gekommen. Gestreift. Er wohnt jetzt hier. Ich nenne ihn Ibraschka.

P. S.: Ich habe von Sultan geträumt. Er sagte lächelnd: «Das ist ein Irrtum! Ich bin nicht tot, ich lebe!»

Nach dem Traum brauchte ich lange, um zu mir zu kommen. Erst nach einigen Stunden konnte ich mir klarmachen, dass er, ein friedlicher Bürger, erschossen worden ist und nicht mehr lebendig sein kann. Es ist einfach so, dass seine Seele das noch nicht akzeptiert hat.

24. April

Alik ist vom Regen in die Traufe gekommen! Er hat ja erzählt, dass es bei ihm im Elternhaus Suff und Drogen gab. Jetzt geht das alles von vorne los. Er lebt mit einer sehr viel älteren Sängerin zusammen. Sie schminkt sich und trägt die Haare offen. Sie hat ein hautenges Kleid und eine schwarze Wachstuchjacke an. Aliks Adoptivmutter ist bekümmert. Sie klagte: «Er hat keinen Glauben, der ihm Halt gibt! Die Braut raucht Marihuana! Und ihn zieht es auch zu den Drogen. Schade um Alik. Ihm ist selbst nicht wohl dabei. Armer Kerl.»

Nachdem im Hof bekannt wurde, dass Aladdin lebt, haben Abneigung und Gehässigkeit gegen mich noch zugenommen.

Mama und ich waren beim Bezirkskommandanten. In der Verwaltung wurde uns gesagt, dass nach dem 25. April nicht mehr alle warmes Essen bekommen. Nur Kinder bis vierzehn Jahre und Rentner. Wir sind keine Rentner. Ich bin am 20. März fünfzehn geworden. Deshalb «blühte» uns

kein Essen. Wir legten die Bescheinigungen der Ärzte vor.
Der russische Kommandant schrieb einen Zettel, dass man
uns den ganzen Mai noch Essen geben solle. Wir sind vorm
Hunger gerettet!

Budur-Patoschka

25. April

Ich habe lange mit der arbeitsamen Mascha geschwatzt, die
in der kostenlosen Kantine arbeitet. Sie ist die einzige russische Frau, die hier eine Anstellung gefunden hat. Überall
sind die wenigen Arbeitsplätze von Tschetschenen besetzt.

Tagsüber kamen Bewohner aus dem Haus gegenüber, eine
junge Frau, die seit kurzem verwitwet ist. Sie heißt Elita. Sie
ist mit vier Kindern allein geblieben. Ihr Mann war Busfah-
rer und hat Flüchtlinge transportiert: alte Leute und Kinder
aus den Bergdörfern. Er hat sein Leben riskiert. Der Bus
wurde von Militär beschossen. Er stürzte in einen Abgrund,
und alle kamen ums Leben. Elita hat das hart getroffen. Sie
ist noch ganz jung und hat schon graue Haare. Ihre Familie
hat sich auf ihrem Dorf immer für die Nachbarn eingesetzt
und hat auch russische Menschen gut behandelt. Jetzt redet
die Witwe nicht mehr mit russischsprachigen Bewohnern.
Sie grüßt nicht. Man hat uns zu Feinden gemacht!

Alik lässt sich auf dem Hof nicht blicken. Es regnet. Onkel
Walera aus dem mittleren Aufgang ist zusammengeschlagen
worden. Ich weiß nicht, von wem. Lina und Aza haben jeden
Anstand verloren. Morgens ziehen sie mit leeren Händen los
und schleppen gegen Abend säckeweise fremdes Hab und
Gut nach Hause. Manchmal erkennt man durch den Stoff
Sachen, von der Form her ähnlich wie Eimer. Dutzend von
Eimern! Manchmal klirrt Glasgeschirr in den Säcken. Die
russische Rentnerin Lida, aus dem Nachbargebäude, me-
ckert alle an. Jeden Tag wäscht sie vor dem Haus schöne

400

Vasen aus anderen Häusern. Und sagt immer wieder: «Ich hatte einen Volltreffer in meiner Wohnung. Nichts ist geblieben! Absolut gar nichts.»

Und dann, Tagebuch, merk dir noch etwas. Heute Morgen sind Wowka, Olga und Großmutter Marja abgefahren. Vier Soldaten mit Maschinenpistolen haben ihnen bei der Abreise Schutz gegeben! Die Soldaten luden ihre Sachen auf ein riesiges Fahrzeug! Olga hat nämlich ein paar Monate auf der Militärkommandantur gearbeitet und kam immer spät nach Hause. Ihr Mann hat sich darüber geärgert. Er betrank sich. Wollte seine Frau von der Arbeit abholen. Bei Olga auf der Kommandantur machte er einen Skandal und beschimpfte sie unflätig. Er beklagte sich bei allen. Ihn, den gesetzlichen Ehegatten, hätten föderale Soldaten am Arbeitsplatz seiner Frau an einen Baum gebunden und erschießen wollen! Dabei ist Olga einfach nur gerissen. Sie hat sich mit den Kommandeuren angefreundet, hat sich und ihrem Mann neue Pässe ausstellen lassen statt der alten, die ihnen die Aufständischen abgenommen hatten, als sie beim Diebstahl in fremden Häusern erwischt worden waren! Das hat sie doch selbst im Hof herumerzählt! Jetzt heißt es: «Bei einem Brand verlorengegangen.» Als diese feine Familie ihre Sachen verlud, erkannte eine der alten Nachbarinnen, Andersen heißt sie, ihre Reisetasche wieder. Sie rief: «Das ist meine! Meine Tasche! Gebt sie her, ihr Plünderer!», und fing an zu weinen. Aber niemand hörte darauf. Einer der russischen Soldaten nahm sogar die Abreisenden in Schutz:

«Halt die Klappe! Heul den Leuten nicht die Hucke voll, sonst kriegst du was!», und ruckte an seiner MP.

Ich sah: Olga trug Mamas braune Handschuhe, die bei unserer Evakuierung in der Wohnung geblieben waren. Sie wollen mit der aus Grosny abziehenden Militäreinheit nach Mosdok gelangen. Vielleicht ist das auch gelogen. Bei der

Verladung ihrer Sachen haben sie keinem Nachbarn getraut. Nur den Soldaten. Diese Familie hat drei große Lkws mit verschiedenen Sachen weggefahren.

Großmutter Andersen tut mir leid. Ich habe die Vergänglichkeit der Dinge erkannt, sie aber trauert den Sachen nach, die ihr vor den Augen gestohlen worden sind. Doch wir nehmen nichts in den Tod, gar nichts. Das weiß ich schon.

Patoschka-Budur

26. April

Wir haben Besuch. Aladdins Bruder hat mir eine Notiz von ihm gebracht – aus einem Flüchtlingslager in Inguschetien. Die Brüder Borzow, ihre Mutter und die Schwester gehen für einige Zeit nach Inguschetien. Demnächst soll es dort zusätzlich humanitäre Hilfe geben. Sie nehmen einen Brief von mir für Aladdin und Dschinn mit. Sie haben in Inguschetien mit Dschinns Verwandten in einer Straße gelebt! Als unsere Nachbarn sich im Zimmer erkältet hatten und krank waren, haben Dschinns Verwandte ihnen täglich Milch gegeben. Wie eng die Welt ist!

Als man die restlichen Sachen von Elita auflud, stand ich im Hauseingang. Ich habe nicht geholfen. Elita kann jetzt keine Leute mit einem russischen Namen mehr sehen. Sie hasst sie. Ich verstehe sie. Aber die tschetschenischen Nachbarn, die ihr beim Aufladen halfen und vor Mitgefühl mit ihrem Mann weinten, haben dabei einige Taschen geklaut und hinter der Haustür versteckt. Insbesondere Aza, Lina und Rezwan. Als das Auto mit der unglücklichen Witwe verschwunden war, zogen sie diese Taschen vors Haus und wollten das Diebesgut teilen. Sie schrien vor Erregung, richtig schamlos! Dann stellte sich heraus, dass sie Kinderjäckchen gestohlen hatten. In dieser Familie gibt es ja viele kleine Jungs und Mädchen! Sie probierten sie noch auf dem

Hof an, aber die Kindersachen waren diesen Trotteln zu eng. Die Strafe Allahs! Dann merkten sie, dass ich das alles von meinem Eingang aus mit ansah. Aza flüsterte: «Wird petzen, das russische Biest!»

Und sie verschwanden im Haus gegenüber.

Budur

1. Mai

Zwei Tage hintereinander kam ein Milizionär. Er hatte Neuigkeiten. Wie sich herausstellt, haben die Aufständischen mich entführt, damit ich auf ihrer Seite kämpfe! So ein Abenteuer aber auch, und ich habe nichts davon gemerkt! Aber Mama und die Großmütterchen in der Nachbarschaft bestätigten: Etwas dergleichen ist hier nie passiert!

Der tschetschenische Milizionär, der bei der Kommandantur der neuen Machthaber dient, ging an unseren Tisch, schlug ein Buch auf und sah das Foto von Dschinn und Aladdin. Er fragte: «Wer ist das?»

Mama wurde furchtbar wütend.

«Frechheit!», sagte sie.

Und um diesen Menschen zu ärgern, erklärte sie: «Das sind Jungs aus dem Buchhalterlehrgang, den ich vor dem Krieg gemacht habe!»

Dieser Typ ist ein richtiges Flusspferd! Er machte die Tür zu und wollte mich betatschen. Das Vieh! Als wir uns wehrten und ihn abgekühlt hatten, wurde er erst recht wütend.

«Ich bin die Macht! Wenn ich will, komme ich um zwölf Uhr nachts zu euch! Ich werde eure Papiere prüfen. Damit ihr nicht über die Stränge schlagt!»

Mama wurde rot vor Zorn.

«Wage das einmal – und nie wieder!», schrie sie und zeigte der «Macht» das unanständige Zeichen zwischen den Fingern.

Jetzt war er verdutzt. Er kündigte an, mich zum Verhör zu bringen. Mama schimpfte ihn einen «Kretin» und sagte, dass ich im Oktober auf dem Markt verwundet worden bin. Wir haben Dutzende von Zeugen! Wenn sie ihn noch einmal auf unserer Schwelle sehe, kriege er eine Beschwerde beim russischen Kommandanten in der neuen Verwaltung. Mit Kopien der ärztlichen Bescheinigungen! Aus dem Krankenhaus Nr. 9, dem Lazarett des Katastrophenministeriums!

«Du fliegst wegen Verleumdung und übler Nachrede aus deiner ‹Brotarbeit›!», rief Mama in höchster Wut, und er ergriff die Flucht, murmelte nur noch ärgerlich etwas auf Tschetschenisch.

Wir haben herausbekommen: Dieser «Genosse» hat zuerst mit Baud gesprochen. Dann übernachtete er bei Aza. Lina hat er gut zugeredet und sie weggeschickt, und die verschlagene Aza kam auf den Hof und erklärte den Nachbarn laut: «Der Milizionär ist weg!»

Aber wir standen im Eingang und sahen: Der Mann war gar nicht rausgekommen. Mama und ich gingen um das Haus. Nachsehen! Die «Macht» saß friedlich bei Aza am Fenster und plauschte. Über den Krieg, über irgendwelche Computer. Darüber, dass Aza auf eine Liste geraten war. Und er werde ihr helfen – aber nur, wenn Aza sich vernünftig zeige! Und noch besser, wenn sie ihm etwas über jemanden erzähle, einen Tipp gebe. Wir lugten vorsichtig in das Zimmer im Erdgeschoss. Aza hatte ihre Essensvorräte vor dem Gast ausgebreitet.

Bald darauf kam sie auf den Hof. Mama und ich, wie zwei Spione, waren inzwischen um ihr Haus herumgegangen. Wir näherten uns dem großen Ofen aus kaputten Ziegeln mitten auf dem Hof. Wir hofften, dass Aza uns wenigstens die halbe Wahrheit erzählen würde. Aber sie machte Feuer, stellte einen großen Teekessel auf den Ofen und sagte laut und vernehmlich noch einmal: «Der Milizionär ist schon lange weg!»

Sie wartete, bis das Wasser kochte. Sie erklärte, für heute habe sie genug. Sie werde jetzt zu Abend essen und gleich schlafen gehen.

«Klopft nicht bei mir!», warnte sie alle Nachbarn. «Ich nehme Tabletten und werde schlafen. Ich habe Kopfschmerzen!»

Zu Hause sagte Mama: «Und dabei war die einmal normal! Sie war mutig! Ob sie sich so verändert hat? Oder hat sie einfach solche Angst?»

9. Mai

Ständig wird mit Kanonen geschossen. Die Lumpen! Viele Familien mit Kindern sind doch in ihre Häuser zurückgekehrt! Wie sollen die Neugeborenen schlafen?! Skrupellos! Sie haben die normalen irdischen Geräusche vergessen und betäuben sich selbst mit dieser Ballerei, wie mit einer Droge.

Am 7. Mai sind vier hiesige Tschetschenen bei Mascha eingebrochen. Sie haben ihre alte, kranke Mutter und ihren sechsjährigen Sohn geschlagen, haben alles Geld mitgenommen, alle Lebensmittel, die Papiere. Mascha haben sie geschlagen und vergewaltigt und sind weg. Mascha weiß nicht, was nun werden soll. Die Nachbarn wollen sich ihr altes Haus und das Grundstück unter den Nagel reißen. Die Macht hat gewechselt, die russischen Bewohner genießen keinen Schutz mehr!

Während wir in der Schlange standen, ging Mascha auf unseren Rat zur Kommandantur und berichtete von dem Vorfall. Man gab ihr einige Konservendosen – das war die ganze Hilfe. Diese junge Frau hat immer Pech. Sie ist vierundzwanzig. Mit ihrem ersten Mann, einem Tschetschenen, lebte sie nicht lange. Er starb bei einem Autounfall. Der zweite Mann war Russe. Mit dem lebte sie acht Monate zusammen. Er starb im September 1999. Ein anständiger Mann! Er trank nicht. Er reichte die Papiere für die Adoption ihres Kindes ein, aber zu spät. Mascha weinte. Sie sagte, sie habe Angst. Wegen des alten Häuschens und des Grundstücks wird man sie vielleicht umbringen!

«Verkaufen kann ich es nicht!», klagte sie. «Niemand will dafür bezahlen! Sie warten, bis wir fliehen, um unser Leben zu retten!»

Ich riet Mascha, ihren Vornamen zu ändern. Ich versprach, ihr einen Dolch zur Selbstverteidigung zu bringen und ein Gebetsbuch. Ich will auch eine Handgranate für sie kaufen oder jemanden darum bitten. Heutzutage kaufen viele russische Frauen solche Sachen bei den Soldaten. «Sich wehren! Das eigene Leben retten!», das ist die erste Aufgabe. Ich habe am Berjoska gesehen und gehört, wie russische Soldaten zwei Mütterchen schulten:

«Den Ring abziehen, dann den Zünder drücken! Besser, man stellt sich hinter eine Mauer. Das ist sicherer. Die Granate möglichst weit werfen!»

«Wie bitte?», fragte eine taube Alte.

«Hier, genau so», erklärte ihr der Soldat.

Ich sah, dass das Mütterchen die Granate nahm und dem Soldaten ein Glas Konfitüre dafür gab.

Gestern haben wir Alik getroffen. Er erzählte, dass er tatsächlich mit einer jungen Frau lebt, aber nicht geheiratet hat. Mascha versprach er ein wertvolles Geschenk – eine Handgranate. Er hat sie gefunden, als er auf unsere Bitte den getöteten Mann in den Gärten gesucht hat.

«Mascha jagt ihnen damit einen Schrecken ein, dann kommen sie nie wieder!», schwadronierte er. «Aber besser nicht auf Leute werfen, sondern in die andere Richtung. Hauptsache, es macht Krach!»

Warum wird den Russen und Tschetschenen, die die Republik verlassen wollen, nicht geholfen? Das Land bringt solche wie uns, Kleinfamilien und Rentner, in Gefahr! Es überlässt alle ihrem Schicksal: die Alleinstehenden, Mütter mit Kindern, Invaliden, Kranke. Alle, die es wünschen, sollten evakuiert werden, eine Wohnung und Arbeit bekommen, in friedlichen Städten von der Größe Grosnys. Stalin hat im Februar 1944 die Tschetschenen innerhalb von drei Tagen nach Kasachstan deportiert. Warum soll es heute, im Jahr 2000, ein unlösbares Problem sein, friedliche Bewohner von hier wegzubringen und zu retten?

Die Antwort: Weil niemand uns braucht.

Die Häuser und Wohnungen aller freiwilligen Aussiedler sind denen zu übergeben, die bleiben, die in einer besseren Situation sind und vor allem – die hier leben wollen. Die Ausgereisten müssen auf jeden Fall eine gute finanzielle Kompensation für den moralischen und materiellen Schaden erhalten. Alle! Gleich welcher Nationalität und welchen Glaubens. Das ist mein Projekt. Wenn ich an der Macht wäre, würde ich genau das tun!

Mein Brief ist schon vor neun Tagen abgegangen! Aladdin, mein Bruder, mein Freund, ob du gar nicht mehr kommst?

Prinzessin Budur

10. Mai

Heute haben wir (in Mamas Tasche) die Granate in aller Ruhe durch die Militärposten getragen. Und das waren drei oder vier. Wir waren bei Mascha zu Hause. Schreiendes Elend! Überhaupt keine Sachen. Ich habe von dem, was mir ausreisende Nachbarn gegeben haben, ein paar Geschenke für Mascha gesammelt. Wir kauften Schokolade für ihren Sohn und kratzten Kleingeld zusammen, indem wir leere Wodkaflaschen abgaben, die jetzt überall herumliegen.

Mama hat zwei Fladen gebacken und sie mit Konfitüre be
strichen. Ich hoffe, Mascha wird Muslimin. Dann wird sich
mit ihrem Namen auch das Schicksal ändern.

Wir sagten vor Maschas Haus absichtlich mehrmals laut
dass unsere Männer notfalls zu ihr ins Haus einziehen würden. Dass sie sich die Rabauken mal vornehmen werden! Die
Nachbarn lauschten heimlich. Sie haben uns vermutlich für
Verwandte ihres ersten Ehemannes, des Kindesvaters, gehalten. Als wir weggingen, folgte uns sehr lange ein kleiner Junge auf dem Fahrrad. Der sollte uns wohl im Auge behalten.

11. Mai

Ich bin ohnmächtig geworden, als ich nach Grießbrei anstand. Mein Herz machte nicht mit. Es dauerte lange, bis
ich wieder zu Bewusstsein kam. Zufällig war eine Ärztin in
der Nähe. Sie rief: «Der Puls setzt aus. Wir verlieren sie!»

Gerettet hat mich ein russischer Soldat, der Fahrer eines
Wasserwagens. Er warf einen riesigen Wassertank auf die
Erde. Die Wartenden brüllten empört. Trinkwasser ist ein
kostbares Gut. Die Einwohner kommen von weit her. Aber
der Wasserfahrer achtete nicht auf sie. Er trug mich schnell
in die Fahrerkabine. Mama krabbelte neben mir rein. Mama
hatte einen weißen Lappen in der Hand. In dem Wirr-
warr, das um mich entstand, malte ein unscheinbarer junger Tschetschene mit seinem eigenen Blut ein Rotes Kreuz
auf dieses Tuch. Mama hielt die «Flagge» aus dem Fenster.
Verzweifelt hupend, raste der russische Soldat an den Sperr-
posten vorbei und brachte mich ins Krankenhaus. Die Ärzte
schafften es. Sie gaben mich Mama und dem Planeten Erde
zurück.

Prinzessin

14. Mai
Mama sagt: Sie wird wieder gegrüßt! Nachbarn in der Straße
und deren Kinder haben ihr Speis und Trank angeboten!
Das heißt, unsere «Nummer» ist durch.

30. Mai
Sei gegrüßt.

Ich habe von der legendären Titanic geträumt und nicht
ohne Grund! Auf dem Markt war ich einer alten Tante von
Kusum begegnet. Sie schlug sofort vor, ich solle ihren Sohn
Abdulla heiraten. Sie hat mir viel erzählt. Zum Beispiel, dass
Kusum verwundet ist und bald zu ihrer Mutter nach Gros-
ny kommen soll. Ich schrieb mir ihre Adresse auf. Aber das
Wichtigste ist eine traurige Nachricht: Kusums Sohn ist im
Krieg getötet worden! Daud! Er war einundzwanzig! Das ist
im Winter passiert.

Und ich erinnerte mich: Einmal im Winter war ich aufgewacht. Ratten quietschten und drängten sich vor Kälte an
mich. Ich zündete eine Kerze an, doch nicht einmal vor dem
Licht hatten sie Angst. Sie drängelten sich an mich, um sich
zu wärmen. Schließlich gab ich es auf, sie zu verscheuchen,
und sie lagen still an meinen Beinen. Plötzlich spürte ich
einen Stoß. Ich öffnete die Augen. Und neben mir war ein
Gespenst. Ich schlief nicht und habe es gesehen. Ein großer
Mann im weißen Mantel. Sein Gesicht verbarg er sorgfältig
hinter der Kapuze: «Ich bin gekommen, um mich von dir
zu verabschieden. Ich will dich nicht erschrecken. Ich bin
schwer verwundet», sagte er. «Ich bin hier, um dich ein letztes Mal anzusehen.»

«Wann genau ist Daud umgekommen?», fragte ich die
Verwandte. «Vor Neujahr oder danach?»

«Den Tag weiß ich nicht», erwiderte Kusums Verwandte
ausweichend. «Aber verwundet war er am Hals und am Kopf,

nicht einmal der Mutter haben sie das gezeigt, so sehr war sein Körper verstümmelt.»

Budur

4. Juni

Wir waren bei Kusum, genauer gesagt, bei ihrer alten kranken Mama und ihrer kleinen Schwester. Eine merkwürdige Situation: Wir klopften, jemand kam zur Tür, lief dann aber mit leichten Schrittchen wieder zurück. Nach fünf Minuten kam Kusums jüngere Schwester mit einem Säugling auf dem Arm. Wir wussten schon, dass sie eine Tochter hat. Sie wurde im Januar geboren, unter dem Beschuss! Das Mädchen trägt den orientalischen Namen Rajsojana.

Kusums Schwester war nervös, besonders mir gegenüber, bat uns aber herein. Es gab Tee. Ihr Gesicht zuckte merkwürdig. Sie sagte, Kusum und Aladdin seien glücklich. Bald würden sie ein Kind bekommen! Den Tod ihres Neffen Daud bestätigte sie.

Ein großes, wohlhabendes Haus. Merkwürdig nur: Ihre sterbende Mutter hat nicht einmal Tabletten gegen Kopfschmerzen. Mir tat die sterbende Großmutter leid. Sie saß bei uns. Ich gab ihr eine leichte Massage. Wir luden Kusum zu uns ein. Egal was gewesen sein mag, wir freuen uns über ihren Besuch!

Aladdin! Sei kein Feigling! Sag die Wahrheit! Wir haben Verständnis. Nur verschwinde nicht spurlos aus meinem Leben! Wirklich, ich habe die allgegenwärtigen und allumfassenden Lügen so satt, dass ich mich nur in Gedichte retten kann.

Ich bin todmüde vom Leben,
es soll mir nichts mehr geben,

doch liebe ich mein armes Land,
ein anderes habe ich nie gekannt.
(O. Mandelstam)

7. Juni

Wieder Krieg! Die ganze Nacht wird bei der Siedlung Tschernoretschje gekämpft. Das ist ungefähr zwei Stunden mit dem Bus von uns entfernt. Wir sahen drei schwere Flugzeuge. Nach dem Motorengeräusch waren es Bomber. Sie flogen über unser Haus gerade in diese Richtung. O Allmächtiger! Lass mich Aladdin noch einmal sehen! Wie meine Seele sich sehnt!

Bei uns in den Gärten sind acht Welpen. Die großen Hunde – Papa und Mama – beschützen sie. Mein Kater Ibraschka schläft die ganze Zeit. Er ist alt geworden.

Heute wird ordentlich aus Kanonen geschossen. Die Einschläge gehen in den Gärten, auf der anderen Straßenseite, nieder. Der Rayon Zawodskij brennt.

Budur

11. Juni

Tante Marjam ist gekommen. Sie erzählt, zu ihren Verwandten sei Rezwan gekommen, Ramzes' Bruder. Er habe gelogen, dass Mama und ich auf Ledermöbeln schlafen! Wir seien unerhört reich geworden. Doch wohl nur durch Diebereien?

«Wie kann man nur so lügen?», sah sich Marjam um und wunderte sich. «Klar! Er will seine Taten auf euch abwälzen. Gewissenlos ist der schon immer gewesen.»

Die alten Bewohner erinnern sich an seine «Wohnungsgeschäfte», noch vor dem Krieg: Diebstähle und Mordversuche.

«Nur was du mit deinen eigenen Augen siehst, ist wahr»,

schlussfolgerte Marjam. «Die Ohren kann man täuschen. Das weiß jeder Lügner.»

13. Juni

Heute haben wir im Aprikosengarten einen toten Tschetschenen gefunden. Der Junge trug eine Winteruniform. Ich öffnete die Pforte und hatte kaum einen Schritt getan, da sah ich ihn direkt vor mir! Ob ich damals vielleicht von ihm geträumt habe? Wir wissen nicht, was wir mit ihm tun sollen. Der Leichnam ist nicht verstümmelt. Man könnte glauben, der junge Mann schläft. Die Wangen wirken frisch im Abendrot, kastanienbraunes, leicht rötliches Haar, graublaue Augen. Der Kopf ruht auf dem Arm. Erstaunlich!

«Nicht anfassen!», warnte Mama.

Wir wollen es Marjam und Onkel Walera sagen. Schade, dass unser Fotoapparat gestohlen worden ist. Vielleicht sucht ihn seine Mutter oder seine Frau. Mich bedrückt das. Wir wollen die Stelle beschreiben, an der der Tote liegt, sein Äußeres, und hängen Zettel am Zentralmarkt aus. Wenn ihn jemand sucht, wird er das lesen.

Mir fällt das Lied von Timur Muzurajew ein:

He, Schachid!
Ein plötzliches Lächeln erhellt
dein klares schönes Gesicht!
Was siehst du da, Schachid!
Sind es die Paradiesgärten nicht,
die Lust und Liebe mehren,
wo ewig deine Tage währen.

18. Juni

Wir pflücken Obst in den Gärten. Um fünf Uhr stehen wir auf. Wir nehmen eine Klappleiter mit. Auf den Bäumen herumklettern können wir nicht. Zum Herbst müssen wir unbedingt Ware kaufen: Zigaretten, Schokolade, Saft. Arbeit gibt es nicht. Die Arbeitslosenhilfe ist lächerlich. Und wir kriegen nicht einmal die!

Vor drei Tagen sind an der Haltestelle Nowaja zwei russische Soldaten getötet worden. Die, die geschossen haben, sind spurlos verschwunden. Die Soldaten rächten sich an einfachen Leuten. Sie nahmen Schüler mit. Sie schossen viel und sinnlos herum. Ein Mädchen ist verwundet worden.

Auf dem Basar haben wir mit dem grauhaarigen Hassan und seiner Frau geplaudert. Vor dem Krieg haben wir uns um einen Platz auf dem Markt gestritten, heute sind wir Freunde. Hassan ist ein adretter, schöner Mann. Sie haben einen Sohn und eine Tochter.

Täglich entstehen neue Gedichte.

So ein kleines Leben,
alles vergeht darin ohne Wiederkehr.
Doch liebe ich dich wie einen Bruder, so sehr,
drum sei auch du ein Bruder mir!

Ich weine oft. Irgendeine schreckliche Sehnsucht.

Prinzessin Budur

21. Juni

Wir sind Luisa begegnet, dem Mädchen, das sich im Café etwas dazuverdiente und davon träumte, Schriftstellerin zu werden. Sie hat ein Buch über den Ersten Krieg geschrieben, es heißt «So ein kleines Leben». So wie die Zeile aus meinem Gedicht! Luisa hat einen Preis beim Wettbewerb der jungen Autoren gewonnen.

Sarina verkauft auf dem Markt Fladen mit dem Quark «Tschepolgasch». Die backt ihre Mutter. Davon leben sie.

Sie ist dreizehn Jahre alt. Die Mama ist Russin, der Vater Tschetschene. Der Vater hat sie sitzenlassen. Sie leben allein. Mit Sarina warte ich auf die seltenen Kunden, und wir träumen: Ihr Papa wird sicher zurückkommen! Er wird Sarina und ihre Mama in ein friedliches Paradies holen!

Gestern sind wieder zwei junge Soldaten getötet worden, auf dem kleinen Markt, im Rayon Autobaza. Alle Verkäufer sind augenblicklich geflohen! Aus Angst, die russischen Soldaten könnten aus Rache alles dem Erdboden gleichmachen.

Prinzessin Budur

22. Juni

Alles, was mir Aladdin über die Religion eingetrichtert hat, ist mit Vorsicht zu genießen. Weil ich keine Ahnung hatte, konnte er mir viel erzählen. Ich weiß jetzt: Das Kopftuch schützt mich vor schamlosen Annäherungen. Es ist mein «Hüter».

Ich brauche niemanden. Und schämen tue ich mich nur vor einem – dem Allmächtigen. Stellt sich doch jetzt heraus, dass ich einen verheirateten Mann liebe! Nach meinen Informationen leben Aladdin und Dschinn in Saus und Braus. Sie haben ihr eigenes Geschäft aufgemacht! Bissnissmen! Inguschetien ist im Vergleich zu Tschetschenien ein Paradies. Zivilisation! Satt sind meine «Brüder» wohl immer. Amüsieren kann man sich auch. Dort muss es Strom, Fernseher und eine komfortable Wohnung geben, während ich hier weiter in einem schwarzen Loch lebe, das sich anstelle der Stadt aufgetan hat. In einer zusammengekrachten, kalten Wohnung ohne Kanalisation, ohne Wasser. Ohne normales Essen. Mama und ich habe uns je ein Kleid gekauft, das stimmt. Aber das Obst im Garten wird es nicht mehr lange geben. Was dann? Arbeit gibt es nicht!

Ich kann nach dem langen Hunger und nach all den eingelegten Tomaten und mit Soda gebackenen, rohen Fladen kein normales Essen mehr zu mir nehmen. Den Winter über hatten wir außer diesen Dingen nichts zu essen. Ich bin geschwächt, und ich bin allein in einer Welt grausamer Nachkriegsstreitigkeiten.

Prinzessin Budur

24. Juni

Alle erwarten einen Angriff der Aufständischen. Der kleine Markt von der Haltestelle Autobaza ist aufgelöst und ins Zentrum verlegt worden. Die tschetschenischen Händlerinnen haben sich beschimpft und um einen Platz geprügelt.

Ich war mit Mama an der Haltestelle Iwanowo. Die russischen Soldaten an den Posten erinnern sich an uns, vermutlich wegen des Obstes. Sie nicken und rufen: Guten Tag! Mir ist das peinlich. Ich gucke möglichst nicht in ihre Richtung – die meisten Männer sind halbnackt. Sie tragen die Kugelwesten auf dem bloßen Körper. Was ist das für eine Uniform?

Über die Ermordung der zwei jungen Soldaten habe ich Folgendes herausbekommen: Zwei junge Männer sind von hinten an sie herangetreten. Sie haben beiden Soldaten gleichzeitig in den Hinterkopf geschossen. Und sind dann betont ruhig in Richtung Krankenhaus Nr. 9 davongegangen. Es ist bei den Tschetschenen überhaupt nicht üblich, jemanden in den Rücken zu schießen. Das ist ein besonderer Fall! Vielleicht gelten ihnen bei den russischen Menschen die eigenen Sitten nichts.

Patoschka

26. Juni

Gestern habe ich mit Nadja, einem russischen Mädchen, geplaudert. Während des Krieges hat sie mit Kusum bei einem

«Großvater» gewohnt. Der «Großvater», sagt sie, sei jung und sympathisch gewesen und sehr anständig. Nadja saß lange bei uns. Sie breitete ihr Leben aus. Vor dem Krieg war sie mit einem Araber verheiratet. Tschetschenisch kann sie gut. Sie hat es noch als Kind gelernt, beim Spielen auf dem Hof. Arabisch hat sie auf der Universität gelernt, an der Fakultät «Ostwissenschaften». Ihren künftigen Mann hat sie auch an der Universität kennengelernt. Im Herbst 1999 haben sie ihr Verhältnis legalisiert. Ihr Mann ist als Erster aus Grosny weggezogen. Er sagte, er werde einen Verwandten oder Freund schicken, der sie nachholen soll. Der Verwandte kam. Doch er verhielt sich seltsam. Er brachte Nadja an einen anderen Ort. Nicht dorthin, wo ihr Mann war! Die jungen Leute wussten nichts voneinander. Im Oktober hatten sie geheiratet, im Dezember, kurz vor Neujahr, starb der Mann.

Nadja ist schwanger. Ihr Mann hat einen bemerkenswerten Vornamen. So kann nur ein Stern in einem arabischen Atlas heißen – Abutalcha. Abutalchas Großvater und seine Großmutter leben in Mekka. Er hat eine erste Frau und zwei Kinder.

Und Nadja ist mit ihrer Mama geblieben. Als sie nach Grosny zurückkehrten, stellten sie fest, dass ihre Wohnung gnadenlos ausgeräumt worden war. Jetzt überleben die Mutter und ihre schwangere Tochter, indem sie mit Petroleum für Lampen und mit Dieselöl handeln. Nadja hat ein einziges Kleid. Es ist schwarz. Wir geben ihnen Obst und Gebäck, also das, womit wir handeln. Heute habe ich ein Kilogramm Tomaten und Mohrrüben gekauft. Ich habe sie zur Hälfte mit Nadja geteilt.

Budur

27. Juni

Auf dem Zentralmarkt haben wir einen Tisch bekommen. Zu viert. Außer uns sind Rosa und Alida dabei, zwei tschetschenische Schwestern. Sie verkaufen Grünzeug. Das pflücken sie auf herrenlosen Feldern der Sowchose «Rodina». Sie gehen in einer Gruppe über ein vermintes Feld. Eine von ihren Bekannten soll schon in die Luft geflogen sein. Sie pflücken Petersilie und Dill. Die binden sie zu Büscheln. Alida ist von ihrem Mann geschieden. Rosa hat einen Mann in Georgien. Sie wartet auf ihr Visum und will ausreisen. Ihr kleiner Sohn lebt bei ihr. Rosa schlug vor: «Ein oder zwei Jahre könnt ihr bei mir in der Wohnung bleiben. Kostenlos, natürlich! Wasser und Strom gibt es nicht. Aber die Kanalisation funktioniert, nicht wie bei euch, dass ihr es mit Eimern raustragen müsst. Ratten gibt's nicht. Und für den Winter gibt es einen gusseisernen Ofen!»

Wir wollen darüber nachdenken. Aber wir haben kein Geld. Nicht einmal für das kleinste Auto, um den Rest unserer Sachen durch die Stadt zu fahren. Rosa erzählte von sich. Wie sie einmal von zu Hause weggelaufen sei, zu ihrem Mann. Rosa hat es kein einziges Mal bereut. Sie sind siebzehn Jahre zusammen! Und als sie ein Mädchen war, ist sie geraubt worden. Man wollte sie zu einer anderen Heirat zwingen. Aber Rosa war eigensinnig. Sie wollte nicht. Die Familienältesten beratschlagten und schickten sie nach Hause zurück, zu ihrer Mutter. Rosa ist eine helle Blondine, mit blauen Augen. Ihre Schwester Alida hat dunkle Haut und dunkle Augen.

Ich habe von Aladdin geträumt. Danke!

Prinzessin

30. Juni

Auf dem Markt werden wir übervorteilt! Unseren Tisch hat eine große tschetschenische Familie besetzt. So was Dreistes! Ich will den Tisch mit Petroleum übergießen und ihn verbrennen. Niemand soll ihn bekommen! Mama rät davon ab. Sie sagt, dann brennen auch die Tische von anderen Leuten, die unschuldig sind. Sie schlägt etwas anderes vor: die Beine unseres Tisches ansägen. Sobald die Eindringlinge ihre Ware ausbreiten, kracht der Tisch zusammen. Das trifft niemanden als die Schuldigen selbst!

Gestern kam Nadja zu uns. Sie hatte ein Foto ihres Mannes dabei. Er ist kräftig und jung; auf allen Fotos lacht er! Es steht Nadja sehr gut, wenn sie kein Kopftuch trägt. Auf dem Foto steht sie neben ihrem Mann, mit unverhülltem Kopf. Man sieht ihr helles Haar.

«Mein Mann hat mich nicht zum Kopftuch gezwungen», gestand sie. «Jetzt verhülle ich mein Haar vollständig. Es ist mein eigener Entschluss. Zum Gedenken an ihn.»

Viele der Frauen hier sind früh verwitwet. Und weil sie in Tschetschenien mit vierzehn bis sechzehn Jahren heiraten, gibt es jetzt ganz viele junge Witwen! So viele Familien wurden zerstört. Mein Heimatland ist voll von Waisen.

«Es gibt viele Invaliden unter den Kindern! Häufig Beinverletzungen. Man sieht viele Krücken», stellen die Händler traurig fest.

Was für ein Glück ich hatte! Nur manchmal quälen mich starke Schmerzen. Doch ich will nicht klagen. Zum zweiten Mal, diesmal gegen Abend, habe ich Nadja mit einem jungen Mann gesehen. Er trägt einen Silberring mit Achat am kleinen Finger. Ich tat so, als sähe ich sie nicht. Nicht meine Sache.

Prinzessin Budur

1. Juli

Wir haben Ware gekauft: drei Stangen Zigaretten. An jedem Päckchen kann man einen Rubel verdienen. Wie soll man damit reich werden und sich ernähren?

Auf dem Hof zanken wir uns oft mit der russischen Rentnerin Lida aus dem Nachbarhaus. Während des Krieges hat sie die Aufständischen gehasst, jedenfalls hat sie so getan. Später stellte sich heraus, dass ihr Schwiegersohn selbst einer von ihnen ist! Niemand anders als Lida hat die Welpen aus der glücklichen Hundefamilie ertränkt. Ich habe die Hundemutter weinen sehen. Einen der Kleinen konnte ich retten. Der Brunnen im Garten ist sehr tief. Er ist bis zum Rand voll Regenwasser. Ich konnte nicht allen helfen. Auf dem Markt wird erzählt, dass jetzt die Leute, die vor dem Krieg zerstritten waren, falsche Anschuldigungen schreiben. Sie hetzen sich gegenseitig die Behörden auf den Hals. Deshalb kommen sie oft schuldlos ums Leben. Niemand klärt die Sachen richtig auf. Hauptsache, die Vertreter der Macht können schnell Karriere machen, indem sie Erfolge vortäuschen. Manchmal verfolgen die Denunzianten auch finanzielle Ziele – sich ein teures Haus unter den Nagel reißen, das plötzlich herrenlos ist. Ein solcher Fall ist mir bekannt. Die Besitzer konnten nur ihr Auto verkaufen. Nachts wird in einigen Stadtbezirken gekämpft.

Budur

? Juli

Ich weiß nicht, ob der 9. oder der 10. ist?

Ich habe von Nadjas Mann Abutalcha geträumt. Ich sah ihn auf dem Foto. Lebend habe ich ihn nie gesehen. Er sprach von einem Hammel, den man schlachten sollte. Entschuldigung, aber das ist nicht meine Sache. Ich habe den Wunsch nicht verstanden. Bittet er darum, seiner zu gedenken?

Mir gefällt der kleine Enkel der Rentnerin Lida. Er ist fünf Jahre alt. Er sagte, man müsse diejenigen bestrafen, die sein Haus kaputt gemacht haben. Wenn er groß ist, will er so tapfer und stark werden wie sein Papa!

Tante Marjam hat sich Mama anvertraut. Sie ist schwer krank. Krebs.

18. Juli

Heute hat Alik Geburtstag! Seine Frau kam und lud uns ein. Aber wir wollen nicht in Kreise geraten, wo man trinkt und raucht und lockere Beziehungen hat. Wir haben uns höflich mit Unpässlichkeit entschuldigt.

Wir handeln mit Zigaretten. Wir verdienen etwas für Lebensmittel. Wir leben weiterhin sparsam. Hauptsache, es wird nicht geschossen!

Nadja hat am 13. Juli einen Jungen bekommen! Deshalb ist mir der tote Vater im Traum erschienen und sprach von der Opferung eines Hammels! Die Geburt war leicht. Der Sohn bekam den russischen Namen Michail. Nach den Papieren ist es ein russisches Kind.

Dann ist noch etwas passiert: Ich sammelte schwarze Johannisbeeren in den Gärten, der Abend brach schon an. Es wurde dunkel. Ich beschloss, am anderen Morgen weiterzusammeln und die Kanne voll zu machen. Als ich wiederkam, spürte ich plötzlich, dass meine Beine einsanken. Unter den Sträuchern war die Erde locker. Frisch aufgegraben! Da begriff ich, dass ich menschliche Leichen unter den Füßen hatte. Nachlässig vergraben. Das war der Obstgarten neben der Straße, die zum Kontrollposten der Armee führt. Ich bekam solche Angst! Angst, dass ich auf Menschen stehe, die vielleicht in der Nacht getötet und verscharrt worden waren. Ich wollte mich bei ihnen entschuldigen. Ich rannte aus dem Garten und murmelte immer nur: «Verzeiht mir. Ich wuss-

420

te nicht, dass ihr hier vergraben seid. Gott sei euch gnädig. Und Er nehme euch ins Paradies auf! Dort vergesst ihr all die Qualen, die ihr überstanden habt!»

Ein paar Tage später kam von diesem Garten auch der entsprechende Geruch. Schließlich ist Sommer!

Prinzessin Budur

22. Juli
Nadjas Mama hat uns zwanzig Rubel geschenkt. Nach dem Gewicht der ersten abgeschnittenen Haare des kleinen Michail. Eine tschetschenische Sitte!

26. Juli
Ich habe Zaira getroffen. Meine liebe Schule! Meine achte Klasse! Ich habe Zaira alle Neuigkeiten erzählt. Die hat sich vielleicht gewundert!

Tante Warja ist zurück. Sie hat Baschir nach Hause gebracht. Sie haben sich verändert. Sind verdorben vom satten Leben bei den Flüchtlingen.

31. Juli
Fürchterliche Schießerei! Granaten fielen in unseren Hof und in die Gärten. Bäume und Datschen brennen. Rauch und Splitter flogen herum! Ein Mann mit Maske hat vor unserem Fenster geschossen. Er zielte auf die Gärten. Scharfschützen riefen im Morgenrot: Von wo ist der? Wer ist es? Jemand hat zwei Panzer und ein Auto in die Luft gesprengt. Wir haben ihre Gespräche gehört. Sie sprachen reines Russisch, ohne den leisesten Akzent!

Gestern habe ich Kusum getroffen. Sie ist älter geworden. Hat sich verändert. Aber schwanger ist sie nicht. Sie schaute mir fest in die Augen und sagte: «Aladdin gehört mir! Er ist mein Eigentum!»

Sei's drum. Mich wundert nur, dass diese Frau nicht weiß, ob er verwundet war. Kusum trägt neue, teure Kleider. Wir baten sie um Hilfe für Nadja und ihr Neugeborenes.

«Nadja kann jetzt nicht auf den Markt. Und ihre Mutter hat keine Arbeit», erzählte meine Mama. Kusum erklärte hochmütig und barsch: «Solche gibt's viele bei euch! Soll ich allen was geben? Ich selbst habe Schulden. Habe ein Haus gekauft!»

Wir schwiegen betreten.

Zu uns kamen russische Soldaten mit einem klugen Hund. Sie fanden meine Granate im Schrank, hinter der zweiten Bücherreihe. Aladdin hat sie mir zum Abschied hiergelassen. Zur Selbstverteidigung und falls jemand uns belästigen sollte. Wir hatten ganz schön Angst! Aber die Soldaten haben uns geglaubt. Sie verstanden, dass wir wehrlos sind und recht haben. Doch die Granate haben sie trotzdem beschlagnahmt. So habe ich einen Gegenstand verloren, den er einmal berührt hat. Nicht einmal Mascha habe ich sie gegeben, weil ich sie als Erinnerungsstück behalten wollte.

Prinzessin Budur

10. August

Heute haben die Militärs Straßenkontrollen durchgeführt. Bei allen: Männern, Frauen und Kindern. Bisher gab es so etwas nicht. Zwei Stunden lang haben sie den Bus aufgehalten!

Gestern habe ich Nadja gesehen, hätte sie kaum wiedererkannt. Sie trug ein neues, tolles Kleid, kaufte die allerteuerste Torte und verriet geheimnisvoll, man habe ihr unter der Bedingung geholfen, dass sie nicht weiter mit uns verkehrt. Ohne zu wissen, dass wir von ihrer Mutter den Namen des Kleinen – Michail – kannten, log sie frech, ihr Sohn heiße

Magomet. Meine Mutter dachte nach und erwiderte, in unserer Republik müsse man zwei Pässe haben, zwei Namen und zwei Nationalitäten, um zu überleben.

Noch eine Neuigkeit: Kusums alte Tante, die gestern noch ein Bändchen im Haar trug und erklärte: «Ich bin eine moderne Frau!» – hat plötzlich ein großes Kopftuch übergezogen! Früher hat sie das nicht gemocht. Sie stand an der Kreuzung und rief: «Gebäck! Gebäck!» Sie bot uns etwas an. Lecker! Damals trug sie einen alten Kattun-Kittel.

Im Handel kommt es zu großen Veränderungen: Es gibt jetzt einen sehr guten Tisch und teure Ware in ungeheuren Mengen: Import-Kosmetika, Parfüms. Jeden Morgen suchen Mama und ich nach einer Stelle, an der wir uns aufstellen können. Das schadet unserem Handel. Während ich verkaufe, sucht Mama nach Wodka- und Bierflaschen. Die liefert sie dann gleich ab.

Wasser gibt es nicht. Wir müssen es kaufen – ein Rubel der Eimer. Und man muss einen Wasserfahrer erwischen. Er liefert trübes, schmutziges Wasser. Wir leben in einer Wohnung, die zum Teil in den Keller eingebrochen ist, mit Ratten, die die Möbel, Kleider und unser Essen anfressen. Aus dem Keller zieht es kühl, und alles ist feucht. Die Ratten haben keine Angst vor uns, sie haben sich an uns gewöhnt. Sie laufen auch tagsüber einfach so durch die Wohnung und quietschen. An sich sind das liebenswerte und schöne Geschöpfe. Kanalisation haben wir nicht. Gas zum Kochen und zum Heizen an kühlen Tagen auch nicht. Von Strom kann man nur träumen. Wir leben weiter unter den Bedingungen der Kriegsblockade. Aber sechzig Rubel haben wir gespart. In einer Woche! Morgen wollen wir, solange wir das Geld haben, ein Foto für meinen Pass machen.

Aladdin hat sich schwach gezeigt. Er war den Umständen nicht gewachsen. Er hat mich gerettet und verraten. Ich

müsste eigentlich böse auf ihn sein. Hat er nicht gesagt, dass
er mich abgöttisch liebt? Dabei hat er noch in derselben
Woche eine Frau geheiratet, die zwanzig Jahre älter ist als
ich! Er hat mich in eine aussichtslose Lage gebracht, hat
sich nicht einmal gefragt, wie ich durch den Krieg gekommen bin und wie es meinen verwundeten Beinen geht. Bin
ich seine «Arbeit»? Oder nur eine weitere Laune?

Prinzessin

13. August

Furchtbare Kopfschmerzen!

Kusum, satt und elegant, im großen roten Kopftuch, hat
mir gestern das Foto von Aladdin und Dschinn gestohlen!
Das hat sie ganz fies gemacht. Ich trug sein Foto immer
bei mir, habe zu Mama und den Frauen vom Markt gesagt:
«Wenn ich getötet werde, begrabt das Bild mit mir!» Kusum
kam mit ihrer Schwester, der mit der Tochter Rajsojana, und
wollte sich das Foto anschauen. Ich gab es ihr nicht. Mama
hat es ihnen gezeigt. Und da hat Kusum blitzschnell ihren
Rockgürtel angehoben und sich das Foto in ihre Hose gesteckt.

«Gehört es dorthin?!», fragte Mama.

Ich schrie: «Gib das zurück, du Diebin! Du kannst mich
nicht betrügen! Das ist mein Leben. Das ist alles, was ich
habe!»

Und Kusum: «Man soll sich keine fremden Jungs anschauen! Man soll sie in Erinnerung behalten!»

«Jungs» sagte sie, nicht «meinen Mann». Ihre Verleum-
dungen bringen mich total durcheinander. Vielleicht ist er
tot? Ich wollte ihr eine Ohrfeige geben, aber Mama ging
dazwischen und hielt mich zurück. Dann gab Mama zu bedenken: Aladdin könnte in eine unangenehme Geschichte
verwickelt sein. Er will nicht, dass sein Foto durch die Welt-

geschichte geistert. Oder er hat Kusum verlassen. Vielleicht ist er verschollen, und Kusum hat das Foto gestohlen, um ihn zu suchen. Wir gingen mittags in ein Café und sahen die «Heilige Dreifaltigkeit»: Kusum, ihre alte Tante und ihre jüngere Schwester, die Witwe. Die Tante mussten wir grüßen. Sie hat uns nichts getan. Wir setzten uns an einen eigenen Tisch. Mama hatte eine Idee:

«Wir sollten der alten Tante dein Tagebuch zu lesen geben. Den Teil über Aladdin! Darüber, wie ihr euch geliebt habt. Rein und schön. Soll sie die Tage und die Uhrzeit vergleichen. Genau zu der Zeit war Kusum dabei, ihn, den jungen Mann, zu verführen, sie als alte, erfahrene Frau. Das gibt einen Skandal! Wir werden uns für den Diebstahl deines Fotos rächen.»

18. August

Auf dem Markt haben sie unsere Tische zertrümmert! Das Tagebuch haben wir Kusums alter Tante zu lesen gegeben. Erst wurde sie böse, dann saß sie lange reglos da, das Gesicht mit einer Zeitung bedeckt. Wir haben den grauhaarigen Hassan getroffen. Er ist ärgerlich. Seinen Tisch haben sie auch zerschlagen. Ich erzählte ihm von dem Diebstahl des Fotos. Er flüsterte seiner Frau ein paar Worte zu. Und sie schenkte mir einen Player. Jetzt kann ich Musik hören! Ich bedankte mich. Und heulte auf der Straße. Unbekannte fragten mich: «Was ist passiert?»

Und ich konnte einfach nicht aufhören. Ich weinte und weinte.

Mama haben wir ein Kostüm gekauft. Sie hatte nur ein einziges Kleid. Abends hat Mama es gewaschen und am Morgen angezogen, noch feucht. Jetzt hat sie etwas zum Wechseln.

Wir haben kolossale Schulden. Vierhundert Rubel.

23. August

Wir haben Nadja gesehen. Und sie dazu gebracht, dich zu lesen, Tagebuch! Sie war gespannt. Und hat mit Vergnügen gelesen. Aladdin (Nadja hat ihn vor dem Krieg gekannt) hat meine Aufrichtigkeit und Wahrhaftigkeit nicht zu würdigen gewusst.

«Du bist die Einzige in seinem Leben, die ihn gebraucht hat!», sagte Nadja nachdenklich. «Er hatte doch Bekannte, die nur Geld von ihm wollten. Aladdin besaß ab und zu ganz erkleckliche Summen! Er war Kassierer. Und für dich fiel nur Kleingeld ab. Siebzig, hundertsechzig, zweihundert Rubel, wirklich, nur die Unterstützung für das kranke Kind, wie Krumen, die man Vögeln hinstreut. Du hast ihn nicht auf den Markt geschleppt. Hast dir keine Kleider, Kosmetika und Schuhe von ihm kaufen lassen. Du hast nie etwas von ihm verlangt. Dieses ‹Wunder› ist wahrlich kein Engel!»

24. August

Auf dem Markt haben sie wieder zwei russische Soldaten getötet. Das war auf dem Boulevard. Auf meiner Uhr war es 16.10 Uhr. Geschrei zerriss die Luft, und alles flatterte auf wie eine Schar Krähen. Die Getöteten sind auf den ersten Blick zarte Halbwüchsige. Eine Minute vorher waren sie noch bei uns vorbeigegangen. Hatten die Pfirsiche geprüft. Sie fragten die Verkäuferin: «Was ist das?»

Den Namen der Frucht hatten sie schon gehört, aber noch nie Pfirsiche gegessen, weil sie im Norden lebten. Sie kauften ein Kilogramm und gingen ihrem Tod entgegen. Ihr Tod war ein dunkelhäutiger Mann in weißer Kleidung – er trat dicht an sie heran. Schüsse fielen. Außer ihnen waren viele russische Soldaten auf dem Markt. Nach den ersten Schüssen gruppierten sie sich und flohen vom Friedens-Prospekt, schossen mit ihren Maschinenpistolen! Verängszigt schauten sie hoch zu den obersten Stockwerken der zerstörten Gebäude. Die Soldaten begriffen nicht, woher die Schüsse kamen und was passiert war. Die Verkäufer suchten das Weite. Sie fürchteten eine zufällige MP-Salve oder eine Handgranate vom nächsten Armeeposten. Ein Soldat lag mit dem Gesicht in einer Kiste Fischkonserven. Ich war nicht weit entfernt und habe das gesehen. Diese Konserven hatte eine Tschetschenin in Kommission zum Verkauf genommen, konnte sie deshalb jetzt nicht einfach liegen lassen. Sie jammerte furchtbar, versuchte den Unglücklichen mit seinem Kopfschuss mit ihren Füßen wegzuschieben und zog die Kiste mit Sprotten zu sich heran.

Ich sammelte rasch unsere Waren zusammen. Gerade noch rechtzeitig! Andere russische Soldaten kamen. Sie fluchten unflätig und schossen mit Maschinenpistolen (zum Glück in die Luft), um die Leute zu vertreiben. Ihre Hände zitterten vor Hass und Ohnmacht. Die russischen Soldaten stießen mit Tränen in den Augen hervor: «Sie waren gerade erst gekommen! Vorgestern! Ohne Kampferfahrung! Rührt euch, verschwindet! Wir können für nichts garantieren. Wer zu langsam ist, hat Pech gehabt. Weg mit euch! Wir schießen!»

Frauen aus der ersten Marktreihe, die ihnen am nächsten waren, ließen Eimer mit Sahne stehen und rannten weg. Halbwüchsige Diebe schnappten danach. Einige Soldaten nahmen sich Käse, Salzkonserven, Zigaretten oder Schnaps von den Ständen, dann endlich holten sie ihre Getöteten weg. Die Pfirsichverkäuferin weinte. Sie sagte: «Wer will, soll auf russische Söldner schießen! Auf die, die mit unserem Blut ihr Geld verdienen wollen! Aber nicht auf Kinder, deren Eltern nicht genug Geld hatten, um sie vom Wehrdienst freizukaufen!»

Budur

6. September

Die Straßen sind gesperrt. Man erwartet einen Angriff der Aufständischen. Autoverkehr ist verboten. Kaum hatten wir den Handel eröffnet, wurde der Zentralmarkt von Posten beschossen. Wir flohen über fremde Hinterhöfe. Ich weiß nicht, ob die anderen auch weggekommen sind? Tanjas Söhnen haben russische Soldaten gestern am Kontrollposten eine Tasche mit Lebensmitteln abgenommen und sie dann verprügelt. Es gibt Gerüchte, dass Himmelfahrtskommandos in die Stadt geschickt wurden. Werden alle sterben? Wer wird bleiben?

Prinzessin Budur

9. September

Am Abend, als wir den Markt schon verlassen wollten, schoss ein Scharfschütze in die Marktstände. Eine Tschetschenin hätte er fast getötet. Sie war Verkäuferin. Die Kugel traf sie am Hals. Aber sie blieb am Leben und wurde ins Krankenhaus gebracht.

Wir sparen. Wir gehen zu Fuß. Unsere Begleiterin ist Tante Tonja. Sie handelt mit Büchern. Die Ware transportiert sie allein. Aber sie wohnt nicht in ihrer Wohnung. Das ist gefährlich. Sie lebt bei einer tschetschenischen Freundin. Mehr russische Menschen gibt es in unseren Marktreihen nicht! Russen sind in der Stadt überhaupt unsichtbar. Alle haben sich äußerlich zu Tschetschenen gemacht. Aus Angst. Manche haben vielleicht Wohnung und Arbeit gefunden, nachdem sie geflohen sind. Andere sind zu Verwandten gezogen. Zurück will niemand.

Budur

18. September

In dem halb zerstörten Zimmer habe ich die Wände gewaschen. Wir haben sie gerade mal so geweißt. Der Ruß macht das Atmen schwer, und uns steht ein neuer Winter ohne Gas bevor, mit feuchtem Brennholz, mit Ratten und dem durchgebrochenen Fußboden. Und über allem hängt eine Betonplatte und überlegt sich noch, ob sie uns zerquetschen soll oder nicht.

Am 14. September fuhren wir vom Markt zurück, und auf der Strecke flog ein Schützenpanzerwagen in die Luft. Er brannte neben dem Denkmal der Drei Helden. Unser Routentaxi wurde auf den Bürgersteig geworfen. Wir bekamen einen gehörigen Schreck. Am nächsten Tag noch eine Detonation. Genau an derselben Stelle! Das Auto, in dem wir saßen, war eine Seitenstraße zuvor abgebogen. Wir hörten es krachen und sahen den schwarzen Rauch. Wie ist das möglich an einem Kontrollposten der Armee, wo alles überschaubar ist?

Mama und ich leben weiter in unserer Wohnung. Rosa, die uns ihre Wohnung versprochen hat, ist plötzlich verschwunden. Die Ratten in unserem Haus sind riesig! Rötlich mit Grau. Es müssen entfernte Verwandte der Gartenhamster sein. Die Ratten haben nichts zu fressen. Nachts können sie auch mal beißen. Um ein Haar hätten sie unseren Kater aufgefressen. Vorgestern haben sie mein Unterhemd angenagt. Sie verlangen nach Nahrung. Sie quietschen, laufen zwischen den Füßen herum und haben überhaupt keine Angst. Normalerweise teile ich mein Brot mit ihnen – davon werden sie ein bisschen gutmütiger.

Die Lieferung von Wasser ist ein Problem. Die Wasserfahrer wollen nicht auf die Höfe, wo wenig Menschen leben. Es lohnt sich nicht für sie.

Der Handel läuft schlecht. Es reicht, um Essen für zwei

Mahlzeiten am Tag zu kaufen – morgens und abends. Wir sparen, zahlen unsere Schulden zurück. Der nahende Winter macht uns Angst. Ein gusseiserner Ofen wäre gut, damit man sich einigermaßen wärmen kann.

Die Kerle, die nicht weit von uns wohnen, bestehlen sich gegenseitig. Wir hören ihre Schreie und Drohungen, wenn sie sich im Hof streiten. Sie prügeln sich. Die Nachbarsfrauen sind wegen der Weckgläser verzankt, die sie aus fremden Kellern gestohlen haben.

Mir ist die Aufnahme in der Schule Nr. 11 zugesagt. Ich werde meine Papiere aus der zerstörten Schule Nr. 50 (von der sind nur die Tragmauern geblieben) mitnehmen und hingehen. Die Papiere wurden angeblich in einem anderen Gebäude aufbewahrt und sind heil geblieben. Ich werde auf dem Markt Hausaufgaben machen.

Ich habe ein Gedicht geschrieben:

Gute Nacht allen Freunden auf Erden!
Ohne Donnergroll und grelle Blitze.
Dem Schönen allein gehorche der Traum:
Ein grünes Feld den Sonnenpferden!
Und jedes Blatt am großen Baum
soll seines Musters Geheimnis verraten.
Bei allen dummen Redensarten,
sei du – anders! Gedenke dessen, was war!
Fasse das Strahlen des Regenbogens – mit den Händen.
Erfreue dich an einem Wassertropfen,
und möge der Allmächtige Unheil
von deinem Wolkenpfad wenden.
Das stille grüne Feld behagt den Sonnenpferden.
Kein Donner, und kein Blitz am Himmelssaum!
Dem Schönen allein gehorche der Traum,
gute Nacht all meinen Freunden auf Erden!

Ich mag Hauffs Märchen «Die Errettung Fatmes».

Heute heiße ich Prinzessin Fatima.

8. Oktober

Endlich kann ich wieder lernen!

Weder Aladdin noch Kusum lassen sich blicken. Ihre Schwester hat gelogen, von wegen sie handelt nicht mit Wodka. Den ganzen Tisch hatte sie voll. Statt Bücher.

Ich trage jeweils acht bis zehn Bücher aus dem Haus – wir verkaufen sie. Wir plündern die Reste unserer Hausbibliothek, die in drei Generationen zusammengetragen worden ist. Gewinn bringt das nicht. An einer Schachtel Zigaretten verdienen wir einen Rubel! Ich habe drei Päckchen verkauft – macht drei Rubel! Der Bus heute Morgen kostete zehn Rubel. Dafür, dass man an einem Tisch stehen darf (ob der Verkauf gut läuft oder nicht) zahlt man noch fünf Rubel! Dazu die Rückfahrt! Manche empören sich, dass sie auf unserem Tisch Tabakwaren sehen. Sie sagen: «Vor dem Krieg wart ihr bescheidener! Da habt ihr mit Presseerzeugnissen und anderen harmlosen Waren gehandelt!»

Und sie selbst tauschen täglich Dollar. Niemand fragt: «Habt ihr Brot?» Es gibt Tage, an denen ich von der Schule komme und wir haben kein Essen zu Hause. Überhaupt keins. Bald ist Winter. Ich habe keine Stiefel. Und in der Wohnung, die dann bereits in den Keller abgerutscht sein wird, werde ich hungrig mit den Ratten an einem Stück Brot nagen. Das sind meine Aussichten. Deshalb stehe ich nach dem Unterricht viele Stunden lang in der Kälte, verkaufe Zigaretten, versuche, mir und Mama etwas zum Essen zu verdienen. In den Gärten gibt es kein Obst mehr. Gut, dass wir nicht auf eine Mine oder Sprengfalle getreten sind! Meine Füße tun weh. Das kommt davon, dass ich im Krieg monatelang die Schuhe nicht gewechselt und beim Beschuss in Schuhen geschlafen habe.

Im Stadtzentrum sind Strom und Gas wiederhergestellt. Dort hat sich die Businesselite niedergelassen. Und diejenigen, die bei den Machtstrukturen oder bei der Regierung untergekommen sind. Einer aus der Familie kauft sich so eine Stellung und holt die anderen nach. Es ist ein offenes Geheimnis, dass die Arbeitsplätze, die Posten bei der Miliz, zu kaufen sind. Wer kann sich das leisten?

1. Diejenigen, die an ihrem Wohnort viel gestohlen haben.

2. Die aufgrund der Papiere ihrer verstorbenen Angehörigen humanitäre Hilfe erhalten und diese dann verkauft haben. Die hiesige Bevölkerung pflegt die Personalpapiere nach dem Tod eines Verwandten nicht zurückzugeben, sondern zu Hause aufzubewahren.

3. Wer im Krieg gekämpft und Geld verdient hat.

21. Oktober

Heute ist der Tag der Rakete! Vor genau einem Jahr war ich auf dem Zentralmarkt. Es war kühl. Ich trug eine alte, braune Jacke und auf dem Kopf ein Tuch. Ich handelte mit Zeitschriften, Zeitungen, Stecknadeln und Garn. Ich war vierzehn! Gegen fünf Uhr abends wurde ich verwundet. Über den Hof meiner Kindheit (wo zuvor mein Großvater gelebt hatte) trug mich ein junger Tschetschene durch den Beschuss. Damals war ich ängstlich und weinte. Er wollte mich beruhigen und sagte im Laufen immer wieder: «Weine nicht, Prinzessin!»

Und er sagte, ich sehe der Prinzessin Budur aus dem Märchen ähnlich. Das war Aladdin. Der Mensch, für den ich auch heute ohne weiteres mein Leben hergeben würde, mein leeres Leben, das sinnlos ist ohne ihn. Wie viele Menschen sind damals umgekommen. Die Tatsachen wurden verheimlicht und werden es noch heute.

Mascha hat sich mit einer Frau angefreundet, die sie in die Moschee führt! Die Frau lehrt Mascha den islamischen Glauben. Sie hat sie mit einem gut gestellten Mann bekannt gemacht. Er will kein Rendezvous, er will heiraten. Aber Mascha bleibt stur. Sie behauptet, sie liebe ihn nicht, obwohl der Mann seinen Anstand bewiesen hat. Als Maschas Kind krank wurde, lief sie voller Verzweiflung zu ihm. Der Mann fuhr das Kind zu den Ärzten. Er gab es als sein eigenes aus (damit es behandelt wurde!). Er gab Mascha für hiesige Verhältnisse ungeheuer viel Geld – fünftausend Rubel! – für die Behandlung und Ernährung des Kindes.

«Du bist ein Dummkopf!», schimpften Russinnen und Tschetscheninnen Mascha. Sie aber zeigte stolz den Stapel Banknoten und Tüten voller Lebensmittel und blieb stur dabei: «Ich werde mit niemandem leben, den ich nicht liebe! Ob er reich oder arm ist, hat keine Bedeutung.»

Mascha hat Mama und mir Geschenke gekauft. Für mich ein Kopftuch, ganz zart, durchscheinend, mit Silberfäden. Und für Mama Äpfel.

Kusum ist vor zwei Tagen in Inguschetien gesehen worden. Sie soll dort eine Wohnung gemietet haben. Und wo ist das Haus, für das sie nach eigenen Worten Geld geliehen hat? Ein naher Freund von ihr aus Vorkriegszeiten hat sie dort gesehen. Er erinnert sich, dass wir befreundet waren. Wir passten auf Kusums Ware auf, wenn sie sich mal für drei Stunden oder so verabschiedete. Dieser Mensch trat auf uns zu. Er hat alles über Kusum erzählt. Wir bestellten seiner «Freundin» listig einen Gruß von uns. Sehr, sehr böse ist das Leben. Allzu böse.

Polina – Fatima – Budur

1. November

Mansur ist gekommen! Ich habe ihn gesehen! Er ist zurück in der Wohnung, wo das Schlafzimmer durch einen Granat-Treffer eingestürzt ist. Mager. Humpelt. Guckt von weitem. Raucht viel und kommt nicht näher. Ich bin erstaunt. Wir waren doch befreundet! Sind wir Feinde? Ohne Vertrauen keine Freundschaft.

In der Schule gab es Noten. In Mathematik habe ich eine Drei. In allen übrigen Fächern Zweien und Einsen. Ich habe eine neue Klassenlehrerin. Wir kommen gut miteinander aus. Die Frau hat viele Kinder. Die geborene Pädagogin.

Wieder sind zwei Soldaten in der Nähe der Haltestelle Neftjanka getötet worden. Die Ermordung friedlicher Bürger, junger Männer in unserem Viertel war die Antwort. Die Rede ist von:

1. einem Menschen, der von seinem Nachbarn kam (sie hatten Schach gespielt),

2. einem Mann, der spät von der Arbeit noch unterwegs nach Hause war,

3. zwei Jungs, die mit Eimern in die Gärten gingen, um Nüsse und Birnen zu holen.

Die Leute in unserem Bezirk geben der neuen Militäreinheit aus Moskau die Schuld.

Auf dem Hof wurde Dschim von seinen großen Brüdern geprügelt. Ganz grausam und hart. Ich musste auf Umwegen die alte Mutter und die Schwester der Borzows holen. Helfen – das werde ich immer tun! Leben zu retten ist das Beste, was man auf der Erde tun kann. Niemand hat das Recht zu töten!

Patoschka

5. November

Mascha war hier. Sie kennt die Suren aus dem Koran! In persönlicher Hinsicht ist Mascha ganz allein. Sie wartet auf den schönen Prinzen! Sie hat zwei Arbeitsstellen als Putzfrau. Sie sammelt leere Alkoholflaschen. Dabei könnte sie gut versorgt sein und mit einem anständigen und guten Mann leben! Aber Mascha sagt: «Nun ja. Besser so. Ohne Heuchelei!»

Wir wollen aus Sicherheitsgründen drei Tage zu Hause bleiben. Feiertage. Da sind Überfälle auf Militäreinheiten möglich.

Auf Mama hat ein russischer Scharfschütze geschossen! Ich habe ihn auf dem Dachboden gesehen. Er hat nicht getroffen. Bestimmt war das so eine Art «Übung» für ihn. Ich kam nicht einmal dazu, zu erschrecken. Was hat ihn an meiner Mama gestört? Mama bückte sich, als sie das Geräusch des Schusses hörte. Und verscheuchte die Kugel mit der Hand, wie eine Fliege.

Eine junge tschetschenische Witwe, neunzehn Jahre, zwei Kinder, macht Mansur den Hof. Das eine Kind ist schon vier Jahre alt! Sie ist die Tochter einer unserer Nachbarinnen. Noch eine junge Alleinstehende. Noch ein zerbrochenes Leben.

Prinzessin

13. November

Mansur kam vorbei. Er hat alles erzählt. Nachdem er verwundet wurde, ist er krank geworden. Fünf Monate hat er in einem tschetschenischen Haus gelebt. Sie versuchten, ihn zu heilen. Seiner Mutter sagten sie, wo er war. Doch die wollte ihren Sohn lange Zeit nicht abholen. Dort, in dem Bergdorf, pflegte ihn aufopferungsvoll ein dreizehnjähriges Mädchen, es brachte ihm zu essen. Daraus wurde Liebe.

Und jetzt, ganz unpassend, kamen seine Verwandten und holten ihn, der nun geliebt wurde, zurück.

Wir gaben Mansur Sanddornöl und versprachen ihm, bei Bekannten noch mehr zu kaufen, speziell für ihn. Mit diesem Öl haben wir mein Bein nach der Operation behandelt. Mansur fragte, wie es Aladdin geht. Ich erzählte ihm alles ehrlich, wie einem Freund. Mansur sagte, sein Vater habe sich angefunden. Bald werde die Familie aus der Republik nach Russland fliehen, nach Norden.

«Ich kann mich nicht an einem anderen Ort einleben», gestand er. «Ich halte das nicht aus!»

«Du gewöhnst dich!», versprach ich. «Und vergisst das alles, wie einen Albtraum!»

«Meine Seele wird immer auf diesem Flecken Erde hierbleiben! Mein Körper muss wandern», meinte er.

In der Nacht hatte ich einen seltsamen Traum von Aladdin und seinem großen Bruder. In Wirklichkeit habe ich diesen Bruder nie gekannt. Er ist Ende September 1999 in Dagestan umgekommen: noch vor meiner Verwundung, vor unserer Bekanntschaft und Freundschaft. Aber ich begriff sofort: Das ist er! Aladdins Bruder reichte mir zwei Notizen und sagte: «Lies das! Er ist nicht der, den du zu kennen glaubst.»

Beide Aufzeichnungen waren mit grüner Tusche in einer winzigen Schrift geschrieben, es waren geheime Notizen von Aladdin selbst: «Das ist es, was seine Seele verschwieg», erklärte sein Bruder.

Aufzeichnung Nr. 1
Mein Monatseinkommen beträgt 2100 Dollar, manchmal mehr. Für die Arbeit mit Menschen. Für die Erledigung besonderer Aufträge. Für die «Beseitigung». Für den getöteten Bruder. Für das Ausharren im Feld.

Aufzeichnung Nr. 2
Ich wollte dich nicht lieb gewinnen. Ich durfte es nicht. Dennoch
habe ich mich verliebt! Ich konnte dir nichts Böses tun. Ich fürchtete
euch (?) – dich und deine Mutter. Fürchtete die Veränderungen, die
mit mir in eurem Haus vorgegangen sind. In vielen Fällen äußerte
sich das in meinen Launen und meiner Grobheit. Ich habe die Frau
geheiratet, die mir bequem war. Ich liebe meine Frau nicht. Doch
eine solche Ehe war unumgänglich. Das ist notwendig, schon von
meiner Arbeit her.

Ich erwachte und schrieb diese Texte auf. Das ist eine große
Seltenheit – alles zu behalten, was man geträumt hat! Zufall
oder nicht, jedenfalls griff ich nach einer Füllfeder, die mit
grüner Tinte schreibt. Die Aufzeichnungen gelangen genauso, wie sie in meinem Traum gewesen waren.

   Budur

20. November

Gestern gerieten wir unter Beschuss! Wir kamen in einem
überfüllten Routentaxi vom Markt. Wie üblich baten wir den
Fahrer, an unserer Haltestelle Neftjanka anzuhalten. Der Wagen hielt an, und da kam es zur Detonation! Etwa fünfzehn
Meter vor uns ging eine Sprengfalle in die Luft. Ein Schützenpanzerwagen und ein Pritschenwagen waren betroffen.
Die Soldaten schossen sinnlos in die Dunkelheit. Sie fluchten
wild. Sie waren uns auf der Straße entgegengekommen, nicht
auf ihrer Fahrspur, und beinahe wären sie mit unserem Klein-
bus zusammengestoßen! Aber nicht die Sprengfalle machte
uns Angst, sondern das, was danach kommen würde. Soldaten sind unberechenbar und wahnsinnig wütend in solchen
Augenblicken. Wir sprangen aus dem Wagen. Wohin? Es
war dunkel! Das von einer Explosion zerstörte fünfstöckige
Haus. Berge von Platten, Geröll. Das schief hängende Beton-

dach der Bushaltestelle. Alle Leute rannten dorthin, suchten dahinter Deckung, warfen sich auf den Boden. Die Soldaten schossen weiter aus dem Maschinengewehr und den MPs auf Bäume und Häuser. Ein junger Tschetschene sprang auf Krücken aus dem Routentaxi. Er sagte hilflos: «Was soll ich tun? Ich kann mich nicht hinwerfen!»

Meine Mama schrie: «Wirf die Krücken weg und leg dich flach!»

Das tat er. Eine Bekannte von Tante Kusum lag neben mir. Ich schrie vor Angst so laut, dass meine Ohren taub wurden, und sie redete auf mich ein: «Halt aus, bald gehen ihnen die Patronen aus!» Ich sah: Kinder versteckten sich mit ihrer Mutter zwischen den Betonplatten des gesprengten Hochhauses. Sie schrien und weinten, dass sie Kekse in den Taschen im Bus gelassen hätten! Sie verstanden nicht, was hier vorgeht. Sie wollten aufstehen, um nachzusehen, ob die Taschen im Bus heil geblieben waren. Die Mutter schlug ihre Kinder mit Fausthieben nach unten.

Allmählich ebbte die Schießerei ab. Die Passagiere eilten auf allen vieren zurück in das Routentaxi. Mama und ich blieben allein zurück. Der Handkarren mit Waren. Dunkelheit. Leeres Gelände. Die Soldaten. Wie sind wir über die Straße auf unsere Seite gekommen? Ich weiß noch: Außer Atem rannten wir über das leere Grundstück bergan, über den Bahndamm und die Obstgärten! Die Soldaten diskutierten hinter unserem Rücken kaltblütig (wir haben es gehört!), ob sie uns abschießen sollten oder nicht. Offenbar haben sie sich doch erbarmt! Die russische Sprache und unsere unübersehbare Angst haben uns geholfen.

Heil zu Hause angekommen, erzählten wir den Leuten von unserem Abenteuer. Die Nachbarn hatten die Schüsse gehört und eilten uns entgegen. Die Nachbarin Nura sagte gleich: «Es ist ein Wunder, dass ihr am Leben geblieben seid! Für eure Rettung, das ist Sitte, müsst ihr Geschenke geben. Uns allen dreien!», und sie streckte die Hände aus.

Versteht sich, dass wir das taten. Sie bekamen je eine Tüte Fadennudeln «Rolton». Die Nachbarn waren zufrieden.

P. S.: Gestern unter dem Beschuss, im Dunkeln, habe ich mein Kopftuch verloren. Heute Morgen haben wir es an den Betonplatten des eingestürzten Hauses gefunden. Stell dir vor, Tagebuch. So ein Glück! Niemand hatte es mitgenommen!

Prinzessin Budur

21. November

Ich habe Parfüm geschenkt bekommen – von einer Frau, der wir geholfen haben, ihren Mann, einen Taxifahrer, zu finden. Der Mann war auf einem Schützenpanzerwagen entführt worden. Das Auto – einen weißen Wolga – nahmen sie vor unseren Augen mit. Zufällig waren Lina und ich in der Nähe und merkten uns die Nummer des Schützenpanzerwagens. Dschims Bruder, unser Nachbar, Karatekämpfer, meldete den Vorfall beim Milizionär unseres Abschnitts. Sie konnten herausfinden, wo der Taxifahrer festgehalten wurde. Und am nächsten Tag hörte ich die weinende Frau von ihrem verschollenen Mann erzählen, der sich tagsüber mit dem eigenen Auto Geld dazuverdiente. Wir verglichen die Angaben. Und ich begriff – das war er! Ich sagte ihr: «Ihr Mann ist auf der Bezirksdienststelle für Innere Angelegenheiten unseres Rayons.»

Ich erklärte ihr, wie der Abschnittsmilizionär aussieht. Der Taxifahrer wurde gefunden. Er lebte! Jetzt ist er im Krankenhaus. Mit Rippenbrüchen.

Wenn die Militärposten den Markt beschießen, dann sitzen wir, die Verkäufer, unter den Tischen, suchen Deckung hinter den Brettern. Ich gehe nicht weg. Ich habe Angst!

Aber ich bleibe. Ich finde es spannend zu beobachten, wie die Leute sich verhalten. Viele sind feige, aber sie tun so, als regte das Schießen sie nicht auf.

Fatima

26. November

Am 24. November sind russische Soldaten auf dem Markt getötet worden, ganz nah bei unserem Stand. Ich war nicht dabei. Ich war von der Schule unterwegs zu Mama. Steige aus dem Bus und sehe: ein Stau und eine Schlange an der Ausfahrt. Erschrockene Menschen kommen uns entgegengeströmt. Sie rufen: «Lauf weg! Soldaten sind getötet! Gleich wird hier geschossen! Die Russen kommen!»

Ich aber lief der gewaltigen Menschenmasse entgegen – dorthin, wo die Schießerei sein sollte. Ich musste doch zu Mama, sie war dort geblieben. «Vorwärts! Schneller!», dachte ich. «Was ist mit Mama?» Taxis rasten mit Wahnsinnstempo über die Bürgersteige. Passanten und Verkäufer, die vom Markt flohen, wichen ihnen aus. Sie sprangen auf die Eingangsstufen der Geschäfte. Und ich im Laufschritt zu Mama! Ich fragte: «Was ist passiert?»

Mama hatte in dem Aufruhr unsere Geldbörse mit allem Geld verloren, alles, was wir gespart hatten, um unsere Schulden zurückzuzahlen. Die Ware hatten wir in die Tasche getan, die Geldbörse nicht! Ob Diebe sie im Vorbeilaufen mitgenommen hatten?

Da sahen wir: Unsere Nachbarin lief weg! Auf ihrem Tisch war Geld zurückgeblieben. Wir sammelten es ein, zählten es gemeinsam mit einer Frau durch, die nebenan handelte. Damit es Zeugen für die gefundene Summe gab.

Am nächsten Tag gaben wir alles fremde Geld zurück. Aber Dankbarkeit ernteten wir nicht. Die Besitzerin war vermutlich der Meinung, die Summe müsste größer gewe-

440

sen sein. Vielleicht hatte man in dem Chaos ein paar Scheine mitgehen lassen, so wie unsere Geldbörse. Wir gingen über die Höfe zurück, ungeachtet der wirren Schießerei, die inzwischen begonnen hatte.

Vor dem letzten Zwischenfall mit Soldaten war Folgendes. Jemand fotografierte den Markt von einem Hochhaus.

«Das ist eine ungewöhnliche Kamera!», meldeten die Devisenhändler. «Sie kann bis zu zwei Kilometern weit aufnehmen!»

Wir sahen die hellen Blitze und wunderten uns. Was genau wurde da fotografiert? Wir? Der Markt? Die Kontrollposten? Und wer machte die Fotos?

Prinzessin Budur

27. November

Erster Schnee! Mama ist zu Hause. Die föderalen Truppen haben die Straßen in der Stadt gesperrt.

«Sie räubern den Markt aus!», sagten die Nachbarinnen, die aus dem Stadtzentrum kamen, und fügten hinzu: «Essen gibt's nicht zu kaufen! Sie lassen niemanden rein! Wir haben gesehen, wie die Soldaten Hühner, Milch und Zigaretten direkt aus den Warenkammern auf ihre Autos geladen haben.»

Ich kann darauf nur herzlich pfeifen. Wie angenehm ist es zu Hause! Ich mache Hausaufgaben, trinke Tee und esse Fladen im Korridor und beobachte die Rattenfamilie – sie lebt bei uns in der zerstörten Küche! So was Schönes! Die kleinen Ratten piepsen ganz niedlich!

30. November

Russisches Militär hat den Markt demoliert. Es gibt keine Tische, nichts zu verdienen und Essen überhaupt keins. Die Leute weinen, sie erzählen, dass die Warenkammern ausgeraubt worden seien. Männer wurden mitgenommen. Gestern waren wir zu Fuß auf dem Markt, um nachzusehen, ob es noch Bretter gab oder alles verbrannt ist. Wir handelten ein bisschen auf herrenlosen Kisten. Kauften zwei Laib Brot und Fischkonserven.

Gegen Abend sprengte jemand einen Schützenpanzerwagen an der Moschee in die Luft. Eine wilde, sinnlose Schießerei begann. Die Kugeln pfiffen über den Markt. Irgendwo in der Nähe rumste es heftig. Das Volk ergriff die Flucht, wir natürlich auch. Wir rannten, was das Zeug hielt, mit Tonja, der Buchhändlerin, flohen über den Boulevard, dann über das Gelände der Geburtsklinik. Endlich erreichten wir die Straße. Ein Mann in Arbeitskleidung schloss sich uns an. Er gab zu, nach der Detonation Angst davor zu haben, allein zu gehen. Sie können einen mitnehmen, und dann verschwindet man leicht für immer. Wir versprachen, am Kontrollposten zu behaupten, dass wir ihn kennen. Unsere Weggefährtin Tonja bog zu ihrem Haus ab. Der Mann ebenfalls. Sie waren wirklich Nachbarn!

Mit uns waren noch viele Leute unterwegs, alle schwer beladen. Sie trugen Taschen oder zogen vollgeladene Handkarren. Langsam wurden es immer weniger und weniger. Manche hielten ein Auto an. Anderen gelang es, in einen überfüllten Bus zu steigen. Wieder andere bogen lieber in kleine Seitenstraßen ab. Besser, durch den privaten Sektor zu irren, als ungeschützt im Dunkeln auf offener Straße zu gehen. Ein Scharfschütze schoss vom Haus der Presse herab auf uns, aber die Scharfschützen sind auch nicht mehr das, was sie mal waren. Er traf nicht. Leuchtkugeln durchzogen den graublauen Himmel, mal rot, mal golden. Wir reckten die Köpfe und genossen den Anblick.

Nachdem wir den größten Teil der Strecke hinter uns hatten, waren wir allein auf der Straße. Es war richtig dunkel geworden. Sieben Uhr abends. An der Haltestelle 12 (Trust) gesellte sich überraschend jemand zu uns. Mama schlug ihm vor, mit uns zusammen weiterzugehen – das ist sicherer! Er war einverstanden. Einmal sei er schon mitgenommen worden. Man habe ihn ein bisschen geprügelt. Er sei eben ein Pechvogel.

«Wenn Sie noch leben, sind Sie keiner!», entgegnete Mama.

Von weitem sah man den Kontrollposten. Es gelang uns, ein Auto anzuhalten und unseren Weggefährten hineinzusetzen. Er wollte, dass wir mitfahren. Aber wir stiegen nicht mit dem Fremden ins Auto. Unsere Häuser waren nicht weit. Zum Abschied stellte er sich vor: «Ilijas Idrissow. Danke. Vielleicht sehen wir uns einmal wieder?»

Wir hatten einmal Nachbarn, die so hießen, erinnerte sich Mama. Unsere Großväter waren befreundet!

Budur

1. Dezember

Ich halte das Fasten ein. Und ich habe geträumt, dass Kusum eine Zauberin ist und ein riesiges verzaubertes Schloss mit Freundinnen und Dienerinnen bewohnt. Auf ihren Befehl sollte Dschinn uns in die Wüste bringen und dort aussetzen. Mama und mich erwartete in dem Sand der sichere Tod. Aber er brachte es nicht übers Herz. Er verweigerte den Befehl. Da wurde Kusum böse und verzauberte mich! Sie holte ein Foto von mir und stach mit der Nadel achtmal hinein.

«Das ist das Siegel der Ehelosigkeit», lachte sie. «Du wirst nicht früher heiraten als in acht Jahren!»

Und sie hängte irgendein Siegel an eine Schnur. Ich sah den kleinen, mit ihrem Blut beschriebenen Zettel. Im Traum bekam ich Angst vor ihrer Macht und dachte erschrocken, dass ich nun allein bleiben würde, doch eine Stimme von

443

oben sagte: «Ein Mann mit blauen Augen wird den Zauber von dir nehmen. Es wird kein Muslim sein.»

Was für ein schrecklicher Traum!

Budur

2. Dezember

Fasten. Schwindel. Die Menschen essen üblicherweise zweimal in der Nacht. Fleisch. Obst. Spezielle leckere Pastillen. Ich habe den Namen vergessen. Wir haben nur Brot und eine Suppe aus Sonnenblumenöl. Mit Hilfe des Ramadan wird die Willenskraft gestärkt und dem Bösen und allen Schwächen entgegengewirkt. Ich hoffe, die Kräfte werden sich finden.

Heute ist wieder ein Schützenpanzerwagen auf der Straße gesprengt worden. Die Soldaten kontrollierten die Passanten. Sie guckten in die Taschen.

Abend. Ich werde beten.

3. Dezember

Der Markt ist sehr gefährlich geworden. Täglich werden dort Soldaten getötet. Das Militär schlägt hart zurück. Rechnet man von 1994, dann dauert dieser Albtraum schon das sechste Jahr! Irgendeine unsichtbare Waffe hat die Psyche der Erdenbewohner grausam entstellt und viele von ihnen zu Gewalttätern und Mördern gemacht.

Gestern, kaum waren wir mit dem Bus an der Haltestelle «Autobaza» vorbei – eine Detonation. Durch die zersplitterte Heckscheibe sahen wir einen Schützenpanzerwagen brennen. Beinahe hätte es uns selbst getroffen. Wer hätte dem Nachbarn die Schulden zurückgezahlt?

Bei unseren Marktständen ist ein Mann aufgetaucht. Er ist freigebig wie ein Prinz aus Übersee! Gestern hat er mir und Ajna, mit der ich auf dem Markt Mathematik zu üben versuche, Schokoladenkonfekt geschenkt! So lecker! Und heute hat er den Frauen an den Tischen gegenüber etwas angeboten. Sein Äußeres: wallendes Haar und länglich schmale Augen. An unseren Ständen mögen ihn alle. Sie nennen ihn den «Schwarzen Prinzen». Gegen Abend sprach mich eine Unbekannte an. Sie sagte, sie wohne nicht weit vom Schwarzen Prinzen:

«Ein verschlossener Mann! Aber nicht habgierig! Er ist weder Christ noch Muslim» (eine klare Lüge, denn der Schwarze Prinz ist Tschetschene). Mir wurde klar, dass die Frau mich verwirren und zum Bösen verführen wollte. Ich teilte ihr mit: «Ich habe einen Bräutigam. Ich liebe ihn!»

Die Unbekannte verzog sich beleidigt.

Aladdin, Aladdin – ohne meinen Willen, ganz von selbst gleitet die Feder über die Seite des Heftes:

Aladdin!

Ich zeichne rätselhafte, überirdische Blüten und den Schwarzen Prinzen mit einer Binde auf dem Gesicht, wie bei Verbrechern.

Toddi stellt mir nach. Ein erwachsener Mann. Er hat mehr als zehn Verkäufer. Er ist gerissen, bezahlt niemanden! Aber gegen Quittung gibt er ohne Geld Bücher zum Verkaufen. Seine Verkäufer schlagen etwas auf den Preis auf und kommen irgendwie zurecht. Toddi sagte: «Die Ware beschaffe ich aus Moskau. Bücher! Manchmal hilft mir mein Bruder. Ich bin unverheiratet. Hab mich gewöhnt, allein zu leben! Aber Freundinnen, das geht.»

Ich verstand ihn, so wie er es gesagt hatte. Wörtlich. Tonja nimmt Toddi einen Teil seiner Bücher zum Verkauf ab.

Prinzessin

13. Dezember

Hier ist ewig Krieg. Vom Frieden können wir nur träumen. Ich war in der Schule. Russische Soldaten haben die Straßen gesperrt. Gestern war wieder ein Angriff auf sie. Wir sind gerade mal so einem Schützenpanzerwagen entkommen. Wie üblich ist der Posten beschossen worden, dort am Denkmal für die Drei Helden. In dem Moment kamen Mama und ich im überfüllten Bus an. Und wir sahen: Nicht auf der Straße, sondern auf dem Boulevard, wo Menschen gehen, rast uns ein weißes Auto entgegen. Und hinter ihm her, wie im Film, ein Schützenpanzerwagen! Er schwenkt die Kanone, er zielt!

Bestimmt waren gerade eben Kameraden von ihnen am Kontrollposten getötet worden. Dort stieg schwarzer Rauch auf. Man konnte nichts erkennen. Im Auto waren eine erschrockene Frau und zwei Kinder zu erkennen. Und die Kanone richtete sich auf das Auto, wo auch wir waren. Unser Bus zeigte ihnen seine Flanke. Alle Passagiere hockten sich hin, einer versteckte sich hinter dem anderen, als könnte das vor einer Granate schützen! Das Auto drehte scharf ab und hätte fast unseren Bus gerammt. Es raste weiter und bohrte sich dann in den Zaun der Geburtsklinik. Was weiter war, weiß ich nicht. Wir wären im Bus beinahe umgefallen und jagten vorbei, denn der Fahrer hatte beschleunigt und nahm (fluchend und betend zugleich) eine andere Strecke.

Heute kam ich mit Klassenkameraden aus der Schule, da waren bestimmt hundert russische Soldaten an der Straße. Um zwölf Uhr! Die Soldaten riefen uns zu: «Schnell! Schnell! Die Straße wird beschossen!»

Und ich musste über die Fahrbahn. Die Kugeln pfiffen. Mein Klassenkamerad Deni und ich liefen im Zickzack. Er wollte mich hinüberbringen. Er hatte Angst, dass mir die Soldaten etwas antun könnten. Er selbst wohnt in den unteren Häusern. Er musste also wieder zurück über die Straße.

«Verdammte Scheiße!», fluchte ich zum ersten Mal im Leben, als ich im Kugelhagel über die Straße lief. Zur Sicherheit gingen wir weiter über die Höfe.

«Kommst du noch mit zu uns?», schlug ich vor. «Solange die ‹Roten› und die ‹Weißen› sich beschießen?»

Deni sagte, er könne nicht.

«Meine Schwester ist schon nach Hause gegangen. Mama hört die Schüsse und wird sich Sorgen machen!»

Dann fügte er ernsthaft hinzu, er habe keine Angst. Er wollte beten und dann zurück. Ich stand da und sah ihm nach. Als Deni auf der Mitte der Straße war, sprach ich ein kurzes Gebet für ihn.

Die Ereignisse der letzten Tage in der Stadt. Vor zwei Tagen brannten gleich zwei Schützenpanzerwagen und ein Ural-Transporter. Ort des Geschehens – die Haltestelle Delowaja, nicht weit vom Krankenhaus Nr. 9. Aus Rache hat das Militär ein ganzes Wohnhaus zusammengeschossen, nur weil es zufällig in der Nähe stand. Von den Bewohnern kam niemand ums Leben, es waren nur wenige, sie kamen rechtzeitig heraus. An der Haltestelle Elektropribor ist ein Bus mit Fahrgästen beschossen worden. Tote gab es keine, aber zahlreiche Verwundete. Die Soldaten haben sich entschuldigt. Im Rayon Minutki war gestern ein Kampf. Ein Wohnhaus wurde mit Kanonen beschossen. Kleine Kinder kamen ums Leben. Die Mutter war zur Arbeit gegangen und hatte sie eingeschlossen.

Soldaten werden viele umgebracht, in unterschiedlichen Stadtbezirken, und immer leidet danach die friedliche Bevölkerung. Man kann jederzeit in einen Sprengstoffanschlag oder einen Straßenkampf geraten. Vor genau vier Tagen wurde im Stadtzentrum gekämpft, neben dem Tunnel. Granaten von anderen Militärposten schlugen dort ein, quasi als Unterstützung, nach dem Motto: «Egal wo, irgendwas wer-

447

den wir schon treffen!» Mama und ich handelten auf dem Markt, während Granaten und Minen über unsere Köpfe flogen. Wohin flieht man vor einer Granate? Da bleibt man besser an Ort und Stelle stehen.

Schon zwölf Tage lang halte ich den Ramadan ein.

Patoschka-Budur

18. Dezember

Gestern, kaum waren wir vorbeigefahren, flog ein UAZ-Kleinbus auf dem Basar in die Luft. Sie spicken inzwischen leere Autos mit Minen! Wenn man jetzt ein Fahrzeug ohne Fahrer und ohne Insassen sieht, macht man besser einen weiten Bogen darum.

Zwei Gantamirow-Tschetschenen sind angeschossen worden, beide waren noch am Leben. Sie wurden ins Krankenhaus gebracht. Ein Soldat wurde getötet. Außerdem habe ich gehört, dass erneut ein Schützenpanzer gesprengt worden ist. Gegen Abend haben Soldaten den Markt umstellt. Ich gehe in die Schule.

22. Dezember

Das Militär hat das Zentrum von Grosny beschossen. Die Leute sagen, Kinder seien verletzt worden, und jemand aus der Schule Nr. 8 sei ums Leben gekommen. Die Granaten explodierten auf der Straße, direkt neben der Schule. Die Kinder standen gerade vor der Tür! Weitere Granaten haben das Universitätsgebäude getroffen. Dort waren Vorlesungen. Studenten der Wirtschaftsfakultät sind getötet worden. Ihre Dozentin wurde schwer verletzt. Auf dem Markt etwa zwanzig Verwundete, mehrere Tote. Ein Teil dieses «Feuerwerks» flog über die Köpfe der Händler und über den Kopf meiner Mama im Besonderen. Und sie handelte weiter.

Gestern haben Aufständische das Gebäude des Katastrophenministeriums und das Haus der Regierung nahe der Haltestelle Autobaza angegriffen. In voller Bewaffnung traten sie den Rückzug über die Hinterhöfe der großen Häuser an (wo Kinder spielten!). Das Militär ließ sich nicht auf einen direkten Gefechtskontakt ein, sondern schoss ihnen mit Kanonen und großkalibrigen Maschinengewehren hinterher. Aus dem Grund ist ein großes Gasrohr explodiert!

Heute fuhr Mama zur Haltestelle Butenko, um mein Kindergeld abzuholen. Ich war in der Schule. Tagsüber hörte ich mehrere starke Explosionen.

Ich zeichne ein schönes Frauengesicht, von einer Halbmaske verdeckt und schreibe darunter: «Vorsicht! Krieg!» Ich lese Žanis Grivas Erzählungen über den Bürgerkrieg in Spanien. Von seiner «Nocturne» bin ich hingerissen.

26. Dezember

Wir sitzen zu Hause, arbeiten nicht. So geht es schon eine Woche. Tante Warja ist mit ihren Söhnen für immer weggezogen. Adieu! Viel Erfolg dir am neuen Ort, Mansur! Eure Familie ist wie ein ferner Gruß aus meiner Kindheit. Geblieben ist Großmutter Nina. Sie wartet auf ihre Rente. Dann will sie ihre restlichen Sachen abschicken. Die Wohnhäuser haben sich zu den Feiertagen geleert. Viele Familien besuchen, wie es Tradition ist, ihre Verwandten auf dem Land.

Nachbar Ramzes hat uns geholfen. Mit Hilfe eines biegsamen Schlauches hat er Gas in unsere Wohnung gelegt! Er ist zweiunddreißig. Oft schimpft er seinen kleinen Bruder Rezwan aus. Er trinkt nicht. Ist besonnen. Oder verschlagen? Seine Schwester Malika kam zu mir und hat mir das Brotbacken beigebracht.

In der Schule habe ich mich erneut wegen meines «russischen Namens» gekloppt. Viele hassen mich. Beschimpfen mich. Doch das sind Kleinigkeiten. Die Direktorin sagt, die Kinder seien nicht kontrollierbar. Sie mag mich nicht wegen des Kopftuchs, das ich immer trage. Metamorphose: Vor dem Krieg, im Frühling 1999, wurde ein Mädchen ohne Kopftuch gar nicht erst in diese (!) Schule gelassen. Die Lehrer standen am Eingang und kontrollierten, ob man Schuhe zum Wechseln und eine Kopfbedeckung hatte. Heute wird einem gesagt, man dürfe nur mit freiem Kopf in die Schule. Allen Machthabern kann man es nicht recht machen!

29. Dezember

Schreckliche Schießerei! Tödliches Feuerwerk. Dunkelrot glühende Barren sind am grauen Himmel gut sichtbar. Granaten, weiß und orange. Grelle Kugeln. Für jeden Geschmack etwas! Wir müssen Wasser holen.

Ein Mann kam auf den Hof. Ihm gefällt Lina. Manchmal sitzt er bei ihr und unterhält sich. Es heißt, seiner Frau sei im Krieg der Kopf von einer Granate abgerissen worden. Vielleicht wird Lina sich ändern? Vielleicht wird sie bescheidener? Sie ist eine schöne Frau. Der neue Freund schaute auch mehrmals bei den Nachbarn einen Stock höher vorbei. Er sprach mit uns über die Religion. Über die Begriffe «Ehre» und «Gewissen». Doch seine Gespräche haben wenig geändert. Nachts wird geschossen. Nicht weit von hier, im privaten Sektor, haben sie vier getötete Jungs gefunden. Im Alter von zwölf bis fünfzehn Jahren.

Fatima

2001

6. Januar

Mir ist todlangweilig. Ich will endlich wieder zur Schule! Gestern half ich Mansurs Großmutter beim Einladen. Sie hat die restlichen Sachen weggebracht. Zu essen gibt es nichts. Deni ist nicht da. Von allein kommt er nicht. Er ist bescheiden.

Die Nachbarn von oben sind diebisch und hinterhältig. Lina ist gleich mit mehreren Männern auf dem Hof «befreundet». Der hübsche Junge, der sich für sie interessiert hat, kommt nicht mehr. Lina beneidet mich um meine Jugend. Aber Lina, schau mal genau hin! Im Innern bin ich eine Greisin! Nach allem zu urteilen, werde ich allein bleiben.

Budur

7. Januar

Kater Ibraschka ist gestorben. Friede ihm in den höheren Katzenwelten!

8. Januar

Alles, was wir zu Hause hatten: Das restliche Geschirr und die besten Bücher aus der Hausbibliothek habe ich so gut wie verschenkt. Ich habe Mama Medikamente gekauft.

In den Familien, in denen es Männer gibt, basteln die etwas oder stehlen. Ich verurteile niemanden. Aber was bleibt mir übrig? Ich bin Schülerin. Ich muss mich bilden, und Mama ist krank. Und ich bin selbst nicht in bester Form. Als wäre da eine Kraft, die mich aus dem Leben hinauswerfen will. Wie ein zugelaufenes Tier füttern die Nachbarn mich zu. Wie schrecklich und bitter! Wir können nicht sterben, nur leben.

In der Schule sind wir vierhundert. Die Klassenlehrerin hat vorgeschlagen, für mich zu sammeln, je einen Rubel, um niemanden zu sehr zu belasten. Der Direktor gab die Erlaubnis. Mir war das peinlich, aber ich stimmte zu. Zwei meiner Klassenkameradinnen gaben von sich aus je hundert Rubel. Sie haben das Geld selbst zu uns nach Hause gebracht und sahen sich an, wie gruselig wir leben.

Ich habe Mama einen grauen Kater mit glattem Fell gebracht. Furchtbar mager! Dort in dem Haus gab es sechs Stück. Mama knurrte bei seinem Anblick:

«Einen schlechteren gab es nicht, was?!»

Aber der Kater wärmt ihr die Hände, während ich in der Schule bin. Ich versprach, ihn zurückzubringen, wenn er Mama nicht gefällt. Mama gab ihm einen Kuss und sagte: «Er ist genauso mager und unglücklich wie wir!»

Und so blieb Borzik. Borz heißt Wolf auf Tschetschenisch.

Als ich von der Schule kam, habe ich Mama eine Spritze und Reis zu essen gegeben. Vor meinen Augen tanzen schwarze Punkte. Ich sehe schlecht. Muss eine Suppe kochen, dann an die Hausaufgaben. Statt der Aufgaben habe ich ein Gedicht geschrieben. Schon klar, für wen.

Unsere Freundschaft birgt den Ruf des Adlers!
Die Lauterkeit des Gebirgssteins, der nie verwittert!
Diese Nacht sollst du davon träumen,
was du für immer verloren hast!

Nicht eine Minute im Glauben erschüttert,
rief ich den «Großen Bruder» dich.
Warum hast du den Verlust nicht begriffen,
der uns beide zum Leiden verdammt?
Ach, Bruder mein! Du hast in bitterem Kummer
ein Mädchen verstoßen, ich bin allein.
Welche ewigen Qualen dich bald
im Weltenfeuer ereilen,
wag ich mir gar nicht auszumalen.

11. Februar

Gestern haben wir mit dem ganzen Hof bei der Abreise der
alten Frau Andersen geholfen. Ich sah, wie ein eingespieltes
Kommando mit den Tschetschenen Ramzes, Rezwan, den
Brüdern Borzow und Lina ihr den Farbfernseher klaute. Die
Komplizen: sechs Männer und eine Frau. Ich befahl, ihr das
Gerät zurückzugeben! Alle wollten mich anlügen, das sei
nur ein Scherz. Dann hüllten sie etwas in eine Decke und
hoben es ins Auto. Sie sagten zur Besitzerin: «Das ist der
Fernsehapparat!»

Später hörte ich sie im Hof gackern, froh darüber, mich
und die Besitzerin für dumm verkauft zu haben. In der Decke war statt des Fernsehers das Unterteil von einem Bett.
Seitdem habe ich Feinde im eigenen Hof, liebes Tagebuch.
Hauptsache, keine Angst haben! Diese Leute flüsterten
lange zusammen, man müsse uns einschüchtern – oder umbringen. Heute war es ihnen jedoch sichtbar peinlich. Lina
guckte weg. Die Jungs aus dem ersten Stock schickten ihre
Mama mit zwanzig Rubeln zu uns, «Sachal» (auf Tschetschenisch eine «Gabe für Allah»). Vor dem Krieg haben
manche dieser Leute Wohnungen geplündert. Die meisten
von ihnen sind «Russen». Rezwan bekam es zweimal mit der
Miliz zu tun. Doch seine Mutter hat ihn freigekauft. Die

Brände im Krieg kamen gerade recht. Viele Archive sind vernichtet.

Mama hat mich wegen der Geschichten mit dem Fernseher ausgeschimpft: «Ändern kannst du sowieso nichts. Wozu mischst du dich ein?!»

Ich bin bald sechzehn. Außer Krieg und Massendiebstählen habe ich fast nichts gesehen. Schlimm! In den Gärten und auf der Durchgangsstraße wird geschossen. Und wie als Begleitung zu den Schüssen erklingen Lieder über den Krieg und tschetschenische Helden aus den Fenstern. Der Dichter ist Timur Muzurajew. Ich versuche, ihm nachzueifern:

Sei ohne Furcht!
Furcht führt in die Finsternis!
Der Sonne Strahl bedroht dich nicht.
Minarett, Sichel des Mondes und Stern.
Was hast du Besseres gesehen, nah oder fern?
Die Nacht ist gekommen.
Millionen großer Sterne!
In den Himmeln ist dir eine Brücke gebaut. Das ewige
    Paradies!
Das Grün, das dort sprießt,
ist dein, wenn du es nur begehrst!
Das Leben gibt dir ein Recht darauf!

16. Februar

Dreimal in der Woche bin ich auf dem Markt, um zu handeln. Ich lerne in der Schule, Hausaufgaben mache ich in der Pause. Um ein Gedicht auswendig zu lernen, brauche ich fünf Minuten. Die Lehrer achten mich. Sie wissen, dass ich an den übrigen Tagen nicht kommen kann – ich muss meine Mama ernähren. Sie ist krank. Demnächst muss ich unsere humanitäre Hilfe abholen – Mehl (es gibt einen Eimer),

Salz – zweihundert Gramm, pflanzliches Öl – ein Liter. Das bekommen wir einmal im Monat.

Falls mir und Mama etwas zustößt, dann denkt daran, Leute: Unsere Nachbarn sind nicht nur Diebe, sie sind auch in eine andere «Sache» verwickelt. In unserem Haus im ersten Stock wohnte ein Kriegsveteran des Großen Vaterländischen Krieges, Tunzin. Ein russischer Rentner. Sein Tod war sehr merkwürdig. Jurij Michajlowitsch ging seine Rente abholen. Mit dem Geld kehrte er nach Hause zurück. Zwei tschetschenische Nachbarn, mit denen er seit dreißig Jahren in gutem Einvernehmen lebte, halfen dem alten Mann, die Rolltasche in die Wohnung zu bringen. Er ist niemals wieder auf den Hof gekommen. Ein Augenzeuge berichtete: «Das Blut lief ihm aus dem Mund. Er lag mit dem Gesicht nach unten. Offensichtlich ist er von hinten niedergeschlagen worden.» Seine Wohnung ging auf die nächsten Nachbarn über, seine alte Frau wurde unter Todesdrohungen rausgejagt. Sie weinte bitter an der Haltestelle. Die Wohnung des Alten wurde mit allem Inventar auf Ramzes überschrieben. Jetzt verhökern diese Leute fremde Möbel, Badewanne, Gasherd und Geschirr.

Fatima-Budur

21. Februar

Mit der Schuldirektorin habe ich eine weite Reise gemacht! Wir fuhren alle Filialen des «Internationalen Hilfskomitees» ab. Wir erzählten, dass Mama und ich ohne Komfort, ohne Heizung und Strom leben, in einer Wohnung, die in den Keller eingebrochen ist. Wir haben kein Essen, keine Kleidung, keine Medikamente. Doch alle lehnten einhellig ab, mir zu helfen. Mit verschiedenen Begründungen. Weil ich schon fünfzehn bin zum Beispiel, kein Kind mehr, aber auch noch keine Rentnerin und auch nicht schwanger (!).

Daraufhin kaufte die Direktorin von sich aus Äpfel, Bananen, Zucker und Medikamente für mich und Mama!

Ich habe Alik getroffen. Er ist in üble Gesellschaft geraten, aber später hat er Mascha geholfen. Ich war ihm sehr dankbar dafür. Aber dann kam etwas, was ich nie erwartet hätte: Alik schlug mir vor, mich selbst zu verkaufen. Er sagte, das sei meine einzige Möglichkeit, wenn ich wirklich hungrig bin, meine Mama krank ist und nicht arbeiten kann.

«Wozu Zeit verlieren? In deinem Alter kann man sowieso nur mit dem eigenen Körper Geld verdienen. Spiel jetzt nicht die Zimperliese!»

Da habe ich ihn, ganz überraschend für mich selbst, mit den dreckigsten russischen Flüchen beschimpft. Ich sagte: «Ich verdiene etwas! Aber durch meine Arbeit, nicht so, wie du es mir empfiehlst. Kapiert?!»

Das war unser letztes Gespräch, versteht sich.

Ich besuchte den grauhaarigen Hassan. Ich sagte: «Mama ist krank.» Er schickte einen Freund an meinen Stand. Der Freund kaufte eine Menge Kram, den er ganz offensichtlich nicht brauchte. Das reichte mir für ein Mittagessen, und ich schöpfte neuen Mut.

Der Beschuss hat zugenommen. Die Lehrer haben Angst um uns. Sie sagen, sie wollen allen Schülern bis Ende Februar frei geben.

Neben mir handeln Jungs. Sie haben einen Fernseher mit Videospieler auf dem Tisch. Mit ihrer Hilfe kann ich jetzt Musik bei der Arbeit hören und Videofilme sehen. Da sammelt sich eine Menschenmenge. Auch ich versuche, etwas mitzubekommen – Hauptsache, mir wird in der Zeit nichts gestohlen. Der beste Film ist «Der Gladiator». Was der General Maximus dort vor der Schlacht sagt: «Wir sind schon tot! Wir sind schon im Paradies!»

Abends klopfte Lina an unsere Tür. Sie gab uns überra-

schend einen «Sachal» – fünfzig Rubel! Sie bewegte fast un-
hörbar die Lippen: «Für das Kind!», und ging gleich wieder.
Irgendetwas hat sie ausgefressen.

Es gab ein Erdbeben. Die Häuser sind erschüttert. Ein
Wunder, dass sie nicht über uns allen zusammengestürzt
sind. Ich werde bald sechzehn und rackere mich sinnlos ab
wie eine Greisin. Die anderen Mädchen, vom Krieg angesta-
chelt, wollen alle möglichst rasch heiraten, viele schon mit
dreizehn Jahren. Ich habe Hausaufgaben gemacht und nach
«Der Meister und Margarita» gegriffen. Ich hatte Sehnsucht
nach den schwarzen Katern Begemot und Voland!

27. Februar

Endlich hat der Wasserfahrer bei uns vorbeigeschaut! Vorher habe ich zweimal Trinkwasser vom Markt geholt. Das
reicht gerade für den Tee. Die Hände haben wir uns nicht
gewaschen, nur mit einem feuchten Lappen abgewischt.

Nachts las ich beim Licht der Ölfunzel Wassil Bykows
großartige Romane und Erzählungen über den Krieg
1941–1945. Sehr wahrhaftig! «Alpenballade», «Überleben
bis zum Morgengrauen», «Sotnikow». Am besten gefiel
mir das letzte Werk. In «Sotnikow» werden zwei Partisanen
beschrieben, die sich retten wollen, aber in die Gefangenschaft der Faschisten geraten. Einer von ihnen, nach all den
Widrigkeiten, die sie gemeinsam überstanden haben, verrät
den anderen. Er hilft bei seiner Hinrichtung, indem er den
Hocker unter seinen Füßen wegzieht. Da staunt sogar der
faschistische Henker.

«Du bist ein schönes Aas!», sagt er.

Und der Mann, der gerade eben seinen Freund umgebracht hat, dient sich den Faschisten an und denkt: «Ich
wollte doch nur leben!»

Prinzessin Budur

7. März

Der Schwarze Prinz versucht, mich anzusprechen. Ich habe ihn auf eine Serviette gemalt, in einer schwarzen Jacke mit großer Kapuze und Bart. Einer seiner Leibwächter hat mich dabei beobachtet und es weitergetragen.

Seit einiger Zeit haben Unbekannte mich im Auge. Sie denken, ich verstehe kein Tschetschenisch. (Ich lasse sie in dem Glauben! Ich lebe wie ein Spion im Kino.) Diese Leute diskutieren oft darüber, mit wem ich zusammen bin, wohin ich will. Heute haben zwei «Unbekannte» gesagt: «Sie ist nicht allein! Ihr Verwandter vermutlich!» Und sie gingen geradewegs auf den Schwarzen Prinzen zu. Mein Nachbar hörte diese Gespräche mit, schaute sie verwundert an und fragte, ob ich diese Leute kenne?

«Nur vom Sehen, nicht gut», gestand ich ehrlich.

«Sei vorsichtig. Geh nicht allein zur Haltestelle», empfahl er mitfühlend. «Nachher wirst du noch entführt, und deine Mutter ist doch krank. Wer wird sich um sie kümmern?»

Gestern ist der Linienbus Nr. 7 in die Luft geflogen, voll besetzt, mitten auf der Brücke. Bestimmt haben sie da jemanden «beseitigt». Studenten kamen ums Leben. Und an der Haltestelle in unserer Nähe ist ein großes Fahrzeug mit betrunkenen Soldaten auf einen Wolga mit Gantamirow-Tschetschenen aufgefahren. Die Tschetschenen haben mit viel Glück überlebt. Sie waren gut trainiert und sind in letzter Sekunde aus dem Wagen gesprungen. Der Wolga war nach der Kollision platt wie ein Fladenbrot. Räder kullerten über die Straße. Danach hörte man Schüsse und Schreie.

Nüchterne russische Soldaten vom nächsten Posten kamen angerannt und schimpften in beide Richtungen. «Beruhigt euch!», riefen sie. Sie fesselten ihre besoffenen Heißsporne mit Seilen (die wollten sich losreißen) und führten sie ab. Und die Tschetschenen waren wichtige Leute. Sie hielten gleich ein Auto an und wollten zur Kommandantur, Anzeige erstatten. Der Besitzer des Wolga brüllte so laut, dass ihm die Stimme versagte. Wir hatten Pech und waren gerade aus dem Bus ausgestiegen. Als alles losging, robbten wir auf dem Gras davon. Hinter den Steinen eines gesprengten Hauses fanden wir Deckung.

Mama ist weiterhin krank, sie steht nicht auf. Natürlich kann ich auf dem Markt nicht in drei Tagen das Essen für zwei Personen und eine Woche verdienen. Wir hungern ständig. Viele helfen uns, doch die Möglichkeiten unserer Helfer sind miserabel. Jemand gibt ein bis zwei Kartoffeln, jemand bringt Brot, ein anderer eine Gurke.

So leben wir. Die Schule gebe ich nicht auf.

Fatima

13. März

Die Biologie-Lehrerin hat mir Medikamente für Mama gegeben. Der Schwarze Prinz ist mit seinem Auto hinter dem Bus hergefahren. Ich stand am Heckfenster und versuchte zu erahnen, was er für Pläne in Bezug auf mich haben könnte. Ein Spiel? Verliebtheit? Einige seiner Handlungen deuten darauf hin, dass er mit dem Gesetz in Konflikt steht. Aber es ist auch nicht ausgeschlossen, dass er ein Vertreter der Macht ist.

Dann hat Tante Leila mich mit dem jungen Wolodja bekannt gemacht. Er trinkt nicht und raucht nicht. Er versteht sich aufs Renovieren! In einem tschetschenischen Haus hat er das Dach repariert. Die Tochter des Hauses warf von Anfang an ein Auge auf ihn. Die Mutter des Mädchens war nicht gegen diesen Schwiegersohn, obwohl er Russe ist. Aber Wolodja schwärmt für ein anderes tschetschenisches Mädchen. Tante Leila kümmert sich um ihn, wäscht und kocht für ihn. Er hat den muslimischen Glauben angenommen.

15. März

Mascha sprach mich an. Sie lebt mit einem neuen Ehemann! Seinen Eltern hat sie sehr gefallen, vor allem deshalb, weil sie nach der Hochzeit im Dunkeln aufstand und die Kühe auf die Weide trieb. Während alle schliefen, räumte sie den großen Hof auf. Jetzt kommt sie einmal in der Woche mit Lebensmitteln zu ihrer Mutter und ihrem Sohn. Sie lebt auf dem Dorf. Ihr Mann hat Kinder von seiner ersten Frau. Der Dorfälteste hat ihm die Genehmigung gegeben, Mascha zu heiraten. Mascha hatte sich vorbereitet. Schließlich hat sie keine Mitgift. Sie lernte mehrere Suren des Koran auswendig und sagte sie auf. Der älteste Großvater staunte und schüttelte nur den Kopf.

Jetzt heißt sie Makka. Makka hat drei fremde Kinder zu versorgen. Sie nennen sie Mama, gehorchen ihr! Sie ist völlig vertschetschent! Ich lobte ganz ungespielt ihr Kopftuch und sagte, dass es ihr steht. Makka nahm es ab und sagte: «Das Kopftuch gehört dir! Wenn es dir gefällt, schenke ich es dir!»

Das war so rührend, dass ich gleichfalls mein Tuch vom Kopf zog und erklärte: «Du bist für mich eine Schwester! Lass uns tauschen! Zur Erinnerung!»

Wir umarmten uns vor allen Leuten. Vor Freude kaufte Makka Traubensaft und Hering für Mama. Och! Ich freue mich so für sie! Sie hat ihr Glück verdient. Und heute hatte ich auch noch gute Einnahmen, habe zwei Kilo Kartoffeln und dreihundert Gramm Käse gekauft. Mama und ich werden ein erlesenes Festmahl haben! Mein Nachbar, der mit Videokassetten handelt, hat mir für Mama Kuchen mitgegeben! Der Schuldirektor hat mir neue Medikamente gegeben.

Prinzessin Budur

17. März

Es ist Morgen. Ich bin zu Hause. Gestern habe ich Sozial-
hilfe bekommen – hundertsechzehn Rubel. Eine Frau in der
Schlange sah meine zerrissene Jacke. Sie ging nach Hause
und brachte mir den Mantel ihrer getöteten Tochter. Sie bat
mich, für sie zu beten. Ihre Tochter, siebzehn Jahre alt, ist
am 31. Dezember 2000 auf der Straße verwundet worden und
dann gestorben. Der Mantel ist hell, fast weiß! Als ich ihn
angezogen hatte, ging ein Seufzer durch die Warteschlange,
das war toll! Ich war erfreut, Worte des Entzückens zu hören. Ich sündige, wenn ich so eitel bin und mich nach einem
guten Wort sehne. Ich küsste die verweinte Frau, bedankte
mich für ihre Hilfsbereitschaft, wünschte ihren kleineren
Kindern Gesundheit und der toten Tochter ein lichtes Andenken und die Gnade des Allmächtigen.

Mir ist aufgefallen, dass der junge Kassettenhändler, den
sie Steinbock nennen, bedrückt ist. Nicht so wie immer. Ich
fragte: «Was ist mit dir?

Aber er antwortete nicht. Er nickte nur: «Hallo!»

Prinzessin Budur

19. März

Morgen habe ich Geburtstag. Nach der «Hidschra» war er
schon. Jetzt ist Abend. Alles Leckere haben wir verputzt,
sosehr wir es auch hinauszögern wollten. Morgen gehe ich
– so Gott will – handeln! Gerade eben ist eine Granate dicht
vor unserem Fenster explodiert. Das ganze Zimmer war in
grelles Licht getaucht. Fünf Uhr nachmittags.

31. März

Ich bin sechzehn. Im Alter für den ersten Ball! So heißt es
doch bei Tolstoi, nicht wahr? Ich lebe auf einer Müllhalde. Im Flur und im Fußboden tiefe Löcher, vom Keller her

riecht es nach Ratten und nach Exkrementen, Trümmer der Wände ragen über unsere Köpfe, und die dreckigen, feuchten Holzscheite gehören wohl für immer zum Küchenmobiliar. Ein unerlässlicher Teil der hiesigen Ball-Dekoration sind herunterfallende Ziegelsteine: ein Gruß von der zerstörten Mauer meines Hauses. Beim Rausgehen muss man rennen, nicht gehen, sonst riskiert man, eine Betonplatte oder einen Ziegelstein auf den Kopf zu kriegen. Die Stockwerke liegen in schiefen Schichten aufeinander.

Mein Geburtstag ist gut gelaufen. Die liebe Tante Leila kam! Sie brachte eine Tüte Lebensmittel und ein Deodorant «Schwarze Magie». Ja, Magie kann ich jetzt brauchen.

Steinbock hat mich von seinem Stand gejagt. Deshalb war er traurig. Es bedrückte ihn, sich von seinem Gewissen zu trennen. Und ich dachte, wir wären Kameraden. Danke! Er hat mich gelehrt: Im Geschäft zählt Freundschaft nichts. Jetzt laufe ich wieder mit schweren Büchertüten herum. Die Käufer, die eine bestimmte Literatur suchen und bei mir Bücher bestellt hatten, können mich nicht finden. Ständig hört man Kanonenschüsse. Es wird gekämpft.

Prinzessin Budur

11. April

Ich war auf der Kommandantur. Auf Bitten des Schuldirektors gab man mir Lebensmittel. Vier Kilogramm Kartoffeln, zwei Kilo Rote Bete; ein Glas eingelegte Mohrrüben; zwei junge Kohlköpfe. Konserven: zwei Dosen Büchsenfleisch und zwei Dosen Makrelenhecht. Sonnenblumenöl in einem kleinen Kanister. Ich habe das alles mit Mühe nach Hause tragen können. So viel Essen! Für unsere Verhältnisse ein kolossaler Reichtum.

Auf dem Markt ist ein Schützenpanzerwagen in die Luft geflogen. Panik brach aus. Vor drei Tagen sagte Hassan mir, dass Aladdin seit einer Woche in Grosny sei. Er habe Aladdin gesagt, dass meine Mama schon das zweite Jahr krank ist. Aber Aladdin kam nicht. Ich habe hundert Rubel geschenkt bekommen! Die Nachbarinnen auf dem Markt haben zusammengelegt. Sie sagten: «Kauf dir Sommerschuhe. Es ist schon viel zu heiß für deine Galoschen!»

Prinzessin Fatima-Budur

15. April

Auf dem Markt sind russische Frauen getötet worden. Augenzeugen haben berichtet: «Sie haben sich lange gequält. Niemand hat ihnen geholfen, niemand hat einen Arzt gerufen! Im Gegenteil, manche gingen hin und rissen ihnen den goldenen Schmuck ab.»

Kurz zuvor war ich an den Kiosken gewesen, wo man Schokolade kaufen kann. Ich wusch mir gerade die Hände. Ich trug ein großes Kopftuch und meine alte, blaue Jacke. Plötzlich tauchte neben mir ein hellhaariger, tschetschenischer Junge von vielleicht sechzehn Jahren auf, mit einer Pistole in der Hand. Er flüsterte mir zu: «Geh weg! Nimm deine Ware und lauf! Gleich wird hier geschossen!»

Ich fragte nicht weiter und verließ den Markt sofort. Danach ging es los. Die Menschenmenge riss den sterbenden Frauen den Schmuck ab, und niemand half. Das waren Frauen, die auf den Markt gekommen waren, um Lebensmittel für das christliche Osterfest zu kaufen!

«Stellt euch vor, ihnen lief das Gehirn heraus, und eine Frau konnte eine halbe Stunde lang nicht sterben», teilte der Nachbar Wacha mit, was er gesehen hatte. «Die Taschen mit Wurst und Eiern haben sie ihnen gleich weggenommen. Die Ohrringe haben sie erst danach abgerissen!»

«Geschieht ihnen recht!», frohlockte Lina. «Die Russen haben uns auch ausgeraubt, als die Rakete am 21. Oktober

1999 einschlug. Jetzt haben unsere Leute sie getötet und beraubt!»

«Schamlose Lüge!», platzte ich heraus, als ich diesen Blödsinn am Hauseingang hörte. Als die Rakete eingeschlagen war, waren es die Tschetschenen selbst, die geplündert haben; die föderalen Truppen waren noch nicht einmal in der Stadt gewesen! Ich hasse so eine Ungerechtigkeit.

Prinzessin

1. Mai

Ich fuhr zum Markt. Auf dem Weg dorthin passierten gleich mehrere Wunder: Mein Spitzenrock blieb an einem stachligen Strauch hängen, und ich brauchte lange, um ihn zu lösen, ohne ihn zu zerreißen. Dann rutschte ich aus, fiel hin und dachte: Irgendetwas will mich aufhalten. Aber wir brauchen Essen. Mama liegt zu Hause, und ich muss Geld verdienen. Kaum hatte ich meine Ware ausgebreitet, sah ich, dass Schützenpanzerwagen und Panzer den Markt umstellten. Ich hörte Schüsse aus Maschinenpistolen. «Wenn jetzt etwas passiert? Die Bücher gehören nicht mir!», erschrak ich.

Ruckzuck hatte ich meine Ware in zwei Tüten gepackt und rannte zu den Routentaxis. Doch unsere Straße war schon gesperrt. Der Fahrer fuhr eine andere Strecke, um die Leute in Sicherheit zu bringen, und zwar die Straße zur Moschee.

«Wumms!» Ein Kanonenschuss. Panik brach aus. Die Menschen schrien fürchterlich. Danach ratterten MP-Salven. Die Kugeln flogen dicht am Bus vorbei. Wir sprangen heraus und suchten Deckung. Ein Teil der Passagiere stürzte in die Moschee. Ich lief mit Frauen und Kindern in den privaten Sektor. Wir rüttelten an den Zauntüren, traten dagegen – vergeblich. Alles verschlossen! Grauenhaft! Endlich war eine offen, und wir liefen in den fremden Hof. Der Beschuss ging weiter. Es rumste gewaltig. Wir wurden alle ins Haus gelassen, wollten im Keller Deckung suchen, aber der lag weit entfernt und war verschlossen. Und es wurde so heftig geschossen, dass man ihn nicht aufschließen konnte. So mussten wir vier Stunden einfach auf dem Boden liegen.

Das Haus, in dem wir uns versteckten, bebte von den Explosionen. Einmal rumste es ganz dicht nebenan. Ein Haus, etwa hundert Meter entfernt, stand in Flammen. In dem Zimmer, in dem wir lagen, stürzte der Kronleuchter von der Decke. Alle tranken Beruhigungstropfen der gastfreundlichen Hausherren aus einem gemeinsamen Glas. Eine der Frauen war schwanger. Sie bekam Schmerzen. Es hieß: die Wehen. Sie schrie so laut, dass die Männer mit einem Satz aus unserem Zimmer waren. Ich und noch ein Mädchen liefen auf den Hof. Dort sahen wir: Ein Militärfahrzeug, ein Panzer oder Schützenpanzerwagen (ich hab nicht genau hingesehen) schoss mit der Kanone! Ein anderes Fahrzeug ballerte zur Antwort in unsere Richtung, man konnte sogar sehen, von wo! Wir riefen: «Geht weg! Ihr lenkt das Feuer auf uns. Soll das ein Manöver sein oder was? Bei uns sind kleine Kinder im Haus!»

Die Besitzerin des Hauses zog uns von dort weg. Sie schimpfte: «Seid ihr lebensmüde? Wer soll euch hören, wer hört hier überhaupt auf irgendjemanden?»

Auf demselben Hof, aber in einem anderen Haus, versteckten sich auch Menschen. Ich weiß nicht, wie viele. Allein in diesem Zimmer waren wir fünfzehn, Erwachsene und Kinder. Auch ganz kleine Kinder, Säuglinge, waren in diesen Schlamassel geraten. Man legte sie allein zusammen auf ein Bett. Wir hofften nicht mehr aufs Überleben.

Dann hörten wir Motorengeheul von großen Fahrzeugen. Wir warfen einen Blick auf die Straße. Dort fuhren mehrere URAL-Lastwagen Leute weg, vor allem Männer, die in die Hände der Militärs geraten waren. Frauen klammerten sich an die Autos, Soldaten versuchten sie wegzuschubsen, herunterzustoßen, aber die wollten ihre Männer und Brüder nicht im Stich lassen. Ich kroch mit einer Tschetschenin auf die Straße. Sie hielt ein dreijähriges Kind auf dem Arm. Wieder und wieder versuchten die Leute, auf die Fahrzeuge zu klettern, hingen an den hohen Bordwänden, wollten ihre Angehörigen befreien.

«Alles gesäubert», sagten diejenigen, die vom Markt her angekrochen kamen. Manche heulten hemmungslos. Es gab Verwundete. Und Tote.

«Sie haben die Warenkammern aufgemacht und alles weggeschleppt», sagten sie auf der Straße. Alles leer jetzt! Manche Frauen haben den Soldaten ihren Goldschmuck gegeben, um ihre Jungs loszukaufen. Sogar Schüler wurden bei der Säuberung mitgenommen. An der öffentlichen Haltestelle sammelte sich eine riesige Menschenmenge. Dort erzählten sie sich erstaunliche Begebenheiten. Zum Beispiel, wie eine betagte Tschetschenin hinter einem Schützenpanzerwagen hergelaufen war und ihren Enkel buchstäblich von dem Fahrzeug zog. Sie zeigte den Soldaten einen Stinkefinger und beschimpfte sie in wüsten Mutterflüchen, was denen offenbar gefiel. Die Soldaten lachten laut und sagten: «Nimm dir dein Schätzchen!» Das «Schätzchen» war ein vierzehnjähriger Junge mit Schulranzen. Er war vor dem Schulunterricht auf den Markt gekommen, um seiner Großmutter zu helfen. Man zeigte sie mir. Die Menschen drückten und umarmten diese Frau. Sie lachten und weinten. Und die furchtlose Heldin verwandelte sich mit einem Mal in ein jämmerliches Häufchen heulender alter Frau.

Passanten sagten, außer den URAL seien auch ganze Busse mit Leuten vollgestopft gewesen, doch das habe ich nicht gesehen. Die Menschen standen in Gruppen und sammelten Geld für die Verwundeten. Sie versuchten, Fahrzeuge aufzutreiben. Fremde halfen einander. Die meisten, so wie ich, wollten einfach nur nach Hause, möglichst bald weg von diesem Ort, der zu einem neuen «Ort des Grauens» in Grosny geworden war.

Die Kunde von den Ereignissen eilte mir voraus. Mama war ganz aufgeregt. Als ich ausstieg, sah ich auf dem leeren Grundstück neben uns riesige Krater, bestimmt zwei Meter tief. Auch hier hat es einen Beschuss gegeben! Im privaten Sektor, zwei Seitenstraßen von uns entfernt, ist eine Frau getötet worden. Wir kannten diese tatarische Familie. Der Mann und die Frau aßen gerade im Hof ihres Hauses zu Mittag. Ein Splitter traf die Frau am Kopf. Ihr Mann Tagir ist jetzt Witwer.

P.S.: Am 16. April ist die Leiche eines Jungen neben unserem Haus gefunden worden. Er stammte aus dem Dorf Schalazhi. Am 18. April haben Soldaten eine Schießerei an der Kreuzung angefangen und einen Tschetschenen mitgenommen, der im Auto vorbeikam. Geld haben wir keins. Und müssen doch essen.

Budur

2. Mai

Vorgestern ist auf dem Markt eine «Zitrone» – eine Handgranate – explodiert. Drei Menschen sind tot. In einer Schule wurden Kinder als Geiseln genommen. In den Schulen werden die Eltern jetzt einen Wachschutz bezahlen. Gestern ist auf dem Berjoska-Basar einem jungen Mann eine Hand von einer Mine abgerissen worden. Minen in Form von Spielzeugen, Feuerzeugen oder Fotoapparaten tauchen auf – eine unwiderstehliche Verführung für Kinder und Jugendliche. Das ist kein Krieg, das ist widerlich! Vielleicht machen sie das, um sich gegenseitig die Schuld zuzuschieben? Schließlich schaden diese Dinger allen. Das sind Menschenversuche. Und das Material sind wir.

Ich bereite mich auf die Prüfungen vor.

Prinzessin

13. Juni

Seit drei Jahren lese ich im Dunkeln. Die Petroleumlampe ist gestohlen worden. Bislang konnten wir uns keine neue kaufen. Meine Kleider sind abgenutzt. Gestern, als ich mit Mama Kirschen im Garten pflücken war, heftete sich Kater Borzik an unsere Fersen. Er wäre beinahe von einer Giftschlange gebissen worden. Ich ging mit dem Eimer voraus, guckte mich um – und er war nicht da. Ich rannte zurück. Da war er, aber er schwankte ganz seltsam. Und vor ihm zischelte eine schwarze Viper und sah ihn an. Ich rief den Kater, aber er hörte mich nicht. Da packte ich ihn am Fell und lief mit ihm von der Schlange weg. Mama und die Nachbarn schimpften später und sagten, die Schlange hätte mich beißen können. So etwas hat es schon gegeben. Einem Paar zwei Seitenstraßen von uns ist das Kind daran gestorben. Aber ich kann doch meinen Kater nicht im Stich lassen!

Danach gab es einen Skandal in unserem Aufgang. Wildes, tierisches Geschrei und Mutterflüche! Rezwan schlug seine Schwester Malika – und sie ihn! Geschirr ging in Scherben.

«Ich stech dich ab!»

«Ich bring dich um!»

Wir fürchteten, sie könnten sich wirklich etwas antun. Beide sind weit über zwanzig. Mama und ich gingen auf den Hof, um Hilfe zu holen, sie auseinanderzubringen. Aber die anderen Nachbarn lachten nur bei dem Geheul, sie genossen das sogar. Eine kostenlose Vorstellung. Niemand hatte Lust, in den ersten Stock zu gehen und die Zankenden auseinanderzubringen. Ich war es dann, die von unten schrie: «Hört auf! Schämt euch! Denkt an Gott!»

Jetzt reden die Nachbarn von oben nicht mehr mit uns und grüßen uns nicht.

Prinzessin Budur

27. Juni

Ich bin erschöpft, renne überallhin, um Unterstützung zu bekommen, aber wir wurden von allen Listen gestrichen. Der Grund ist völlig blödsinnig: «Sie fallen unter keine Kategorie.» Wer hat sich diese Kategorien ausgedacht? Man sagte mir: «Sie haben keinen Anspruch. Ihre Mutter ist keine Rentnerin!»

«Genau deshalb!», empörte ich mich. «Das heißt, wir haben gar nichts zum Leben!»

Rentner bekommen wenigstens ihre Rente. Und ich bin fünfzehn, aber alle Lebensmittel, Kleider gehen nur an Kinder bis vierzehn Jahren. Soll ich die Schule hinschmeißen und meinen Körper verkaufen? Meine Erziehung erlaubt es mir nicht, mich so zu erniedrigen! Dann soll ich vielleicht hungern? Leere Wodkaflaschen sammeln? Davon liegen jetzt viele auf der Straße! In einer kalten, unbewohnbaren Wohnung leben? Alles nur, um die Schule abzuschließen? Was für idiotische Vorschriften! Und wer kann von einem Kindergeld von hundertsechzehn Rubeln im Monat leben? Wer hat das versucht? Wer?

Aber die satten Erwachsenen kratzt das alles nicht. Ich verließ die Amtsstube mit leeren Händen. Leider hat sich bei uns nichts geändert. Ein Nachbar gibt eine kleine Kartoffel, der andere Nachbar eine eingelegte Tomate. Butter? Ich kann mich nicht einmal mehr an den Geschmack erinnern. Die Borzows haben uns ein Brot gegeben. Brot ist wie etwas ganz Außergewöhnliches, als würde man eine ausgefallene Delikatesse verzehren. Wo sind diejenigen, die in so einer Situation den Menschen helfen? Der Staat?! Humanitäre Organisationen? Unterstützen tun uns andere – die selbst nicht viel haben. Zum Beispiel meine Lehrerin Luisa Tagirowna aus der Schule Nr. 11. Sie hat sich erbarmt und mir zehn Rubel und eine Dose Bohnen gegeben. Wir sind glücklich. Wir essen! Kater Borzik hält sich gerade so auf den Pfoten, wir haben kein Futter!

Ich hasse alle, die die Welt ringsherum so ausweglos gemacht haben. Ich hasse sie für meine kaputte Jugend. Für die Unmöglichkeit, das alles zu vergessen und künftig ein normales Leben zu führen. Verflucht seien alle Schweinehunde in meinem Leben! Diejenigen, die mein Haus zerstört haben. Diejenigen, die ganz gemein lügen. Die mich vernichtet haben. Verraten! Betrogen! Beraubt! Gott selbst soll sie verdammen! Nichts soll ihnen vergeben werden am Jüngsten Tag! Und wenn diese Lumpen nicht erzittern – dann sind ihre Herzen aus Stein! Aber auch ein Stein erbebt vom Zorn des Allmächtigen. Denn Er ist gerecht!

Amen. Amen. Amen!

Budur

3. Juli

Gestern habe ich mich mit Malika gezankt. Sie ist etwa dreißig, war nie verheiratet. Sie ist ein hässliches, abstoßendes dickes Weib geworden. Dabei erinnere ich mich, wie sie als Schülerin war: ein tolles Mädchen, wunderbarer Zopf! Heute ist sie ein anderer Mensch. Boshaft, missgünstig, gereizt. In den letzten Jahren regiert der Krieg die Seelen. Aber ich meine: Nicht einmal der Krieg gibt uns das Recht, frech zu werden! Der jungen Nachbarin wurde ganz schlecht, als sie erfuhr, dass wir unsere Gläser verkauft hatten, zehn Stück für je fünfzig Rubel. Sie selbst hat mit ihrer Mutter so viele

Glasbehälter in die fremde Wohnung, genau über uns, geschleppt, damit könnte man einen Lastwagen füllen! Der Aufkäufer hat ihnen dafür siebentausend Rubel hingeblättert. Für heute sind die Nachbarn wieder mit ihm verabredet. «Wir haben noch mehr!», sagten sie. Natürlich, sie haben es bequem. Der ganze Treppenaufgang ist leer. Nur wir und sie. In den zweiten Stock, in die Wohnung Nr. 39, haben sie nachts Möbel getragen. Sie selbst bauen Schlösser ein. In einem ehemaligen Laden an der Ecke haben sie ihr Möbellager. Dort sind Leitern, Teppiche, fremdes Geschirr. Und unsere Wohnung im Erdgeschoss wäre auch als Lagerraum geeignet. Für die drei Männer dieser Familie wäre es kein Problem, den Fußboden mit Brettern zu begradigen. Da könnten sie das fremde Hab und Gut leichter herein- und heraustragen. Doch nein! Hier wohnen wir. Und wir wollen nicht weg, wie zum Trotz. Was für widerliche Sachen Malika uns gesagt hat! Wir vergäßen wohl, wo wir hier sind. Alle Russen müssten abgeschlachtet werden! Einen Russen umzubringen, sei zu wenig, man müsse ihn foltern. Und so weiter. Besonders Mama und ich, weil wir, die «russischen Schweine», so viel gesehen haben. Dabei hat sie mir noch vor kurzem das Brotbacken beigebracht. Was ist los mit ihr? Ich erinnere mich: Vor einigen Jahren hat dieses Mädchen sich bei meiner Mama ausgeweint, nachdem ihr Vater gestorben war. Um mich nicht zu sehr in den heutigen Quatsch einzumischen, rief ich: «Es reicht! Sie essen zu viel, das Fett macht Sie bösartig!», und zog meine Mama in die Wohnung zurück. Aber Mama konnte noch etwas auf den Flur rufen: «Nicht mal eure eigenen Waisen tun euch leid, ihr klaut Kinderjacken. Ihr Heuchler und Lügner!»

Ich habe mir eine Feile zurechtgelegt, zwei bis drei Kilogramm schwer, spitz zugeschliffen. Wenn die netten Nachbarn uns umbringen wollen, werden sie was erleben!

Ich erinnere mich an einen Fall, als niemand anders als Malika die russischen Alten und meine Mutter kein Wasser aus dem gemeinsamen Feuerwehrbrunnen schöpfen lassen wollte. «Das Wasser gehört uns! Verreckt meinetwegen, aber ihr kriegt nichts!» Meine Mutter ging mit dem leeren Eimer auf sie zu und sagte: «Das Wasser ist von Gott. Willst du dich prügeln? Na gut. Aber auch wenn du jünger und stärker bist als ich, ich werde dich mit in den Brunnen ziehen!» Ramzes überredete Malika damals nachzugeben. Meine Mutter hätte bestimmt nicht zurückgesteckt.

Während ich meine Mutter zu beruhigen suchte, nannte ich die kreischende Malika aus Versehen Milanja. Meine Mutter musste lachen. Im Zoo von Rostow-am-Don gab es, als sie ein Kind war, eine Elefantenkuh mit diesem Namen. Seitdem hat Malika in unseren privaten Gesprächen einen neuen Namen – Milanja.

Der jüngere Bruder Rezwan führte seine Schwester weg. Er sagte ihr, sie solle die Klappe halten, er wisse schon, wie man mit uns fertig wird. Ich maß diesem Flüstern keine besondere Bedeutung bei und feierte unseren Sieg. Aber lange konnte ich mir die Drohungen aus dem ersten Stock nicht mit anhören. Ich öffnete die Tür zum Hausflur einen Spalt weit und brüllte so laut, dass sie mich sehr gut hören konnten: «Du, Malika, du dreifacher Flüchtling! Abgehauen von zu Hause 1994, 1996 und 1999. Du, der du dabei die Russen und Russland beschimpfst, wo du Nahrung und Zuflucht fandest – du feige Lügnerin! Hörst du mich?! Ich werde dich in meinem Tagebuch verewigen. Diesen Tag halte ich fest! Deine Worte. Wenn du sie vergisst, wirst du sie in meinem Buch wiederfinden! Ich mache dich unsterblich, du Miststück!»

5. Juli

Der interessanteste Mensch ist der Schwarze Prinz mit seinen undurchsichtigen Geschäften und seinem Rudel von Leibwächtern. Mit erstaunlichen Augen, die dezent ihre Farbe wechseln. Er ist in meinen Gedanken der Bemerkenswerteste. Nur, Liebe ist das nicht. Oh nein!

Im Reifezeugnis nach der neunten Klasse habe ich lauter Einsen. Ich überlege, ob ich Medizin studieren soll. Da hätte ich immer Arbeit. Ich werde mich vom Schuldirektor beraten lassen. Einige Tage lang tue ich nichts, als durch die Gärten zu wandern. Ich pflücke Obst und verkaufe es.

Prinzessin Budur

11. Juli

Jemand hat auf Kater Borzik geschossen. Verflucht sei dieser Mistkerl – und bestraft! Er ist im Bäuchlein getroffen, die Kugel ist im Rücken stecken geblieben, in Höhe der Hinterpfote. Fieber hat er nicht. Wir füttern ihn mit Sahne.

Heute um 7.30 Uhr war starker Beschuss auf dem Markt. Ich bin dem Gefecht durch ein Wunder entgangen. Sie schossen aus einem Minenwerfer und aus tragbaren Granatwerfern. Vier Menschen wurden getötet, zwölf verletzt.

Im Radio wird getratscht, dass Barajew getötet worden sei. Eine seiner Frauen soll angeblich die Leiche identifiziert haben. Dabei weiß jeder, dass er am Leben ist! Er befindet sich in einem Sonderlager bei Moskau. Wem soll man glauben? Niemandem. Solange seine Verwandten, die in der Nähe wohnen, nichts Handfestes melden, ist das nicht einmal notierenswert.

Während der Sommerkämpfe von 1996, im August, haben wir Schamil Bassajew mit seinen Leuten in zwei schwarzen Autos gesehen. Die Umstehenden wünschten ihm lauthals den Sieg.

Im Sommer 1999 bat eine russische Lehrerin auf dem Markt um Almosen. Diese Frau war lange Zeit mit der Familie von D. Dudajew befreundet und half in seinem Haushalt. Sie kannte seine Kinder, Neffen und Nichten. Man schützte ihr privates Haus vor Übergriffen. Alla Dudajewa, die Witwe des Präsidenten, reiste Anfang August 1999 aus und ordnete an, der Lehrerin Mehl zu geben.

Ich mag Geschichte. Sie steht bei mir an dritter Stelle hinter Philosophie und Parapsychologie. Scheinbar unbedeutende Begegnungen hängen miteinander zusammen. Ganz so, als probierte die Zukunft Kleider an, die ihr längst geschneidert sind. Das ist sehr interessant. Zwei Menschen begegnen sich – wozu wird diese Begegnung führen? Heute oder morgen wird einige hundert Kilometer von mir entfernt jemand den Befehl «Feuer!» geben – und dann ist mein Leben vielleicht zu Ende. Und wenn ich bis übermorgen überlebe, hole ich mir mein Kindergeld ab.

Budur

3. August

Wir ziehen um! Wir werden in dem Haus gegenüber leben, in einer saubereren Wohnung. Wir haben sie geputzt und aufgeräumt. Zwar gibt es auch dort keine Kanalisation und einen unberechenbaren Nachbarn – Dschim! Aber es zieht nicht aus dem Keller, kein schwarzer Ruß an den Wänden und an der Decke. Um Dschim steht es schlecht. Er trinkt. Er hasst die Russen. Alle ohne Unterschied. Er wohnt dort mit Zolina. Die übrigen Wohnungen in dem Aufgang sind ausgebrannt oder eingestürzt. Es gibt ihre Wohnung im Erdgeschoss und noch eine im ersten Stock, in die wir einziehen wollen.

Ich habe Brot bekommen. Unsere Schulden gegenüber diversen Leuten betragen zweihundert Rubel.

Soldaten haben sich überall festgesetzt. Am 6. August jährt sich der Beginn des Sommerkrieges von 1996. Die Anwesenheit der föderalen Truppen kommt uns zugute. Die Nachbarn halten sich zurück, sie haben Angst. Manche von ihnen grüßen morgens ganz unerwartet. Die Untätigkeit quält sie. Nirgends können sie etwas mitgehen lassen. Sie fürchten einen russischen Hinterhalt und eine Kugel in den Kopf. Auch uns werden sie in dieser Situation nicht umbringen – das bringen sie nicht fertig!

Und was wir für eine Begegnung hatten! Wir wollten das Gitter vom Fenster eines großen, zerschossenen Hauses abnehmen, da schleichen sich plötzlich russische Soldaten an. Maskiert! Einer mit einem Maschinengewehr. Der andere mit einer MP. «Jetzt ist es aus!», dachte ich. Aber der Junge mit der Maske, dunkelblaue Augen, lachte: «Gott helf euch! Was sucht ihr hier?»

Ich, im Jammerton: «Wir wollen uns verschanzen. Wir haben Angst! Aber wir kriegen das Gitter nicht ab! Es geht nicht.»

Der Junge schlug vor: «Wir helfen euch!»

Und ich: «Nicht nötig, das schaffen wir allein.»

Doch sie kletterten durch das andere, zerschossene Fenster in das verwüstete Haus. Ein Soldat trat ein Mal mit dem Fuß von innen dagegen – schon flog das Gitter heraus. Wir bedankten uns. So ein magerer Junge und so kräftig? Wenn wir das könnten! Und Mama griff sich das Maschinengewehr! Sie hatten es draußen stehen lassen, als sie das Gitter rausklopften. Die Soldaten bekamen einen Schreck: «Mütterchen, was soll das?!»

Sie lachte und sagte: «Das erinnert mich an meine Jugend. Wollte mich mal wieder stark fühlen!»

Ich stand die ganze Zeit auf dem Gesims des Hauses, zwei Meter über der Erde. Der Maskierte reichte mir galant die

Hand. Half mir herunter. Die Jungs wollten zum Tee zu uns kommen.

«Wir haben keinen Zucker!», beschied Mama die Soldaten.

«Ach so!», sagten sie. «Verstehe, die Nachbarn könnten euch dafür etwas antun.»

Dann fragten sie noch: «Gibt es hier Aufständische?»

«Die lassen sich schon lange nicht mehr blicken», beruhigten wir sie.

Danach saßen diese Leute vergnüglich vor unserem Hauseingang und rauchten. Sie sonnten sich. Schwatzten mit gleichaltrigen Tschetschenen. Ohne Angst vor einem Hinterhalt. Der Hof war umstellt. Ich erinnere mich an einen Vorfall von 1995: Zwei junge Soldaten brachten auf Bitten der Markthändler Konserven zum Verkauf. Sie scherzten und lachten, freundeten sich mit jemandem von unserem Hof an, hatten Vertrauen, kamen unbewaffnet in unsere Höfe. Beide wurden später mit durchschnittenen Kehlen auf dem Gartenweg gefunden. Heute dagegen flirteten unsere jungen Tschetscheninnen aus Leibeskräften mit den russischen Soldaten. Wir gingen ins Haus. Ich blieb nicht bei ihnen draußen sitzen. Ich war bei Zolina und hörte von dort aus mit. Die russischen Soldaten erzählten:

«In Tschetschenien sind wir den ersten Monat!»

Sie staunten, dass die Mädchen bei uns so rein sind, wie in alten Zeiten. Nicht so wie bei ihnen zu Hause.

«Bei uns leben sie anders», sagten sie. «Die Mädels trinken und treiben sich schon mit zwölf Jahren herum!»

Die Soldaten sagten, ich sei eine Schönheit. Das wird dem Tratsch der Klatschweiber, die sich heute mit ihnen unterhalten haben, reichlich Nahrung geben. Gut, dass ich weggegangen war. Ich zog den Schluss, dass auch russische junge Männer manchmal nüchtern und durchaus pfiffig sein können.

Prinzessin

17. August

Bei Madina auf dem Markt haben wir dreihundertfünzig Rubel Schulden. Und tausend Rubel haben wir von Rosa geliehen. Für uns kolossale Summen! Wir werden Monate brauchen, um das zurückzuzahlen. Zu essen haben wir nichts.

Ich habe eine Bekannte getroffen. Sie erklärte stolz, sie habe mit dreizehn Jahren geheiratet. Ihr Mann ist achtzehn. Von ihr habe ich erfahren, wie die Liebe bei den Flüchtlingen aussieht. Die Erwachsenen haben sie nach tschetschenischer Sitte verheiratet. Das junge Paar schläft jetzt hinter einem Lumpenvorhang. Eine Decke statt einer Wand trennt sie von den anderen Bewohnern. Wo? Was meinst du, Tagebuch?! In einem Eisenbahnwaggon! Lange habe ich nicht mehr so gelacht.

21. August

Sei gegrüßt, Tagebuch!

Wir leben in dem neuen Aufgang mit Zolina und ihrem Mann, der wie ein Eber aussieht. Dschim trinkt oft und bedroht seine Frau. Sie versteckt sich bei uns. Er hat sie sogar einmal mit einem Beil gejagt. Ich verkaufe nichts. Auf dem Markt wird ständig geschossen. Mama will nicht, dass ich hingehe.

«Lieber hungern wir», sagt sie.

Unsere neuen Nachbarn sind merkwürdige Menschen. Mann und Frau kommen zu uns und hängen ihre Wäsche bei uns auf. Früher taten sie das auf dem Hof. Mama hat lange gebraucht, um den Balkon aufzuräumen, der vor lauter

Glassplittern, kaputten Ziegeln und Dreck unbenutzbar war. Jetzt ist er sauber. Und nützlich.

In unserer neuen Wohnung stand eine Badewanne. Den Ofen und den Gasherd hatte Dschim bereits an Hehler verkauft, die Wanne hatte er nicht geschafft. Der Wohnungswirt kam und bat Dschim, die Wanne dazulassen. Der versprach es, aber am selben Tag erschien er bei uns, erklärte: «Die Wanne hier gehört mir!», und schleppte sie zu sich. Schon am nächsten Tag hat er die Wanne versoffen. Nein, wir werden hier keine Ruhe haben!

Zu uns in den ersten Stock kommen die Nachbarn leicht hoch. Deshalb haben wir überall Eisengitter angebracht. In den Balkonrand haben wir Nägel eingeschlagen, damit jeder Kletterer sich die Hände verletzt. Dann habe ich noch ein Seil auf dem Balkon versteckt, damit man leicht hinunterkommt, falls jemand die Tür aufbricht. Die Wohnungstür ist schwach. Nach Hilfe können wir lange rufen. Auf dem Hof wohnen zwei tschetschenische Familien. Ihre Angehörigen und Freunde haben sich nebenan niedergelassen, in fremden Wohnungen und Privathäusern. Wir sind allein.

Allen gefällt unser antiker Bücherschrank. Dschim hat schon sein Interesse angemeldet. Er sagt: Entweder kaufe ich ihn, oder ich nehme ihn mir so. Aber den rücken wir nicht raus. Auch auf die zwei Teppiche haben die Nachbarn es abgesehen. Ein fünf Meter langer Teppich wurde rausgeschleppt, die beiden kleinen sind geblieben.

Ich habe Mereschkowskis «Tut-ench-amon auf Kreta» gelesen, über die Priesterin Dio und sein «Julian Apostata». Als ich las, wie die Christen den heidnischen Tempel zerstörten und ein Kind töteten, musste ich weinen. Ansonsten weine ich selten. Julian versprach dem sterbenden Alten, der nicht wusste, dass das Kleine schon tot war, sich um das Kind zu kümmern. Ich weiß, was es kostet, Sterbenden ein

Versprechen zu geben. Ich verstehe den Glauben des Kaisers an die heidnischen Götter. Er sah einfach, was es mit der neuen «humanen» Bewegung auf sich hatte.

Wir haben den kleinen Kater begraben. Er ruhe in Frieden. Er hatte etwas Ungenießbares gegessen.

Heute ziehen Militärkolonnen vor unseren Fenstern vorbei. Bis bald! Ich küsse dich, Tagebuch!

Leute aus Nuras Familie haben Linas neue Katze getötet. Gemeinsam tratschen sie gegen uns. Gemeinsam stehlen sie. Und hassen sich gleichzeitig gegenseitig. Mama hat recht: In einer Welt von Lüge und Zwist zu leben ist schlimmer, als durch eine Bombe umzukommen.

Budur

28. August
Nachbar Dschim trinkt jeden Tag Wodka. Gestern hat er ein Nachtkonzert angestimmt. Er grölte lauthals, dass wir «russische Scheusale» sind und längst abgeschlachtet gehörten – und er wisse, wie! Wir nahmen seine Stimme mit Großvaters Diktiergerät auf. Am anderen Morgen gingen wir damit zu seiner Mutter und seinen Brüdern. Die Mutter und die Schwestern Borzow rannten zu Dschim und machen ihm Vorhaltungen. Das «Söhnchen», das liebe «Brüderchen» jagte sie zum Teufel. Er beförderte sie brutal aus der Wohnung. Vor unseren Augen hat er seine Mutter, die alte Tschetschenin, getreten. Daraufhin ging ein Bruder, der Karatekämpfer, zu ihm. Dschim wurde sofort kleinlaut vor Angst.

Aladdin! Warum muss ich ohne dich leben? Bist du im Verlies? Brauchst du selbst Hilfe? Ich werde die Stellung halten! Obwohl ich mir immer öfter wünsche, dass das alles zugrunde gehen soll, unsere ganze Welt, dass die Galaxien kollidieren, der Planet aus der Achse geraten und alles verschwinden, zu Staub zerfallen soll.

Wegen unseres Familiennamens halten viele uns für Russen. Aber kann man danach gehen? Die Mutter meiner Mama ist Armenierin. Der Vater meiner Mama – ein Don-Kosak. Die Mutter meines Vaters – eine polnische Jüdin. Der Vater meines Vaters – Tschetschene. In Mamas Stammbaum finden sich Tataren, Georgier, Osseten, Armenier, Ukrainer, Tscherkessen. In dem meines Vaters – Franzosen, Spanier, Polen, Tschetschenen. Wer will die Zusammensetzung meines Blutes nach einzelnen Tropfen berechnen? Urgroßmutter Julia-Malika sagte oft: «Wir sind ein kaukasisches Volk!» «Wir sind Menschen des Friedens!»

Budur

31. August

Dschim wetzt – sehr vielsagend – ein großes Messer vor unserem Balkon. Ich stand währenddessen am Fenster, bekämpfte die in mir aufsteigende Angst und hörte T. Muzurajews Lieder auf dem Player. Kampflos ergeben wir uns nicht, dachte ich.

1. September

Frieden geschlossen mit dem Nachbarn! Dschim und seine Frau waren bei uns. Er hat von sich erzählt. Besonders, wie man ihn wegen Rangeleien und Streichen im Elternhaus halb totgeschlagen habe und er einen Monat lang mit einem Halsband dasitzen musste. Die eigenen Brüder haben ihn an die Kette gelegt und wie ein Tier gehalten. Ich musste an die «Geheimnisse von Paris» denken und wurde traurig.

15.30 Uhr. Ein UFO flog über unserem Haus, vibrierend, mit wilden Sprüngen und Hüpfern. Rot-orangenes Leuchten. Ich zeichne dieses Wunder!

UFOs wurden oft bei uns gesichtet, besonders während der Kampfhandlungen. Unbegreifliche fliegende Objekte schwebten in Trauben über uns, ordneten sich zu abstrusen geometrischen Figuren an. Sogar die Militärs sprachen davon, nicht nur die zivilen Bewohner. Manchmal hörten die Kämpfe auf, wenn sie allzu nah herangeflogen kamen.

13. September
Ich habe gehört – wir haben ja weder Radio noch Fernsehen –, dass am 11. September in Amerika mehrere Flugzeuge entführt worden sein sollen. Zwei Flugzeuge haben das Börsen-Gebäude gerammt, dort sind mehr als hundert Stockwerke. Hunderte von Menschen sollen getötet worden sein! Zu den übrigen entführten Flugzeugen schweigt Amerika. Soll es die gar nicht gegeben haben? Wurden sie aus Sicherheitsgründen abgeschossen? Jetzt heißt es: Die erste Information war falsch! Außer den zweien sind keine anderen Flugzeuge entführt worden. Ich frage mich, was davon nun wahr sein soll. Oder ist das Ganze eine Lüge?

W. Putin, «unsere Sonne», wie die Schullehrer spöttisch sagen, hat Vermutungen über eine «tschetschenische Spur» geäußert.

15. September
Furchtbar der Gedanke, dass ich lebe, und auf einem anderen Kontinent mussten Menschen so sterben! Vor einem Augenblick waren sie noch lebendig, hatten Angehörige, haben Pläne für die Zukunft geschmiedet. Verflucht soll der sein, der diese Tat ausgedacht und geplant hat, der eigensüchtig das Blut zufälliger, unschuldiger Opfer vergossen hat! Keine Gnade darf er finden, auf lange Zeit!
Amen.

18. September

Die Städte Argun und Gudermes werden bombardiert. Das ist ganz nah bei Grosny! Ein Hubschrauber mit einer Moskauer Kommission ist abgeschossen oder in die Luft gesprengt worden. Die Kommission wollte die Militärlager in Tschetschenien überprüfen. Treffen wird es wieder die Tschetschenen, die Bewohner von Argun und Gudermes.

Und ausgerechnet heute war ich den ersten Tag in der Schule, in meiner zehnten Klasse. Der Markt rannte um elf Uhr auseinander – aber nicht deshalb, weil alle Straßen gesperrt waren und ganz in der Nähe von Grosny Bomben fielen, sondern weil unweit des Fischmagazins zwei junge Leute in den Kopf geschossen worden waren. Nach einer Version russische Soldaten, nach einer anderen – Tschetschenen.

In der Nacht auf heute hatte ich geträumt. Zwei junge Männer traten auf mich zu und sagten: «Für uns sind vier Kugeln vorbereitet! Morgen werden wir sterben. Zwei Kugeln in den Hals, zwei in den Kopf.»

Meine Träume sagen oft die Zukunft voraus. Ich verstehe sie nur nicht immer. Die Aura eines Menschen enthält die Information darüber, was passieren soll. Vielleicht waren ihre Seelen zu mir gekommen?

Budur

19. September

Wir packen. Die Taschen dürfen nicht zu schwer sein: Becher, Löffel, die Tagebuch-Hefte, Bücher, eine Decke. Vielleicht werden wir auf dem Boden schlafen müssen? Wir müssen das Weite suchen! Geld für den Transport haben wir nicht. Wilde Schießereien. Kämpfe in der Siedlung Staraja Sunzha. Mama sagt: «Wir lassen alles andere hier. Dein Bein tut nicht mehr so weh, die Splitter sind entfernt. Wir kommen hier weg! Als Flüchtlinge in Inguschetien bekommen wir etwas zu essen! Wir werden nicht mehr hungern müssen.»

Nachbarin Minat aus dem privaten Sektor hat uns einen Kürbis gebracht. Wir werden ihn zum Mittag- und zum Abendessen kochen! Gerade eben hat ein Schützenpanzerwagen geschossen. Er hat ein Haus am Ende der Gasse getroffen. Gut, dass es leer steht. Es brennt. Oh, wie es brennt!

Amerikanische Flugzeuge bombardieren Afghanistan! Der Radioempfänger bei Minat meldete: Russland will bei dieser Schweinerei mitmachen. So kann man die Armut weiter Bevölkerungsteile auf den Krieg schieben! Ob Gegenschläge möglich sind? Wohin sollen wir fliehen?

Fatima-Polina-Budur

27. September

Heute regnet es. Die letzten fünf Tage habe ich auf dem Markt gehandelt, um Geld für den Reiseproviant zu sammeln. Das war ganz schön riskant. Ringsumher krachte es. Die nötige Summe habe ich nicht zusammenbekommen, aber Lebensmittel gekauft.

Putin spuckt auf die Menschen in Tschetschenien. Die Nachbarn sagen etwas von einer Frist: zweiundsiebzig Stunden. So viel Zeit gibt man uns. Danach droht Grosny und den Dörfern in ganz Tschetschenien das Schicksal der Taliban. Das heißt: Sie werden uns nach der Methode D. Dudajews bombardieren, so wie in Afghanistan – mit Flächenbombardements. Alles und alle werden dabei ausgelöscht. Der russische Präsident fordert die Ablieferung aller Waffen. Was haben wir friedliche Bewohner damit zu tun?! Bombardieren werden sie uns! In fünfzehn Minuten läuft die genannte Frist aus. Völlig bescheuert! In irgendeinem Dorf hat ein Mann eine einzige Waffe abgegeben. Wir haben keinen

483

Fernseher und auch keinen Strom. Die Meldungen brachte uns Minat mit dem Kürbis.

Gestern gab es Gewehrfeuer im Gebiet der Konservenfabrik. Ein neunzehnjähriges Mädchen wurde getötet! Wer gibt der Mutter ihre Tochter zurück? Ich muss mich beeilen! Wenn ich getötet werde, werden wenigstens meine Aufzeichnungen über die friedlichen Bewohner bleiben. Nach der Uhr ist die Frist abgelaufen!

Jetzt denke ich: Wir haben sieben Kartoffeln. Ganze sieben! Soll ich sie braten und aufessen, um wenigstens satt zu sterben? Oder nicht essen? Nachher werden wir gar nicht getötet? Von irgendetwas muss man ja auch danach leben. Die Schwester der Borzows kam zu uns gelaufen. Sie erzählte, die Armee habe in der Stadt zu schießen begonnen. Mit allen Waffenarten!

«Sie werden uns nicht zerbomben!», überlegte meine Mama. «Sie wollen uns nur zermürben! Ich bin sicher! Die da oben haben sich bestimmt abgesprochen. Nur wir, die kleinen Leute, wissen nichts davon. Heute werden sie uns noch nicht vom Schachbrett schmeißen!»

3. Oktober

Ein Hubschrauber warf Flugblätter ab. «Passt auf die Jugendlichen auf! Lasst sie nicht kämpfen!» Bei uns auf dem Hof haben die Leute andere Sorgen: überleben und sich bereichern. Das Flugblatt will ich aufheben!

Die Nachbarn haben es jetzt schwer. In den Nachbarhäusern ist nichts mehr zu holen, alles weggeschleppt. Jetzt zerlegen sie fremde Dächer. Schrauben diverse Rohre, Armaturen und Leitungen ab. Die Aufkäufer fahren von Hof zu Hof.

24. Oktober

Gestern haben sie den Schlüsselmeister mit den blauen Augen erschossen, Wolodja! Den Jungen, der den Ramadan drei Monate eingehalten hat. Der gearbeitet hat! Der keine einzige schlechte Angewohnheit hatte! Er wollte eine junge Tschetschenin heiraten. Er hatte schon das Einverständnis ihrer Eltern. Er war sechsundzwanzig! Unsere Tante Leila heult ununterbrochen. Wolodja lebte in ihrer Familie. Dann mietete er eine eigene Wohnung. Wie soll man ihn begraben? Wer wird uns helfen?! Sie sagten: Wolodja-Wacha liegt auf den Stühlen bei der Miliz. Im Bezirk Zawodskij.

26. Oktober

Morgen bestatten wir Wolodja. Seine Mutter ist nicht gekommen. Ein Telegramm haben wir geschickt. Wir haben vereinbart, ihn auf dem muslimischen Friedhof in der Nähe der Siedlung Alda zu beerdigen. Wir fragten in den Moscheen:

«Wer kann die Zeremonie abhalten? Wie beerdigt man einen Muslim, können Sie uns das sagen?»

Wir fanden einen greisen Mullah. Er versprach Hilfe und sagte, wir sollten Stoff, Seife, alkoholfreies Parfüm kaufen. Leila gab Geld, ich kaufte ein. Viele sind dagegen, einen Russen unter Tschetschenen zu bestatten. Doch Wolodja-Wacha war dem Glauben so ergeben, so rein in der Seele! Zwei Alte kamen. Sie sagten:

«Geld ist nicht nötig. Wenn wir etwas zu essen bekommen, reicht das.»

Sie lasen die Gebete. Aber Leilas Mann bezahlte ihnen doch so viel, wie er konnte. Mama half: Sie reichte ihnen alles, wusch und machte sauber. Ich lernte, eine Gedenk-Halwa zu machen. Kein einziger Fladen ist zerbrochen! Obwohl ich ihn das erste Mal im Leben gemacht habe. Tante Leilas

Nachbarn kosteten davon und lobten mich. Man muss ihn verteilen, bevor der Leichnam hinausgetragen wird.

Ein schrecklicher, geheimnisvoller Tod. Aussagen vom nächstgelegenen Wachposten des Militärs: Ein Halbwüchsiger sei an Wolodja-Wacha herangetreten. Dem Aussehen nach etwa fünfzehn Jahre alt. Er rief etwas. Und als Wolodja sich umsah, hat er geschossen. Ob das wahr ist? Nach dem Knall begannen zwei russische Posten gleichzeitig zu schießen. Sie wussten nicht genau, was passiert war. Sie reagierten einfach. Ein Kampf im Zentrum von Grosny begann. Ein guter Mensch kam ums Leben. Viele Tschetschenen haben geweint.

Die Prinzessin

29. Oktober

Wolodjas Mama ist gekommen. Gut, dass wir nicht auf sie gewartet haben. Es wäre sonst nicht ohne Herzinfarkt abgegangen. Er soll viel Geld bei sich gehabt haben. Es ist gestohlen worden! Von dem Mörder? Auf der Miliz? Von den Ärzten? Auch die tschetschenische Braut kam. Sie schluchzt! Wie leid sie mir tut! Sie flüsterte, sie wolle auf seinem Grab sterben. Ich habe von Wacha-Wolodja geträumt. Er hat gelächelt.

Madina hat auf dem Markt ihrer getöteten Brüder gedacht. Ihr jüngerer Bruder ist im Alter von neunzehn Jahren direkt neben ihr beim Raketenbeschuss des Marktes am 21. Oktober 1999 umgekommen. Ihm wurde der Kopf abgerissen. Die älteren Brüder halfen bei einem zerbombten Haus in Urus-Martan. Unter den Betonplatten stöhnten Menschen. Kräne gab es nicht. Die Brüder versuchten, die Platten aus eigener Kraft hochzustemmen. Aber eine Platte von oben fiel auf sie herunter. Beide wurden erdrückt.

8. November

Wir sind am 30. Oktober umgezogen. Lange haben wir uns angehört, wie die Nachbarn sich absprechen. Sie wollten uns umbringen. Sie überschlugen schon, wie viel sie für den Bücherschrank bekommen würden, und planten, sich in zwei Gruppen aufzuteilen. Die eine würde aggressiv auftreten, die andere so tun, als wollte sie helfen. Die eine Hand würde uns grüßen und Brot geben, die andere mit dem Messer kommen. Ein Bruder wird dem anderen nicht in den Arm fallen! Das wissen wir gut. Außer den zwei (vielköpfigen) tschetschenischen Familien, die sich in den zwei dreistöckigen Häusern niedergelassen haben, wohnt niemand in unserer Nähe. Unsere Chancen stehen schlecht.

Ich erzählte meinen Nachbarinnen auf dem Markt davon. Taisa von der Haltestelle Elektropribor reagierte. Sie versprach, die Erlaubnis ihres Hauses einzuholen. Dann könnten wir in eine der leerstehenden Wohnungen einziehen. Und sie bekam die Erlaubnis! Ich sagte Leila Bescheid. Gemeinsam mit Wacha-Wolodjas Mutter kam sie mit einem Auto. Wir warfen unser Gerümpel hinein. Die Nachbarn waren völlig überrumpelt. Dschims jüngerer Bruder half uns ein bisschen. Er freute sich ungespielt: «Ich habe es gewusst! Ihr macht euch davon, ihr schafft es!»

Rezwan guckte böse. Sein Plan, uns als schädliche Zeugen zu vernichten und uns alle Diebstähle auf dem Hof in die Schuhe zu schieben, war gescheitert! Dschim gaben wir den Schlüssel zu unserer halb in den Keller gerutschten Wohnung, in der wir den Krieg verbracht hatten. Wir sagten: «Wir werden nicht vergessen, was deine Mama uns Gutes getan hat. Und auch nicht die kurze Freundschaft mit dir.»

Wir erlaubten ihm, unsere alte Badewanne und den alten Gaskocher zu verkaufen. Wir selbst konnten das nicht mitnehmen.

«Das ist natürlich nicht der alte Bücherschrank von 1924, aber für Zigaretten, Brot und Bier wird es reichen!», scherzten wir.

So versuchten wir, in diesem Menschen einen Rest von Gewissen wachzurufen. Wie sich herausstellen sollte, vergeblich. Dschim und Zolina machten sich auf zu den «Geschenken». Während Wolodjas Mama und Leila die Bücher einluden, kam ihre bunte Tüte abhanden. Wir hatten gar nichts von ihr gewusst. Später erzählten die Frauen, sie hätten die Tüte vor Dschims Fenster abgestellt. Wir waren schon losgefahren und kehrten um. Aber die Tüte war nicht mehr da. Wolodjas Mutter und Leila ließen uns sitzen. Verärgert gingen beide auf die Suche nach ihren Sachen. Die Borzows wussten, wie sie uns miteinander verzanken und die Abfahrt verzögern konnten. Sie erklärten, die Tüte mit Personalpapieren und Geld befinde sich in einem unserer Säcke. Zwischen den Büchern. Das hätten sie «gesehen».

Als wir den neuen Hof erreichten, war es dunkel. Wir bezahlten den Fahrer mit der Waschmaschine, einem Geschenk meines Großvaters. Beim Auspacken und Hochtragen unserer Sachen halfen uns Jugendliche, die wir gar nicht kannten, aber niemand von ihnen hat etwas gestohlen. Wir dankten ihnen mit Spielzeug von mir und Kuchen. Mit dem Schrank mühten sie sich ab. In diesem fünfstöckigen Haus sind viele Wohnungen unzerstört, aber es gibt nur wenige Bewohner: ein russisches Mütterchen mit einem behinderten Sohn im Erdgeschoss, eine tschetschenische Familie auf unserer Etage, drei Kinder, Mann und Frau. Ihr vierter Sohn ist vor der Armee abgehauen und zwar tatsächlich in die Arabischen Emirate!

Am nächsten Tag kamen Leila und Wolodjas Mama. Gemeinsam mit uns suchten sie bei den Büchern nach ihrer verlorenen Tüte! Dreitausend Rubel sollen darin gewesen sein. Zwei Pässe – der von Leila und der von ihrem Mann. Und dazu zweihundert Dollar für die Totenwache für Wacha-Wolodja.

«Sich so an einem Getöteten schadlos zu halten! Und uns anzuschwärzen! Sie wollten uns in ihr dreckiges Geschäft reinziehen!», ärgerte sich Mama über die «Heldentaten» unserer ehemaligen Nachbarn.

Wir pfiffen auf die Gefahr und fuhren zurück in unseren alten Hof. Gingen sofort zur Mutter Borzow. Sprachen von Sünde, von der Strafe des Allmächtigen für den Diebstahl an Menschen, die Trauer tragen. Vom Diebstahl an einem Getöteten, dem Trauergeld. Dann gingen wir zu Dschim und Zolina, teilten tapfer mit, dass wir die Tüte auf jeden Fall finden wollten. Wir forderten, dass alle Bewohner des Hofs überprüft würden. Meine Mama verlangte von ihnen den Schwur: «Wir schwören bei Allah, dass wir es nicht waren!» Aber vergeblich. Da sagte Mama: «Obwohl wir mit der zweiten Familie auf dem Hof zerstritten sind, bin ich sicher: Von den Nachbarn hat niemand die Tüte gestohlen!»

Und dann sagte sie: «Wir werden euch bei der Miliz anzeigen. Morgen! Ihr habt eine Nacht Bedenkzeit! Leilas Mann hat Verbindungen zur Miliz des Bezirks Zawodskij!»

Die verschlagenen Diebe bekamen es mit der Angst. Sie gaben das Gestohlene zurück. Die Summe, die Leila gehörte und ihre Papiere. Das Geld von Wolodjas Mutter gaben sie nicht zurück. Sie ist Russin, dachten sie richtig, und wird froh sein, wenn sie mit dem Leben davonkommt.

Dschim erschien am nächsten Morgen bei Leila und gab einen Teil des Diebesgutes zurück. Dieser Gauner brachte es sogar fertig, einen Finderlohn dafür zu verlangen. Er behauptete, Zolina habe die unselige Tüte gefunden.

«Gestern haben wir doch noch gemeinsam danach ge-

sucht! Da war nichts!», lachte Mama. «Bestimmt kam die
Tüte über Nacht angeflogen?!»

Über diese verworrene Geschichte habe ich ganz vergessen, etwas anderes zu notieren. Vor fünf Tagen haben im
Stadtzentrum, bei den Routentaxis, Tschetschenen einen
Tschetschenen umgebracht: in den Kopf geschossen! Der
Junge wollte gerade in ein Taxi steigen. Die Mörder haben
ihre Tat mit der Kamera aufgenommen. Festgenommen
wurde niemand. Sie stiegen ganz ruhig in ihr Auto und fuhren weg. In den abfahrenden Routentaxis fanden sich sogar
«Augenzeugen», die beschwören konnten, dass nichts Besonderes vorgefallen sei. Nur ein Russe sei getötet worden.
Ich aber habe eine Tschetschenin gesehen, die hysterisch
immer wieder sagte: «Ich habe nicht auf ihn aufgepasst!
Mein Nachbar! Was soll ich seiner Mutter sagen?»

Also wieder Abrechnungen vor aller Augen! Und Lügen.
Immerhin ist ein Tschetschene getötet worden! Und wo sind
die Gesetze meines Landes?! Wo ist die Regierung?

Budur

9. November

Ein Fall, der sich im Oktober ereignet hat, vor unserem Umzug. Wie üblich handelte ich mit Büchern auf dem Markt.
Ich wollte gehen, hatte meine Waren eingepackt und eilte
schon zum Bus. Da tauchte Ajna auf. Die, die mir Mathematik beigebracht hat. Ich hatte sie lange nicht gesehen! Sie
hielt mich auf. Ich stieg nicht ins Routentaxi. Wir unterhielten uns zehn Minuten, und ich nahm das nächste Taxi.
In der Zeit gab es an unserer Haltestelle eine Explosion.
Ein Schützenpanzerwagen war auf eine Sprengfalle gefahren und brannte. Als ich ankam, liefen auf beiden Straßen-
seiten Soldaten und schossen. Der Schützenpanzerwagen
hatte sich überschlagen. Daneben stand ein unbeschädigter

Pritschenwagen. Einige furchtlose tschetschenische Frauen warfen sich mit den Fäusten auf die Soldaten. Sie riefen: «Warum habt ihr den Jungen getötet! Mistkerle!»

Der Fahrer fragte mich, ohne anzuhalten: «Willst du hier aussteigen?»

«Nein», antwortete ich. «Vielleicht an der Nächsten.»

Ich fuhr vier überflüssige Seitenstraßen weiter und kletterte rasch aus dem Fahrzeug. Die Schießerei ging weiter. Unter dem Kugelhagel, mit schweren Taschen voller Bücher, die nicht mir gehörten, lief ich zu unserem Hof. Eine Haltestelle weit! Mama kam mir auf der Straße entgegen. Aufgeregte Nachbarn liefen über den Hof. Alle hatten Angst vor den Schüssen. Auf meine Fragen erklärten alle durcheinander: «Als der Schützenpanzer in die Luft flog, haben die Soldaten vor Schreck geschossen. Sie haben den siebzehnjährigen Zelimhan getötet. Den Sohn des Wasserfahrers, der immer mit seinem Vater zu uns auf den Hof kam. Sie töteten ihn nicht sofort.»

Leute, die die Explosion an der Haltestelle gesehen hatten und lebend davongekommen waren, sagten: «Der Junge war verletzt. Wahrscheinlich durch einen Granatsplitter, als er über die Straße wollte. Er begann um Hilfe zu rufen. Und die Soldaten haben nicht lange überlegt und ihn vor aller Augen erschossen.»

Deshalb hatten sich die tschetschenischen Frauen, empört von diesem Unrecht, in blinder Wut auf die Bewaffneten gestürzt. Wenige Minuten vor der Explosion war Mama zur Haltestelle gekommen, um mich abzuholen. Sie war gerade am Bahndamm und sah einen jungen Mann in weißem Hemd und schwarzer Hose, der sich der Straße näherte. In einiger Entfernung kamen Militärfahrzeuge mit großer Geschwindigkeit angefahren. Mama rief: «Militär auf der Straße! Warte ab!»

Aber der Junge rannte einfach weiter. Mama wollte nicht auf freiem Feld bleiben. Sie lief zu unseren Häusern zurück. Zwei Minuten später ertönte hinter ihrem Rücken die Explosion. Wie kam es, dass Ajna mich aufgehalten hat? Mystik! Sonst wäre ich es gewesen, die über die Straße lief, dem Sohn des Wasserfahrers entgegen.

Prinzessin Budur

10. November

Wir räumen unsere neue Wohnung auf. Siebenmal haben wir die Wände geweißt! Hier war ein Brand – alle Wände waren schwarz, verrußt. Wir mussten Geld für Kalk und Bürsten ausgeben. Jetzt ist es sauber. Verglaste Fenster! Glas haben wir seit drei Jahren nicht gesehen! Die Wohnung hat eine Eingangstür aus Stahl. Ich habe die Tür gestrichen. Wir sind furchtbar erschöpft. Den Ruß haben wir mit Lappen von den Wänden gewaschen. Jetzt wenigstens ein halbes Jahr in dieser Sauberkeit leben! Und Hauptsache – kostenlos!

Mama will Taisas kleine Tochter hüten. Ein zerbrechliches, kränkelndes Geschöpf, aber ausgesprochen hübsch! Sie ist anderthalb Jahre alt. Die neuen Nachbarn, Tschetschenen, geben uns zu essen! Wir haben eine Dose Rindfleisch bekommen. Wir bedanken uns aufrichtig. Aber natürlich haben wir unsere Erfahrungen und trauen den Leuten nicht. Wir denken an Walja, die angeschwärzt wurde. Wenn sie dir helfen, halten sie oft schon das Messer oder das Gift hinter dem Rücken bereit.

Dann leben hier noch Drogensüchtige. Kleine Diebe. Wasser wird täglich gebracht, allerdings mit Algen und Sand. Einige Fahrer verkaufen es für einen Rubel den Eimer, andere nehmen anderthalb Rubel. Lieferprobleme gibt es nicht. Kanalisation und Abfluss in der Wohnung funktionieren. Strom gibt es hier allerdings auch nicht und Heizung natürlich schon gar nicht. Aber im Vergleich zu unserem Elendsquartier sind die Bedingungen paradiesisch.

Prinzessin Budur

22. November

Es wimmelt in dem neuen Haus von Dieben, so wie im alten! Die Haustür sperren wir nachts ab. Trotzdem laufen Unbekannte durch die Etagen. (Offenbar dringen sie über die Balkone und durch die Fenster ein!) Ich habe mir von den Verwandten unserer Wohnungswirtin Nägel besorgt, habe alle Wohnungstüren in den unteren Stockwerken zugenagelt, damit die Diebe, wenn sie in eine Wohnung eingedrungen sind, von dort nicht in den Hausflur gelangen können. Aber meine Hoffnung war vergeblich. Diese Leute leiden nicht an Höhenangst! Sie haben unseren Aufgang vom dritten Stock aus besucht! Haben den Zähler mitgehen lassen! Ich werde mir noch mehr Nägel besorgen (meine sind alle) und sämtliche Türen im dritten Stock verrammeln! «Wehret den Dieben!», lautet meine Losung.

Die Prinzessin

28. November

Schon seit drei Tagen hütet Mama das Töchterchen unserer Wirtin. Außer der Wohnung gibt uns Taisa zwanzig Rubel am Tag, dazu bekomme ich oft auf dem Markt etwas zu essen von ihr!

Ich fühle mich leer. Niemand, den ich lieben könnte. Heute bin ich auf der Straße in einen Schusswechsel geraten. Hinter meinem Rücken wurde auf einen Militärposten geschossen. Der Posten schoss zurück. Ich konnte mich rechtzeitig hinter einem Baum verstecken. Wie traurig das Leben ist! Niemand versteht mich.

Budur

29. November

Eine Sprengfalle ist hochgegangen. Ich hatte Glück, dass ich ein Stück entfernt war. Bei einer Explosion ist ein Jugendlicher an der Haltestelle Elektropribor getötet worden.

Mordtaten jeden Tag! Mal trifft es zufällige Tschetschenen, dann einfache russische Soldaten. Sinnlos und dumm. Die, die man zur Verantwortung ziehen müsste, laufen fröhlich und frei herum.

Bei uns auf dem neuen Hof ist ein anständiger Nachbar, er heißt Arbi. Er hat dem russischen Mütterchen aus dem Erdgeschoss geholfen, ihre Sachen zu verladen. Ganz uneigennützig. Die Frau hat alles an ihre Verwandten geschickt und bleibt selbst hier. Sie will bessere Zeiten abwarten, um die heilgebliebene Wohnung zu verkaufen. Arbi ist verheiratet. Er hat eine sympathische Frau. Wir haben Wasser beim Wasserfahrer geholt und uns unterhalten. Warum verstehe ich nicht zu leben?

Prinzessin Budur

2002

16. Januar

Taisa hat hundert Rubel gegeben (für fünf Tage Arbeit mit ihrem Töchterchen). Amina, die Tee verkauft, hat mir eine Jeans geschenkt. Der Sohn der ersten Ehefrau wollte sie nicht tragen. Ich bin glücklich!

Unsere ehemaligen Diebes-Nachbarn aus der Zawjety-Iljitscha-Straße kamen an meinem Markstand vorbei, sahen, dass ich nicht dort war, und verbreiteten eine neue Lüge über mich, was mir die Händlerinnen sofort weitertrugen. Warum sind Verleumdung und üble Nachrede bei uns nicht strafbar? Verleumdung hat etwas von einem bösen Zauber.

In einer Nacht, bei Kerzenlicht, habe ich «Der Meister und Margarita» durchgelesen. Deshalb hatte ich gestern äußerst angenehme Gesellschaft. Allen eine gute Nacht! Ohne Beschuss!

Prinzessin Budur

18. Januar

Während meiner Abwesenheit auf dem Markt hat der Schwarze Prinz sich mit seinem Leibwächter gestritten. Der wurde so böse, dass er es wagte, seinen Herrn zu treten. Natürlich kennt niemand der Händler den Grund. Doch die Menschen haben gesehen: Die beiden haben sich geprügelt. Der Vorfall ist schon etwa vierzig Tage her. Danach, als der aufmüpfige Leibwächter seelenruhig den Prospekt in Richtung Stadtzentrum ging, wurde mit einer Pistole auf ihn geschossen. Die Kugeln trafen ihn in die Beine. Und diese Kugeln waren vergiftet. Jetzt droht ihm eine Amputation.

Am 14. Januar gegen sechzehn Uhr stiegen der Schwarze Prinz und sein kleiner Bruder, der als Leibwächter fungiert, an der Börse in einen BMW. Im dichten Gedränge der Markthändler. Meine Nachbarn am Marktstand, Steinbock und Madina, gingen zufällig gerade vorbei. Aus einem Lada 1600, der in der Nähe geparkt hatte, stiegen zwei Jungs aus, ungefähr fünfzehn bis siebzehn Jahre alt, mit Maschinenpistolen. Sie schossen auf das Auto des Schwarzen Prinzen. Sein kleiner Bruder und Leibwächter wurde von vierundzwanzig Kugeln getroffen! Er starb auf Steinbocks Knien, der sich vor Angst hinter dem BMW verkrochen hatte. Madina fiel in Ohnmacht, auch neben Steinbock. Und die Schützen stiegen seelenruhig in ihren Lada ein und fuhren weg. Der Schwarze Prinz war von sieben Kugeln getroffen. Steinbock hat den Verwundeten ins Krankenhaus gefahren. Er kam sofort in die Reanimation. Jetzt wird er versteckt, heißt es. Die Mutter des Schwarzen Prinzen und seines getöteten kleinen Bruders haben Steinbock ein Geschenk gemacht – einen Silberring!

Die Männer neben mir haben geflüstert. Sie haben das Kennzeichen des Lada herausgefunden. Wieder wird es Abrechnungen geben. Der Stärkere siegt, das ist die Parole. Die Gesetzlosigkeit dauert an. Wozu war der Krieg? Die Kriminalität hat nur zugenommen! Wer ist schuld? Wer hat recht? Ich will nicht richten. Ich bin kein Ermittlungsbeamter. Aber ein jeder ist von seiner Mutter großgezogen worden. Die Mehrzahl der Getöteten hinterlässt Kinder. Das sind die neuen Waisen meiner Heimat.

Dann sind heute Morgen zwei unbekannte Jungs an unseren Stand gekommen. Sie baten mich, Steinbock und seinen Freunden einen Zettel zu übergeben: «Wir brauchen Hilfe. Der Bube ist im Anmarsch. Schock.» Ich weiß, das ist nicht schön, aber ich habe den Zettel gelesen. Verstanden habe ich nur Bahnhof. Den Zettel habe ich unseren Standnachbarn gegeben, sobald sie gekommen waren. Die Notiz machte großen Eindruck. Sie zitterten vor Schreck und tauchten augenblicklich unter.

Wir haben Würstchen gekauft! Die ersten seit drei Jahren! Was für ein Glück! Mein Kater Borzik erholt sich nach der Verletzung und wird dicker.

Den getöteten Bruder des Schwarzen Prinzen sehe ich wie einen Lebenden. Ihm wird niemand mehr etwas tun können. Ich schreibe seinen Vornamen – Salman. Er kam oft an unsere Stände, bot mir und Madina Tee an. Allah! Schütze meine lebenden Freunde! S., T., E., A. und andere. Wir leben in der Hölle! Sie ist hier, auf Erden!

Budur

19. Januar
Mama war den ganzen Tag bei unserer Wohnungswirtin zu Hause. Hat aufgeräumt, auf die Kinder aufgepasst. Wir sind völlig abhängig. Wir kämpfen ums Überleben, sind dankbar für jeden, der uns eine helfende Hand reicht.

Gestern half ich Taisas älterer Tochter bei der Abreise ins Kinderlager. Die Kinder werden nach Naltschik geschickt. Russische Kinder gibt es in den Schulen nicht oder höchstens eines auf der ganzen Schule. Ich kann mir vorstellen, wie sie behandelt wird, wie schwer es ihr fällt, all die Erniedrigungen zu ertragen und was für Nerven das die Eltern kostet!

Ich glaube den Menschen nicht. Niemandem. Niemals.

Am 20. März werde ich siebzehn. «Furchtbar schrecklich!» – diese Wendung aus einem alten Film passt gut. Ich trage immer ein streng gebundenes Kopftuch, wie das Monster Quasimodo. Ich bin absolut und vollständig einsam. Viele Gleichaltrige haben angefangen zu trinken, Drogen zu nehmen. Ich sehe das mit Grausen. Auf den Planeten Erde bin ich gekommen, um Zeuge zu sein. Zeuge sein – das ist offensichtlich mein Karma. Ich bin Zeuge, aber kein Teilnehmer. Ich habe es noch schwerer. Denn ich muss alles aufschreiben. Die Geschichte festhalten. Ich weiß nicht, ob die Leser meiner Notizen das verstehen werden: Das Böse verstümmelt diejenigen, die es begehen, noch viel stärker als die, denen es zugefügt wird.

Weißt du, Tagebuch, manchmal bin ich glücklich. Wenn ich mit mir selbst spreche. Nur einmal ausruhen von diesem Leben hier!

In der Ferne höre ich einen Grad-Raketenwerfer.

20. Januar
Ein früher, grauer Morgen. In der Ferne wird geschossen. Aber ich muss auf den Markt fahren, muss arbeiten, um Mama und mir etwas zu essen zu kaufen. Wir sind noch in dieser Welt!

30. Januar
Ich war Lebensmittelgutscheine holen. Habe erfahren, dass es dem Schwarzen Prinzen im Krankenhaus bessergeht. Dank dem Allmächtigen! Das Gas ist abgestellt. Strom gibt es schon seit langem nicht mehr. Unser Nachbar, der Milizionär, hat mit einem alten Primus Wasser zum Kochen gebracht. Wir haben Tee getrunken. Vielleicht ist er ein Mensch?

2. Februar

Sonnabend. Jüdischer Feiertag. Ich bin zu Hause.

Gestern auf dem Markt ist uns wie durch ein Wunder nichts passiert. Ungefähr zweihundert Meter von uns entfernt wurde ein Schützenpanzerwagen vom Dach des Hauses der Mode beschossen. Drei russische Soldaten sollen getötet worden sein. Ich habe die Getöteten nicht gesehen. Die Entfernung war zu groß. Bei so einer Menschenansammlung zu schießen, im Stadtzentrum, auf dem Markt! Kinder! Frauen! Die Militärs begannen aus Kanonen zurückzuschießen. Überall roch es nach Pulver. Meine Nachbarin Taisa schrie:

«Lass die Ware liegen! Nimm dein Portemonnaie und lauf weg, lauf!»

Ich schrie zurück: «Die Ware gehört mir nicht. Und das Portemonnaie ist leer!»

Ich stopfte die fremden Bücher in die Tasche. «Fremdes Gut soll man besser hüten als eigenes Eigentum!», hat Mama mir beigebracht. Ich zitterte vor Angst. Doch die Bücher sammelte ich trotzdem alle ein. Mein Nachbar Steinbock suchte seine Ware zusammen. Wir beide hielten das Geschieße nicht aus und liefen weg. Doch die Nachbarin mit dem Spitznamen Korzhik ist geblieben. Sie saß unter ihrem Tisch und bedeckte den Kopf mit den Händen, in der Hoffnung, danach könnten Käufer kommen. Sie hat kleinteilige Ware, Medikamente, die kann man nicht schnell einsammeln. Deshalb musste sie als alte Frau ihr Leben riskieren!

Zu Hause fing die Frau des Milizionärs mich ab: «Bitte die Tür im dritten Stock nicht vernageln!»

Man fragt sich, warum.

Eine andere Nachbarin, das russische Mütterchen aus dem Erdgeschoss, das Angst vor allen hat, flüsterte: «Eure Nachbarn haben Stühle aus dem dritten Stock geschleppt.» Mama hat das bestätigt. Sie hat die Frau und die Tochter des

Milizionärs mit Stühlen in der Hand gesehen. Aber Mama hat das alles so satt, dass sie nichts unternahm. Ich dagegen wurde böse: «Erst klauen sie, dann wälzen sie das auf uns ab, die wir nur zeitweise hier wohnen! Die Russen waren hier und haben gestohlen, heißt es dann!» Diese Geschichten kennen wir. Ich stieg in den oberen Stock und sicherte die fremde Wohnung mit den fünf dicksten Nägeln, die ich finden konnte. Jetzt bin ich hier auch noch der Ordnungsdienst! Die Frau des Milizionärs tuschelte lange mit den Kriminellen vom Hof. Sie hetzte sie auf. Alte Hexe! Böse guckte sie zu mir her und ich aus dem Fenster zurück. Mama konnte sich erinnern, dass unsere nächsten Nachbarn geflüstert hatten, abends das Bett herunterzubringen.

«Du hast ihnen ihre Diebespläne durcheinandergebracht. Das wird ihre Feindseligkeit verstärken», warnte sie. «Du kennst die Wohnungsinhaber aus dem dritten Stock nicht einmal! Misch dich nicht ein! Weißt du noch, was dir die Sache mit dem Fernsehapparat bei uns auf dem Hof gebracht hat? Sie haben ihn nicht zurückgegeben! Und uns hassen sie seitdem.»

Doch ich werde trotzdem tun, was ich für richtig halte. Ich werde für die Gerechtigkeit kämpfen. Wozu soll man sonst leben?

Heute habe ich Alik gesehen. Er grüßte. Und bat um Verzeihung! Er versprach Hilfe. Erzählte von den Gemeinheiten des alten Hofes. Riet uns, aus Tschetschenien wegzuziehen. Und sagte, dass er weiterhin in ziviler Ehe mit einer Drogensüchtigen lebt – der Tschetschenin Cindy. Sie ist krank. Er verhehlte nicht, dass er jetzt auch Drogen nimmt.

«So hat man keine Angst!», räsonierte Alik. «Nur so ist einem das Leben nicht widerwärtig. Sonst muss man in eine andere, bessere Welt gehen.»

Mit Taisa habe ich mich gestritten. Sie hat Mitgefühl und

500

gibt mir etwas zu essen, aber sogar bei ihr bricht manchmal die Abneigung durch und der Wunsch, mich zu erniedrigen. Wie schade! So oft würde ich sie gern Mama nennen. In Tschetschenien ist ein Virus verbreitet: der Hass auf die Russen. Das haben wir dem Krieg zu verdanken! In der Sowjetunion gab es gemischte Ehen bei den Tschetschenen. Die Kinder sind inzwischen erwachsen. Viele haben russische oder ukrainische Mütter und Großmütter. Besonders zahlreich waren solche Ehen in den achtziger Jahren. Heute gelten verwandtschaftliche Beziehungen zu Russen als Schande. Sie werden sorgfältig geheim gehalten. Manche Frauen besorgen sich einen neuen Pass, sie werden Tschetscheninnen. Sie ziehen in ein anderes Stadtviertel und legen sich eine Legende zu, um zu überleben. Ich habe erlebt, wie ein russisches Mütterchen aus dem Bus geworfen wurde, nur weil sie es gewagt hatte, Russisch zu sprechen! Ich konnte nicht einmal etwas dagegen tun. An öffentlichen Plätzen spricht man besser nicht Russisch! Ich fühle mich weder als Russin noch als Tschetschenin.

Doch zurück zu dem Konflikt: Taisa sagte scherzhaft zu dem älteren Bruder des Buchhändlers: «Nimm Polina-Fatima zu dir. Sie friert hier! Sie kränkelt. Wer will sie schon zur Frau, mit ihrer russischen Mutter?!»

Und dieser «Schönling» zu mir: «Na, was ist? Willst du mit mir schlafen als meine zweite Frau?»

Ich habe fast geheult nach Letschis Worten, habe die Waren auf dem Tisch neu geordnet. Dann hielt ich es nicht aus und sagte zu Taisa: «Ich spreche mit ihm! Den werde ich zusammenstauchen!»

Taisa erschrak. Sie fasste mich am Arm und erklärte: «Das geht nicht! Was denkst du dir? Einen erwachsenen Tschetschenen tadeln? Bleib ruhig!»

Sie redete mir zu, nicht zu gehen. Ich riss mich los und

lief weg. Ich störte Letschi und zwei Dollarhändler beim Geldzählen und erklärte ihm: «Kommen Sie, wir reden!»

«Du siehst doch, dass ich beschäftigt bin! Warte!»

Aber ich konnte nicht warten. Sonst wäre ich vielleicht meine Ware los gewesen und hätte ganz ohne Geld dagestanden. Für die fehlende Ware müsste ich geradestehen.

«Ich werde nicht warten!»

Der Bruder des Buchhändlers, Letschi, kam zu mir.

«Sie sind im Vergleich zu mir ein Greis!», platzte ich heraus. «Vierzig Jahre älter als ich! Nur deshalb kriegen Sie von mir keine geknallt! Sie sollten sich was schämen! Wie konnten Sie, der Sie meine Einstellung zum Leben und zur Religion kennen, so etwas Gemeines zu mir sagen?! Sie könnten mein Vater sein oder Großvater. Ich habe Menschen Ihres Alters immer Respekt entgegengebracht. Ihnen selbst Dankbarkeit! Jemandem zu helfen, durch ehrliche Arbeit sein Brot zu verdienen, ist eine heilige Sache! Glauben Sie, ich müsste Ihnen Dank zeigen als leichtes Mädchen?! Da haben Sie sich geirrt! Lieber sterbe ich hungers. Jawohl! Ich werde hungern! Ich brauche Ihre Ware nicht!»

Er war vor den Kopf geschlagen. Alle Zuhörer auch. Dieser solide Mann, Familienvater und gläubiger Tschetschene, entschuldigte sich vor allen Leuten bei mir, fünfmal! Sein blasses Gesicht färbte sich rosig.

«Das war ein schlechter Scherz. Es wird nie wieder vorkommen! Entschuldige! Entschuldige um Allahs willen!»

Ich sah, dass es ihm peinlich war. Er ging rasch davon. Zu seiner Entschuldigung konnte Letschi noch hinzufügen: «Unsere Geschäftsbeziehungen bleiben unberührt. Kannst du mir verzeihen?»

Auf den Gesichtern der Umstehenden sah ich deutliches Missfallen. Die Meinungen über mein Verhalten gingen auseinander. Später drängelten sich viele Verkäufer an meinem Stand. Sie wollten mal sehen, was für eine «freche russische Ziege» das war. Zu Hause habe ich Hausaufgaben gemacht und gelesen. Italo Calvino. Mir gefielen die Erzählungen «Wo Spinnen ihre Nester bauen» und «Der Weg zum Stab».

Prinzessin Budur

4. Februar
Die meiste Zeit des Tages sitze ich untätig. Warte auf Kunden. Dann habe ich noch ein Mädchen kennengelernt. Sie heißt Wajda und ist Tschetschenin. Vom Sternbild ist sie Fisch, so wie ich. Wir haben uns eine Stunde lang unterhalten!

8. Februar
Wajda kam zu mir. Sie hat blaue Augen, langes, goldenes Haar. Eine Märchenprinzessin! Ihr Vater lebt in Russland, an der Wolga. Ihre Mutter und ihre Schwestern haben eine Wohnung hier in Grosny, in dem Haus, in dem mein Großvater Anatolij gewohnt hat. Wajda hat sieben Schwestern. Und keinen einzigen Bruder. Und Mascha-Makka kam auch. Guter Hoffnung. Sie sagt, sie sei sehr erschöpft. Sie erzählte, dass ihr neuer Mann Tischler ist. Er macht Tische für Händler, Fensterrahmen, repariert Türen. Sie führen ein normales Leben!

Tschüs, Tagebuch!

Die Prinzessin

13. Februar
Heute habe ich im Laden des Roten Kreuzes einen Laib Brot kostenlos bekommen. Die Schuldirektorin Chanum hat dabei geholfen, dass wir manchmal einen kriegen.

Unsere kleine Schutzbefohlene ist zwei geworden! Wir

haben dem Mädchen bescheidene Süßigkeiten und ein Bilderbuch geschenkt. Taisa hat ihrer Tochter einen teuren Musikteddybären gekauft. Mit Batterien. Er singt! Die Kinder vom Hof kommen, um sich das anzusehen! Die meisten kriegen keine so teuren Geschenke.

Ich habe Mascha-Makka gesehen. Sie schleppte riesige Taschen und einen Riesenbauch. Wie kann sie nur solche Gewichte tragen?!

Wir haben kein Geld. Das Essen reicht für heute Abend und morgen. Bis zum nächsten Abend muss Mama beim Tee warten! Man weiß nie, wie es kommt. Ich schreibe viel für die Schule, bei Kerzenlicht, bei der Öllampe. Schlafen gehe ich um zwei Uhr nachts. Der Nachbar Mili hat sich ein Kabel vom privaten Sektor gelegt. Dort ist ein Dieselgenerator. Sie haben Strom! Uns können sie nichts davon abzweigen, weil sie sich sonst vor den anderen Tschetschenen blamieren würden – wegen Unterstützung einer «Russenfamilie».

Bald ist Frühling! Zeit der leeren und dummen Hoffnungen.

Bis dann!

15. Februar

Gegen Abend kamen Unbekannte mit einem dunkelblauen Auto.

«Die haben hier nicht gewohnt», flüsterte aufgeregt die Klatschbase, die Frau des Milizionärs. Sie hat ständig vor allem Möglichen Angst. Beim Anblick der Fremdlinge habe ihr Mann sogar vom Balkon im zweiten Stock fliehen wollen, sagt sie! Versteht sich, dass niemand auf dem Hof die neuen Leute irgendetwas fragt. Sie wirken imposant mit ihren Waffen. Wenn du so aussiehst, kannst du hingehen und wohnen, wo du willst, in jeder Wohnung. Die Leute hier sind längst eingeschüchtert von der totalen Rechtlosigkeit.

Das russische Mütterchen im Erdgeschoss ist «blind» und «taub» geworden. Das Gleiche ist in der tschetschenischen Familie des Milizionärs passiert.

Die Männer, drei brünette und ein blonder, sind mir nichts, dir nichts in die Wohnung Nr. 58 gegangen und haben sie besetzt. Direkt unter uns! Bislang ist es ruhig, nur nachts treten sie mit Füßen gegen die Tür im ersten Stock. Das gleiche Spiel, zeitgleich, im dritten Stock über uns. Unser Milizionär wagt sich nicht raus, obwohl er eine Waffe hat!

Budur

18. Februar

Die vier Männer, die die Wohnung Nr. 58 besetzt haben, lassen sich nicht blicken. Das heißt wohl, sie werden hier nicht wohnen und haben einfach nur ihre Sachen hier abgestellt.

In unserem Aufgang bin ich tschetschenischen Jungs aus einer guten Familie über den Weg gelaufen. Sie trugen eine fremde Tür weg! Die haben sie aus der Wohnung im ersten Stock. Ihren Augen sieht man an, dass sie Drogen nehmen. Man muss auf der Hut sein. Natürlich, es gibt in der Republik keine Arbeit, das verstehe ich! Die Jugend will trinken und rauchen, jeden Tag. Einen leckeren Bissen verschmäht niemand. Und dann treiben sich die kräftigen, von den Eltern gepäppelten Nichtstuer eben in fremden Hausaufgängen herum. Auf allen Höfen dasselbe Bild. Kinder, die zwischen den Kriegen erwachsen geworden sind, viele der Halbwüchsigen konnten die Schule nicht abschließen. Die Todesangst unter dem Beschuss, unter dem Bombenhagel ist ihnen vertraut. Den Tod haben sie gesehen. Auch den massenhaften Diebstahl ringsumher. Nicht einen, nicht zwei Tage, nicht nur ein Jahr, sondern mehrere Jahre hintereinander.

Das war ihre Lehrzeit fürs Leben. Die Historiker werden unsere Jugend einmal als verlorene Generation bezeichnen.

Es gab Ärger mit Taisas Sohn. Er ist ein Jahr jünger als ich. Er fuhr tagsüber Rad auf der Chaussee. Da plötzlich eine Detonation! Der Junge wurde nicht verletzt, aber beinahe hätte er für andere bezahlen müssen. Soldaten, die glaubten, er hätte etwas mit der Explosion zu tun, jagten ihm nach. (Sie kamen gerade auf einem Schützenpanzerwagen vorbei.) Natürlich war das nicht so, er spielte dort nur auf der Straße. Er konnte fliehen. Sein Fahrrad ließ er liegen. So rasch wie möglich lief er in die Mansarde unseres Hauses, von dort aus auf das Dach. Über die Spalten zwischen den Dächern springend, gelangte er auf die gegenüberliegende Seite und dort durch eine Luke in seinen eigenen Aufgang. Er erreichte glücklich seine Wohnung. Schloss sich ein! Und blieb unversehrt! Gott sei Dank.

Budur

22. Februar

Morgen ist ein gefährlicher Tag! Jahrestag der Deportation der Tschetschenen aus ihrer Heimat. Terroranschläge zur Erinnerung an die Opfer dieser Umsiedlung sind möglich.

Ich laufe in einer blauen, «humanitären» Windjacke herum. Die habe ich mit großer Mühe ergattert, eine Woche hat es gebraucht. Niemand wollte mir Hilfe gewähren. Dann habe ich bei einer Hilfsorganisation einen Skandal gemacht, und sie mussten mir die Jacke geben. Ich kann nicht in einer löchrigen herumlaufen, zu kalt. Ich wollte auch etwas für meine Mutter, bekam aber nichts. Die «Armen», denen Hilfe offiziell zusteht – kinderreiche Familien, Schwangere, Alte über sechzig Jahren usw. –, kamen in ausländischen Automarken, um sich ihre humanitären Jacken abzuholen! Aus irgendeinem Grund bekamen sie auch noch teure Matratzen ausgehändigt. Es ist kein Geheimnis, dass die Tschetschenen die Papiere ihrer verstorbenen Verwandten nicht abgeben.

So können sie Hilfsleistungen für alle Großväter und Großmütter beziehen, die längst nicht mehr auf der Welt sind. Der
ganze Markt ist überschwemmt von «humanitären» Lebens-
mittelkonserven. Und Menschen wie Mama und ich müssen
hungern. Wo hat die Regierung ihre Augen?!

Die Prinzessin

24. Februar

Auf unserem Hof hat ein Hund Junge gekriegt! Zwei sind
gleich erfroren, den übrigen hat Mama ihren alten, verrußten Mantel ausgebreitet. Ob sie überleben? Die Kinder des
Milizionärs und wir füttern die Hundemutter. Sie wedelt
dankbar mit dem Schwanz, wenn ich ihr Suppenreste oder
einen Brotkanten gebe.

Der Herr der Bücher, der betagte Toddi, ist gekommen.
Ich hoffe, neue Bücher werden meinen Handel wenigstens
ein bisschen beleben.

Die Prinzessin, die auf den Frühling wartet

26. Februar

Ich bin ärgerlich. Sie wollen den Markt auflösen. Wohin
jetzt? Wovon sollen wir leben? Auf dem Platz soll nach dem
Befehl irgendeines satten Verräters der einfachen Leute ein
Sportkomplex gebaut werden. Was zum Teufel haben die
Hungrigen und Arbeitslosen davon? Seit langem ähnelt mei-
ne Republik in finanzieller Hinsicht dem Bermuda-Dreieck.

Toddi hat mich gebeten, seine Frau zu werden. Ein
Scherz? Ernst? Er behauptet, er liebt mich. Aber ich emp-
finde nichts für Toddi außer der Dankbarkeit, dass er mir
Arbeit gibt!

Die goldhaarige Wajda kam und heulte wie ein Schloss-
hund. Sie glaubt, niemand liebt sie, außer ihrer Mama. Und
das Leben geht vorbei.

«Es ist so schlimm! Nicht die geringste Aufmerksamkeit von den Männern. Einsamkeit», klagte die hagere Schönheit.

Ich habe Wajda eine sonnenreife Apfelsine gekauft.

Budur

29. Februar oder 1. März? Ich weiß es nicht!

Was heute alles war! Russische Streitkräfte und Gantamirow-Tschetschenen, die aufseiten der Russischen Föderation kämpfen, haben den Zentralmarkt in Windeseile umstellt. Alle maskiert! Sie schnappten sich die Leute und verfrachteten sie ohne ein Wort der Erklärung in Busse. Hauptsächlich Halbwüchsige und Männer. Wer sich weigerte, wurde mit Gewehrkolben angetrieben! Dabei haben viele Händler die Ware nur in Kommission genommen! Wie soll das werden? Viele Busse und Autos stopften sie mit zufälligen Leuten voll. Am Ende kamen sie auch zu uns. Sie packten «unseren» Steinbock und andere junge Männer und legten ihnen sofort Handschellen an, wie Verbrechern. Zur Abschreckung? Oder gibt es dafür eine gesetzliche Vorschrift? Wir alle leben hier rechtlos.

Wajdas Nachbar war gerade in der Nähe. Er ist neunzehn! Und schon ein paar Jahre verheiratet.

Er brüllte: «Wenn ihr meinen Freund mitnehmt, dann nehmt auch mich!»

Und er krallte sich in Steinbocks Jacke. Beide wurden abgeführt. Ich hatte gedacht, das würde mir nichts ausmachen. Wir streiten ja doch mehr, als dass wir befreundet sind. Aber von wegen! Ich hätte fast geheult. Sofort wollte ich ihnen nachlaufen. Ich rief die erwachsenen Frauen, die nebenan handelten.

«Taisa! Sonja! Kurzhan! Los! Habt ihr gesehen, wohin sie sie geschleppt haben? Wir müssen das Kennzeichen aufschreiben, die Eltern benachrichtigen!»

Aber die zuckten nicht mit der Wimper.

«Was mischst du dich ein? Sie werden überprüft und freigelassen! Komm essen! Wir haben Manty (kleine Teigtaschen) für dich aus dem Café mitgebracht!»

Ich tobte: «Was? Essen?! Wenn Menschen in Not sind? Ich gehe!», und lief los, die Jungs zu suchen. Lange schaute ich in die Busse und Autos mit den unglücklichen Menschen, die von Soldaten bewacht wurden. Ich fand sie nicht. Ging zurück, weinte! Aber schon fünf Minuten später war klar: Es ist alles nicht so einfach. Ich hatte die Jungs nicht gefunden, die Frauen dagegen schon! Sie hatten ihre Handelskollegen entdeckt und einen Heidenjammer angestimmt, hatten den Soldaten Geld gegeben, und die Gefangenen, die schon an die Sitze des Busses gefesselt waren, wurden freigelassen! Wie Heldinnen kamen die Frauen mit ihnen zurück! Und ich bin wieder ein unsichtbarer Schatten. Gehen wir mal davon aus, dass das so sein muss.

Budur

2. März

Jetzt ist klar, warum die Säuberung war. Gestern im Durcheinander haben wir das nicht bedacht, aber es gibt einen Grund. Von Grosny bis nach Tiflis in Georgien sind es vier Stunden Fahrt. Und dort sind vor vierundzwanzig Stunden amerikanische Streitkräfte eingetroffen.

Meine Nachbarn auf dem Markt gerieten ins Träumen: «Wenn sie doch auch uns erobern würden! Wir würden ganz schnell alles wieder aufbauen! Arbeit für alle schaffen! Wohlstand! Ein normales Leben!»

3. März

Sei gegrüßt! In siebzehn Tagen werde ich siebzehn! Ich habe noch nichts erreicht. Ringsherum streiten sie, lieben, kämpfen, sterben, zerstören und bauen wieder auf. Und ich? Ich schreibe Tagebuch und lache, weil ich ungern weine.

Meine Klassenkameraden wollten Untersuchungsbeamte, kinderreiche Mütter oder Ärzte werden. Ich habe meine Pläne oft geändert. Die Lektüre von Großvaters Büchern brachte mich darauf, Nonne in Shaolin zu werden. Ich träumte davon, in ein tibetanisches Kloster aufgenommen zu werden, als Novizin zu dienen wie Elena Blawatskaja, die Heilkunst und das Levitieren zu lernen. Darüber kann ich heute nur noch wehmütig lächeln. Der Krieg hat meine Kindheit gründlich massakriert. Die heutigen Probleme sind ganz irdisch: Essen, Trinken, Deckung suchen, wenn geschossen wird. Hauptsache überleben!

Spätere Leidenschaften hatten mit dem Kosmos zu tun. Ich zeichnete die Sternenkarten des Himmels. Den Himmel im Winter, Frühling, Sommer und Herbst. Ich träumte davon, UFO-Forscher zu werden. Aus und vorbei! Alles beerdigt. Schuld daran ist der Krieg.

Jetzt, mit sechzehn, bin ich krank: Neurose, Rheuma, Herzkrankheit. Magen und Leber streiken. Wir leben ohne Heizung und frieren, ohne Strom, ohne Wasser, das wir von der Straße holen, wo Wasserwagen es in großen Tanks bringen und für inzwischen schon zwei Rubel den Eimer verkaufen. Das Wasser ist ungefiltert, wer weiß, wo sie es herholen. Oft ist es trübe, mit Algen. Anderes gibt es nicht.

Das Einzige, was wir dank unseres Umzugs in Taisas Wohnung haben, ist eine Toilette und ein Gaskocher, der so einigermaßen funktioniert. Wir müssen nicht mehr auf einem Lagerfeuer im Hof kochen – wobei es kaum etwas zu kochen gibt. Nach dem chronischen Hunger kann ich keine normale Nahrung mehr zu mir nehmen. In einer ähnlichen Lage waren die ehemaligen Häftlinge der Konzentrationslager. Besonders in Buchenwald. Ein Freund meines Großvaters, der Künstler Leonid Zarizynskij, ist dort gewesen. Er brauchte lange, um seine Gesundheit wiederherzustellen und übte dazu Hatha Yoga. Dieser Mensch ist mein Vorbild!

Ich benötige eine lange Diät. Langsame Gewöhnung an normale menschliche Nahrung. Aber unsere materielle Lage gestattet das nicht. Deshalb bekomme ich immer wieder Rückfälle.

Die Schule abschließen! An die Uni gehen! Das ist wichtig! Ich bin Augenzeuge! Ich bin verpflichtet, alles zu erzählen!

Ich habe bei M. Lermontow Gedichte über den Kaukasus gefunden. Sie haben mir sehr gefallen. Man kann gar nicht glauben, dass dieser Lermontow auch an Strafaktionen teilgenommen hat.

Groß und reich ist der Aul Dschemat,
niemandem zahlt er Tribut.
Sein Gebet ist auf dem Schlachtfeld die Tat,
seine Mauern getränkt von Blut,
seine freien Söhne
sind in des Krieges Glut gestählt.
Die Völker des Kaukasus, nah und fern,
rühmen ihre Heldentaten gern,
und nie hat ihre Kugel
das Herz eines Russen verfehlt.

8. März

Mein achtzehnjähriger Nachbar Steinbock, den ich nach der Säuberung gesucht habe, ist ein Schwein! Er hat mich nicht gegrüßt! Und andere Marktnachbarn (Steinbocks Freunde, die Jungs), die sich den ganzen Tag an unseren Ständen herumtreiben, haben mir nicht einmal ein winziges Geschenk gemacht. Sie waren sogar schadenfroh, dass mir heute niemand gratuliert hat. Verse von Nekrassow, von mir umgearbeitet, haben meine Stimmung aufgehellt:

Einmal zu bitterkalter Winterzeit
war ich vom Dach gefallen!
Es herrschte strenger Frost!
Da sah ich: Langsam zieht ein Pferd
eine Fuhre mit Dollars empor.
Und dünkelhaft schreitend,
in sittsamer Ruhe,
führt ein Bäuerlein das Pferd am Zaum.
Mit großer Maschinenpistole, im Schafspelz,
mit Handgranate,
selbst dabei – ganz winzig klein.
«Tag, junger Bursche!»
«Scher dich weiter.»
«Wirklich furchteinflößend,
was ich da seh. Woher die Devisen?»
«Von der Bank, woher sonst?
Mein Vater raubt sie, ich schaff sie weg.»
Aus dem Wald hört man in Fressen dreschen
und wildes Geschrei: «Gebt die Hosen zurück!»
«Und wie heißt du?»
«Was nennt man mich.»
«Wie alt?»
«Sechs schon.»
«Los, Kadaver»,
rief der Winzling in tiefem Bass,
drückt auf den Abzug
– und der Neugierige war kalt
und blass.

Wajda kam. Sie ist schlecht gelaunt. Auch ihr hat niemand etwas zum 8. März geschenkt. Ich tröstete meine Freundin: «Ich kann dich beglücken! Haben sie dir wenigstens gratuliert?»

«Ja», antwortete das Mädchen zerstreut.

«Bei mir haben sie sogar das ‹vergessen›! Was soll ich erst von Geschenken sagen?! Ich bin dir also voraus. Damit kann ich angeben!»

Und Wajda musste endlich lachen.

Budur

9. März

Ich höre Musik mit dem Player. «Enigma». Ein Festtag! Ich habe acht Eimer Wasser gekauft, sie in den zweiten Stock geschleppt und gebadet! Meinem Kater Borzik tut die Tatze weh. Ich schmiere Brillantgrün darauf. Dann wurde mir noch ein Zahn gezogen. Bei Doktor Beslan, an der Haltestelle Elektropribor. Ich habe Marcha kennengelernt. Sie ist siebenunddreißig. Sie hat erzählt, wie sie im Hausflur überfallen und mit dem Messer bedroht wurde. Man hat ihr die Ohrringe geraubt. Gut, dass ich keinen Schmuck habe.

16. März

Es regnete, ich bin zu Hause geblieben. Stelle mir die Wut der Marktnachbarn vor. Ich habe das Wachstuch, das bei Regen über die Stände gespannt wird, mit nach Hause genommen, weil mein Dach immer wieder jemand mit dem Messer zerschneidet. Und Geld für ein neues habe ich nicht. Dafür regnet es den Nachbarn jetzt auf die Füße. Sie werden nass und böse sein! Taisa steht bestimmt schon in einer Pfütze. Und Steinbock mit seinen Freunden auch.

Auf dem Markt bin ich die ewige Sklavin. Reich mal dies! Bring mal das! Aber für alles muss man zahlen, das wird mir jetzt klar. Ich übe nach dem Buch «Nindzja». Dort gibt es Energieübungen!

17. März

Ich bin krank. Habe mich bei der Kleinen angesteckt, auf die Mama aufpasst. Ich habe Brechreiz. Ging in den Hausflur, fiel im Dunkeln auf der Treppe hin. Nachbarn haben mich in die Wohnung getragen. Die Familie des Milizionärs. Taisa verheimlicht uns, was das für eine Krankheit ist. Sieht nach einem Magenvirus aus. Bei ihr zu Hause sind alle krank. Es dreht sich mir vor den Augen. Die Zimmerdecke rotiert.

18. März

Oh, wie übel mir ist! Ich bin immer noch krank.

Überraschend hat die Frau des Milizionärs mir fünfzig Rubel geschenkt. Bei uns lagen Kopeken, Kleingeld. Wer ist Freund? Wer Feind? Hier in Tschetschenien geht alles durcheinander. Jeder kann ein gemeiner Hund und eine edle Natur sein (zu ein und derselben Zeit!). Das ist orientalische Natur. Ich mache mir Sorgen um Kurzhan, die Frau vom Markt. Ich bringe ihr die arabischen Buchstaben bei. Arme Wajda! Bestimmt sucht sie mich. Mein Kummer – die Füllfeder ist alle. Alles in diesem Haus läuft schief! Bis dann, Tagebuch!

Hurra! Ich habe eine Füllfeder gefunden! Ich fahre fort. Ich stimme Cicero uneingeschränkt zu: Der ungerechteste Frieden ist mir lieber als der allergerechteste Krieg. Ich liege und denke: Die Aussagen des Koran und der Bibel sind eindeutig mit Absicht verfälscht worden. Durch solche «Innovationen» lassen sich die Menschen leichter manipulieren. Die, die den Krieg organisiert haben, konnten sich bereichern. Sie haben es zu etwas gebracht, ihre Frauen herausgeputzt, sich Wohnungen gekauft, ihre Bankkonten angefüllt. Ständiger Kontrast! Häuser in Ruinen. Daneben nagelneue Nerzpelze.

Budur

19. März

Verflucht! Mir geht es schlecht, und morgen habe ich Geburtstag! Ich will essen und kann nicht. Wieder Brechreiz. Niemand von den alten Freunden, den Klassenkameraden, ist hier.

Sei gegrüßt, Frühling! Seid gegrüßt, siebzehn Jahre!

Neben mir auf dem Kissen schläft eingerollt unser grauer Kater Borzik mit dem glatten Fell. Weißt du, was für einen vollständigen Namen ich mir für ihn ausgedacht habe? Hassan ben Said – Grauer Hattab – Tschaborz Mudschahid. Und wenn er mich ganz doll ärgert, mir was von meinem Essen wegnehmen will, dann schreie ich ihn an: «Muk-dachk», das heißt «Ratte» (auf Tschetschenisch).

Taisa hat mir endlich das Medikament gebracht, das sie ihren Kindern gegen den Magenvirus gegeben hat. Ich liege. Und lese Schulbücher.

Budur

20. März

Mein Geburtstag! Mama hat mir eine Tüte Gebäck geschenkt. Darauf kaue ich herum. Taisa hatte eine kleine Torte versprochen, sie aber nicht gebracht. Die Welpen im Hof sind gewachsen. Sie bellen. Das gefällt vielen nicht. Ich fürchte um ihr Leben. Der Milizionär hat seinen Kindern verboten, die Welpen zu füttern. Sonst würde er die kleinen Hunde mit seiner Pistole erschießen! Ist das ein besonders grausamer Islam?! Dafür hat seine Frau, die Tratschtante, überraschend an der Tür geklopft. Sie hat uns einen kleinen, frischen Fisch gegeben. Wir haben ihn gebraten. Und auf der Stelle aufgegessen. Lecker, lecker! Danke dafür, dass du heute ein Mensch warst!

22. März

Wieder bin ich zu Hause. Schwäche. Aber ich war draußen. Versuchte mein Kindergeld abzuholen. Man gab mir nichts.

Etwas Grusliges ist passiert. In einem weit entfernten Bezirk sind um 8.30 Uhr zwei Tschetscheninnen aus ihrem Haus gekommen. Mutter und Tochter. Plötzlich wurde aus dem Gebäude gegenüber eine Maschinenpistolensalve abgegeben. Die Frauen waren tot. Ihr Nachbar, ein Mitarbeiter der Miliz und Tschetschene, lief hinaus, um ihnen zu helfen. Weitere Schüsse fielen. Auch er war tot! Die übrigen Bewohner trauten sich vor Angst nicht hinaus. Das alles beobachtete aus seinem Fenster ein weiterer Ordnungshüter. Er forderte per Funk Hilfe an. Ein Wagen der Miliz mit Verstärkung traf ein. Da – eine Explosion. Unter dem Auto explodierte eine Sprengfalle! Fast alle Insassen wurden getötet. So sind viele Milizionäre «beseitigt» worden. Alle Opfer waren Mitarbeiter ein und derselben Dienststelle. Was wussten sie? Wer hat das alles geplant? Wer hat die Ereignisse so meisterlich vorausgesehen? Im Aufgang war ein Freund der Tratschtante – von ihm haben wir das alles erfahren.

Jetzt zu etwas anderem. Die alte Nachbarin Ljuda aus dem mittleren Aufgang hat uns besucht. Das ist eine Russin, deren junge Tochter mit einem Tschetschenen lebt und ihm ein Kind geboren hat. Bei Streitigkeiten bedroht der Schwiegersohn die Mutter schon mal in ihrer eigenen Wohnung. Sie hat Angst vor ihm.

«Aber vor den anderen», gestand sie, «habe ich noch mehr Angst.»

Sie sagt, auch zu ihr seien sie öfter mit Todesdrohungen gekommen, hätten am helllichten Tag versucht, ihre Tür

516

aufzubrechen, und wenn sie in ihrer Not mit dem Schrubber am Nachbarbalkon geklopft und «Hilfe!» gerufen habe, dann hätten die Nachbarn sich taub gestellt. Gut, dass damals ihr künftiger Schwiegersohn rechtzeitig kam und die Eindringlinge beschworen habe, sich zu beruhigen und die russische Familie ihm zu überlassen.

Unsere «Chefin» Taisa hat ein ganz süßes Kuchenröllchen gebracht. Statt der versprochenen Torte. Auch gut! Ich bin ihr sehr dankbar.

Die Frau des Milizionärs hat eine Zeitung gebracht. Da schreiben sie über den Terroristen Bin Laden. Es heißt, er habe den Mord an den Menschen in den USA am 11. September organisiert. Aber wenn dieser Mensch so bedeutend ist, warum haben wir dann vorher nie etwas von ihm gehört?

25. März

Tagebuch, hör mal! Erinnerst du dich an den gerissenen Fuchs – den kleinen Freund des Schwarzen Prinzen? Er läuft immer mit einer Aktentasche herum. Ein gewitzter Mann um die vierzig. Der kam heute und begann ein Gespräch. Später erfuhr ich: Der grauhaarige Hassan wollte mir «Zuwendung» zeigen.

Der erstaunlich gewitzte Fuchs sprach eine geschlagene Stunde mit mir über die islamische Religion. Ich nickte höflich, ohne den Blick zu heben, versuchte zu erklären, was ich weiß. Bei so einem kannst du dich drehen und wenden, wie du willst, schweigen geht nicht. Alle Männer in der Umgebung hören auf ihn, ordnen sich unter. Es heißt, er hat viel zu sagen. Ich weiß nicht, wie ich diesem Bürger höflich klarmachen soll, dass ich auf jeden Fall weiter lernen will. Er ist der Meinung, eine Frau braucht das nicht. In der muslimischen Familie bekommt die Braut selten eine höhere Bildung. Aber ich träume von einem Uni-Diplom!

517

Jetzt habe ich den Fuchs gezeichnet. Neben ihm habe ich seine berühmte Aktentasche abgebildet. Als Erkennungsmerkmal.

Budur

2. April

Heute gegen vier Uhr haben sie zwei Tschetschenen, achtzehn bis zwanzig Jahre alt, am Haus gegenüber erschossen. Bewohner haben gesehen, wie gegen Morgen ein Schützenpanzerwagen vorfuhr. Er hat sie hergebracht. Niemand ist eingeschritten. Die Leute versteckten sich hinter ihren Gardinen. Sie hatten Angst. Den Jungs wurden vor der Hinrichtung die Schuhe ausgezogen. Wir gingen ganz nahe heran. Wir haben die Erschossenen gesehen.

Heute, nach dem Mord auf unserem Hof, bin ich mit Taisa und ihrem Mann auf den Markt gefahren. Wir alle wurden lange aufgehalten. Taisa hat mir einen tollen neuen Tisch gekauft und aufgestellt. Ich bin stolz! Dennoch bin ich auf der Hut: Vielleicht will man mich ja hier «weghaben»? Ich bringe Taisas großer Tochter Haltungen und Schläge nach dem Nindzja-Buch bei. Sie will trainieren. Doch die öffentliche Meinung ist stur: Für ein tschetschenisches Mädchen gehören sich solche Übungen nicht.

Geld haben wir keins. Ich bin kostenlos in der Karate-Gruppe aufgenommen worden. Dabei kamen mir drei Kriterien zugute:

1. Ich wohne in der Nähe.
2. Ich war verwundet.
3. Ich wachse vaterlos auf.

Mein erstes Training ist am Donnerstag.

Ich glaube, ich bin ein bisschen verliebt in den netten, großohrigen Steinbock. Aber das ist ein Geheimnis!

Budur

12. April

Ich habe vier Trainingseinheiten in Karate hinter mir! Das verletzte Bein und die Leber schmerzen. Überall habe ich blaue Flecken. Es gibt keine Matten. Wir machen alle Übungen auf dem alten, rissigen Fußboden.

Tonja, die Buchverkäuferin, will mich mit Toddi zerstreiten. Natürlich, ihr Gewinn ist gesunken. Sie handelt ja auch mit Büchern! Steinbock flirtet heftig mit einem Mädchen, das in der Nähe mit ihrer Ware steht. Sie ist verschlagen und hirnlos.

13. April

Seda, meine Trainingspartnerin, hat mir Sachen gebracht, die sie nicht mehr tragen will und die alt sind. Ich finde sie sehr schön! Dann war noch ein Mädchen beim Training. Mir gefällt ihr Name – Marjam. Ihre Eltern haben ihr das Training erlaubt, weil dort auch ein Verwandter von ihr teilnimmt.

18. April

Im Rayon des alten Flughafens ist ein Fahrzeug in die Luft geflogen. Eine starke Mine. Dreizehn Gantamirow-Tschetschenen sind ums Leben gekommen! So rächen sich ihre eigenen Landsleute dafür, dass sie auf der Seite der russischen Armee kämpfen. Unsere Hauptstraße ist gesperrt worden. Ich bin gerade mal so nach Hause gekommen. Habe mich zum Karate verspätet. Gut, dass ich und Taisa auf dem Markt waren! Nicht dass wir, Gott behüte, in so eine «Abrechnung» hineingeraten!

Und vor zwei Tagen ist an der Haltestelle Katajama nachts ein Mann erschossen worden, ein Tschetschene von ungefähr dreißig Jahren. Er ist in Stücke gerissen worden. Er lag auf der Fahrbahn. In der Nähe soll ein Schützenpanzerwagen gesehen worden sein.

Ich habe meine Freundin Wajda gesehen. Ihre Schwester hat gestern geheiratet! Und Steinbock will auch heiraten! Das ist ein Witz! Aber er muss selbst wissen, was er tut. Nur wie er sich in letzter Zeit benimmt, ist absolut kindisch. Oh! Wenn dieses Mädchen wenigstens angenehm wäre! Aber sie ist eine verlogene Heuchlerin!

Dafür hat mir Fuchs eine Apfelsine geschenkt und mir gesagt, dass ich toll bin und stolz sein kann auf meine Sauberkeit und meinen Verstand. Er hat gesagt, er schätzt mich! So hat mir dieser Mensch unerwartet Unterstützung gegeben. Na gut, jetzt bin ich hier mit sämtlichem Tratsch durch.

«Abdulkarimow». Man hat mir gesagt, dass das der Nachname des Vaters von meinem Papa war. Also meines tschetschenischen Großvaters. Wenn ich mal Schriftstellerin werde, nehme ich mir seinen Namen vielleicht als Pseudonym.

Die Prinzessin

29. April

Die russischen Militär-Flugzeuge und Hubschrauber haben vergessen, dass hier kein Acker, sondern eine bewohnte Stadt ist. Sie fliegen tief. Sie gehen dicht über den Häusern in den Sturzflug: äußerst widerliche Art, Krieg zu führen. Bei den Nachbarn im Fernsehen wurde der tote Chattab gezeigt. Es hieß: «Er wurde vergiftet.» Die Menschen glauben das nicht. Einige haben geweint. Sie sprachen über Chattab als einem seelenvollen, edlen und gebildeten Menschen. Sie erzählten: Er hat russischen Frauen geholfen, ihre Soldatenkinder zu finden, sowohl die Gefangenen als auch die Gefallenen.

Fast gleichzeitig wurde der russische General Lebed in die Luft gesprengt. Wie von einer Hand! War der General einigen vielleicht dadurch unbequem, dass er gegen den Krieg in Tschetschenien war? Wir fürchten eine neue Verschärfung des Hasses. Am fünften ist christliches Osterfest. Terroranschläge sind möglich. So ist das Leben. Am besten, man geht überhaupt nirgendwohin. Dabei gibt es nichts zu essen. Wir müssen handeln. Die Straße am Markt ist wahrscheinlich vom Militär gesperrt. Nicht für einen, sondern für mehrere Tage. Was kriegen wir dann zwischen die Zähne?

Die Prinzessin

3. Mai

Unser Karatelehrer kommt! Das Training wird interessant! Er hat die Prüfung zum Schwarzen Gürtel bestanden. Gestern waren drei Mädchen beim Training: ich, Marjam und Seda. Die restlichen sind kleine Jungs.

Steinbock hat sich bei Taisa beklagt, dass er seine lästige Braut nicht loswird. Sie ist aufdringlich. Endlich sind Steinbock die Augen aufgegangen!

9. Mai

Ich war bei unserer Wohltäterin Taisa zu Besuch. Habe im großen Farbfernseher den französischen Film «Eine Chance für zwei» über Papas gesehen. Taisa hat Strom und einen Fernseher!

Zurück zu Hause erfuhr ich: Die Nachbarin hat Kummer! Ihr Vater ist gestorben. Und nicht in der Heimat, sondern dort, in den Arabischen Emiraten. Mama vergaß alle Verleumdung und allen Streit. Sie heulte mit ihr zusammen. Gedachte der verstorbenen Verwandten. Ich gab beiden süßen Tee mit Baldrian zu trinken.

Tagsüber habe ich Wajda gesehen. Wajda hat bei mir ein Buch gekauft. Nach dieser Aktion war der Tag schon ein Erfolg. In der Nacht, nach den Hausaufgaben und Yoga-Übungen, führte ich mir ein Bändchen von Nezami zu Gemüte. Ich las bis zum Morgen beim Licht der Ölfunzel:

Mich zu verstehen, meine Freunde,
ist schwerer, als in dunkler Nacht
eine Ameise zu fangen
auf weitem Fels.
Und in die Tiefe meiner Seele vorzudringen
(sag ich ganz offen)
ist schwerer, als mit der Nase
eine Grube zu graben.

13. Mai

Heute habe ich die zehnjährige Zhenja aus der sozial be-
nachteiligten russischen Familie beim Diebstahl meiner
Haarnadel erwischt. Wir haben das Essen mit ihr geteilt.
Hatten Mitleid. Sie musste einen Verweis bekommen.

Ich sagte: «Du sollst nicht stehlen. Wenn du mich darum
bittest, werde ich sie dir schenken!»

Und ich erzählte ihr ein Stück aus V. Hugos Roman «Die
Elenden», von dem edelmütigen Geistlichen, dem diebischen Häftling und dem silbernen Kerzenständer. Zhenja
weinte und sagte, sie werde nicht mehr stehlen. Man möchte
es glauben. Die Haarspange habe ich ihr geschenkt.

Bald hat Mama Geburtstag. Ich habe ihr ein rotes Kopftuch und einen Kittel gekauft. Am Tag des Sieges, dem
9. Mai, gab es Terroranschläge. Doch ich habe es wirklich
satt, sie zu beschreiben, deswegen lasse ich es.

Die ewig elende Prinzessin

17. Mai

Gestern war ich in der Schule, habe die schriftlichen Arbeiten bestanden und darum gebeten, die Prüfungen mit
der elften Klasse machen zu dürfen. Mündlich ist es ge-
nehmigt. Ich hoffe auf einen Sieg! Mama ist zweiundfünfzig geworden. Wie viele Jahre eines solchen Lebens wird

ihr krankes Herz noch aushalten? Gestern war kein einziges Mädchen beim Karate. Ich und sechzig kleine Jungs! Fürchterlich!!!

25. Mai
Sei gegrüßt, liebes Tagebuch!
Ich habe Marjam vom Karate ein Buch über Yoga gegeben. Auch Seda war da. Beim Training ist sie sehr eifrig. Seda ist die älteste von uns, sie ist achtundzwanzig. Sie hat keinen Mann, und darunter leidet sie. Sie hält nach einem Mann Ausschau, der sie heiraten könnte. Aber das ist ihr Geheimnis!

Mit der Frau des Milizionärs, dem Tratschweib, sind wir verfeindet, das ist klar. Doch mit der Sturheit des Ostens halten wir, wie das hier üblich ist, weiter Kontakt. Äußerlich habe ich sie und Mama versöhnt. Was soll man sich jeden Tag im Hausflur zanken? Na gut, die Frau lügt. Aber andere sind Mörder und Drogensüchtige.

Wir hatten sogar ein gemeinsames Abenteuer am 23. Mai. Um vier Uhr früh stellte ich mich mit dem Tratschweib in der Schlange nach Kindergeld an. Sie für ihre Kinder. Sie hat drei. Ich für mich, in der Hoffnung, dass es mir ausgezahlt wird. Es herrschte Ausgangssperre bis sechs Uhr. In der Zeit wird ohne Vorwarnung geschossen. Doch die Menschen machen sich trotzdem auf. Sie riskieren es, sonst würden sie gar nichts erreichen. Weder Geld (Beihilfen) noch humanitäre Hilfe (Lebensmittel). Die Schlangen sind überall elend lang. Da sahen wir einen Zhiguli am Straßenrand, ohne Nummernschilder. Auf den ersten Blick leer. Doch plötzlich war innen ein leises Klopfen zu hören. Wir erkannten zwei maskierte Männer in dem Auto! Sie lagen auf den Sitzen. Als sie uns gesehen hatten, richteten sie sich auf. Aus irgendeinem Grund klopften sie von innen an die

Scheibe. Auf dieses Klopfen lief ein junger Mann aus dem Gebüsch. Auf den ersten Blick fünfundzwanzig Jahre alt, in dunkelblauer Tarnkleidung. Ein Tschetschene.

Er richtete sofort die Maschinenpistole auf uns. Hinter diesem Mann sahen wir ein Mädel, unverkennbar russisch, das auf der Fahrbahn stand. Die Blondine hielt einen dünnen Draht in den Händen! Wir hatten keine Ahnung, wer das war? «Rot? Weiß? Nichts wie weg hier!», sagte die Intuition. Und wir liefen weg. Uns hinterher der Mann mit der Maschinenpistole. Wir liefen durch den Schulgarten, sprangen über einen frisch ausgehobenen, sehr breiten Graben. Wie durch ein Wunder haben wir es geschafft! Meine Gefährtin weinte laut. Sie betete! So einen Schrecken hatte sie bekommen! Mitten in ihrem Gebet rief sie: «Sie werden uns umbringen! Jetzt gleich!» Und ich konnte mich vor Lachen kaum halten. Ich rannte und dachte: «So ist das Leben, sie bringen dich um, und du merkst es nicht mal, du läufst weiter!» Weiter! Weiter! Durch die Sträucher. Alles wurde zerkratzt. Um die Ecke und weiter durch den privaten Sektor. Endlich hatten wir den Verfolger abgehängt. Es schien, dass wir gerettet waren. Ich konnte noch denken: «Was für ein guter Junge! Kein einziges Mal geschossen!» Wir stellten uns an. Die Nachbarin hatte Platz 9, ich Platz 10 (sie war schneller gerannt). Fünf Stunden später hatten wir unser Geld. Um 10.20 Uhr gingen wir zurück und überlegten: «Was waren das für Leute?» Das Auto steht auch nicht mehr da.

Prinzessin

16. Juli

Einen ganzen Monat habe ich nichts geschrieben.

Auf Bitten der Wirtin sind wir in eine andere Wohnung gezogen. Von heute an wohnen wir ein Haus weiter und haben neue Nachbarn. Im Erdgeschoss wohnt die Russin Walja, fünfzig Jahre. Die Arme ist vor einem Jahr von Banditen gefoltert, mit dem Bügeleisen verbrannt und ausgeplündert worden. Sie zittert und hat Angst vor allem und jedem. Sogar tagsüber schließt sie die Haustür ab. Im ersten Stock sind Tschetschenen, ein Mann mit seiner zweiten Frau. Er hat noch eine erste Frau und Kinder. Er dient bei der Miliz. Im selben Stock wohnt eine Kumykin, Rentnerin. Sie lebt da mit ihrem Enkel, der schon was auf dem Kerbholz hat. Er hat die Lieblingskatze des Mütterchens ertränkt, sie in einen Sack mit Steinen gesteckt und in den See geworfen. Ein «nettes» Jüngelchen.

Über uns, im dritten, wohnt eine «gemischte» Familie. Die Frau ist Russin, der Mann Tschetschene. Ihr Sohn ist ein Jahr älter als ich. Er läuft mit Spritzen herum. Die Tochter ist erwachsen. Sie hat in eine tschetschenische Familie geheiratet. Bei ihnen wohnt noch ein Verwandter, ein junger Mann von siebenundzwanzig Jahren, arbeitslos, Spitzname «Katzenneffe». Die Mutter zeichnet sich durch Hochnäsigkeit und diverse schlechte Angewohnheiten aus. Wir wohnen wie zuvor im zweiten Stock. Unsere Wohnungsbesitzer haben Dreck und Staub ausgefegt. Schließlich gab es keine Fenster. In der Wohnung wurde geschossen! Kugeln stecken in den Wänden, unter den Tapeten, an der Decke. Wir haben alles gewaschen und geweißt, haben Wachstuch in die Fenster gespannt. Das Dach über dem dritten Stock ist beschädigt. Von dort läuft Regenwasser auch in unsere Wohnung.

Die Nutzer unserer Wohnung haben sich auf tragische Weise abgewechselt: Am Anfang war da eine Zigeunerin, die spurlos verschwand. Sie hat auf dem Markt gehandelt. Sie wurde erst später gefunden, auf bestialische Art ermordet. Russische Arbeiter, die hier 1996 für einige Zeit einzogen, wurden entführt. Man verlangte Lösegeld, bekam es nicht. Daraufhin wurden sie erschossen. Im großen Zimmer passieren seltsame Dinge. Mehrmals ist auf der Tapete eine Nähnadel mit verbranntem, abgebrochenem Ende und schwarzem Garn erschienen. Wir trugen sie als Dreck nach draußen. Vergruben sie in der Erde. Dreimal! Aber die Nadel tauchte wieder auf! Und da soll man nicht an Magie glauben!

Nachts spaziert das Gespenst eines schwarzen Katers durch die Zimmer. Gegen Morgen verschwindet es. Wir mussten in den Büchern nachlesen, um Schutzrituale zu finden. Wir sammelten das Böse dieses merkwürdigen Hauses sorgfältig in Speisesalz und vergruben ein Glas mit Salz unter drei verwachsenen Bäumen an der Straßenkreuzung.

Ich habe alle Prüfungen bestanden! Es stimmt, bei der Lösung der Mathematikarbeit habe ich Hilfe bekommen. Dank Ajna und ihrer Schwester! Die Übungen im Laufe des Jahres haben mir sehr geholfen. Im Zeugnis habe ich drei Gut, alle übrigen Noten Sehr gut. Ich will meinen Traum wahr machen und an die Universität gehen. Alle lachen mich ungläubig aus: «Ohne Geld wirst du nicht angenommen!» Aber ich bin nicht wie alle. Ich bin anders. Ich glaube an Wunder.

Unsere Karatekämpferinnen Seda und Marjam kommen nicht zum Training. Bei den Übungskämpfen muss ich gegen erwachsene Jungs antreten. Ich muss ordentlich was einstecken. Aber ich klage nicht. Einer dieser Partner hat mir gefallen. Er ist zwanzig. Ich schummle und sage, dass ich sechzehn bin. Soll er sich erwachsen fühlen. In Wirklichkeit werde ich nächstes Jahr achtzehn! Ich hatte noch keine Rendezvous. Richtig verliebt war ich nur einmal. Ich lebe anders als meine Altersgenossinnen. Niemand versteht mich.

Sie sagen: «Eine Schande! Du bist eine alte Frau! Wer wird dich noch heiraten wollen?! Du bist bald achtzehn! Mädchen heiraten mit vierzehn oder fünfzehn!»

Taisa will nach Norwegen abhauen. Sie plant das für den September. Viele Russen tauschen ihre Pässe. Sie melden sich als «Tschetschenen» an. Eine Zeitlang werden sie Bürger unserer Republik. Dafür reisen sie extra aus anderen Regionen an, zum Beispiel aus Moskau oder dem Gebiet Krasnojarsk. Reiche Leute! Sie lassen sich auf die Schnelle «eintschetschenen», denn danach haben sie eine Chance, als «Flüchtlinge aus Tschetschenien» ins Ausland zu gehen! Ich habe erfahren: Pro Person kostet die Umschreibung dreißigtausend Rubel! Plus Reisekosten. Eindeutig nichts für arme Leute! In anderen Staaten erwartet sie das Paradies! Sie bekommen kostenlosen Sprachunterricht. Erlernen einen Beruf. Bekommen Essen, Kleider, werden zum Kennenlernen durchs Land gefahren! Dazu erhalten sie noch Geld zum Leben! Sie werden verhätschelt. Dann kriegen sie eine Arbeit und eine eigene kommunale Wohnung.

Mama und ich kommen wie immer mit Mühe über die Runden. Mit Taisa gibt es Zank. Schließlich sind wir Außenstehende, keine Blutsverwandten. Dazu kriegen sie ständig etwas auf die Nase, weil sie Leuten aus einer russischen Familie helfen.

Budur

17. Juli

Vor ungefähr einem Jahr wurden mir auf dem Markt alte Münzen untergejubelt – ganze zwanzig Rubel! Ich hatte die Ware gegen nicht mehr gültiges Geld verkauft. «Schrecklich!», dachte ich. «Geld haben wir ohnehin keins, und dafür kann ich mir nichts kaufen.» Deshalb wollte ich betrügen. Das ist natürlich schlecht. Aber ich schreibe über alle die Wahrheit, also auch über mich selbst. Ich ging also hin und kaufte mir ein Glas Tee und einen Pfannkuchen. Zahlte mit alten Münzen, die ich unter neue mischte.

Erst habe ich mich gefreut. Aber dann sah ich, dass die Frau die alten Münzen ihrer Standnachbarin zeigte und weinte, weil man sie betrogen hatte. Ich handelte damals mit Zigaretten und Kaugummi. Da sah ich, dass man mir eine Schachtel Zigaretten vom Stand gestohlen hatte. Ich kroch unter den Tisch – weg, keine Spur! Ich begriff, dass der Allmächtige mich für die gemeine Tat gestraft hatte. Ich hatte mehr verloren, als durch den Betrug gewonnen. Ich schämte mich sehr.

Ich kaufte Gebäck für die restlichen normalen fünfzehn Rubel. Und brachte sie der Teehändlerin. Ich sagte, Gott werde ganz sicher denjenigen strafen, der ihr das angetan habe. Vielleicht habe er es längst getan. Sie schaute mich so seltsam an und erwiderte: «Mag schon sein. Aber ich verzeihe dem Betrüger», und lächelte.

Ich bot ihr Kekse an. Sie knabberte mit Genuss daran. Dann ging ich an meinen Stand zurück und dachte daran, wie so ein kleiner Betrug die Seele des Menschen verderben kann. Da rief die Nachbarin von rechts: «Guck mal! Eine Zigarettenschachtel von deinem Tisch ist in meinen Karton mit Schokolade gefallen!»

Der Allmächtige ist gnädig! Die paar Falschmünzen, die übrig waren, vergrub ich in der Erde. Damit niemand mehr damit betrügen konnte.

Prinzessin

29. Juli

Vorgestern bin ich beim Training ohnmächtig geworden. Schwaches Herz. Sobald ich die Augen wieder geöffnet hatte, kroch ich in den Flur, lag dort auf dem Boden, wo die Luft besser ist, und kehrte dann in den Saal zurück. Niemand hat mir Hilfe geleistet. Nur Marjam kam nachsehen, was mit mir war, und sagte: «Stirb mal nicht, gut?»

«Gut», erwiderte ich.

Mit Taisa zanke ich mich wieder. Sie war platt: «Du gehst studieren?!»

Ihre Kinder sind leider faul. In der Schule kommen sie nur dank Geschenken für die Pädagogen in Form von Gebäck und Torten weiter. Das kränkt sie! Der Konflikt verstärkte sich, als ihre entzückende Kleine uns Läuse ins Haus brachte. Das dritte Mal in einem Monat! Wir haben keinen Strom! Kein Bügeleisen! Wir waren ärgerlich. Hätte sie uns wenigstens gewarnt! Sie hat das Geld für teure Heilmittel. Wir müssen uns den Kopf mit ganz normalem Kerosin verätzen.

Zwei Tage später klopfte Taisa mit ihrem Töchterchen erneut an unserer Tür. «Wir haben die Läuse ausgerottet», teilte sie mit.

Ich atmete erleichtert auf. Ich ging mit ihr auf den Markt. Da sagt sie mir plötzlich, ich solle von ihrem Stand verschwinden.

«Ich habe jemanden, der dafür bezahlt», sagte sie. Ich war nicht böse. Sie sind nicht verpflichtet, ständig Gutes zu tun. Doch unsere Situation ist grauenhaft. Ich packte wortlos die Bücher zusammen und fuhr zu Mama. Die tobte! Sie war bei der Nachbarin Zajtschik zu Besuch gewesen. Nicht allein, sondern mit Taisas Töchterchen, damit die Kinder spielen konnten. Doch Zajtschik fand so ein «Haustierchen» auf dem Kopf der Nachbarstochter und entfernte es. Sie war verärgert: «Ich habe die Kleine zu meinen Kindern gelassen. Und jetzt haben auch sie das?»

Am Abend gab es erneut Streit. Mama hat sich klar geäußert: «Du, Taisa, bringst uns schon seit acht Monaten keinen Zucker und kein Öl, obwohl du sehr gut weißt: Wir kochen für deine Kleine täglich Püree und Grießbrei! Für einen miserablen Lohn, den Gegenwert von zwei Laib Brot (zwanzig Rubel pro Tag). Und dafür sollen wir zusätzlich noch sämtliche Krankheiten deiner Familie durchmachen? Nein danke!»

Uns hat das gar nichts gebracht. Seit zwei Tagen handle ich an Ständen, die gerade frei sind. Ich muss lange suchen. Gleichzeitig sehen wir uns nach einer anderen Wohnung um.

Stell dir vor, Tagebuch, wir haben uns vertragen! Ich bin glücklich! Wir bleiben bei Taisa!

Die Prinzessin

3. August

Ich bin auf dem Markt. Handle mit Büchern. Ich will meine Gedanken notieren. Es gibt so eine altindische Methode.

«Was geschieht, wenn meine Seele aus diesem Körper entflieht? Erinnerst du dich? Schnee im Zimmer, ein höllisches Artilleriefeuer und das Gegacker eines Wahnsinnigen!»

Das ist Oma Ninas kranker Enkel Jurotschka, der da so lacht. Er lacht und behauptet, wir wären gestorben. Eine Granate sei ins Zimmer eingeschlagen und jetzt glaubten wir nur, dass wir noch leben. Wir sind tot.

Die liebe Nachbarin Tante Marjam. Ich bin sieben Jahre alt. Sie sagt, es gebe eine Legende über den Tod. Früher, wenn der Todesengel kam, um einen Menschen zu holen, starben viele. Es zerriss ihnen das Herz. Vor Angst. Die Menschen konnten den Todesengel sehen. Dann erbarmte sich Gott der Menschen, und der Todesengel wurde unsichtbar. Seither stirbt nur derjenige, den er holen soll.

Meine Haare sind meine Kraft, meine Haare sind mein Leben. Ich wünsche mir langes, helles Haar. Mit dunklem Haar zu leben ist unerträglich! Die Haare sind der Weg. Der Lebensweg.

Als ich begann, meine Gedanken aufzuschreiben, bekam ich
Angst – was ist, wenn jemand sie liest?

Ich schreibe ein Gedicht über Tibet. Über den Lama und
meinen geliebten Lobsang Rampa.

Budur

9. August

Gestern habe ich zum ersten Mal nicht zu Hause übernachtet. Ich war bei Marjam vom Karate. Ihr Haus steht auf frei-
er Flur. Wir haben zum Abendessen Melonen und Tomaten gegessen. Marjam hat eine große, harmonische Familie,
schöne Schwestern, einen höflichen, sympathischen Bruder.
Er ist etwa neunzehn. Badezimmer und Toilette sind auf
dem Hof, getrennt. Das ist sehr lustig. Wenn man aus Versehen gegen die Wand stößt, fällt sie um.

Von Marjam ist es näher zu den Warteschlangen. Mama
muss fürs Arbeitslosengeld angemeldet werden. Von uns ist
das weit. Ich habe es zwei Tage versucht, habe den Weg gewagt! Aber es ist mir trotzdem nicht gelungen, an den er-
sehnten Schalter vorzudringen (Dienstzeiten sind von neun
bis siebzehn Uhr). Eine Riesen-Menschenmenge, Dränge-
leien, unaufhörlicher Durchmarsch von Verwandten und
Freunden, hintenherum. Die Frau, die nebenan handelt,
verdient sich etwas, durch ihre Beziehungen. Sie verkauft
die zehn ersten Plätze in der Warteschlange für je fünfzig
Rubel. Für uns ist das sehr teuer.

Der Karatelehrer ist aus Ägypten zurück. Er hat den ersten Platz belegt! Jedenfalls wurde uns das so gesagt. Ich bin
stolz auf ihn.

Marjams Vater hat erlaubt, dass ich kostenlos in seinen
Bus darf, wenn er fährt. Auch mit seinem Kollegen darf ich
kostenlos fahren. Ich habe mir die Kennzeichen der Busse aufgeschrieben. Ich hab mich gefreut! Das hilft mir bei

der Fahrt zum Institut, in der Prüfungszeit. Die Hochschule liegt am anderen Ende der Stadt. Zu Fuß schafft man das nicht einmal in mehreren Stunden, jedenfalls nicht ich mit meinen kranken Beinen.

Die Prinzessin

11. August

Weißt du noch, Tagebuch, wie wir die schlechte Energie in den Winkeln der Wohnung gesammelt haben? Man muss mit einem Gläschen und ein paar Löffeln Salz herumgehen und Verse aufsagen. Das Salz hatten wir unter drei großen Bäumen an der Kreuzung vergraben, und dort ist kürzlich ein Blitz eingeschlagen! Alle Bäume sind übereinandergestürzt. In der Wohnung ist es seither viel stiller und ruhiger!

17. August

Ein Junge vom Karate hat mich ironisch auf Russisch gegrüßt, was inzwischen als Schande gilt. Jemand anders hätte sich fast mit ihm geprügelt. Mein Verteidiger schrie: «Wenn der Vater ihres Vaters Tschetschene ist, dann ist sie Tschetschenin! Bei uns geht es über den Vater! Wage es nicht, sie zu erniedrigen! Sie ist deine Schwester!»

Dank dir, Schamil! Marjam war nicht beim Training. Offenbar haben ihre Eltern es nicht erlaubt. Am Dienstag war das Fernsehen bei uns. Ich habe ein Interview gegeben. Ich hielt ein einzigartiges Schwert aus Ägypten in den Händen. Das hat unser Lehrer mitgebracht. Er will es Achmed Kadyrow schenken.

Im privaten Sektor bei Taisa war heute Hochzeit. Ich war eingeladen. Ich habe mir die Braut angesehen und habe ein Stück Torte abbekommen. Die Braut ist eine bescheidene Sechzehnjährige. Mir tut sie leid. Ihren Bräutigam, Taisas Neffen, sehe ich häufig betrunken. Die Braut stand nach

tschetschenischer Sitte in der Ecke und verneigte sich, als
ich hereinkam. Auf tschetschenischen Hochzeiten hat der
Bräutigam nichts zu suchen. Die Braut muss einen ganzen
Tag dastehen und schweigen. Es ist nämlich nicht statt-
haft, in Gegenwart von Älteren zu sitzen. Hauptsache, sie
spricht mit niemandem. Dann muss man ihr der Sitte nach
die Zunge lockern, indem man über sie lacht. Manchmal
wirft man ihr zusätzlich eine Decke über. Die Gäste treten
an sie heran und machen sich über sie lustig, bisweilen sehr
verletzend, bezeichnen sie als Frosch oder Vogelscheuche.
Aber die Braut darf nicht antworten, denn Geschwätzigkeit
ist ein Zeichen schlechter Erziehung. Gewöhnlich wechselt
die Braut dann am Ende des ersten Hochzeitstages oder am
Morgen des zweiten einige Worte mit dem Vater des Bräutigams oder seinem betagten Onkel.

Die Gäste feiern getrennt. Es gibt einen Tisch für Männer und einen Tisch für Frauen und Kinder. Der Bräutigam
erscheint erst zwei, drei Tage später. Er ist bei Verwandten
auf dem Land oder bei Freunden. Die erste Nacht im Haus
beginnt für die tschetschenische Braut mit dem Abwasch
eines Bergs von Geschirr. Ich weiß noch, bei der Hochzeit
der Borzows hat man der Braut einen schweren Eimer Wasser zu halten gegeben. Sie fügte sich allem. Das habe ich
zwar nicht selbst gesehen, weil wir wegen unseres russischen
Namens nicht eingeladen waren, um die Hochzeit nicht zu
beschmutzen. Aber russische Nachbarn haben es sich später
amüsiert erzählt.

Heute Morgen um sechs Uhr bin ich mit Zajtschiks Mann
und ihrem sechsjährigen Sohn auf den Nordbasar gefahren,
der einen Tag dauert. Die Händler erzählten:

«Unweit von Grosny haben sich Aufständische in den
Dörfern eingenistet. Sie ziehen nicht ab, sind schwer be-
waffnet und tragen Bärte!»

Zajtschiks Mann, Kommandeur, ist lustig! Ich habe die
ganze Fahrt nur so gelacht. So kann man nur lachen, wenn
kein Krieg ist! Diese Familie wohnt nicht weit, im privaten
Sektor. Von weitem habe ich Aladdin gesehen. Er lief auf
dem Markt vorbei und hat mich nicht bemerkt. Ich habe
auch nicht gerufen. Steinbock ist gekommen.

19. August

Ich war bei meiner Freundin Marjam. Sie trauern! Am
13. August, als ich mit Büchern auf dem Zentralmarkt
handelte, habe ich eine furchtbare Explosion gehört. Wie
sich herausstellt, ist der Bus von Marjams Familie auf eine
Sprengfalle gefahren! Der Vater war gerade ausgestiegen,
um Zigaretten zu holen. Im Bus befand sich Marjams einziger Bruder. Er ist getötet worden. Er war erst neunzehn!
Solche Giftschlangen! Wer hat das getan? Dieselben Leute,
ohne Nation und ohne Glauben, die das Leben meiner Stadt
in Aufruhr versetzen wollen?

Alle Kinder aus unserer Karate-Gruppe waren bei Marjam. Sie drückten ihr Beileid aus. Mir hat niemand etwas
von dem Vorfall gesagt. Wollten sie unserer Freundschaft
schaden? Ein kleiner Junge zog in meiner Gegenwart hässliche Gesichter, flüsterte und grüßte mich auf Russisch! Also
darum geht es! Als ich Marjam das letzte Mal gesehen hatte,
sah ich sie ganz aufmerksam an und erklärte, ich weiß nicht,
warum: «Du wirst nicht zum Training kommen. Irgendetwas hindert dich. Eine Hochzeit vielleicht? Ein Studium?
Eine plötzliche Abreise? Oder noch etwas anderes.»

Marjam war empört: «Das stimmt nicht! Ich komme. Ich
werde immer trainieren!»

Woher habe ich das gewusst?

Jetzt darf Marjam zwei, drei Monate nicht zum Training
kommen. In der Familie herrscht Trauer. Viele Verwandte

und Bekannte werden zu Besuch kommen. Warum schaut der Tod in so ein kleines, friedliches Haus, auf freiem Feld? Nur weg von hier! Aber wohin? Wir haben weder ein Ziel noch die Mittel dafür.

Was ist das – ein Aufständischer? Das ist ein friedlicher Bewohner, dessen Haus man zerstört, dessen nahen Angehörigen man getötet hat.

Budur

1. September

Ich habe mich beim Training mit Jusup, zwanzig Jahre, geschlagen. Dann mit seiner Freundin Seda. Seda hat mich besiegt. Sie hat mich mit Beinen und Armen ordentlich bearbeitet. Seda macht viele Liegestütze und ist sehr stark. Aber ich habe ihr die Lippen aufgeschlagen. Und Jusup hatte Mitleid mit mir. Deshalb war der Kampf nicht gut.

Als ich mit Seda in Körperkontakt kam, passierte etwas Seltsames, über das ich jetzt nachdenke. Ob es von den ausdauernden Yoga-Übungen kommt oder nicht? Ich sah mich plötzlich von der Seite: So als hätte sich ein Teil meiner Seele vom Körper gelöst und schaute mir aus einer Entfernung von vier Metern zu! Ich sah all meine Schläge und die ihren auch. Ich sah die Schweißtropfen an meinem Hals, sah, wie die Haarsträhne fiel, die unter dem Stirnband vorkam. Doch der Körper hatte genug Energie zum Kämpfen, «er» brauchte den Teil der «Seele» nicht, die ihm zuschaute. Ich war «dort» und «hier» gleichzeitig. In meinen Büchern finde ich dafür keine Erklärung.

Am 26. August habe ich mir die Ohren mit der «Pistole» stechen lassen. Meine Tante Lejla hat mir Geld gegeben, und ich habe mir die billigsten goldenen Ohrringe gekauft: kleine Fischlein an einem langen Kettchen, für hundertfünfzig Rubel! Mein Traum ist in Erfüllung gegangen. Das ist mein Sternzeichen – der Fisch. Ich hoffe, die winzigen Ringe werden mir Erfolg bringen!

Nejschi

4. September

Der Handel lief schlecht. Auf Tschetschenisch heißt das «Mah zach-il». Explosionen und Schusswechsel. Die Käufer blieben fern.

Am 2. und 3. September war ich am Institut. Ich bin eingeschrieben! Ohne eine einzige Kopeke Schmiergeld! Andere Abiturienten erzählen, dass sie etwas bezahlen mussten. Und sogar in Dollar. Ich habe nie einen einzigen Dollar in Händen gehalten. Niemand hat mich je um Bestechungsgeld gebeten. Vielleicht sagen sie nicht die Wahrheit? Oder bin ich aufgenommen worden, weil man gesehen hat, wie lernbegierig ich bin? Das Studium beginnt am 16. September. Das ist ungünstig. Es überschneidet sich mit meinem Sporttraining.

Neuigkeiten. Der alte Hof hat ein Geschenk von Zolina bekommen. Sie hat Dschim gleich zwei kleine Jungen geboren! Bald tauchten ihre Kinder vom ersten Ehemann auf. Zolina versteckte sich vor ihnen. Ihre kleine Tochter heulte lange und untröstlich. Sie rief nach der Mama, spürte, dass sie in der Nähe war. Wie Zolina das nur ausgehalten hat? Dschim hat sich vor Freude, dass er Vater geworden ist, betrunken und randaliert. Er feiert die Fortsetzung seines Stammes.

26. Oktober

Sei gegrüßt!

Ich habe keine Ahnung, wo die Blätter und anderen Tagebücher sind. Einen Monat habe ich nichts geschrieben. Ich hatte kein Geld für ein Heft. Ich gehe nicht zum Karate. Ich dachte, ich würde nach den Prüfungen anfangen, bin aber nicht gegangen. Der Grund ist folgender: Unser Lehrer versteht nichts von Wissenschaft und Medizin. Seine Grausamkeit gegenüber den Kleineren in der Gruppe stößt mich ab. Einem Zwölfjährigen (dem Sohn des Milizchefs) stellt er ein Kind von sieben, acht Jahren gegenüber, ohne Vorbereitung. Das zwölfjährige Söhnchen verdrosch den Neuling nach Herzenslust. Ich kenne die Regel, die besagt: «Wenn ich den Lehrer kritisiere, habe ich kein Recht, seine Schülerin zu sein.» Als ich bewusstlos geworden war, habe ich seine Stimme gehört: «Krüppel brauchen wir nicht!» Er hält nichts von Yoga, von energetischen Schlägen. Vom Geschäft versteht er nichts. Aber das mit großem Aplomb. Vor zwei Monaten hat er ein Café eröffnet, künstlerisch gestaltet. Das hat er sich einiges kosten lassen!

«Hier kommen nicht viele Leute vorbei», bemerkte ich. «Ob das Gewinn abwerfen wird? Sogar im Stadtzentrum gehen Cafés pleite. Rentabel ist ein Café nur, wenn man billige Backwaren anbietet.»

Mein Lehrer hat nicht darauf gehört. Er war sauer. Schimpfte. Doch über Marjam ließ er mir ausrichten: «Du kannst als Kellnerin arbeiten!» Einen Lohn hat er nicht genannt und wollte nicht präziser werden. Ich wollte aber den Handel mit Büchern nicht aufgeben. Und die Zeit hat bewiesen: Ich hatte recht. Helfen wollte ich meinem Lehrer trotzdem. Unsere Jungs vom Karate haben in seinem Café sauber gemacht, gewischt. Und ich habe ihm meine Nachbarin zum Arbeiten geschickt. Sie lebt allein mit drei Kindern, sie hungert und braucht das. Hundert Rubel pro Tag hat er ihr versprochen. Die Frau hat drei Wochen gearbeitet. Mein gewissenloser Sensei hat ihr nichts gezahlt! Die Nachbarin hat die ganze Zeit für nichts aufgeräumt und verspritzte Farbe vom Fußboden abgekratzt! Mama und mir war das so peinlich, dass wir anfingen, unsere Lebensmittel mit ihr zu teilen, Brot, Reisgrütze. Gut, dass ihr Mann bald zurückkam! Das brachte das Leben der Familie in Ordnung.

Endgültig gerissen ist mir die Geduld, als einer der Vertreter des Lehrers unerwartet ausholte und mir einen Schlag gegen den Kopf versetzte. Ich hielt stand. Doch ich hörte seine gereizte Stimme: «Was zum Teufel suchst du hier? Russen sollten lieber tanzen gehen!»

In dem Moment kam der Lehrer selbst dazu. Er erklärte laut: «Ich hasse dich! Wenn du redest und wenn du läufst. Ich kann dich nicht mehr ausstehen!»

Ich fand keine Worte. Ich war fassungslos. Das Training ging weiter. Ich sollte gegen M. antreten. Er ist neunzehn und hat den gelben Gürtel. Aber ich gab mich nicht geschlagen. Ich kämpfte. Mehrere Minuten vergingen. Man gab mir einen neuen Partner. Der Vertreter des Lehrers selbst trat im Sparring gegen mich an. Natürlich überschüttete er mich mit einem Hagel von Schlägen. Und einen, sehr starken, ließ ich durch, wieder gegen den Kopf. Und mir entschlüpfte ein «Au!» und «Es tut weh!».

Mein Gegner gackerte zufrieden. In seinem Alter von fünfundzwanzig Jahren tanzte er sogar kindisch herum! Da nahm ich, endgültig wütend geworden, meine Konzentration zusammen. Und versetzte ihm einen Schlag in den Bauch. Er ließ ihn durch! Krümmte sich zusammen und ging von mir weg. Aus irgendeinem Grund fing mein vorheriger Partner M. an zu weinen. Dieser erwachsene Junge erklärte wie ein verhätscheltes Kindchen: «Mit der trainiere ich nicht mehr! Eher lass ich mich umbringen!»

Mit dieser Note ging das Training zu Ende.

Es ist noch viel passiert, Tagebuch. Geduld. Ich werde dir alles sagen! Auf dem Nordbasar handle ich regelmäßig am freien Tag. Der Ehemann der lieben Zajtschik, der witzige

Tschetschene «Kommandeur», bringt uns im Auto dorthin. Auf dem Basar habe ich einen gläubigen Bürger kennengelernt. Viele Leute interessierten sich für seine Handlungen. «Tut er Buße für seine Sünden? Gedenkt er eines Verstorbenen?», flüsterte man.

Das war so. Ein hochgewachsener Mann verteilte dort, wo alte Sachen verkauft wurden, Geld. Er achtete nicht auf die Nationalität des Verkäufers. Er ging an den Marktständen entlang und übersah niemanden! Mir hat der Unbekannte fünfhundert Rubel geschenkt! Er erklärte, er tue das zu Ehren des Uraza-Festes. Ich machte große Augen. Der Mann bemerkte das und erzählte: «Ich hatte Frau und Tochter. Wir haben uns getrennt. Meine Frau ist Russin. Meine Tochter wollte meine Sprache – Tschetschenisch – nicht lernen. Sie wollte meinen Glauben nicht annehmen. Das ist meine Schuld. Meine Sünde!»

Der Unbekannte fragte mich nach meiner Familie aus. Er hörte erstaunt, dass ich Tschetschenisch spreche. Ich kann das erste Gebet aus dem Koran. Der Mann bot seine Hilfe an. Mama war erst misstrauisch. Aber allmählich kam auch sie mit ihm ins Gespräch. Der Mann hinterließ uns seine Adresse, «für alle Fälle».

Tagebuch, hör mal, was passiert ist! In Moskau haben Aufständische einen Konzertsaal mit über achthundert Menschen besetzt! Muslime und Kinder haben sie frei gelassen. Sie teilten mit: «Der Raum ist vermint.» Der Anführer dieser Leute ist laut Medienberichten Mowsar Barajew. Die Aufständischen forderten:

1. den Krieg in Tschetschenien zu beenden;

2. die föderalen Truppen aus Tschetschenien abzuziehen. Und heute in der Frühe wurde irgendein Gas dort eingeleitet. Ein neues und schreckliches, absolut geheim. Sie haben alle vergiftet, weil sie die Dosis übertrieben haben. Das lie-

ßen die Kommentatoren durchblicken. Daraufhin erfolgte die Erstürmung des Gebäudes. Verschiedene Fernsehkanäle zeigten die finsteren Gesichter der Teilnehmer. Die Führung redet stur von einer «erfolgreichen Operation». Einige Opfer sind in Moskauer Krankenhäuser gekommen. Die Ärzte konnten ihnen nicht helfen, weil sie die Zusammensetzung des Gases nicht kannten. Das erklärte ein Arzt vor der Kamera. Demnach sind die vergifteten Zuschauer und Aufständischen, alle zusammen, im Nord-Ost-Theater erstickt und gestorben. Später in Moskauer Kliniken. Offiziell hieß es, mehr als dreißig Aufständische seien getötet worden, darunter Frauen – Selbstmordattentäterinnen. Dann kam heraus, dass einige der Aufständischen, die gefangen genommen worden waren, fliehen konnten! Und das nach dem Gaseinsatz?! Dieser Teil des Berichts soll offensichtlich eine «Hexenjagd» entfesseln. Jagd auf die Menschen aus dem Kaukasus. Das Ziel? Wie immer. Die dienstliche Beförderung.

Mowsar Barajew ist der Alkohol eindeutig untergeschoben worden. Er lag erschossen, in der Pose eines Menschen, der das Bewusstsein verloren hat. Und dann Cognac neben ihm? Völliger Blödsinn!

1. Wegen seines Glaubens.

2. Angesichts der kritischen Situation.

Viele Menschen, die die Fernsehbilder gesehen haben, sagten sofort: «Das ist gelogen! Zu so einer riskanten Sache gehen Tschetschenen erst nach zusätzlichem Fasten, nach langen, wiederholten Gebeten und nachdem sie sich saubere Sachen angezogen haben.»

Klar! Die Massen des Landes bekamen Futter – eine «Ente». Die «Medienmacher» sind übers Ziel hinausgeschossen. Jeder, der länger in muslimischen Ländern gelebt hat, erkennt die Fälschung sofort! In einer Reportage vom Ort der Tragödie wurde Erschütterndes mitgeteilt: «Es gab keine Minen. An den Wänden des Saals hingen Attrappen! Die Sprengstoffgürtel der Märtyrer-Frauen waren nicht echt!» Ich halte diese Information für glaubhaft. Bekanntlich ist es unmöglich, größere Mengen Sprengstoff nach Moskau zu bringen. Man wird mehrfach kontrolliert. Sowohl auf dem Weg in die Hauptstadt als auch an den Bahnhöfen. Entweder gab es gar keinen Sprengstoff. Oder er wurde vor Ort gekauft? Fragt sich, bei wem.

Natürlich hat niemand vor, die Truppen aus der Tschetschenischen Republik abzuziehen – sie treiben sich hier weiter herum. Fragen gibt es viele:

1. Was sollte dieser verfluchte Krieg?
2. Wofür sind die Söhne Russlands und Tschetscheniens gefallen?!

Die ganze Operation im Konzertsaal hat nach Fernsehangaben achtundfünfzig Stunden gedauert.

28. Oktober

Taisa holt die Sachen ihrer Tochter ab. Sie ist beleidigt, dass wir nicht nur auf ihr Töchterchen, sondern auch auf andere Kinder aufpassen. Aber wie sollen wir beide von zwanzig Rubeln am Tag leben? Bücher verkaufen sich selten und jetzt auch nur noch am freien Tag! Ich verkaufe drei bis sieben Bücher am Tag. Jedes bringt mir drei bis fünf Rubel. Teurer werde ich sie nicht los.

8. November

Gestern kam eine Unbekannte zu uns. Mama und ich könnten in ihr Haus ziehen, sagte sie, wenn wir auf ihre Kinder aufpassen. Mama soll die Kinder hüten, ich sauber machen und kochen. Mir gefiel die junge Frau nicht. Nicht weil sie Tschetschenin war, sondern weil die Gefahr besteht, dass wir versklavt werden könnten. Daraus kann man sich nur sehr schwer befreien. Ich kenne solche Leute gut und bin strikt gegen Abenteuer. Aber Mama ist gutgläubig, deshalb fallen wir oft rein. Ich werde alles tun, damit sie sich auf diese Machenschaften nicht einlässt.

Einmal im Jahr habe ich ein und denselben Traum. Ich will hartnäckig einen Gipfel erklimmen, wie ein richtiger Alpinist. Aber das Klettern fällt schwer, ich stürze in den Abgrund und wache auf. Manchmal kommen in dem Traum auch Dritte vor. Sie haben den Gipfel schon erreicht und wollen helfen. Sie strecken mir die Hände aus. Ich habe nicht die Kraft, mich festzuhalten. Heute Nacht hätte ich es fast geschafft! Ich wartete! Und hoffte! Und bin dann doch … abgestürzt.

Wer auf der Stelle steht, der geht zurück. Shao Shi.

Budur

25. November

Am 19. November war ich das erste Mal nach der Pause wieder beim Training. Ich stürzte bei einem Salto. Der Arzt sagte: «Ein Riss in der linken Hand.»

Ich trage weiter schwerste Taschen mit Büchern. Alles ohne zu klagen. Schweigend. Sonst kriege ich Schimpfe von Mama.

Mit Marjam habe ich mich vertragen.

Erinnerst du dich, Tagebuch, wie der unbekannte Mann mir fünfhundert Rubel geschenkt hat? Er verwöhnt mich weiterhin. Er schenkt mir jedes Mal fünfzig Rubel zum Mittagessen! Damit ich das Geld nicht ablehne, gibt er drei Menschen in der Nähe die gleiche Summe. Der Anstand muss gewahrt werden. Wir sind ja nicht verwandt. Die alten Weiblein und jungen Männer haben verstanden, dass es vorteilhaft ist, neben mir zu stehen. Sie strecken die Hände aus. Kein Wunder! Viele Leute hungern bis heute.

Wir haben diesen Mann besucht. Er ist nicht reich. Er lebt in einem halb zerstörten Haus. Wir haben seine Mutter kennengelernt. Früher einmal war die Familie gut versorgt. Sie hatten mehrere Autos. Jetzt stehen die Fahrzeuge als Zeugen der Vorkriegszeit ausgebrannt auf dem kleinen Hof. Gegenwärtig hat der Besitzer nicht die Mittel, sie zu reparieren. Die Zimmerdecke und das Dach des Hauses sind löchrig. Unter diesen Bedingungen lebt dieser erstaunliche Mensch schon mehrere Jahre! Aber das Wichtigste ist – er hilft Fremden und vernachlässigt sich selbst.

Und das Erstaunliche: Der Mensch isst absolut kein Fleisch! Nur Grießbrei, pflanzliche Nahrung. So lebt er schon zehn Jahre! Der Vegetarier erklärte: In einem halben Jahr will er das Haus renoviert haben. Dann können Mama und ich bei ihm einziehen. Kostenlos! In Grosny passieren bekanntlich auch Wunder.

Das Militär schießt häufig, aus einem Hochhaus nebenan. Manchmal schießen sie sogar tagsüber. Die Kinder haben Angst, im Hof zu spielen. Die Wodkaliebhaber von unserem Hof, denen wir immer wieder mal ins Gewissen reden müssen, aber auch die lokalen Wodkahändler hetzen gemeinsam die russischen Soldaten gegen uns auf. Selbstverständlich haben wir etwas dagegen, dass die in unserem Aufgang mit Wodka handeln. Das wäre ja noch schöner! Steuern werden keine gezahlt. Die Nachbarn selbst geben damit an, dass dem verkauften Wodka aus unerfindlichen Gründen das Schlafmittel Dimedrol beigemischt wird. Wodka mit Dimedrol, verkauft von der tschetschenischen Familie, die kürzlich in das Erdgeschoss bei uns gezogen ist, ist heiß begehrt. Den kaufen alle! Russische Soldaten und Tschetschenen. Das ist gefährlich. Die Waffen sind griffbereit.

Bislang lassen sich die russischen Soldaten, Gott sei Dank, von den Wodkahändlern nicht dazu provozieren, auf uns zu schießen. Wir hören das. Sie antworten den Hetzern: «Nein! Im Kampf vielleicht! Aber auf Wehrlose? Auf Frauen? Nein!» Das ist für Kriegsverhältnisse und bei dem allgegenwärtigen Suff sehr anständig von den Soldaten. Dennoch fragen Mama und ich uns oft, wenn wir über den Hof gehen: «Na, schaffen wir es bis zu unserer Tür?» Die Soldaten sitzen im Hochhaus nebenan. Sie haben dort einen Posten.

Ich war einige Male beim Herrn der Bücher. Das erste Mal blieb Mama vor der Tür sitzen und passte auf. Aber Toddi benimmt sich sehr anständig. Er ist höflich und bescheiden. Ich komme zu ihm, suche mir Bücher zum Verkauf aus, wühle in riesigen Kisten, suche Ware, die gut geht. Wir notieren alles, rechnen. Manchmal trinken wir Tee.

Ich habe einen Band Erzählungen gelesen. Autor ist ein Emigrant aus der UdSSR, W. Maximow. Die entzückende kleine Tamila schläft. Ich sehe gern zu, wie Kinder schlafen. Wir haben unser Konzert aufgeführt, Tänze und Lieder vor der täglichen Mittagsruhe. Jetzt lacht sie im Schlaf. Ihr Nachbar Chamzatik ist auch bei uns. Das ist ein tapferer kleiner Ritter, zwei Jahre alt. Wie ich mir solche Kinderchen wünsche!

Es ist kalt. Bald wird es schneien. Unser Gasofen heizt schlecht, in der Wohnung ist es frostig.

Budur

4. Dezember

Gestern habe ich Arbeitslosenhilfe erhalten – siebenhundertfünfzig Rubel! Noch vor diesem bemerkenswerten Ereignis hatte ich mir Winterschuhe gekauft, «Matschi» (Schuhe auf Tschetschenisch) für siebenhundert Rubel und zwei warme Kopftücher für mich und Mama. Jetzt werde ich als Erstes Schulden zurückzahlen – an Madina und Sonja vom Zentralmarkt. Bald ist Uraza-Bayram, das Fastenbrechen. Und ich bin krank! Wieder streikt mein Magen. Meine Freundin Marjam habe ich schon Tage lang nicht gesehen. In einem Monat geht's ans Institut. Ich will, wie immer, beste Noten bekommen!

Bald werde ich viele, viele Jahre alt sein. Jahre, die bis zum Rand mit endloser Feindseligkeit und Krankheiten angefüllt sind. Manchmal frage ich mich: Vielleicht wäre es besser zu sterben? Und neu geboren zu werden, in einem anderen Staat, dort, wo es keinen Krieg gibt. Dann könnte ich schon von Kindheit an Yoga und Karate üben. Aber ich weiß ja nicht, worin meine Seele sich verkörpern wird. Nachher wird dieser andere Körper von Drogen, Alkohol oder Zigaretten abhängig sein? Grauenhaft! Das Schlimme ist, dass ich dann überhaupt nicht mehr Ich sein würde.

Ich sitze zu Hause. Kein einziges Kind wurde gebracht. Ich nähe meine alten Schuhe, falls die neuen nass werden. Kälte und Hunger. Das ist die Lage. Und der böse Krieg geht weiter. Eine eigene Welt des Hasses.

Meine Altersgenossinnen haben ein anderes Leben. Sie haben Spaß! Sie verlieben sich!

Prinzessin Budur

6. Dezember

Marh dal k-obal Dojl! Heute ist Uraza-Bayram! Wir sind zu allen gegangen und haben gratuliert. Haben Kaugummis und Bonbons an die Kinder verteilt!

Auch die Familie des Milizionärs, die mit der Tratschfrau, haben wir besucht. Und jetzt sitze ich bei ihnen am Tisch! Ich schneide die Torte an. In dieser Familie sind wir die ersten Gäste. Wir waren frappiert von der eleganten Einrichtung, dem Kristallglas, dem Silber! Ein prachtvoll gedeckter Tisch!

Zu uns kamen am frühen Morgen auch Nachbarn zum Gratulieren. Im Erdgeschoss besuchten wir die gastfreundliche Jacha und rügten sie wegen des Wodkaverkaufs. Sie scherzte nur und sagte, irgendwie müsse sie überleben.

Die russischen Soldaten haben ein bisschen geschossen. Sie machten sich auf dem «Wachturm» zu schaffen, dem neunstöckigen, halb ausgebrannten Gebäude, in dem sich ihr Posten befindet.

Ich will einen Traum notieren. Ich habe ihn genau in Erinnerung. Auch wenn ich ihn vor langer Zeit geträumt habe. 1999. In dem Traum betrete ich ein lichtes Gebäude. Auf dem Tisch liegt ein altertümliches Buch. In dem Zimmer steht ein kleines Sofa. Darauf sitzen zwei. Ein schwarzhaariges Mädchen. Sie ist fünfundzwanzig. Einfach gekleidet: blaue Jeans und T-Shirt. Daneben ihr Junge. Er ist älter. Feurig roter Blondschopf! Das Mädchen sagt zu mir: «Komm her! Ich zeige dir das Buch.»

Ich trat näher. Ich trug ein goldbesticktes, dunkelblaues Kleid. Und ein großes weißes Kopftuch. Plötzlich rief mich jemand aus dem Flur. Ich wusste sofort, das ist Aladdin! Ich drehte mich um. Das Mädchen lief mir nach und packte meine Hand. Sie ließ mich nicht weg.

Das ganze Zimmer mit der Unbekannten in meinem Traum, mit dem rothaarigen Jungen, war in grelles goldenes Licht getaucht, wie in eine gigantische, pulsierende Aura. Ich merkte, wie ich das Bewusstsein verlor. Mir wurde übel. Und schwindlig. Ein Zustand wie bei der Narkose vor einer Operation. Und da kam Aladdin aus der Toilette, mit Dreck und mit Ratten! So etwas Absurdes! Aladdin zog mich mit einer Hand zu sich! Und mir wurde immer schlechter und schlechter. Ich starb schon beinahe.

«Ob ich es mit Aladdin besser haben werde als mit diesem Mädchen und dem jungen Rothaarigen?», fragte ich mich.

Und versuchte, die richtige Entscheidung zu treffen. Doch mir fehlte die Kraft.

Aladdin riss mich mit Gewalt von der Hand des Mädchens los. Entscheidend war meine Schwäche, meine Übelkeit. Er schleppte mich auf die Toilette. Die Tür schlug sofort zu! Es wurde ganz, ganz dunkel. Kein Fünkchen Licht! Aladdin frohlockte. Er erklärte: «So! Jetzt gehörst du uns! Du bist bei uns!»

Budur

8. Dezember

Ich hab mich übergessen! Es gab so viele Sachen! Wir waren bei Marjam in der Izumrudnaja-Straße. Sie bewirteten uns mit Leckerbissen, im Gedenken an ihren kürzlich auf dem Markt getöteten Bruder. Marjams Mutter spielte die Souffleuse und sagte meiner «Mama» vor, wie sie Marjams Vater auf Tschetschenisch ihr Beileid ausdrücken sollte. Mama wusste alles, war aber so aufgeregt, dass sie die richtige Formulierung vergaß. Marjams Vater trauert sehr. Durch die Sprengfalle unter ihrem Bus ist sein einziger Sohn umgekommen.

Auf dem Rückweg haben wir Kommandeurs Familie besucht. Zajtschik war nett und aufgeschlossen.

Wir haben den Vegetarier gesehen. Er ist freundlich und bescheiden. Er gratulierte uns zum Feiertag. Schenkte uns hundert Rubel. Toddi, dessen Bücher ich verkaufe, war nicht zu Hause. Ich hinterließ ihm einen Zettel: «Ich war hier. Kuss. Fatima.»

Vergangene Nacht waren im Traum zwei Menschen bei mir. Beide Verstorbene. Tante Marjam (die kürzlich an Krebs verstorben ist) und mein geliebter Großvater Anatolij, der Vater meiner Mutter. Tante Marjam fragte:

«Soll vielleicht dein Großvater zu dir kommen? Er würde

dich gern sehen. Ich soll dich um Erlaubnis fragen. Er ist Christ, du kannst es ihm versagen.»

Ich antwortete:

«Er möge vorbeikommen. Ich habe Sehnsucht. Ich will ihn sehen!»

Und sogleich erschien mein lieber Opa! Journalist und Kameramann. Vorzüglicher Gedichteschreiber, immer zu Streichen aufgelegt. Wir unterhielten uns. Man muss für sie beide beten. Das sind gute Menschen aus meiner Vergangenheit.

Ich bin zufrieden damit, wie der Uraza-Bayram vergangen ist. Wir waren in sieben Häusern. Haben eine Unmenge von Glückwünschen bekommen. Wir selbst hatten Besuch. Alle haben wir freudig empfangen. Wir konnten sie bewirten. Russische Wachsoldaten haben die Straße beschossen, aber nur wenig.

Budur

9. Dezember

Ich versuche, mir mit einem Sprachführer die Grundlagen der französischen Sprache anzueignen. Vielleicht komme ich ja einmal dorthin? Die ganze Nacht habe ich von Paris geträumt! Neulich war ich bei der Redaktion der Lokalzeitung. Habe meine Gedichte und meine Erzählungen dagelassen. Sie haben versprochen, sich das anzusehen. Und gefragt, ob ich einen Artikel schreiben könnte? Ich habe gesagt: «Ich werde es versuchen!»

Budur

16. Dezember

Sei gegrüßt! Wieder kein Krümel zu essen zu Hause. Ich gehe auf den Basar, handeln. Die Bücher habe ich mir schon gestern Abend zurechtgelegt. Gestern waren Marjam und

Seda vom Karate bei uns. Sie sagten, Seda habe einen Mann gefunden und werde nicht mehr zum Training kommen. Ich habe ihnen meine Gedichte vorgelesen, sie haben Zwieback gekaut und zugehört.

19. Dezember

Wir haben Strom bekommen!!! Gestern hat unser betagter tschetschenischer Nachbar, Spitzname Uncle Ben, uns ein Kabel aus seiner Wohnung gelegt. Er hat gesehen, wie ich abends im kalten Treppenhaus den Test für das Institut geschrieben habe. Ich saß nicht in meinem zweiten Stock, sondern im Erdgeschoss, dort brennt ein kleines Lämpchen. Ich schrieb mit Handschuhen, weil meine Finger froren. Uncle Ben warnte, die anderen Nachbarn dürften nicht erfahren, woher der Strom kommt, sonst werde er Ärger bekommen. Die Stromspannung wird bei vielen Bewohnern ganz schwach werden.

«Ihr seid Russen, das spielt eine Rolle!», erklärte er.

Danke, Nachbar! Wenigstens haben wir die dringendste Hilfe bekommen. Und eine ungeschönte, aufrichtige Erklärung dazu. Dieser Mann bekommt oft Besuch von Freunden, die mit quietschenden Bremsen vorfahren. Ihr Auto ist bunt bemalt. Aus dem Kofferraum werden geräumige Taschen geholt. Sie enthalten irgendwelche kleinen Tüten mit weißem Pulver, ähnlich wie Waschpulver, und Geldstapel.

Eine unbekannte Frau hat mich heute an der Tür des Clubs angesprochen, in dem wir trainieren. Sie hat von ihrer Familie erzählt. Ich habe erzählt, dass ich mit meiner Mama lebe. Plötzlich fing sie an zu weinen und schenkte mir fünfzig Rubel, für Süßigkeiten! Aber ich habe davon Makkaroni, Zucker und Tee gekauft.

Budur

24. Dezember

Ich habe Arbeitslosenhilfe bekommen.

Die Kinder, die wir hüten, werden nicht gebracht. Das Ergebnis ist ein leeres Fensterbrett. Einen Kühlschrank besitzen wir seit 1999 nicht.

Mit dem Nachbarn Dschamalajew war ich auf dem Nordbasar. Wir haben gehandelt. Ich habe Kartoffeln gekauft, zwei Kilogramm. Bei sparsamem Verbrauch reicht das eine Woche. Hurrah! Rings um das Haus wird periodisch geschossen! Sie werfen von ihrem «Wachturm» Granaten. Das ist gefährlich. Wir sind im zweiten Stock. In unserem Aufgang handelt die tschetschenische Familie mit Wodka. Dieses Gesöff konsumieren die russischen Soldaten täglich.

Kürzlich ertönte im Hof eine MG-Salve. Grundlos hatten Soldaten vom «Wachturm» eine Hündin mit ihren kleinen Welpen erschossen. Sie hatten im Müllcontainer nach Essbarem gesucht. Der Container steht auf der anderen Straßenseite, an dem Gebäude mit russischem Militär. Zu der Zeit (16.30 Uhr) saßen Mama, ich und die Nachbarn auf einer Bank im Hof – direkt daneben. Die Nachbarn suchten alle das Weite, doch Mama bebte vor Empörung. Sie brüllte zu den Soldaten auf dem «Wachturm» hoch: «Was soll der Scheiß?! Habt ihr keine anderen Spiele? Hier unter dem Efeu sind Kinder! Seid ihr blind?! Scheusale!»

Zu meinem Glück antworteten die Soldaten nicht.

Bald ist Neujahr!

Am 3. Januar beginnt die Prüfungszeit. Das Problem ist: Für die Fahrt zum Institut brauche ich Geld.

Es ist Abend. Der alte Tschetschene, unser Nachbar Uncle Ben, hämmert leise. Er macht winzige Öffnungen in der Wand zu uns. Möchte mal wissen, wofür? Um uns abzuhören? Oder um sie einstürzen zu lassen? Überraschung ist der halbe Sieg. Uncle Ben wohnt wie wir im zweiten Stock, aber im Aufgang nebenan. Gestern Abend ist ein von mir nicht identifizierter Bürger an unserem Fenster hochgeklettert, einem Fenster im zweiten Stück, um zum dritten zu gelangen – in eine fremde, verschlossene Wohnung! Uncle Bens vertraute Stimme gab von unten Anweisungen: wohin den Fuß setzen, woran sich festhalten. Heute kam raus: Aus der Wohnung im dritten Stock sind Dreiliter-Glasgefäße gestohlen worden.

Ich habe ein Gedicht geschrieben und möchte es deinen Seiten übergeben, Tagebuch. Lass dir danken dafür, dass du immer mein bester Freund warst. Nur dir kann ich vertrauen.

Eine Tanne habe ich geschmückt, wie damals
fern im blutigen Dezember.
Und an den russischen Soldaten gedacht,
der draußen von einem Splitter fiel.
Im stolzen Wort «Volkswehr»
schwingt der Geist der Freiheit,
klingt die Jugend und ihr Sehnen.
Und zornig starke Tschetschenen,
die furchtlos Brücken erstürmen.
Das Blut im Schnee. Autos, verbrannt.
Wie ist der Plünderer mit seinem Sack gerannt!
Auf den Armen des Mannes
das tote Kind,
und das Tuch über der Frau, im Wind.

25. Dezember

Ich war bei Toddi zu Besuch. Wir tranken Tee und aßen Filterkuchen. Was wollte er von mir, welche Verführung hatte er im Sinn? Ich scherze natürlich. Er benimmt sich korrekt. Aber er sagte erneut: «Wenn du einverstanden bist, meine

Frau zu werden, ziehen wir weg. Das hier ist doch kein Leben.»

Er meint es wirklich so, das spürte ich. Mir wurde von diesem schmeichelhaften Angebot ganz übel. Toddi ist zweiundfünfzig, so wie meine Mama! Ich musste sofort an W. Pukirews Gemälde «Die ungleiche Ehe» denken. Das wäre unser Porträt!

«Das ist ein Ausweg!», sagte Mama und war sofort gut gelaunt, als sie das erfuhr. «Du wirst satt und gut gekleidet sein!»

Aber ich erwiderte: «Nein! Ich erreiche alles im Leben aus eigener Kraft.»

Mädchen aus dem Institut kamen zu mir. Sie schrieben eine Testarbeit. Ich half ihnen. Sie baten zur Erinnerung um meine Verse über Grosny. Natürlich schrieb ich sie ihnen auf.

Gestern habe ich mir zum ersten Mal die Haare gefärbt. Ich wollte eigentlich blond werden. Stattdessen wurde ich rothaarig! Ich habe mir grünen Lidschatten gekauft. Vermutlich deshalb lief Toddi, der Herr der Bücher, mir auf der Straße nach und wollte mich nach Hause begleiten. Normalerweise schminke ich mich nicht.

Die Nachbarin Schreckschraube im dritten Stock hat Kummer. In der Nacht haben maskierte Militärs ihren Schwiegersohn mitgenommen. Den Ehemann von Natalja-Malika. Sie haben ihn mit einem anderen Jungen verwechselt. Die Vornamen waren gleich, nach dem Nachnamen haben sie gar nicht erst gefragt! Das kam später heraus. Es heißt, er sei nicht mehr unter den Lebenden. Malika-Natalja soll in einer Woche ein Kind bekommen!

Polfat

29. Dezember

Am Freitag, dem 27. Dezember (14.34 Uhr), ist an der Haltestelle ein Anschlag auf das Haus der Regierung verübt worden. Dabei sind Menschen getötet worden. Hauptsächlich Dienstpersonal. Niemand von den großen Chefs war vor Ort Thema für eine Recherche?

Nach einer Version waren es Selbstmordattentäter der Wahhabiten, die mit zwei Autos auf den Hof fuhren. Nach der anderen Version ist das Gebäude aus der Richtung der Sowchose «Rodina» mit Raketen beschossen worden. Seit zwei Tagen brennt dort die Schule Nr. 7.

Beim Handeln lernte ich einen jungen Tschetschenen namens Umar kennen. Ich nannte ihn sofort den Drachen. Er ist im Jahr des Drachen geboren. Der Junge sagte mir, dass er schon seit mehreren Jahren Yoga-Übungen macht. Er lachte mich aus.

Er schlug vor: «Denk dir eine neue Religion aus, die alle Menschen vereint, dann wirst du der neue Prophet! Und es wird keinen Krieg auf Erden mehr geben!»

Über sich selbst gab er folgenden Aphorismus zum Besten: «Ich finde, man soll das Gebet nicht verlassen. Ich zum Beispiel bin immer in ihm.»

Umar, wie das die Tschetschenen gern tun, ärgerte mich absichtlich und provozierte mich. Er redete mit mir wie mit einem kleinen Mädchen. Ich merkte bald, dass er weder Homer, Aristoteles noch Roerich gelesen hatte. Aber da, plötzlich, begann er mit leichter Hand, Gedichte von Puschkin zu rezitieren! Wir unterhielten uns vier Stunden lang. Er ist ein Mann von Charakter. Interessiert sich für Magie und Parapsychologie, stellt viele Fragen, ohne etwas über sich selbst zu sagen. Der ideale Geheimdienstler!

Wir verabredeten eine «Fernbegegnung» – telepathisch. Ich werde ihn Freitag, den 3. Januar des neuen Jahres 2003, zwischen neunzehn Uhr und einundzwanzig Uhr, «verfolgen». Dazu muss ich mich in einen Ruhezustand versetzen. Die Augen schließen, meditieren, im Lotos-Sitz und dann einfach nur beobachten. Die Kraft der Gedanken überwindet Hunderte von Kilometern, und man kann jemanden sehen, der weit entfernt ist. Wenn wir uns treffen, werden wir einander erzählen, was der andere getan hat, was er zur «vereinbarten» Zeit getragen hat. Der grünäugige Junge sah gut aus. Er war dazu auch noch sehr gepflegt. Ich kam nach Hause und habe gleich ein Gedicht geschrieben.

Du flößt mir kein Vertrauen ein.
Stolz bist du und verschlagen. Ein Drache!
An Paradieses helle Schwelle
fliegst du seit Angedenken nicht.
Dein Heim sind Wälder, Berge, Meere.
Du bist kein Hund, bist handzahm nicht.
Der Menschen Reden, leer und lahm,
erreichen nicht das Bollwerk deines Herzens.
Du zeichnest Feuer und Quadrate.
Dein Ruf ist Flammengebrüll!
Was sollen dir die Erden-Karten?
Du kennst die Sternenwege!
Feurig ist deine Seele immer,
doch heilig nie, im Gegenteil.
Wie deine Verwandten, die Piraten,
suchst in den Felsen du dein Glück.
Und wenn du einsam nachts
dahinstürmst, wie ein Pfeil,
erwidern deinen tiefen Blick
nur Spiegel.

Prinzessin Budur

Nachwort

Dass Polina Scherebzowa ihr Tagebuch aus den Ruinen der tschetschenischen Hauptstadt Grosny retten konnte, ist ein Glücksfall. Jahrelang versteckte sie die Schreibhefte in einer halb zerbombten Plattenbauwohnung, durch deren aufgebrochene und von Detonationswellen verbogene Tür jedermann eindringen konnte – russische Soldaten, tschetschenische Nachbarn, die Ratten aus dem Keller. Heute lebt die Autorin im finnischen Asyl, die Hefte werden gut verteilt an unterschiedlichen Orten aufbewahrt.

Die Aufzeichnungen sind Zeugnis eines jahrelangen Ringens um die eigene Würde, des Kampfes gegen die Angst vor Tod und Verwundung, des Versuchs, die normalen Aufregungen und Freuden einer Heranwachsenden auch unter unmenschlichen Bedingungen erleben und genießen zu dürfen. Sie verdichten sich zu einem großartigen literarischen Text, der, besonders in den ersten Jahren, ganz ohne stilistische Raffinesse auskommt, dafür aber einen eigenartigen Reiz von Lakonie und Naivität im besten Sinne des Wortes entfaltet – und ein Gespür für das Wesentliche zeigt, für den Tageseintrag als literarische Einheit, dazu einen Humor, der sich auch vom Grauen des Erlebten nicht ersticken lässt.

Für die Autorin war das Tagebuch so etwas wie ein Ansprechpartner, ein Rettungsanker, der ihr das psychische Überleben ermöglichte – das körperliche hing bei achtzigtausend zivilen Opfern (so die Schätzung des russischen Generals Alexander Lebed allein für den Ersten Tschetschenienkrieg von 1994 bis 1996) am seidenen Faden, hing ab vom Geschick des nächsten Scharfschützen, von den Zielkoordinaten des russischen Raketenwerfers oder, wenn man so möchte, von Gottes Wille.

«Ich weiß nicht, wann der Tod kommt, und nur wenn ich schreibe, habe ich keine Angst. Ich glaube, ich tue etwas Wichtiges. Ich werde schreiben», stellt Scherebzowa am 10. August 1996 fest.

Und dieses Tagebuch rettet ihr mental mehr als einmal das Leben. Wenn sie mit den Kräften am Ende ist und nicht mehr weiterkann, holt sie die von ihr selbst aufgeschriebene Geschichte wieder zu sich, zurück ins irdische Leben. Von der hysterisch gewordenen Mutter mit dem Messer bedroht, rennt Polina im Granathagel auf den Hof und will sterben: «Aber dann dachte ich an dich, mein Tagebuch, besann mich und ging zurück.» (17. Februar 2000)

Im wachsenden Bewusstsein ihrer Chronistenpflicht vergleicht Polina sich mit Tanja Sawitschewa, dem «Mädchen aus Leningrad». Mehr als mit deren knappen Notizen aus der belagerten Stadt hat sie aber mit Anne Frank gemeinsam. Gewiss, die historischen Wirkkräfte sind nicht vergleichbar: Frank wird das gezielte Opfer des deutschen Rassenwahns und seiner Vernichtungsmaschinerie. Polina Scherebzowa ist sozusagen nur ein Kollateralschaden, weil sie mit ihrer Mutter nicht rechtzeitig aus Grosny herauskommt. Die existenzielle Situation aber ähnelt sich – beide Mädchen sind eingesperrt, im Hinterhaus in Amsterdam, im halb zerstörten Grosny, beide haben mit verstopfter Kanalisation und täglicher Sorge um ausreichend Lebensmittel zu tun. Beide zeigen eine für ihr Alter erstaunliche Reife und Fähigkeit zur Selbstanalyse. Beide haben Probleme mit ihrer Mutter, fühlen sich unverstanden – und finden im Tagebuch doch zu geistiger Klarheit, gerade in der höchsten Not. Polina Scherebzowa begreift, als sie verwundet wird, «dass weder Mama noch andere Menschen mich vor dem Tod retten könnten, wenn ich um Hilfe rufe. Der Tod und ich, wir allein waren in dieser Welt miteinander verbunden. Da war nichts, das zwischen uns treten und uns voneinander abschirmen konnte.» (22. Oktober 1999) Und Anne Frank notiert: «Gestern bin ich ganz allein im Dunkeln hinuntergegangen. Ich stand oben an der Treppe, deutsche Flugzeuge flogen hin und her, und ich wusste, dass ich ein Mensch-für-mich-selbst bin, der nicht mit der Hilfe anderer rechnen darf. Meine Angst war verschwunden. Ich sah hinauf zum Himmel und vertraute auf Gott.» (30. Januar 1944)

Polina Scherebzowas Aufzeichnungen eröffnen einen neuen Blick auf die Tschetschenienkriege, die weniger lang zurückliegen als der Mauerfall, aber schon zu ihrer Zeit eher im Zwielicht als im Rampenlicht standen. An literarischen Verarbeitungen und Reportagen mangelt es nicht. Anna Politkowskaja und Andrej Babizkij haben für ihre kritischen Berichte teuer bezahlt. Arkadi Babtschenko verarbeitet seine Erlebnisse als Soldat und kommt auch heute, als Kriegsberichterstatter, nicht mehr von der Gewalt los. Doch nie zuvor wurde der Alltag in der Hauptstadt Grosny so erschütternd beschrieben wie von diesem Kind, das die schreckensweiten Augen einfach nicht schließen kann, vor keinem noch so grausamen Bild. Höchstens dass sie mitten im Satz einmal stockt, wenn sie einen Mann mit abgetrenntem Unterleib beschreiben will – drei Pünktchen stehen dann für das blanke Entsetzen.

Als Polina 1994 zu schreiben beginnt, scheint die Welt noch in Ordnung zu sein. Fünf Tage zuvor ist sie neun Jahre alt geworden. Tschetschenen und Russen, Inguschen, Armenier und Ukrainer leben in Grosny nebeneinander. Die Stadt ist immerhin so attraktiv, dass ihre Großeltern vor Jahren die Wohnung in Rostow-am-Don aufgegeben haben und hierher gezogen sind. Polina hat noch keine größeren Probleme, als dass sie lieber als Schneeflocke denn als Rotkäppchen zum Kinderfest gehen will.

Dann die ersten Vorzeichen des Krieges. Bärtige Männer laufen im Kreis, stürzen das Lenindenkmal. Schüsse aus Maschinenpistolen. Kriegsgerüchte. Verwandte wiegeln ab. Schon fallen die ersten Bomben.

Merkt man Polinas Äußerungen in diesen frühen Jahren gelegentlich an, dass sie manches von Erwachsenen Gehörte wiederholt, so emanzipiert sich ihr Urteil erstaunlich schnell. Ausdrucksfähigkeit und Schreiblust speisen sich aus einer für ein Kind dieses Alters ganz erstaunlichen, breitgefächerten Lektüre, die sich dem Rest der großväterlichen Bibliothek von einst zehntausend Bänden verdankt.

Es steigert den Wert dieser Aufzeichnungen als Zeitzeugnis erheblich, dass Polina ohne nationale Vorurteile beobachtet. Die in ihrer Familie gelebte multikulturelle Offenheit lässt sie sich von keiner Kriegspartei austreiben: weder vom Mobbing tschetschenischer Klassenkameraden und Lehrer noch durch Diebstähle und Wohnungsbesetzungen der missgünstigen Nachbarn, nicht durch die versuchte Vergewaltigung durch einen tschetschenischen Bekannten und auch nicht von der Zerstörung ihres Wohnhauses durch russisches Granatfeuer.

Ein manchmal an Sturheit grenzender Gerechtigkeitssinn scheint ihr stärkster Kompass. Sie hat Mitgefühl für alle, für jedes Lebewesen, und manchmal rührt der Tod eines Tieres sie mehr als der von Menschen. Einer der vielen Pinselstriche in diesem über Jahre entstandenen Sittenge-

560

mälde ist, dass die Tschetschenen keine Hunde mögen. Die Hunde werden ebenso wie Katzen reihenweise umgebracht, vergiftet, ertränkt, später auch von russischen Soldaten erschossen. In der Zweisamkeit ihres Tagebuchs pariert Polina die antirussischen Tiraden ihres tschetschenischen Lehrers: «Hunde zu mögen und Russe zu sein ist immer noch besser, als so zu sein wie unser Lehrer. Stimmt's?» (19. Februar 1997)

Das verstellt ihr keineswegs den Blick für die Schwächen jener Nationalität, der sie selbst zugerechnet wird: «Mir gefallen die Menschen nicht mehr», schreibt sie am 20. Januar 1999, «– besonders die Russen, aus irgendeinem Grund. Sie sehen eingeschüchtert aus, haben Angst vor den anderen, ich aber will stark sein.»

Polina beobachtet stets unvoreingenommen, und das hat seine Wurzeln wohl in ihrer Familiengeschichte: Ihr Vater war der Sohn eines Tschetschenen und einer Jüdin aus Kiew, beides Schauspieler, und er starb, heißt es, als Polina klein war. Wenn sie in Grosny verprügelt oder belästigt wird, genügt der Hinweis auf diesen tschetschenischen Vater, und die Angreifer lassen von ihr ab.

Mutter Elena, ihre engste Bezugsperson, vertritt eher die russische Linie. Doch auch sie hat mehrere Nationalitäten unter ihren Vorfahren. Ihr Vater ist der bekannte Dokumentarfilmer Anatolij Pawlowitsch Scherebzow, der in der Roten Armee gegen Nazideutschland gekämpft hat, seinen Tod aber erst unter den Bomben der eigenen Landsleute im Krankenhaus von Grosny fand. Seiner ukrainischen Mutter verdankt Polina ihren Vornamen.

Die Mutter, mit einem Tschetschenen zusammenlebend, wird für Polina subjektiv manchmal zu einem fast ebenso großen Problem wie der ganze Krieg. Von Gewalt und Hunger traumatisiert, unstet in ihren Stimmungen, verwandelt sie sich von der fürsorglichen Mutter schlagartig in eine hysterische Xanthippe, schreit ihre Tochter, besonders in der Pubertät, wegen jeder Kleinigkeit an. «Meine Mama ist ein sehr grausamer Mensch», stellt Polina am 16. November 1999 fest.

Aber diese Mutter ist gleichzeitig klug und belesen, und in guten Momenten ist sie Vorbild und Beschützerin. Den russischen Soldaten, die in ihre Wohnung einbrechen, schwärmt sie von der Kultur der kaukasischen Völker vor, schenkt ihnen Bücher – darunter ausgerechnet die Erinnerungen der Witwe des von Russen getöteten Präsidenten Dudajew! –, damit sie begreifen, dass diejenigen, die sie hier vernichten sollen, keine kulturlosen Wilden sind. Ohnehin staunen die Rekruten, überhaupt noch Zivilisten in der zusammengeschossenen Stadt vorzufinden.

Das Tagebuch erzählt davon, wie rasch und brutal dieses alte multikulturelle Gewebe durch Gewalt und Krieg aufgetrennt wurde. Zwar genügt schon die kurze Zwischenkriegszeit nach 1996, damit wieder Toleranz keimt, Nachbarn unterschiedlicher Nationalität sich grüßen, vereinzelt Mischehen geschlossen werden. Aber die Grausamkeit des Zweiten Tschetschenienkrieges (1999 bis 2009) erstickt endgültig jedes menschliche Mitgefühl. Von nun an zeigen weder die tschetschenischen Rebellen, die sich schon in der Zeit zwischen den Kriegen durch Geiselnahmen einen zweifelhaften Ruf erworben haben, noch die russische Armee Erbarmen mit ihren Gefangenen.

Es wird gefährlich, als Russin in Grosny zu leben. Die Flucht zu Verwandten aufs Land ist Polina und ihrer Mutter, anders als den Tschetschenen, versperrt. Anfang des 21. Jahrhunderts kann es bereits riskant sein, im Bus Russisch zu sprechen. Um nicht aufzufallen, legt Polina ein Kopftuch an.

Die großen Wendepunkte des Krieges setzen deutliche Markierungen im Alltag der umkämpften Stadt. Nachrichten bekommt Polina nur als Gerüchte oder aus dem Radio der Nachbarn zu hören. Ein eigenes Gerät besitzt sie nicht, muss froh sein, wenn sie über ein provisorisches Kabel (mit «Erdung» am Heizkörper) Strom vom Nachbarn abzapft. Gleichwohl erfährt sie vom Ultimatum des russischen Generals Konstantin Pulikowskij, der die Rebellen zum Abzug innerhalb von achtundvierzig Stunden auffordert, sonst werde er die Stadt in Schutt und Asche legen: «Ich habe in den Himmel geguckt und daran gedacht, dass sie uns achtundvierzig Stunden gegeben haben. Das haben sie im Radio gesagt – danach werden alle getötet.» (21. August 1996)

Rettung kommt vom Sekretär des russischen Sicherheitsrats Alexander Lebed, dessen Verhandlungen mit dem tschetschenischen Stabschef Aslan Maschadow in die Unterzeichnung des Abkommens von Chassawjurt am 31. August 1996 münden und den Krieg vorerst beenden. Die Generalität sieht das naturgemäß anders. Für sie ist die Regierung der kämpfenden Truppe in den Arm gefallen und hat den greifbaren Sieg über die in Grosny eingekesselten Rebellen vereitelt. Diese Dolchstoßlegende wird das Militär später zu noch größerer Härte anstacheln.

Auch ohne die Umsetzung des Ultimatums geschehen Gräuel genug. Nachbarn werden bei einem Granattreffer im Treppenhaus getötet und verletzt. «Ich kroch in den Aufgang, und dort ... DORT waren Körperteile von Menschen – Stücke von ihnen und viel Blut. Und dickes Blut, ganz ganz dunkel.» (21. August 1996) Polina ist elf.

Drei Jahre danach wird sie mit der Bombardierung Grosnys den Beginn des Zweiten Tschetschenienkrieges verzeichnen: «Krieg in Tschetschenien. Heute um 10.25 Uhr, als wir zum Handeln auf den Markt wollten (...) Flugzeuge warfen Bomben über dem Flughafen ab. Rauch! Schrecklich!» (23. September 1999)

Am tiefsten in Polinas Leben – auch im körperlichen Sinne – greift der russische Schlag gegen den Zentralmarkt in Grosny ein. Am 21. Oktober 1999 tötet eine russische Boden-Boden-Rakete auf dem belebten Platz mehr als hundertvierzig Menschen, darunter viele Frauen und Kinder. Zu den Hunderten von Verwundeten gehört Polina. Sie hat sechzehn Splitter in den Beinen.

Damals gab es noch unabhängige Fernsehsender, die die regulative Funktion der vierten Gewalt ausübten: Die Aufnahmen des Blutbades, die einen Tag später ausgestrahlt wurden, zwangen den russischen General Schamanow, die Verantwortung für das Geschehene zu übernehmen. Ein Sprecher rechtfertigte den Angriff damit, es habe sich um einen «Waffenbasar» der Rebellen gehandelt. Polina hat dort täglich Bindfäden, Haarklammern oder Kekse verkauft und widerlegt diese Behauptung: «Auf dem Markt handeln vor allem alte Leute, Frauen und Kinder. Männer sind dort sehr wenige. Praktisch gar keine.» (22. Oktober 1999)

Und dies ist eine der bedrückendsten Erkenntnisse, die man aus Polina Scherebzowas Tagebuch mitnimmt: wie wenig Rücksicht die russischen Truppen auf die Zivilbevölkerung genommen haben. Mehrfach ist von Angriffen auf Flüchtlingskonvois die Rede, sogar in offiziell dafür eingerichteten Korridoren. Putin spottet, die Rebellen wollten ja nur den «Anschein einer humanitären Katastrophe erzeugen».

Die Granatsplitter schmerzen Polina monatelang. Schließlich wird der größte, der dicht am Knochen entlangwandert, herausoperiert. Wenn der Strom ausfällt, müssen die Chirurgen pausieren. Medikamente sind Mangelware. Durch den Operationssaal streift ein getigerter Kater.

Man staunt manchmal wirklich, wie das junge Mädchen das alles aushalten konnte. Yoga und Meditation helfen ihr, das seelische Gleichgewicht zu wahren. Für diese Übungen scheint sie durch eine Spiritualität prädestiniert, die von erfrischender Experimentierfreude ist. Schwankend zwischen Islam, Christentum und Buddhismus, spricht sie sich einmal für das Heidentum aus und begeistert sich im nächsten Atemzug für die griechische Götterwelt, die ihr in Träumen erscheint. Ihr vorzügliches Gedächtnis für Träume spricht für einen guten Kontakt zum eigenen Unbewussten.

Neigung und Begabung zum Tagebuch hängen gewiss mit der Fähigkeit zur Selbstbeobachtung zusammen: «Ich sah mich plötzlich von der Seite: so als hätte sich ein Teil meiner Seele vom Körper gelöst und schaute mir aus einer Entfernung von vier Metern zu!» (1. September 2002) Im Grunde ist das Tagebuch ja ein Gespräch mit einem anderen – einer schwer definierbaren Instanz, einem aus sich selbst herausgeworfenen Ich, das der eigenen Rede gleichwohl Widerstand entgegensetzt. Im Tagebuch soll niemand überzeugt werden, der Schreiber will sich vielmehr im Zwiegespräch mit einem nach außen verlagerten Teil seiner selbst der eigenen Gefühle und Gedanken vergewissern. Es geht um einen Dialog. Nicht den geringsten Reiz dieser Aufzeichnungen macht es aus, dass die bezaubernde, starke Persönlichkeit des kleinen Mädchens sich in vermeintlich unbeobachteter Intimität, aber auch schon kokett, selbst in Frage stellt: «Diese Aljonka ist vielleicht blöd. Oder ich?» (12. März 1997) – «Ich weiß nicht, Tagebuch, ob du mich verstehen kannst: Ich selbst verstehe mich nicht.» (20. Mai 1997)

Die Tragik ist, dass diesem «dialogischen Mikrokosmos» von draußen ein zunehmend herrischer, monologischer Ton entgegenbrüllt. Im September 1999 lehnt Putin Gespräche mit Präsident Maschadow ab. Verhandelt wird nicht mehr. Die «Terroristen» sollten, so der Premier, gar nicht dazu kommen, ihre Wunden zu lecken. Der Kreml hat seine Lektion aus der medialen Katastrophe des Ersten Tschetschenienkrieges, der ein «kleiner, siegreicher» hatte werden sollen, aber zum Desaster geriet, gelernt. Bei Putins Machtantritt waren die Strategiepapiere zur Gleichschaltung der Medien schon vorbereitet. Die beiden letzten unabhängigen Fernsehsender werden enteignet.

Statt kritisch zu berichten, geht es nun immer mehr darum, eine angebliche Wirklichkeit geschickt zu inszenieren. Ereignisse wie der Einfall von Rebellen im August 1999 in die Nachbarrepublik Dagestan dienten als letzter Grund dafür, Tschetschenien erneut anzugreifen. Aber was hat die Rebellenführer Bassajew und Chattab zu diesem aussichtslosen Unternehmen bewogen? Bis heute sind dazu ebenso viele Fragen offen wie zu den Explosionen von Wohnhäusern in Moskau und Südrussland im September desselben Jahres. Die Indizien für eine Beteiligung des russischen Geheimdienstes, dessen Chef Putin noch kurz zuvor gewesen war, sind so frappierend, und die Offiziellen haben sich, statt die Vorgänge aufzuklären, in so zahlreiche Widersprüche verstrickt, dass man den Verdacht nicht einfach als Verschwörungstheorie beiseiteschieben kann. Die über dreihundert Toten der Bombenanschläge zeitigten jedenfalls die gewünschte Wirkung: Die Tschetschenen als vermeintliche Urheber waren endgültig verhasst, Putins Rating als Retter der Nation wuchs, der Krieg war möglich. Grosny wurde zurückerobert.

Rechtzeitig vor der Präsidentschaftswahl am 26. März 2000 verkündete Putin die erfolgreiche Beendigung der «Antiterroroperation» in Tschetschenien. Polina merkt davon nichts. Sie notiert am 31. Juli desselben Jahres: «Fürchterliche Schießerei! Granaten fielen in unseren Hof und in die Gärten. Bäume und Datschen brennen.» Und am 5. November: «Auf Mama hat ein russischer Scharfschütze geschossen!» Und so weiter und so weiter ... Man lese nur den Bericht von der großen «Säuberung» am 1. Mai 2001.

Im Grunde geht das bis heute so. Friedhofsruhe, nicht Frieden erkauft sich Russland mit Milliardenzahlungen an das Marionettenregime von Ramzan Kadyrow. Er und sein Clan werden das Land mit seinen gestörten Stammesstrukturen nur so lange unter Kontrolle haben, wie dieses Geld auch fließt.

Russlands gewaltsamer Versuch, die abtrünnige Republik im eigenen Verbund zu halten, bereitete einer Radikalisierung und dem wachsenden Einfluss islamistischer Kräfte den Boden. Polina beschreibt die Versuche zur Einführung der Scharia, der noch Maschadow zugestimmt hatte. Sie erwähnt eine Hinrichtung vor Publikum, auf offener Straße. Mehrmals werden «Araber» erwähnt und Tschetschenen, die Arabisch sprechen. Gemäß der traditionellen Sitte der Zwangsehen, bei denen Braut und Bräutigam sich oft gar nicht kennen, will ihr eigener Stiefvater Ruslan sie schon mit vierzehn Jahren verheiraten. Polina wehrt sich.

Eines jedenfalls hat dieser Krieg erreicht: «Russen sind in der Stadt überhaupt unsichtbar. Alle haben sich äußerlich zu Tschetschenen gemacht.» (9. September 2000) Und dies scheint ein Reaktionsmuster auf alle Moskauer Versuche zu sein, Teile der ehemaligen Sowjetunion heim ins Imperium zu holen. Auch die Ukrainer fühlten sich noch nie so ukrainisch wie heute. Jahrhundertealte kulturelle und mentale Verbindungen haben sich in blanken Hass verwandelt.

Polina Scherebzowa hat überlebt, und sie schreibt weiter. Nach einer journalistischen Ausbildung in Grosny und Arbeit in Zeitungen zieht sie mit ihrer Mutter 2004 nach Stawropol. Ihre Erlebnisse in den Redaktionen, die Erfahrungen als Flüchtling in Russland, fehlende Unterstützung und Behördenwillkür schildert sie in den späteren Jahrgängen ihres Tagebuchs. Sie führt es bis heute fort.

Nach einem Brief an Alexander Solschenizyn ermöglicht dessen Stiftung ihr 2006 den Umzug nach Moskau. Bekannte Menschenrechtlerinnen wie Svetlana Gannuschkina und Elena Sannikova sowie der Autor Stanislav Bozhko sichten ihre Tagebücher, veranstalten Lesungen mit ihr. Die in ihren Aufzeichnungen enthaltene Kritik am russischen Vorgehen in Tschetschenien machen Polina für das Regime unbequem. Nach Drohungen und körperlichen Angriffen ersucht sie 2013 mit ihrem Mann um Asyl in Finnland. Ihre klare Stellungnahme für die unabhängige Ukraine würde es ihr heute schwer machen, in Russland zu leben. 2014 muss sie zu einer Lesung in Moskau per Skype zugeschaltet werden.

Polina Scherebzowas Aufzeichnungen aus einem scheinbar vergangenen Krieg bieten dem Leser keine Gelegenheit, sich in sicherer Distanz «an einem Tod, von dem er liest, zu wärmen», wie Walter Benjamin es formulierte. Allzu deutlich weisen sie in die Gegenwart hinein – «als probierte die Zukunft Kleider an, die ihr längst geschneidert sind», schrieb Polina am 11. Juli 2001.

Das bisher letzte Glied der nur scheinbar unzusammenhängenden Folge von nur scheinbar lokalen Konflikten – Transnistrien, Tschetschenien, Georgien, die Krim – ist der russische Angriff auf die Ukraine im Jahre 2014. Er wurde erst möglich durch die totale Kontrolle über das wichtigste Massenkommunikationsmittel – das Fernsehen. Das mutige Aufbegehren der ukrainischen Bevölkerung gegen Willkürherrschaft und Korruption in Person von Präsident Janukowytsch, diese großartige «Revolution der Würde», die europäische Werte eindrucksvoller verkörpert als alles Papier aus Brüssel, konnte von Russland nur deshalb zum angeblich «faschistischen Putsch» verzerrt werden, weil es die Werkzeuge von Propaganda und Desinformation seit dem Zweiten Tschetschenienkrieg perfektioniert hat. Die Zuschauer in Russland und der Ostukraine glauben wirklich, dass sie von Bandera-Leuten, Faschisten und einer Junta in Kiew bedroht werden. Sie nehmen es dem Fernsehen ab, dass ukrainische Truppen kleine Kinder kreuzigen.

Die Hetze des TV-Moderators Dmitri Kisseljow – des einzigen Journalisten, der von der EU unter Sanktion und Einreiseverbot gestellt wurde – ist mindestens so verwerflich wie die physische Gewalt der von ihm und anderen angestachelten Menschen im Osten der Ukraine. Arkadi Babtschenko hat geschildert, wie unvorbereitet die Rekruten oft in die Hölle von Grosny geschickt wurden. Auch Polina Scherebzowa zeigt in anrührenden Szenen das Elend der meist ganz jungen russischen Soldaten, etwa jener vier, die sich hinter Müllsäcken verstecken. Verdammenswerter sind die Schreibtischtäter, die solche Konflikte von ihrer Zentrale aus inszenieren und steuern. Wenn der seit 1999 erfolgreich für die Mediengleichschaltung tätige Minister und heutige Generaldirektor der Gazprom-Media Holding Michail Lesin seine Familie nach Los Angeles gebracht und dort für achtundzwanzig Millionen US-Dollar Immobilien erworben hat, fragt man sich, im Namen welcher «russischen Werte» er das vor seinen Landsleuten vertreten will, die er selbst in ihrer Meinungsfreiheit geknebelt hat.

Solche Schizophrenie spiegelt die Fäulnis im Inneren Russlands, wo die zunehmend totalitären Verhältnisse den

Nährboden für die Aggression nach außen bilden, ja diese sogar zur Erzeugung eines Gegendrucks erfordern, ohne den das alles auseinanderfliegen würde. Dabei ist es völlig belanglos, in welch nationalfaschistisch-dümmliches Gedankengewölk à la Dugin und Prochanow die Aggression gegen Nachbarländer sich hüllt oder was immer der Präsident von russischen «genetischen Fonds» und «sakralen Orten» schwadronieren mag. Die Tendenz der veröffentlichten Ideologie in letzter Zeit zeugt davon, dass es sich bei dem Gerede von Faschisten in Kiew um eine klassische Form der Projektion handelt. Tatsächlich ist Russland heute der Ort, wo immer deutlicher eine Ideologie von Rasse, Genen und überlegener Kultur ausgebrütet wird.

Das Tagebuch einer Neunjährigen scheint fast stimmlos gegen diesen großtönenden Zynismus zu sein – und ist es doch nicht. Zwar vermag Polina Scherebzowa nichts in direkter Konfrontation mit einer Propaganda, die Arkadi Babtschenko mit der Goebbels'schen vergleicht und die im Internet von einem Heer von Putin-Papageien verstärkt wird. Anschreien kann sie nicht dagegen. Aber sie kann sie unterwandern, kann an ihr vorbeisprechen mit leiser, in sich selbst hineinhorchender, lakonischer Beschreibung von Tatsachen, die dem Leser die Augen öffnen. Und ihm dadurch die Argumente liefern – geistige Waffen – für die Auseinandersetzung mit der offiziellen Lüge. In der Beobachtung ihrer Umgebung und ihrer selbst in höchster existenzieller Bedrohung hat Polina Scherebzowa die Wahrhaftigkeit verteidigt und damit eine Tradition am Leben erhalten, für die man die große russische Literatur seit dem 19. Jahrhundert liebt.

Es hat ja auch etwas fast Tolstoi'sches, wenn sie die russische Ausgabe ihres Buches der eigenen Regierung widmet: Sie möge Konflikten wie denen in Tschetschenien künftig rechtzeitig vorbeugen, den Ausbruch von Bürgerkriegen verhindern. Wie die letzten zwölf Monate beweisen, ist der Kreml weit davon entfernt, solche Wünsche zu beherzigen.

Olaf Kühl, Januar 2015

Bildnachweis

Sämtliche Abbildungen stammen aus dem Archiv der Autorin: © Polina Scherebzowa.
Porträt der Autorin von 2014: © Maiju Torvinen.

Das für dieses Buch verwendete FSC®-zertifizierte Papier *Schleipen Werkdruck* liefert Cordier, Deutschland.